Philipp Scheidemann
Memoiren eines Sozialdemokraten
Erster Band

Mit einem Vorwort von Andre Seegers

Scheidemann, Philipp: Memoiren eines Sozialdemokraten.
Erster Band.
Hamburg, SEVERUS Verlag 2010.

ISBN: 978-3-942382-37-3
Druck: SEVERUS Verlag, Hamburg, 2010
Lektorat: Esther Gückel

Bibliografische Information der Deutschen Nationalbibliothek:
Die Deutsche Nationalbibliothek verzeichnet diese Publikation in der Deutschen Nationalbibliografie; detaillierte bibliografische Daten sind im Internet über http://dnb.d-nb.de abrufbar.

Die digitale Ausgabe (eBook-Ausgabe) dieses Titels trägt die ISBN 978-3-942382-57-1 und kann über den Handel oder den Verlag bezogen werden.

© **SEVERUS Verlag**
http://www.severus-verlag.de, Hamburg 2010
Printed in Germany
Alle Rechte vorbehalten.

Der SEVERUS Verlag übernimmt keine juristische Verantwortung oder irgendeine Haftung für evtl. fehlerhafte Angaben und deren Folgen.

Inhaltsverzeichnis

Vorwort	7
Vorwort des Autors	13
Erster Abschnitt	**17**
Aus meiner Kindheit	17
Von meinen Eltern	19
Kindliches Hungerleiden	23
Kindliche Kaiserbegeisterung	26
Zweiter Abschnitt	**29**
Wanderjahre	29
Hinaus in die Ferne!	33
An der Wiege des Sports	35
Bei Bismarck zu Tisch	37
Ich lerne meine Frau kennen	40
Junge Liebe	48
Zurück in die Heimat	52
Dritter Abschnitt	**53**
Die Parteipresse in den Kinderjahren	53
Glückliche Jahre in Marburg	56
Vierter Abschnitt	**61**
Im Parteidienst	61
Landagitation	64
Antisemitische Schimpfapostel	66
Versammlungen auf dem Lande	67
Reif fürs Gefängnis	71
Nürnberger Dienst	74
Wieder in Hessen	79
Nach Kassel versetzt	83
Der Reichsverband gegen die Sozi	85

Fünfter Abschnitt 90

In der Parteileitung 90

Der Kampf um das Stichwahlabkommen 95

Zur Begründung des Abkommens 98

Nach Bebels Tod 101

Die Massenstreik-Debatte in Jena 107

Sechster Abschnitt 113

Werbetätigkeit im Ausland 113

Eine amerikanische Agitationstour 116

Amerikanische Versammlungen 119

Auf dem Podium 121

Die Schwierigkeit der Agiation 122

Siebenter Abschnitt 125

Ein Vierteljahrhundert im Reichstag: Das Solinger Mandat 125

Meine ersten Eindrücke im Reichstag 135

Aus meiner Jungfernrede 138

Beispiele agrarischer Agitationsmethoden 142

Die kaiserlichen Beamten in der guten alten Zeit 144

Soldatenbehandlung früher 145

Etatsreden 145

Die Sondersitzungen der beiden Fraktionshälften 147

Kaiserliche Weltpolitik 148

Sätze aus meinen Etatsreden 151

Vom Unglückskanzler zum Katastrophenkanzler 156

Die internationale Versippung des Kapitals 157

Dem Völkerbund gehört die Zukunft 159

Die preußisch-deutsche Scherbenkiste 159

Kampfmethode der Reaktion 160

Für den Weltfrieden 162

Preußen das deutsche Sibirien? 163

Die letzte Etatsrede vor dem Kriege	164
Achter Abschnitt	**166**
Im Reichstagspräsidium!	166
„Der tüchtige Präsident"	175
Ich gehe nicht zum Kaiser	177
Mein Abschiedsgruß: K wie Kamel!	178
Neunter Abschnitt	**179**
Internationale Friedensarbeit	179
Siegesfeier in Paris	181
Neue Friedensdemonstrationen	182
Der Kongreß in Basel	184
Die Konferenzen in Bern und Basel	185
Zehnter Abschnitt	**189**
Aus friedlichen Bergen – in blutigen Krieg	189
Elfter Abschnitt	**192**
Kritische Tage	192
Die Hetze des „Lokal-Anzeigers"	198
Erzberger als Scharfmacher	200
Für oder gegen die Kriegskredite	202
Müllers Bericht aus Paris	204
Zwölfter Abschnitt	**206**
In der Stunde der Not	206
Sechstausend Konferenzen!	210
Sozialdemokratische Sendboten im neutralen Ausland	211
Allerlei Besuch	213
Liebknecht – Vater und Sohn	214
Vom Vorwärts	215
Die Zensur: ein schimpfliches Gewerbe	217
Machen Sie einen Putsch!	219
Eine Fahrt nach dem Westen	221

Dreizehnter Abschnitt 224
   Der besorgte Kanzler 224

Vierzehnter Abschnitt 226
   Alldeutsche Kriegsziele 226
   Michel, horch! 230
   Die Kapitalisten und ihre Professoren 233

Fünfzehnter Abschnitt 239
   Kämpfe in der SPD 239
   Die Stimmung wird immer gereizter 245
   „Neuorientierung nach dem Krieg!" 248
   Landesverrat 250
   Immer neue Schwierigkeiten 253
   Der Reichskanzler über die Feinde 254
   Kampf um eine Krediterklärung 256
   Die zweite Fraktionserklärung 259
   Das neue Jahr 1915 261
   Rebellierende Frauen 264
   Gegen die Opposition! 266
   Das Gebot der Stunde? 270
   Was wird Italien tun? 272
   Des Kanzlers große Friedenssehnsucht 275

Sechzehnter Abschnitt 280
   Der Weg zur Spaltung 280
   Die Spaltung wird vollzogen 283
   Im engsten Kreise 284
   Der fröhliche Ebert 289
   Die SPD für den Frieden 291
   Auf der Suche nach Friedensmöglichkeiten 296
   1917 — Das Jahr der Entscheidung 304
   Der verschärfte U-Bootkrieg 306

„Zeit zur Tat"	311
Die Kanzlerstürzer	313
Die Massenstreiks	314
Die Kriegsverlängerer	320
Ein Wort über die Kriegsschuldfrage	321
Siebzehnter Abschnitt	**327**
Versuche zur Verständigung	327
Die Verschickung Lenins von der Schweiz nach Rußland	336
Borgbjergs Bericht	337

Vorwort

> „Das Alte und Morsche, die Monarchie
> ist zusammengebrochen!
> Es lebe das Neue; es lebe die deutsche Republik!"

Es ist der SPD-Reichstagsabgeordnete Philipp Scheidemann, Spross einer Kasseler Handwerkerfamilie und gelernter Buchdrucker, der dies am 9. November 1918 den wartenden Massen vor dem Reichstag verkündet. Eben noch hatte er im Keller seine Wassersuppe gelöffelt:

> „Da stürmte ein Haufen von Arbeitern und Soldaten in den Saal. Gerade auf unseren Tisch zu. Fünfzig Menschen schrien zugleich „Scheidemann kommen Sie mit uns. Philipp Du mußt hier raus und reden". Ich wehrte ab. (…)„Du mußt, Du mußt, wenn Unheil verhütet werden soll. Draußen stehen Tausende, die verlangen daß Sie reden. Scheidemann komm schnell, vom Schloßbalkon aus redet Liebknecht". – „Na wenn schon". „Nein, nein kommen Sie mit, Du mußt reden".

Der Kaiser, der Imperialismus, der Militarismus, der verkrustete Ständestaat der Hohenzollern, all dies sollte Geschichte sein.

Scheidemann verkündet also das Ende des letzten deutschen Kaiserreiches und die erste Demokratie auf deutschem Boden – und kehrt zu seiner „noch warmen" Suppe zurück.

Er bleibt zeitlebens neben Ebert, Erzberger und Stresemann vielleicht die Verkörperung der Weimarer Republik, verhasst bei den Republikfeinden von rechts ebenso wie von links. „Scheidemänner" wurde zum Schmähwort für Anhänger des „Weimarer Systems".

Wer Philipp Scheidemanns Erinnerungen liest, versteht vor allem die Entstehung und das Scheitern Weimars in seiner ganzen Dramatik und Tragik.

In diesem ersten Band erhält der Leser zunächst Einblicke in die frühe Geschichte der Arbeiterbewegung. Der überzeugte Sozialist Scheidemann tritt 1883 in die von Bismarck verbotene SPD ein, steigt dank seines rhetorischen Talentes schnell auf, wird bekannt durch seine Angriffe auf die Hohenzollern im Reichstag. 1912 wird Scheidemann erster sozialdemokratischer Vizepräsident des Reichstages und verweigert den Antrittsbesuch beim Kaiser. Er will nicht „zu Hofe gehen".

Charaktervoll und rhetorisch gewandt kämpft er um seine Ideale. Angesichts des drohenden Weltkrieges spricht er in Paris vor französischen Arbeiterverbänden:

> „Gegen die, die versuchen, uns in diese Bestialität eines europäischen Krieges hinabzustoßen, werden wir uns mit dem Mut der Verzweiflung wehren. Die deutschen Arbeiter und Sozialisten achten und lieben auch die französischen Proletarier und Sozialisten wie Brüder. (...) Unser Feind befindet sich an einer anderen Stelle. Dort wo auch der eure ist. Das ist der Kapitalismus. Führen wir gemeinsam den Kampf, Genossen, für den Fortschritt der Humanität, für die Freiheit der Arbeit, für den Weltfrieden."

Unter Schock erlebt er den von Euphorie und Siegesgewissheit getragenen Kriegsausbruch, die Berichte von Verdun und den Giftgaseinsätzen.

Eine Mittlerposition zwischen den Revolutionären und den reformerisch orientierten „Revisionisten" innerhalb der Partei nimmt Scheidemann zunächst in der Frage um die Kriegskredite ein. Dem im Verlaufe des verheerenden Krieges auf deutschnationaler Seite so eindringlich propagierten Siegfrieden tritt er entschlossen entgegen mit den eindringlichen Worten:

> „Was französisch ist, soll französisch bleiben, was belgisch ist, soll belgisch bleiben, was deutsch ist, soll deutsch bleiben"

Die rechten Kreise tobten. Scheidemann wird immer mehr zur Zielscheibe des deutschnationalen Hasses und wird es zeitlebens bleiben.

Durch seine Rolle in der Frühphase der Weimarer Republik wird er jedoch auch zum Hassobjekt der radikalen Linken. Die folgenschweren Entwicklungen werden im zweiten Band seiner Memoiren eindringlich geschildert.

Keine zwei Stunden nach seiner Ausrufung der parlamentarischen Republik verkündet Liebknecht die „Freie Sozialistische Republik", den Sozialismus. Für die gemäßigten Sozialdemokraten in der MSPD um Ebert und Scheidemann ist dies gleichbedeutend mit sowjetischem Bolschewismus und Anarchie.

„Jetzt heißt es, sich an die Spitze der Bewegung zu stellen, sonst gibt es doch anarchistische Zustände im Reich", hatte Scheidemann bereits am 6. November, angesichts des linken Radikalismus, seinen Kurs beschrieben.

Es ist die Schicksalsfrage dieser Tage. Die deutsche Linke ist gespalten in der alten Frage um Revision und Revolution, zermalmt sich, während der Feind von rechts – die Reaktion – lauert. Die Radikalen wollen vollenden, wollen die Macht der Räte, die Abrechnung mit den Trägern des alten Systems. Die MSPD jedoch will zunächst Ordnung, „Arbeit und Brot", wie es Scheidemann in seiner Rede ausmalt. Der Rest sollte per Wahl legitimiert nach Zusammentreten der Nationalversammlung erfolgen.

Die MSPD paktiert schließlich mit der Obersten Heeresleitung, um über eine Exekutive gegen den linken Radikalismus zu verfügen. Die Demokratisierung des Heeres wird damit geopfert. Es ist die Chance, auf die die alten Militärs gewartet haben. Sie stellen die Bedingungen für den Einsatz: Gegen die Bolschewisten soll es gehen.

Der SPD-Politiker Gustav Noske lässt in der Folge die Freichorps auf Matrosen schießen, die bestialischen Morde an Luxemburg und Liebknecht werden hingenommen, die Spannungen eskalieren und die Linke ist bis aufs Blut verfeindet. Scheidemanns Erinnerungen lassen diese schicksalhaften Entwicklungen in ihrer aufreibenden Dramatik deutlich werden. Auch im Angesicht Hitlers wird sich die Arbeiterschaft nicht mehr zusammenschließen. In der KPD erhält die Republik einen erbitterten Feind, stets mit der Losung auf den Lippen: „Wer hat uns verraten? Sozialdemokraten!"

Die Gratwanderung, die den führenden Kräften um Ebert und Scheidemann auferlegt ist, wird in den Aufzeichnungen Scheidemanns greifbar und nachvollziehbar: Die Handlungsspielräume sind eng – zu eng, um keine Fehler zu machen, die Verantwortung jedoch ist unfassbar groß.

Die hochdramatischen Ereignisse um die Novemberrevolution

bilden einen Höhepunkt im zweiten Band der Memoiren.

Die Revolution bleibt schließlich unvollendet. Bis zu den Märzkämpfen 1919 scheint sie greifbar, die historische Chance: die Entmachtung der alten Eliten, die Demokratisierung von Heer und Verwaltung, Sozialisierung. Sie wird verschoben; sie wird nie wieder kommen.

„Der Feind steht rechts!", ruft Scheidemann im Reichstag im Oktober 1919, und es ist in diesem Moment bereits zu spät: Die Rechte ist neu formiert. Und so bündelt sich die Tragik der Geschichte nun in der Figur Scheidemann.

Die Memoiren Philipp Scheidemanns haben einen besonderen Wert in der Schilderung der Bedingungen und Umstände, in den kleinen Geschichten im großen Walten der Geschichte:

Die Schicksalsträger dieser Tage schlafen im Reichstag, nachdem sie sich versichert haben, dass die Schüsse von der Straße an ihren Betten vorbei in die Decke gehen. Bolschewistische Splittergruppen halten ihnen entsicherte Handgranaten unter die Nase.

Auf Reisen schläft Scheidemann mit einem Gewehr unter dem Kopfkissen und der Zug muss mehrfach die Route wechseln, weil rote Soldaten Bahnhöfe besetzen.

Dem von roten Matrosen zugerichteten, unter anderem mehrfach scheinexekutierten Otto Wels verabreicht Scheidemann den letzten Schluck Cognac aus seinem eisernen Vorrat.

Erschüttert und zynisch berichtet Scheidemann, dessen eigene Frau im Anstehen nach Lebensmitteln kollabiert war, von den Massen von Lebensmitteln, die in den Kellerräumen des kaiserlichen Schlosses gefunden werden.

Scheidemann wird erster Reichsministerpräsident Weimars. Angesichts der Bedingungen des Versailler Vertrages tritt er allerdings entsetzt zurück mit den viel zitierten Worten: „Welche Hand müsse nicht verdorren, die sich und uns diese Fessel legt?"

Der Hetze von rechts gegen den System- und Erfüllungspolitiker tut dies keinen Abbruch. Sie gipfelt im anschaulich geschilderten Blausäureattentat im Auftrag der berüchtigten paramilitärischen Organisation Konsul 1921, das Scheidemann mit Glück überlebt. Seine Frau erleidet angesichts erneuter Hetzkampagnen in der deutschnationalen Presse einen tödlichen Schlaganfall.

Er ist der Republikaner in einer Republik ohne Republikaner, Projektionsfläche und Sündenbock für ewig Gestrige und irrationale Ideologen von links und rechts.

Erschienen sind seine Erinnerungen im Jahr 1928, unmittelbar nach den kurzen stabilen Jahren der Republik, als man in Berlin von der Moderne träumte. Der Sog der Weltwirtschaftskrise, der Aufstieg der Nationalsozialisten, folgt.

Im Schlusswort schreibt Scheidemann vom „demokratischen Sozialismus" als „Weg zur Freiheit und zum Glücke", der „die Völker versöhnen und den Weltfrieden sichern" werde.

Als Scheidemann im November 1939 im dänischen Exil stirbt, stehen Hitlers Truppen in Polen. Wie verbittert muss er gewesen sein.

Andre Seegers

Vorwort des Autors

Ende des Jahres 1922 hatte ich verfügt, an wen nach meinem Tode meine Aufzeichnungen zur Verarbeitung und Veröffentlichung ausgeliefert werden sollten. Die Leser meiner Erinnerungen werden die Gründe, die zu jener Verfügung den Anlaß gegeben hatten, erfahren und als stichhaltig anerkennen. Da ich dann alle, die so schöne Hoffnungen auf mich gesetzt hatten, enttäuschte, weder schwerer Krankheit erlag, noch an den nationalistischen Hetzereien starb, auch nicht nach der reichlichen Bespritzung mit Blausäure in ein besseres Jenseits abgerufen wurde, konnte ich die Herausgabe meiner Erinnerungen selbst besorgen.

Meine persönlichen Interessen, also die Darstellung und Beurteilung meiner politischen Tätigkeit, wären bestimmt besser wahrgenommen worden, wenn ein aufrichtiger Freund die Herausgabe meiner Aufzeichnungen besorgt hätte. Daß jeder andere an manchen Stellen meines Buches deutlicher hätte werden können, als gerade ich, wird der objektive Leser gewiß zugeben. Ich brauche kein Geheimnis daraus zu machen, daß ich wiederholt im Zweifel war, ob ich dies oder jenes sagen oder nicht sagen sollte. Manche, darüber war ich mir vollkommen klar, würden mir hier und da unlautere Beweggründe unterstellen, wie es so oft im politischen Leben geschieht. Solche Bedenken mußten unbeachtet bleiben, so daß nur der Zweck dieses Buches entscheidend blieb.

Es soll ehrlichen Historikern Material geben, soll ihnen die Möglichkeit erleichtern, ein der Wahrheit möglichst nahekommendes Bild einer ereignisreichen Zeit und der Männer, die in dieser Zeit an sichtbarer Stelle gestanden haben, zu zeichnen. Die Zahl dieser Männer wird von Tag zu Tag kleiner, um so gebieterischer deshalb die Pflicht der noch Lebenden, der Wahrheit eine Gasse bahnen zu helfen.

Im Vorwort meiner Schrift „Der Zusammenbruch"[*)] schrieb ich 1920 unter Hinweis auf bereits erschienene Kriegsbücher: es sei die Aufgabe objektiver Geschichtsforschung, „die Wahrheit über

---

[*)] Verlag für Sozialwissenschaft, Berlin 1921, Französisch unter dem Titel „L'Effondrement" bei Payot, Paris 1923

den Krieg und die Umgestaltung, die dem Zusammenbruch folgte, festzustellen. Dabei werden auch die Schriften derer zu beachten sein, die das Bedürfnis haben, sich zu rechtfertigen, zu entschuldigen oder zu verteidigen. Ein solches Bedürfnis hat der Verfasser dieses Buches nicht," — Heute habe ich ein solches Bedürfnis weniger denn je zuvor. Mein Tun als Politiker und Parteimann hat sich im allgemeinen öffentlich abgespielt. Über Verhandlungen und Unternehmungen, die aus zwingenden Gründen nicht vor aller Augen lagen, berichte ich in dieser Schrift, soweit die Öffentlichkeit ein Interesse daran haben könnte. Freilich spreche ich nicht nur von politischen Dingen. Ich erzähle auch die Geschichte meines Lebens.

Mein Vater lehrte mich frühzeitig aufrecht zu gehen. „Junge, halte den Kopf hoch!" Das war eine immer wiederkehrende Ermahnung, die ich beherzigt habe. Arm wie eine Kirchenmaus bin ich gewesen. Mein heutiger Reichtum an Gold, Villen und Schlössern in allen mitteleuropäischen Staaten, an Pferden und Automobilen existiert leider nur in der Phantasie besonders begabter Gegner. Ich habe in meinen Jugendjahren gehungert, wie nur ein Mensch hungern, kann.. Oft genug war ich als Demokrat, der sich der Mehrheit fügen muß, zu Handlungen oder Duldungen gezwungen, die mir wider den Strich gegangen sind. Niemals aber habe ich vor einem Menschen, vor keinem König, keinem Präsidenten, den Nacken gebeugt. Da ich stets bemüht war, meine Pflichten zu erfüllen, hatte ich das Recht, den Kopf hochzuhalten; ein gutes Gewissen hat mir allezeit erlaubt, auf die Ohrenbläser, Streber und Ehrabschneider, die mir sehr zahlreich über den Weg gelaufen sind, mit Verachtung herunterzugucken. Mein Buch wird nicht allen, die es lesen, gefallen. Das ist auch nicht sein Zweck. Es soll der Wahrheit dienen.

Mit großem Eifer haben viele die Hohenzollern splitternackt ausgezogen, um sie der staunenden Welt „so zu zeigen, wie sie wirklich gewesen sind." Das ist gegenüber den Bemühungen monarchistischer Kreise, die Hohenzollern als Halbgötter herauszustaffieren, verdienstlich, wenn auch nicht in jedem Falle geschmackvoll gewesen. Ist es jedoch nicht lächerlich und im höchsten Grade unehrlich, die Zerstörung der einen Legende zu vollziehen oder zu preisen, um gleichzeitig neue Märchen im Volke zu verbreiten?

Bei kritischen Stellen meines Buches bitte ich die Leser, mit mir an ein treffliches Wort Alfred Kerr's zu denken: … Ich stelle Ursprünge fest. Ein anderer tut's doch nicht. Da kann man lange warten. Läßt's mich aus mit der Zimperlichkeit."

   Berlin, im Juni 1928.   P h. Scheidemann.

Zur Beachtung für die Leser

Die Bedeutung der Abkürzungen ergibt sich mit Leichtigkeit aus dem Text. SPD bedeutet Sozialdemokratische Partei Deutschlands; I.A. ist die Abkürzung für Interfraktionellen Ausschuß; OHL heißt Oberste Heeresleitung usw. Wo in „ " ohne besondere Quellenangabe gesprochen wird, handelt es sich um wörtliche Zitate aus meinen Tagebüchern.

Gute und schlechte Zeichner haben mich oft karikiert. Einige gute Beispiele werden zur Erheiterung der Leser in meinen Memoiren gezeigt. Soweit die Namen der Künstler ermittelt werden konnten, sind sie angegeben.

Erster Abschnitt

Aus meiner Kindheit

Meine Wiege stand in einem schiefen Hause der engen und buckeligen Michelsgasse im alten Kassel. Wie vom Alter gebeugt neigte das vierstöckige Monumentalgebäude aus Fachwerk sich vornüber. Das Nachbarhaus machte es genau so, deshalb konnte man den Eindruck gewinnen, daß die beiden komischen Alten, wie in der guten alten Zeit, sich voreinander verneigen, und dann zum Menuett antreten wollten. Wenn ich am 26. Juli 1865, als ich das „Licht der Welt" erblickte, der ganzen Umgebung wegen, mich sofort totgelacht hätte, so wäre das vielleicht das Gescheiteste gewesen. Mancher spätere Verdruß wäre mir erspart geblieben. Aber ich hatte wohl Verständnis für die Komik meiner Umwelt, strampelte lausbübisch mit den Beinen und schrie, die Fäuste geballt, aus Leibeskräften, meiner Umgebung leider unverständlich, tagelang unermüdlich; die Michelsgasse hurra!

Das Jahr 1865/66 ist das solideste Jahr meines Lebens gewesen und geblieben, ich habe damals ausschließlich von Milch gelebt. Das wurde aber, trotz aller Liebe zu meiner Mama, schließlich langweilig und hörte mit dem 66er Feldzug der Preußen gegen Kurhessen, den ich als Einjähriger miterlebt habe, endgültig auf. Dann habe ich mich gar nicht mehr für Milch interessiert. Nachdem ich später erfahren hatte, daß die Preußen meinen angestammten Landesvater, den — ach! — so lieben und vielen unvergeßlichen dickköpfigen letzten Kurfürsten von Hessen verjagt und mein ganzes Vaterland annektiert hatten, da kam ein heiliger Zorn über mich. Ich habe damals beschlossen, alle Erlebnisse mir genau zu merken, um zu geeigneter Zeit den Preußen gehörig den Marsch blasen zu können.

Doch Scherz beiseite: ich kann mich tatsächlich bei der Schilderung von Vorgängen aus frühester Kindheit auf ein ausgezeichnetes Gedächtnis berufen. Kindliche Erlebnisse, die in die Zeit des Deutsch-Französischen Krieges fallen, leben heute noch so klar in meiner Erinnerung, als handle es sich um Vorgänge von gestern. Als ich 1905 im Alter von 40 Jahren, nach nahezu zwanzigjähriger Abwesenheit, in meine Heimat zurückkehrte, um die Redaktion des Kasseler Volksblattes zu übernehmen, begann ich sofort Erinnerungen aus meiner Kindheit zu schreiben und zwar in so waschecht Kasseler Mundart, als hätte ich nicht zwanzig Tage lang der Heimat den Rücken kehren müssen. Von diesen mundartlichen Skizzen sind viele in kleinen Schriften gesammelt und zu Tausenden verkauft worden. Mit ihnen, die ich wirklich aus den Ärmeln geschüttelt hatte, und die lediglich die üblichen Sonntagsplaudereien ersetzen sollten, befaßte sich bald, wie ich zu meinem Schrecken vernahm, der Verein für hessische Geschichte und Landeskunde sehr ernsthaft, vornehmlich deshalb, weil offenbar zum ersten Male der Versuch gemacht worden war, die Kasseler Mundart einheitlich zu schreiben. Dabei war mir der erlernte Beruf sehr zustatten gekommen. Ich schrieb nach phonetischen Grundsätzen, nämlich genau so, wie der echte Kasselaner wirklich sprach. Die erste Sammlung erschien 1910 im Verlag von Heinr. Bechmann & Co. in Kassel, die zweite Auflage im selben Jahre in der damaligen Hofbuchhandlung von Carl Vietor unter dem Titel „Casseläner Jungen, mundartliche Geschichdchen von Henner Piffendeckel". Eine andere Sammlung wurde später von Dr. Helphand in seinem sozialwissenschaftlichen Verlag herausgegeben unter dem Titel: „Philipp Scheidemann, Zwischen den Gefechten." Es handelte sich hier um eine Schrulle Helphands, der ich mich vergebens zu widersetzen versuchte. Parvus, ein geborener Russe, hatte gelernt, die Mundart meiner Vaterstadt ganz glatt zu lesen, weil er ein großes Vergnügen an meinen Lausbubengeschichten fand. Er hat die Auswahl für das von ihm herausgegebene Bändchen selbst getroffen. Neu aufgelegt wurde die Schrift dann wiederum 1926 im Weser-Main-Verlag (J. Kämpfer) in Kassel.

Ich habe später die Erfahrung machen müssen, daß man nicht alle Erlebnisse so unvergänglich im Gedächtnis festhalten kann, wie die kindlichen. Sobald ich diese Entdeckung gemacht hatte, ging ich dazu über, mir besonders wichtig erscheinende Erlebnisse zu skizzieren. Bei allem, was ich in dieser Schrift berichte, stütze ich mich also entweder auf mein Gedächtnis, soweit ich mich bestimmt darauf verlassen kann, oder ich nehme eigene Aufzeichnungen zu Hilfe. Im übrigen schöpfe ich aus Quellen, die jedermann zugänglich sind.

Von meinen Eltern

Mein Vater war ein selbständiger Handwerks-Meister, Tapezierer und Polsterer, ein tüchtiger und angesehener Kasseler Bürger. Meine Mutter war ebenfalls in Kassel geboren. Meine Eltern stammten aus kurhessischen Bürger und Handwerkerfamilien. Die Scheidemänner, deren es übrigens nicht allzu viele gegeben haben dürfte — der Name kommt nur verhältnismäßig wenig vor, — stammen wahrscheinlich von der nordischen Wasserkante, sind die Weser hinaufgezogen und haben dann, von Münden an, ihren Weg teils die Werra, teils die Fulda hinauf genommen. Bis in das 14. Jahrhundert zurück haben einige landsmännische Namensvettern und Forscher den Ursprung meiner Vorfahren zurückverfolgt, so daß wir einen ganz respektablen Stammbaum nachweisen können. Die am weitesten zurückliegende Spur wird beiläufig auch in einer Marburger Doktordissertation von Alfred Herbst, 1913, genannt. Dort wird gesprochen von dem ältesten bisher nachweisbaren Scheidemann, dessen Vorname nicht zu ermitteln gewesen ist. Aus dem Titel dominus sei aber zu ersehen, „daß wir einen der angesehensten Bürger Hersfelds vor uns haben . . . Wir sind durch zahlreiche Urkunden instandgesetzt, verschiedene Mitglieder dieser in Hersfeld im 14. Jahrhundert sehr angesehenen Familie namhaft zu machen." Genannt werden dann u. a. Heinrich Scheidemann, der schon 1320 Schöffe war, Reinhold Scheidemann, Stadtpfarrer zu Hersfeld, der Schultheiß Stephan Scheidemann, sowie der Bürger Jordan Scheidemann. Schließlich wird in der Dissertation über das „Hersfelder Zinsenverzeichnis des 14. Jahrhunderts" noch Ludwig Scheidemann als Domherr in Mainz genannt, 1371. Wenn im 14. Jahrhundert Träger eines bestimmten Namens bereits in derart wichtigen Ämtern gewesen sind, so ist die Annahme berechtigt, daß die weitere Rückverfolgung des Stammbaumes bis ins 13. Jahrhundert hinein für ernsthafte Forscher ein allzu schwieriges Kunststück nicht mehr sein kann. Auf alle Fälle steht jetzt schon fest, was ich mit Behagen niederschreibe, daß die Scheidemänner mindestens 100 Jahre früher in Hessen ansässig gewesen sind, als die Hohenzollern in der Mark Brandenburg. Leider sind meine Stammväter nicht so sparsam gewesen wie die Hohenzollern (siehe Prof. Dr. Bredt in seiner Schrift: „Die Vermögensauseinandersetzungen zwischen dem Preußischen Staat und dem Königshause", Stilke: Berlin 1925), sonst müßten sie mir, wenn nicht viele Schlösser, Land und Goldmillionen, wenigstens eine bescheidene Hütte hinterlassen haben. Nichts von alledem. Ja, ja, die alten Deutschen, die Bärenhäute und der Durst!

Meinen Großvater Philipp Scheidemann, der mich über den Taufstein hielt, als der Herr Pfarrer mich mit Fuldawasser bis zum äußersten reizte, habe ich sehr gut gekannt und seiner fröhlichen Stimmung wegen sehr gern gehabt. Er hat übrigens noch das erste meiner Kinder kennengelernt. Nahezu 80 Jahre ist er alt geworden. Bis zu seinem seligen Ende war er ein fröhlicher Zecher am Spundloch des Lebens.

Mein Vater hatte im kurhessischen Leibregiment gedient und die Feldzüge von 1866 und 1870/71, diesen als 81er Infanterist, mitgemacht. Er war ein überaus stattlicher Mann, der unter normalen Umständen gewiß ein hohes Alter hätte erreichen können. Bei der wochenlangen Belagerung von Metz hatte er sich aber, wie viele andere, erst die Ruhr und dann eine schwere Lungenentzündung zugezogen. Scheinbar wieder vollkommen gesund, kehrte er nach dem Kriege heim, den Todeskeim in der Brust. Er starb 1879 im Alter von noch nicht 40 Jahren. Die kleinen Geschäftsleute, die den Deutsch-Französischen Krieg mitgemacht hatten, durchlebten Mitte und Ende der siebziger Jahre schwere Zeiten. Mit einem Gehilfen und einem Lehrling konnte in der väterlichen Werkstätte schließlich die gesamte Arbeit bewältigt werden, obwohl mein Vater in seinem Berufe geradezu als Künstler geschätzt wurde und die vornehmste Kundschaft „der Residenz" hatte, nämlich den kurhessischen Adel. Als Junggeselle war er in der sogenannten kurhessischen Möbelkammer beschäftigt gewesen. Aus dieser Zeit und von den Soldatenjahren her datierten allerlei „vornehme Bekanntschaften", so beispielsweise die mit dem General v. Loßberg, der in einem besonderen Vertrauensverhältnis zu dem Prinzen Moritz von Hanau, einem Sohne des letzten Kurfürsten, stand. Prinz Moritz, der meinen Vater sehr gut gekannt hatte, war als Majoratsherr damals Beherrscher des kurfürstlichen Schlosses Horsovice bei Prag. Er hatte durch den General v. Loßberg meinen Vater unausgesetzt bearbeiten lassen, nach Horsovice überzusiedeln, um die Verwaltung des Schlosses zu übernehmen. Zunächst war das Anerbieten entschieden abgelehnt worden. Je schlechter jedoch die Erwerbsverhältnisse wurden, je häufiger sich auch die Erkrankungen meines Vaters einstellten, um so mehr wurde der Widerstand gegen das Anerbieten erschüttert. Eines Tages, nachdem das Fuhrwerk des Generals wieder stundenlang vor unserer Wohnung am Holzmarkt, Ecke der Leipziger Straße in Kassel, gestanden hatte, hörte ich, daß der Pakt geschlossen worden sei: binnen kurzer Frist sollte die Heimat verlassen werden.

Ich war Quintaner der Höheren Bürgerschule in der Hedwigstraße, als ich Abschied nehmen mußte. Die Reise ist für die Eltern wahrscheinlich eine Riesenstrapaze gewesen, einmal meiner jüngeren Schwester wegen, besonders aber meinethalben. Für mich war sie ein Riesenvergnügen, das nur durch die Eltern beeinträchtigt wurde. Damals war die bei Riesa über die Elbe führende Eisenbahnbrücke eingestürzt. Es mußte infolgedessen in Booten über die Elbe gesetzt werden. So ein Jux! Bei der Überfahrt kam es zu einem Streit zwischen einem Offizier und einigen zivilisierten Reisenden. Großes Geschrei, später sogar Verhaftung, weil einer der Beteiligten eine Pistole gezogen hatte. Das alles regte meine Phantasie sehr an, so daß ich die größten Hoffnungen auf Horsovice setzte. Zunächst gefiel es mir dort glänzend, weil ich gar keinen Schulunterricht hatte. Das erschien mir als ein kolossaler Fortschritt im Vergleich mit den Schulverhältnissen in Kassel. Die allgemeinen Zustände erwiesen sich aber, je länger desto mehr, als unmöglich für uns. Meinem Vater wurde zugemutet, ebenso wie allen anderen Angestellten, den Prinzen mit den Worten zu begrüßen: „Ich wünsche untertänigst guten Morgen." Das lehnte er ab und entschloß sich kurz und bündig, sobald als möglich nach Kassel zurückzugehen. Ich wurde nach etwa fünfmonatlichem Aufenthalt in Horsovice zunächst allein wieder nach Kassel zurückgeschickt und kam in Pension zu einem Oberfeuerwerker a. D. Becker, von dessen beiden Söhnen der eine Kunstmaler in Berlin, der andere Pfarrer in einem oberhessischen Landstädtchen geworden ist. Von dem Pfarrer habe ich wahrscheinlich das Malen, von dem Maler die Frömmigkeit gelernt. Mein Verbleiben in Horsovice hatte sich deshalb als unmöglich erwiesen, weil sich gar keine Möglichkeit eines geregelten Schulbesuches für mich ergab. Mein einziger Unterricht wurde mir erteilt von einem in Deutschland relegierten Studenten, der täglich eine Stunde zu uns kam. Wir besaßen eine schöne und sehr geräumige Wohnung im Schloß. Die eine Stunde Schulzwang hatte mir vollkommen genügt, weil mir dadurch Zeit genug blieb, mir wichtiger erscheinenden Geschäften nachzugehen. Das Umherstreifen in Feld und Wald, das Schießen nach Scheiben, Vögeln und wildernden Katzen gefiel mir viel besser, als der lächerliche Unterricht. Meine Eltern dagegen waren zu der Überzeugung gekommen, daß diese Lebensweise nicht die richtige für mich sei, deshalb schickten sie mich heim. Übrigens will ich erwähnen, daß auch oft genug das heulende Elend über mich kam — ich hatte Heimweh.

In Kassel konnte ich sofort wieder in die gleiche Klasse eintreten, die ich früher besucht hatte. Mein Ordinarius Dr. Ide, ein riesengroßer, stattlicher Mann, der mich sehr gern gehabt hatte, empfing mich mit offenen Armen. Als er, noch sehr jung, später von einer Lungenentzündung plötzlich dahingerafft wurde, weinte die ganze Schule. In der Quarta bekam ich den Oberlehrer Crede als Ordinarius. Ich habe ihm, der ein köstliches Original war, später in mancher Plauderei würdige Denkmale gesetzt. Credé war Junggeselle. Er trug Sommer und Winter Zylinder der komischsten Formen. Die strähnigen Haare schnitt ihm seine Schwester, eine alte Jungfer, mit der er gemeinsamen Haushalt führte. Wir Jungen schworen darauf, daß sie ihre Friseurkünste wie folgt ausübte: sie stülpe dem Bruder einen Kochtopf über den Kopf und schneide dann alle Haare ab, die darunter herausguckten. Ein Verwandter Credés, ein Stadtrat namens Wagner, der meine Plaudereien kannte, hat mir Jahrzehntelang später im Kasseler Rathause erzählt, daß sein Großonkel einmal auf einer Auktion, die ein Hutmacher veranstaltete, um mit seinen unmodernen Ladenhütern zu räumen, ein ganzes Dutzend Zylinderhüte gekauft habe, weil das Stück nur fünf Silbergroschen kostete. Mit diesem Dutzend Hüten war dann der Bedarf Credés an Kopfbedeckungen für mehr als 30 Jahre gedeckt gewesen. Wichtiger wurde für mich die Bekanntschaft, die ich damals mit dem Oberlehrer Dr. Hugo Brunner machte, der in unserer Klasse französischen Unterricht gab. Die Bekanntschaft mit diesem Manne, einem Onkel des späteren Kasseler Bürgermeisters Brunner, wuchs sich im Laufe der Zeit zu einer ganz regelrechten Freundschaft aus, einer geheimen Freundschaft allerdings, die jedoch vorhielt, als er Direktor der Landesbibliothek und ich längst als Sozialdemokrat bekanntgeworden war; sie dauerte an bis zum Tode des klugen, später allerdings verärgerten, verbitterten und eigensinnig gewordenen Mannes. Ich erinnere mich noch mit Freuden an einen Artikel über Monarchie und Republik, den Brunner mir für das Volksblatt 1906 oder 1907 geschrieben hat. Dieser Artikel, der selbstverständlich anonym erschien, war derart scharf gegen das Regime Wilhelms II. gerichtet, daß ich wahrscheinlich jahrelang wegen Majestätsbeleidigung hätte im Loch sitzen müssen, wenn ich mit dem Blaustift nicht noch fürchterlichere Musterung in dem Manuskript gehalten hätte, als Brunner drei Jahrzehnte früher in meinen französischen Extemporalien. Brunner hat mir immer wieder, bei aller Freundschaft bestätigt, daß ich einer seiner unerfreulichsten Schüler gewesen sei.

Kindliches Hungerleiden

Weil die Krankheit meines Vaters hoffnungslos geworden war, mußte ich die Schule verlassen. Im letzten Schuljahr hatte ich Sommer und Winter — brrh! — frühmorgens zwischen sechs und sieben Uhr Frühstücksbrot ausgetragen, um etwas mit zu verdienen. Die wenigen Groschen, die ich für diese Arbeit bekam, machten mir um so größere Freude, je mehr ich hatte frieren müssen, wenn ich auf den dunklen Treppen herumkletterte. Wenn ich jetzt daran zurückdenke, sehe ich meine damalige Tätigkeit als eine Art primitiver Sportbetätigung an, die mir gewiß nichts geschadet hat. Im Alter von noch nicht vierzehn Jahren kam ich in die Buchdruckerei der Gebr. Gotthelft als Setzerlehrling. Die Arbeitszeit, damals nicht einmal für jugendliche Arbeiter geregelt, betrug täglich mindestens zwölf bis dreizehn Stunden. Sonnabends, namentlich in den Wintermonaten, bis zu 15 und mehr Stunden. Ich erinnere mich, daß wir vor Weihnachten von früh 6 Uhr bis nach Mitternacht haben arbeiten müssen. Diese Arbeit bestand zu erheblichen Teilen aus Handleistungen, die mit der Schriftsetzerei absolut nichts zu tun hatten, so vor allem im Falzen von Zeitungen und Einlegen der Beilagen. Falzapparate und Rotationsmaschinen kannte man in jener Zeit in Kassel nur aus märchenhaft klingenden Berichten. Als Entlohnung gab es im ersten Lehrjahre wöchentlich zwei Mark, dann von Jahr zu Jahr fünfzig Pfennige Zulage pro Woche, so daß im vierten Lehrjahre wöchentlich 3,50 Mark bezahlt wurden. Für die zahllosen Überstunden im Laufe eines Jahres gab es eine „Weihnachtsgratifikation" im Betrage von fünf Mark. Ich mache diese Angaben nicht, um die Firma, bei der ich in die schwarze Kunst eingeführt wurde, herabzusetzen. Die Verhältnisse waren damals in nahezu allen Betrieben gleich trostlos. Ich erwähne diese Zustände, um besonders die jüngeren Leser daran zu erinnern, was in jahrzehntelangen zähen Kämpfen von den gewerkschaftlichen und sozialdemokratischen Arbeiterorganisationen schwer genug errungen werden mußte.

Wie die letzten Schuljahre, so waren meine vier Lehrjahre im wahren Sinne des Wortes schlimmste Hungerjahre. Frieren mußte ich besonders im Winter 1879/80. Wenn ich morgens vor 6 Uhr das Haus verließ, um an die Arbeit zu gehen, waren mir schon die Hände steif und die Nase zugefroren, bevor ich auf der Straße stand. Die furchtbare Kälte jenes Winters war für mich besonders schlimm, weil ich weder einen Mantel noch Handschuhe mein Eigen nannte. Solange mein Vater zu Bett liegen mußte, meine Mutter also ans Haus gefesselt war, so daß sie nichts verdienen konnte, habe ich oft genug bei Freunden meiner Eltern einige Groschen für ein Brot borgen, oft genug auch im Leihhause Haushaltungsgegenstände und Kleidungsstücke meiner Mutter aus besseren Zeiten versetzen müssen. Einige Stücke waren es besonders, die ich immer wieder verpfänden, oder, wenn der Verfalltag nahte, durch Versetzen eines neuen Stückes einlösen mußte: ein schwarzseidenes Kleid und ein großer türkischer Schal meiner Mutter, sowie eine Taschenuhr meines Vaters. Am peinlichsten war mir, daß ich auch hin und wieder, während mein Vater schon lange hoffnungslos darniederlag, zur Schule entweder väterliches oder mütterliches Schuhwerk anziehen mußte, wenn mein einziges Paar Stiefel in Reparatur war. Trotz dieser Elendsjahre war meine Kindheit, im ganzen gesehen, doch eine glückliche, denn ich hatte eine Mutter, wie ich sie allen Kindern wünsche, wie sie aber wahrscheinlich nicht allzu viele Kinder haben können. Sie war in allen weiblichen Handarbeiten eine wahre Künstlerin und wurde deshalb viel bewundert; sie hatte auch literarische und künstlerische Interessen; sie las gute Bücher und besuchte ab und zu, bevor das graue Elend bei uns eingezogen war, auch das Theater. Davon war später natürlich keine

Rede mehr. Ich erinnere mich sehr wohl, daß sie mich als Schuljungen in die herrliche Bildergalerie meiner Vaterstadt führte und dort vor den Bildern Rembrandts mir allerlei aus dem Leben des Holländers erzählte. Später bin ich auf die Vermutung gekommen, daß meine Mutter mich schon so frühzeitig für bestimmte Dinge zu interessieren suchte, um anderen Einflüssen zu begegnen.

Mein Vater hatte eine parteipolitische Einstellung bestimmt nicht. Einer seiner besten Freunde, ein Berufskollege namens Eduard Auell, war Sozialdemokrat und begeisterter Verehrer Wilhelm Pfannkuchs. Er war ledig. Auell war meinen Eltern in den Stunden bitterster Not immer ein treuer Helfer. Ich erinnere mich an Zeiten, in denen er uns jeden Abend besuchte. Die Unterhaltung drehte sich fast stets um die schlechten Verhältnisse, um die große Not der kleinen Geschäftsleute und zum Schluß immer um die Sozialdemokratie. Ich hörte diesen Gesprächen mit der größten Aufmerksamkeit zu, wenngleich das meiste mir unverständlich blieb. Meine Mutter, das weiß ich noch genau, widersprach sehr oft, wenn Auell das Ende allen Elends von der Sozialdemokratie erwartete. Zu besonders lebhaftem Meinungsaustausch kam es in den Zeiten der Attentate Hödels und Nobilings auf den alten Kaiser Wilhelm I. Eine sozialdemokratische Presse gab es damals in Kassel nicht. Meine Eltern lasen das Tageblatt, standen also auch unter den Eindrücken der Berichte dieser Zeitung.

Daß damals der Christlichsoziale Hödel und der Nationalliberale Dr. Nobiling der Sozialdemokratie zu Unrecht an die Rockschöße gehängt wurden, könnte heute jeder politische ABC-Schütze wissen. Aber damals? Jedenfalls hatte Auell in jenen Tagen einen schwierigen Stand bei meiner Mutter.

Dann aber wurde mit der zunehmenden allgemeinen Not und der dauernden Krankheit meines Vaters das Hungerleiden in unserem Hause immer schlimmer. Und wenn schließlich kein Stück Brot im Hause war und meine arme Mutter mich um fünfzig Pfennige für ein Brot zu Auell schickte, dann pflegte mein Vater hinzuzufügen: der Sozialdemokrat hilft. Nach dem Tode meines Vaters schaffte die unermüdliche Mutter von früh bis in die sinkende Nacht. Neben der Besorgung des Haushalts und ihrer beiden Kinder schneiderte sie für fremde Leute. Sie war in ihrem Bekanntenkreise wegen ihrer Klugheit und Geschicklichkeit ganz allgemein sehr beliebt. Ich habe sie nur selten über ihr Geschick klagen hören, sah aber oft genug, daß sie geweint hatte. Selbst meine schlimmsten Streiche verzieh sie schließlich, nachdem sie mir ins Gewissen geredet hatte. Sie mußte mir, wie ich zugestehen will, oft ins Gewissen reden.

Zum besseren Verständnis meiner Entwicklung aus der Schulzeit heraus über die Lehr- und Wanderjahre will ich ein kindliches Erlebnis erzählen.

Kindliche Kaiserbegeisterung

Ich sehe noch mit aller Deutlichkeit, wie um die Plakatsäulen herum die Menschen zu Dutzenden standen, um die Extrablätter zu lesen, die über das Attentat des angeblichen „Sozialdemokraten" Hödel auf den Kaiser Wilhelm berichteten. Und ich weiß noch ganz genau, wie uns in der Schule von unserem Klassenlehrer Dr. Crede später das erfolgreichere Attentat des Dr. Nobiling in seiner ganzen Ruchlosigkeit geschildert wurde. Und da uns auch im Religionsunterricht Hödel und Nobiling in den schauderhaftesten Farben als Sozialdemokraten geschildert wurden, so war es kein Wunder, daß wir schließlich in einen Zustand überpatriotischer Raserei hineinpädagogelt wurden. Das um so mehr, weil auch unser Geschichtslehrer nicht versäumte, den alten Kaiser uns als Halbgott zu schildern, der nicht nur das neue Reich gegründet habe, sondern dem es eigentlich auch zu danken sei, wenn wir Luft schnappen könnten.

Außerdem steigerte sich unsere Wut gegen die Attentäter deshalb, weil plötzlich im Religionsunterricht verlangt wurde, daß wir die Sprüche, die wir einpauken sollten, tatsächlich in der nächsten Religionsstunde im Gedächtnis haben und hersagen mußten. Das war bis dahin nicht ernstlich verlangt worden, aber nun, da zwei Menschen auf den Kaiser geschossen hatten, mußte der Religionsunterricht mit Dampf betrieben werden, damit so etwas nicht wieder vorkomme.

Unser Patriotismus erreichte seinen Höhepunkt, als die Nachricht einlief: der Kaiser kommt, der verwundete Kaiser kommt nach Kassel. Nun wußten wir zwar, daß Kaiser und Könige schließlich auch nur Menschen sind, trotz der Aufsätze, die wir schreiben mußten. Mindestens waren wir überzeugt davon, sahen wir doch täglich „Königskinder", da die preußischen Prinzen Heinrich und Wilhelm — der letzte Kaiser — zur selben Zeit die nur wenige Minuten von unserem Schulhause entfernten Gymnasien besuchten. Aber einen Kaiser zu sehen, auf den ein Doktor geschossen hatte, das war doch etwas Besonderes. Na, und als uns gesagt wurde, daß alle Schulen und Vereine vor dem Schloß, in dem der Kaiser wohnen werde, auf dem Friedrichsplatz mit klingendem Spiel und fliegenden Fahnen aufmarschieren sollten, da waren wir außer Rand und Band.

Der Tag kam schließlich heran, an dem wir am Kaiser vorbeimarschieren und Hurra schreien sollten. Der Weller und ich sollten abwechselnd die Klassenfahne tragen, weil wir die Längsten in der Klasse waren. Die Sache ging gut, bis wir in die Nähe des Schlosses kamen. Bis dahin hatte ich dem Weller die Fahne gelassen. Vor dem Kaiser wollte ich sie tragen. Er weigerte sich — es gab im Zug eine bösartige Pufferei: Unser Lehrer sah den Kampf gerade in einem Augenblick, der meinen Gegner im ungünstigsten Licht erscheinen lassen mußte. Der Lehrer entschied zu meinen Gunsten. Ich war ebenso glücklich wie Weller unglücklich. Mit welcher Begeisterung schwenkte ich die Fahne! Da stand ja der alte Kaiser, einen Arm in der Binde. Er grüßte zu uns herunter und es konnte gar keinem Zweifel unterliegen, daß er offensichtlich nach mir gegrüßt hatte. Natürlich! Ach, wenn ich da den Nobiling gehabt hätte — und ich haute mit der Fahne so unerhört patriotisch in der Luft herum, daß ich sie auf Geheiß unseres Lehrers wieder an Weller abgeben mußte, damit es keine Löcher in die Köpfe gab...

Ein Jahr später war ich schon in der Lehre, da hörte und sah ich gar mancherlei. Das Leben war doch wirklich anders, als es nach dem in der Schule Gelernten eigentlich hätte sein müssen. Ja, wer richtete sich denn eigentlich nach all den schönen Bibelsprüchen, die ich hatte erlernen müssen! Offenbar niemand, sicherlich nicht die Arbeitgeber, die ich kennenlernte.

Mein armes Mütterchen ging morgens fort zur Kleidermacherei; feuchten Auges rechnete und rechnete sie, wenn wir Kinder abends mit ihr zusammensaßen. Mir fiel es immer mehr wie Schuppen von den Augen. War nicht mein Vater ein tapferer Soldat gewesen, der mit Auszeichnung gekämpft und dem Vaterland seine Gesundheit geopfert hatte? War er nicht ein geachteter

Bürger gewesen, der sein Geschäft gründlich verstanden und fleißig betrieben hatte? Aber freilich! Und doch mußte nun nach seinem Tode unsre Mutter wieder für fremde Leute arbeiten, um sich und uns Kinder vor dem Hunger zu schützen.

Aber — wahrhaftig! Wohin ich auch blicken mochte in die Nachbarschaft, überall dasselbe: bei Schmidts und Müllers, bei Lehmanns und allen anderen! Und doch nicht bei allen. Die wenigen Fabrikanten in der Nähe vergrößerten ihre Betriebe immer mehr und erbauten sich immer schönere Villen.

Die Gehilfen, unter denen ich lernte, lasen gar mancherlei, was sie sorglos liegenließen. Das las ich dann mit großem Interesse. So lernte ich aus Lassalles Schriften begreifen, daß es Klassenunterschiede gibt. Das heißt: es gibt Menschen, die ihre Arbeitskraft verkaufen müssen, um sich und die Ihrigen ernähren zu können, und es gibt Menschen, die Arbeitskräfte kaufen, um möglichst hohen Gewinn daraus zu ziehen. Die letzteren sind die Kapitalisten in Stadt und Land, die Fabrikanten und Großgrundbesitzer; sie stellen nur einen winzigen Bruchteil der Bevölkerung dar, aber sie sind mächtiger als die große Masse der Arbeiter. Solange der Arbeiter seine Arbeitskraft verkaufen kann, solange ist die Möglichkeit gegeben, seine Familie kärglich zu ernähren. Erlischt die Arbeitskraft, dann stellt sich die Not ein. Das war so beim Urgroßvater und würde so sein beim Urenkel, wenn das Volk nicht inzwischen ein wenig zur Einsicht gekommen wäre. Ich wurde schnell von dem „Patriotismus" der mir in der Schule eingetrichtert worden war, kuriert. Sobald ich in die Schule des Lebens getreten war, lernte ich, was es heißt, wahrhaft patriotisch sein, das heißt: Sozialdemokrat sein!

Patriotismus heißt Vaterlandsliebe. Niemand kann sein Vaterland mehr lieben als wir Sozialdemokraten. Eben deshalb schüttelten wir auch nicht den Staub von den Schuhen, um auszuwandern, wie uns Wilhelm H. anempfohlen hatte. Ganz im Gegenteil! Wir blieben, um zu kämpfen, bis der Ausbeutung des Menschen durch den Menschen ein Ende gemacht, bis gleiche Rechte für alle errungen sein werden.

Zweiter Abschnitt

Wanderjahre

Das grausamste aller Geschöpfe ist der Mensch. Ein tiefes Schamgefühl kommt über mich, wenn ich daran denke, was ich meiner Mutter angetan habe, als ich auf die Wanderschaft ging. Im April 1883 hatte ich meine vierjährige Lehrzeit beendet. Nach altem Brauch wurde ich von dem Seniorchef des Hauses im Kreise des gesamten Setzerpersonals feierlich „freigesprochen." Damit nahmen die Gehilfen mich aber noch nicht für voll an. Zwar trat ich sofort dem Buchdruckerverbande bei und wurde auch Mitglied der sozialdemokratischen Geheimorganisation, ein vollwertiger Kollege für die Setzer konnte ich aber erst an dem Tage werden, an dem es ihnen gelang, mich gründlich und für alle Ewigkeit zu „gautschen", das ist eine besondere Art Taufe. Das Taufwasser wird nicht auf den Kopf geträufelt, sondern befindet sich in einem riesigen Schwamm, der auf einem etwa einen Meter hohen Korrigierstuhle liegt. Auf diesen Schwamm wird man dreimal mit erheblicher Wucht „gesetzt", nachdem es den Gautschgesellen gelungen war, ihr Opfer zu packen und vollkommen wehrlos zu machen. Es werden bei dieser Prozedur gar seltsame Sprüchlein gemurmelt. Sobald dann der Gegautschte seinen „Einstand" bezahlt hat, wird ihm der Gautschbrief ausgefertigt. Damit war der junge Gehilfe komplett und — reif für die Walze. Die Gautschbriefe wurden nach Art feinster Diplome hergestellt und zwar in den fünf Farben, die angeblich Kaiser Friedrich III. ebenso wie das Wappen und das „Recht", bei feierlichen Gelegenheiten einen Degen zu tragen, den Buchdruckern verliehen haben soll:

„Purpur, Gold, Blau, Silber der Kaiser uns gab — Und schwarz drucken stets unsre Lettern sich ab — Frei ist die Kunst!"

Der mittelalterlich-zünftlerisch anmutende Text, der natürlich nur von der heiteren Seite genommen werden darf, lautete wie folgt:

Pakkt an! Laßt seinen Corpus posteriorum fallen
Auf diesen nassen Schwamm, bis triefen beide Ballen.
Der dürstgen Seele gebt ein Sturzbad oben drauff!
Das ist dem Sohne Gutenbergs die allerbeste Tauff.
Von Gottes Gnaden

Wir Jünger Gutenbergs des Heiligen Römischen Reichs thun anmit Jedermänniglich unserer Kunstgenossen kund und zu wissen, daß der Jünger der wohledlen Buchdrukkerkunst
      Herr Philipp Scheidemann
nach altem Brauch und Herkommen heut mit Zuziehung der Herren Gesellen der Gotthelft'schen Buchdrukkerei die Wassertauff ad posteriora erhalten hat und damit in sämmtliche uns von Kaiser Friedrich III. verliehenen Rechte und Privilegien eingesetzt ist. Krafft derselben gebiethen wir allen unseren Kunstgenossen, obenbenannten Jünger Gutenbergs als richtigen Schwartzkünstler anzuerkennen und anzunehmen.
      Gegegeben usw. usw.
      Unterzeichnet wurden alle diese Gautschbriefe vom „Gautschmeister", dem 1. und 2. „Pakker", dem „Schwammhalter" und den übrigen Zeugen.
      Ich arbeitete in der Lehrdruckerei bis Januar 1884, dann hielt ich es nimmer aus. Am liebsten wäre ich schon im Sommer 1883 losgegangen, aber ich scheute mich doch, meine Mutter mit ihren Sorgen und meiner kaum zehnjährigen Schwester allein zu lassen. Der Gedanke, daß allein mein Fortgehen, mein Sprung ins Dunkle, der Mutter herzzerreißenden Kummer bereiten könnte, kam mir zunächst überhaupt nicht. Ich sah nur die große weite Welt offen vor mir und wollte sie kennenlernen. Hinaus! Ich sah mit 18 Jahren aus wie ein Dreiundzwanzigjähriger, denn ich war 1,79 Meter lang und trug einen schmalen, kurzgeschnittenen Backenbart. Jedenfalls sah ich so zuverlässig und vertrauenerweckend aus, daß der Leiter der Kasseler sozialdemokratischen Partei, ein prachtvoller Mensch namens Heinrich Huhn, mit dem mich später innige Freundschaft bis zu seinem 1924 erfolgten Tode verbunden hat, mir eine Blechbüchse, die mit einem schmalen Schlitz versehen war, anvertraute, um Gelder für die auf Grund des Sozialistengesetzes Ausgewiesenen zu sammeln. Ich war kaum aus der Lehre, da war ich auch schon im vertrautesten Zirkel der Geheimorganisation und zwar mit Leib und Seele. Den streng verbotenen und von der Polizei eifrig gesuchten „Sozialdemokrat", der unter dem Sozialistengesetz erst in Zürich und dann in London gedruckt wurde, verbreitete ich von Haus zu Haus an die Abnehmer. Andere Flugschriften half ich austragen von Dorf zu Dorf.

Mehr als einmal kam ich mit zerrissenen Hosen am Sonntagabend heim, wenn auf den Dörfern die Hunde hinter uns hergehetzt worden waren. An den vertraulichsten Besprechungen nahm ich teil. Glücklich war ich, als mir einmal Grillenberger in Kassel überliefert wurde, damit ich ihn sicher vor den Augen der Polizei an die vereinbarte Stätte bringen konnte. Die Mitteilungen, die Wilhelm Pfannkuch, damals Reichstagsabgeordneter für den VI. Berliner Wahlkreis, aus Berlin mitbrachte, verschlang ich förmlich. Aus den Kreisen meiner Berufskollegen wurden mir häufig Vorwürfe gemacht, weil ich als junger Mensch mich zu sehr mit Politik und zu wenig mit Berufsfragen befaßte. Ich suchte deshalb beiden Anforderungen zu genügen, belastete mich aber nunmehr so, daß ich zu dem festen Entschluß kam, Kassel zu verlassen. Wiederholt war mir bereits die Polizei auf den Fersen gewesen. Einmal waren wir bei einer Zusammenkunft überrascht worden und zwar in einem Lokal, das sich an der Ecke der Wolfhager- und der Holländischen Straße befand: dem österreichischen

Hof. Der ausgestellte Posten hatte nicht aufgepaßt, die Tür öffnete sich und herein trat ein uns allen bekannter älterer Schutzmann. „Was geht hier vor?"

„Wollen Sie mitfeiern? Wir feiern Geburtstag!"

„Das glaube ich nicht! Ich löse die Versammlung auf. Entfernen Sie sich sofort!" — Natürlich ließen wir uns das nicht zweimal sagen, hatten wir doch alle die Taschen voll der neuesten „Winke". Das war ein Instruktionsschriftchen mit Lehren, wie man sich bei Verhaftungen, Haussuchungen und Gerichtsverhandlungen als Angeklagter verhalten sollte. Wäre der Schutzmann nicht polizeiwidrig dumm gewesen, so hätte er uns alle für verhaftet erklärt und um Hilfe geschrieen. Wahrscheinlich hat man ihn, nachdem er Meldung erstattet hatte, auch gerüffelt. Da er die meisten von uns dem Ansehen oder dem Namen nach kannte, so wird er wohl auf Befragen einige genannt haben. Ich war auf polizeilichen Besuch gefaßt und instruierte meine Mutter. Sie war mit mir darin einverstanden, daß die wertvollen „Winke" nicht verbrannt werden dürften, sie nähte sie deshalb mit erstaunlicher Behendigkeit in alle ihre Unterkleider. Natürlich kam sie aus den größten Ängsten nicht heraus, bis ich nach einiger Zeit die kostbare Ware weitergeben konnte. Zwei meiner Kameraden, bei denen man die verbotenen Schriften gefunden hatte, wurden jeder zu mehreren Monaten Gefängnis verurteilt. Der Schutzmann hatte mich nicht denunziert, obwohl er mich gut kannte, wir verkehrten nämlich in der gleichen Kneipe.

Über die Art unserer geheimen Organisation interessieren vielleicht einige Angaben, weil daraus ersehen werden kann, wie schwer der Sozialdemokratie das Leben unter dem Sozialistengesetz gemacht worden ist, wieviel Opfermut und Begeisterung damals dazu gehört hat, im Dienste der Partei zu arbeiten. Ich habe an jene Zeiten besonders dann denken müssen, wenn auch mir in den erregten Tagen nach dem Zusammenbruche des Reichs grüne Jungen in Berlin zubrüllten: „Nieda! Nieda mit die Arbeita-varäta! Nieda! Nieda!" Die Seele unserer Organisation in Kassel war lange Jahre hindurch der in der Henschelschen Lokomotivenfabrik beschäftigt gewesene, weiter oben schon genannte Metallarbeiter Heinrich Huhn. Er stand in innigster Verbindung mit Wilhelm Pfannkuch, der aber aus guten Gründen außerhalb des rein organisatorischen Betriebes gelassen wurde. Huhn hatte fünf Mann an der Hand, die er innerhalb weniger Minuten mobil machen konnte. Von diesen fünf Mann hatte jeder wiederum fünf andere Männer zur Benachrichtigung usw. usw. Auf diese Weise war es möglich, ohne daß eine Liste geführt werden mußte, innerhalb kürzester Zeit viele hundert Mann auf die Beine zu bringen. Hatten wir in aller Vertraulichkeit eine Flugschrift zur Verbreitung fertig, dann war es eine Kleinigkeit, sie ohne große Vorbereitung sofort zur Verteilung zu bringen. Das mußte natürlich abends oder morgens vor Beginn der Arbeit geschehen. Nur ein einziges Mal ist Huhn der Polizei in die Hände geliefert worden und zwar infolge der unüberlegten Aussage eines jungen Arbeiters, der sein Zeugnis hätte verweigern müssen, wenn er gewissenhaft seine „Winke" gelesen hätte. Beide mußten wegen Verbreitung verbotener Schriften je zwei Monate Gefängnis absitzen. Schlimmer war, daß beide dadurch um ihre Arbeit kamen.

Ein Hauptvergnügen war uns die Irreführung der Polizei und Gendarmerie. Mitunter waren die Landesgrenzen gegen die Schweiz und später gegen England nahezu hermetisch abgeschlossen, um die Einschmuggelung des „Sozialdemokrat" auf jeden Fall zu verhüten. Wenn dann trotzdem die fällige Nummer im ganzen Reich pünktlich verbreitet worden war, haben die

Berliner Bonzen natürlich gewütet. Sie sind niemals hinter das Rätsel gekommen, wie es möglich sein sollte, Zehntausende von Zeitungen über die Grenze zu bringen, obwohl jedes Grenzloch abgesperrt war. Dabei war die Geschichte so furchtbar einfach. Der „Sozialdemokrat" wurde vielfach gar nicht im Auslande, sondern im Inlande gedruckt. Als Druckfirma wurden selbstverständlich die ausländischen Druckereien genannt. In diesen Fällen besorgte die deutsche Reichspost die Paketversendungen durch das Reich mit sicherer Pünktlichkeit. Und wenn dann von der Grenze aus durch die Polizei und ihre Helfershelfer nach Berlin berichtet wurde, daß der fällige Sozi — wir nannten ihn, weil er anfänglich aus der Schweiz kam und entsprechend deklariert war, den „Käse" — diesmal ausgeblieben, ganz bestimmt nicht über die Grenze gekommen sei, dann rauften sich die Puttkameruner Geheimräte, die die neueste Nummer längst in den Händen hatten, verzweifelt die Haare und schimpften auf die Grenzposten, die wieder einmal nicht aufgepaßt hätten.

Hinaus in die Ferne!

Im Januar 1884 wurde einigen älteren Gehilfen die Arbeit gekündigt; ich blieb nur deshalb von der Kündigung verschont, weil ich die komplizierten Arbeiten, die noch im Laufe waren, genau kannte. Ich setzte mich für einen verheirateten Kollegen ein und erreichte auch, nach längeren Verhandlungen mit dem Chef, daß er bleiben, ich aber gehen konnte.

Ich jauchzte auf. Nun konnte ich endlich fort. Der Januar ist zwar gewiß nicht der schönste Walzmonat, aber was kümmerte das mich! Also los! Der Abschied von zu Hause war schlimm. Zwar sagte meine Mutter nicht viel, aber sie weinte und das war furchtbar für mich. Heute kann ich es verstehen, was das bedeutet, wenn ein Kind vor seine Mutter tritt, um zu sagen, daß es in die Welt gehen wolle, einfach — in die Welt. Ich ging von meiner Mutter, nicht um nach Frankfurt, Hamburg oder Berlin in eine andere Stellung zu fahren, ich ging, mit dem „Berliner" auf dem Buckel, mit dem Stock in der Hand, um mir die Welt anzusehen, heute hier und morgen da... Daheim aber eine Mutter, die sich in Gram verzehrt und abends wie morgens mit bangen Blicken fragte, wo wird jetzt dein Junge sein?

Schließlich riß ich mich los und eilte zur Bahn. Nur zunächst fort von Hause und von der Vaterstadt. Ich kaufte eine standesgemäße Fahrkarte nach Göttingen. Von dort ging's stramm gen Norden. Ich wollte über Hannover nach Hamburg, ach was — was wollte ich überhaupt, ich wollte in die Welt, gleichviel wohin ich zuerst auch kommen würde!

Der erste Abend auf der Wanderschaft wird mir unvergeßlich bleiben. In einem an der Bahn Göttingen-Hannover gelegenen Städtchen machte ich die erste Rast. In der Herberge hauste eine alte Frau, — was ich mit meinen achtzehn Jahren so unter einer alten Frau damals verstanden habe. Nur zwei oder drei Wanderburschen waren anwesend, alte Kunden, die mir wenig Vertrauen einflößten. Ich setzte mich hin und schrieb nach Hause, daß es mir ausgezeichnet gehe, und daß ich frohen Mutes sei. Dann meinte die Herbergsmutter, es sei Zeit zum Schlafengehen. Sie brachte die anderen Kunden zur Ruhe und rief dann auch mir zu: Komm! Wir gingen über einen langen Hausflur in einen mit Steinfliesen belegten großen Raum, der zwei Betten enthielt. Die Pennenmutter setzte sich auf einen Bettrand und forderte mich auf, das Hemd auszuziehen. Was das bedeuten sollte, wußte ich natürlich längst aus der Erzählung älterer Kollegen. Das hieß: Jetzt wirst du gebient. Ich zog mich gehorsam aus, behielt nur die Beinkleider an, und übergab ihr, vor Frost zitternd, mein Hemd. Nebenbei gesagt kannte ich damals Unterwäsche nur vom Hörensagen. Durch Kopfnicken und nicht gerade unfreundliches Verdrehen der Augen, forderte sie mich auf, mich neben sie zu setzen. Sie hatte inzwischen einen großen Stahlzwicker aufgesetzt und untersuchte den Hemdenbändel mit der größten Gewissenhaftigkeit. Natürlich fand sie nicht das kleinste Bienchen. Nachdem ich ihr gesagt hatte, daß ich erst am Morgen desselben Tages meine Heimat verlassen hätte, meinte sie weise, dann nimm dich um so mehr in acht, denn reine Wäsche lockt die Bienen an, in durchgeschwitzte gehen sie weniger gern. Dann hing sie das Hemd über einen Stuhl und ich schlüpfte splitternackt in das eisig kalte Bett — brrh!

Ein Tag glich zunächst dem anderen wie ein Ei dem anderen. Mitunter gab's freilich auch mal eine lustige Abwechslung. So habe ich mich eines Abends einmal regulär verliebt in die lustige Tochter der Herbergsmutter in Badebusch. Ich hatte mich, als ich die schlanke Maid zu Gesicht bekommen hatte, sofort fein gemacht. Ich zog, nach langem Überlegen, mein nach fünfwöchiger Wanderung wirklich ausgezeichnet bienensicher durchgeschwitztes Hemde aus, nahm das feine neue Leinenhemde aus dem „Berliner", knüpfte einen neuen Papierkragen um und einen die ganze Heldenbrust schützenden Deckschlips. Was kostet nun Badebusch! Das Mädel war sehr nett zu mir und erzählte mir von allerlei Kollegen, die dort schon gearbeitet hätten. Wir erzählten uns, wir spielten Domino und würfelten auch zusammen. Schließlich kam die Frau Mama, winkte mit dem Finger und verschwand mit mir im Schlafsalon. „Zieh's Hemde aus!" Sie prüft und prüft am Halsbändel herum und sagt schließlich unerbittlich: „Wenn ich noch eine finde, kommste nicht ins Bett, dann mußte Knacker machen!" Ich war erschlagen — ich Bienen? Unmöglich! Ich habe bisher nie eine gehabt und heute außerdem ein neues Hemd angezogen! — „Warum warste so dumm? Na, ich finde weiter nichts. Nacht!" Das war also vorläufig das ganze Ergebnis der jungen Liebe: eine Biene und die Aussicht, auf der Bank oder im Stroh schlafen zu müssen. Das war nicht mein Fall. Ich biente selbst eifrig noch einmal nach, sperrte dann das „saubere" Hemd wieder weg und zog die fettgestärkte Zigeunerstaude am nächsten Morgen wieder an. Liebreizend lächelte mir am frühen Morgen Emmi in die Augen, als sie mir das Frühstück gab. Ich wartete eine günstige Gelegenheit ab, um ihr einen Kuß aufzubrummen. Wie Napoleon oder Rinaldo Rinaldini kam ich mir vor, kühn und unerschrocken. Wie ich bald bemerkte, hatte eine gar so große Kühnheit gar nicht zu der Unternehmung gehört, denn fünf Minuten später, als die Luft vollkommen rein schien, legte sie mir den Arm um den Hals, reichte mir den frischen Mund und flüsterte: Wie schade, daß du wieder gehst! „Oho", fuhr ich nun auf, zu den kühnsten Unternehmungen bereit, „heute gehe ich auf keinen Fall!" Ich war gewillt, noch eine Biene zu riskieren.

An der Wiege des Sports

Mit großem Vergnügen gedenke ich auch an einen Abend in Burg bei Magdeburg. In Magdeburg hatten wir uns gründlich an Berliner Weißbier gelabt, das uns bis dahin noch nicht bekannt war. Ob wir auf der Tour nach Berlin bis Burg gelaufen oder gefahren sind, weiß ich nicht mehr. Ich weiß nur, daß wir montags gegen Abend auf der Herberge ankamen, und daß die Burger Schuster gerade Quartal feierten. Praktisch bedeutete das, wie uns Walzbrüdern scheinen wollte, daß halb Burg berauscht war. Die Gesellen luden uns ein, mit ihnen zu feiern. Da wir Dringlicheres und Wichtigeres gerade nicht zu tun hatten, nahmen wir die Einladung an. Das Abendessen war das übliche, Abend für Abend dasselbe, weil wir einfache Leute waren: Hering und Pellkartoffeln. Da ich das Kartoffelpellen niemals gelernt hatte — übrigens ein wirklicher Bildungsmangel, wie ich schnell genug empfand —, mußte ich die Pellen stets mitessen, andernfalls hätte ich mich aus der gemeinsamen Schüssel niemals satt essen können. Da wir in der Stimmung gegen unsere hochverehrten Gastgeber erheblich zurück waren, suchten sie uns ab und zu durch einen Schnaps zu fördern. Um Mitternacht, so schien es uns, war die Fröhlichkeit eine ganz einheitliche. Als wir schließlich in den Schlafsaal kamen, um uns zu legen, murrten einige der aus dem Schlafe Aufgescheuchten. Sie schrien unverschämt nach Ruhe, wir forderten sie in der bescheidensten Weise auf, das Maul zu halten. Innerhalb einer Minute wälzte sich in dem plötzlich vollkommen dunklen Räume ein Knäuel von etwa zwanzig Menschen, alle splitternackt, aber todesmutig, hauten, rangen, boxten, warfen mit Stiefelknechten, schimpften, traten, fluchten und stöhnten, bis schließlich der Herbergsvater mit einigen seiner Gesellen kam, um uns in liebenswürdigster Weise zu beruhigen. Zu diesem Zwecke hatte sich jeder von ihnen einen kräftigen Lederriemen mitgebracht. Am anderen Morgen sahen wir allerlei verbogene Nasen und geschwollene Lippen, auffallend groß war die Zahl der „Äuglein blau, der Äuglein schön". Mir wollte es scheinen, daß mein linkes Schienbein an Umfang bedeutend zugenommen hatte und einer Palette verflucht ähnlich sah. Ich werde den Gedanken nicht los, daß jener Abend in Burg vielleicht einer der Ausgangspunkte der deutschen Sportbewegung gewesen ist. Wer kann's wissen? Nahezu alle Betätigungsmöglichkeiten auf den verschiedensten Gebieten des modernen Sports waren an jenem Abend praktisch gezeigt worden. Goethe, der zu Übertreibungen neigte, hätte wahrscheinlich (wie nach Valmy) gesagt: von hier und heute geht eine neue Epoche aus — — und ihr könnt sagen, daß ihr dabeigewesen.

In Berlin blieb ich eine ganze Woche, um dann nach Stettin, Lübeck, Kiel und Hamburg zu wandern. In Lübeck war ich sehr schlecht bei Kasse. Infolgedessen fiel ich auf den Rat eines Kollegen hinein, der mir eine Pferdeschlächterei neben der Herberge zeigte und den Geschmack guter Roßwurst in den verlockendsten Farben schilderte. Nach längerem Zögern riskierte ich den letzten Groschen. Es kam dann aber ein solcher Abscheu in mir auf, daß ich nicht imstande war, auch nur einen Bissen von der Wurst zu essen. Meinem Kollegen schmeckte sie ausgezeichnet. Auf meinen Wanderungen im Norden Deutschlands war ich auch einmal Gast beim Fürsten Bismarck.

Bei Bismarck zu Tisch

Bismarck als Gastgeber ist schon oft geschildert worden. Hat doch so ziemlich jeder, der einmal „bei Bismarcks" ein Glas Wein getrunken oder eine Zigarre geraucht hat, ein Buch darüber geschrieben. Wenn ich auch einen Beitrag zur Erinnerung an den berühmten Staatsmann beisteuere, so mögen die immerhin etwas eigenartigen Umstände, unter denen ich Tischgast des Fürsten Bismarck gewesen bin, die vielleicht an sich überflüssige Bereicherung einer ohnehin schon überreichen Memoirenliteratur einigermaßen entschuldigen.

Also: es war im Vorfrühling 1884 auf der Wanderschaft. Mir lacht auch heute noch das Herz im Leibe vor Vergnügen, wenn ich daran denke. Jung und lebensfroh und die ganze Welt offen! Hatte ich doch ermittelt, daß ich durchschnittlich 15 Groschen tägliche Einnahmen so gut wie gewiß hatte. Eine Mark gab es regelrechtes Reisegeld von der Organisation. Eine weitere halbe Mark bekam man damals mit Leichtigkeit noch nebenher, wenn man in den Druckereien „Gott grüß die Kunst" sagte. Ab und zu gab es noch einige Briefmarken aus der Heimat, warum hätte ich da nicht froh und guter Dinge sein sollen!

Mitunter freilich ging es doch knapp her. Ich will's nicht verschweigen, nämlich dann, wenn wir in den größeren Städten nach Empfang der Gelder ein wenig über unsere Verhältnisse gelebt hatten.

Ich hatte zwei Reisekameraden, die sich auch dann zu helfen wußten: sie gingen einfach fechten. Das lag mir nicht, und ich habe es auch nie gelernt. Ein einziger Versuch scheiterte.

Der März 1884 bescherte uns eine Anzahl wunderbarer Vorfrühlingstage. Unsere „Berliner" hatten wir in den Chausseegraben geworfen und schmauchten unsere Pfeifchen. Wir debattierten lebhaft über hundert Dinge, stellten schließlich fest, daß es mit unseren Finanzen geradezu trostlos bestellt sei, und schimpften dann tüchtig auf Bismarck, der nun einmal nach unserer Ansicht an dem meisten Unglück in der Welt schuld war. Wir hatten beim Kaffeetrinken wieder allerlei über diesen Menschen in einer freisinnigen Zeitung gelesen.

„Bismarck! Habt ihr heute morgen nicht gehört, wie der Katzoff (Metzger) erzählt hat, daß es auf dem Bismarckschen Gut hier in der Nähe duftes Mittagessen für die Kunden gibt! Gehen wir hin!" So der Schwabe Hönle.

„Ja, ich hab's gehört. Man muß freilich zwei Stunden Umweg machen, wenn man das mitnehmen will. Ich bin aber dafür. Wir haben ja sowieso nichts zu versäumen." — So mein Landsmann Stefan.

Ich: „Ihr seid alle beide verrückt. Ich laufe nicht zwei Stunden um eine Suppe. Und dann will ich von Bismarck überhaupt nichts!"

Langer Streit. Schließlich marschieren wir weiter. Unsere Mägen knurrten immer lauter. Ich hatte gehofft, mir noch durch ein Pfeifchen den Appetit zu vertreiben, aber vergebens. Auf einmal standen wir am Scheidewege. Jetzt hieß es entweder geradeaus, dem ferneren Ziel zu oder links ab zu Bismarck, wo die würzigen Suppen dampften. Ich befand mich in einem schweren Gewissenskonflikt, aber die anderen hatten die Mehrheit. Und wenn ich auch noch so laut auf Bismarck und seine Bettelsuppe schimpfte, schließlich unterwarf ich mich gar nicht so ungern dem demokratischen Prinzip des „Mitgefangen — Mitgehangen!" und ging mit.

Je mehr wir uns dem Gute näherten, desto mehr stieg unser Appetit. Wir suchten uns nun auszumalen, was es wohl geben würde: Erbsen? Linsen? Bohnen? Und wieviel Speck würde wohl auf jeden kommen? Wir erzählten uns zum soundso vielten Male, was wir in der Heimat am liebsten gegessen hatten, und schwelgten im voraus in allerlei Genüssen, als wir endlich vor dem Gutshof standen. Ein riesiger Köter (ich überlasse es den Bismarck-Philologen zu untersuchen, ob es Tyras war) sprang auf uns zu und bellte fürchterlich. Aber wir hatten schon unsere Erfahrungen gemacht und wußten: „Hunde, die so bellen, beißen nicht."

Ein Knecht wies uns, ohne ein Wort zu sagen, nach einer Tür. Wir klopften an und traten dann ohne weiteres in eine riesige Küche ein. Eine mittelalterliche Köchin mit ein paar Armen, die mir ungeheuren Respekt einflößten, wies uns eine Bank an, auf der wir Platz nehmen sollten. Unsere „Berliner" legten wir auf den Fußboden,

Es gab Erbsen. Darüber konnte nun kein Zweifel mehr bestehen. Dafür hatten wir alle drei erprobte Nasen. Das Wasser lief mir im Munde zusammen ia Vorausahnung dessen, was nun kommen sollte. Mit wachsender Spannung sahen wir den Hantierungen der Köchin zu. Sie nahm ein großes Stück gekochten Speck, zerschnitt ihn in kleine Scheiben und warf dann alles in einen Topf von respektablen Dimensionen. Ich kam mir vor, wie in einem Märchen. Was war das für ein Glück, wenn jeder einen solchen Topf voll kriegte. Mein Magen stimmte mir beifällig knurrend zu.

Es sollte anders kommen. Die Köksch schob mit den Füßen ein dreibeiniges Gestell in die Mitte der Köche, stellte den Topf darauf und gab dann jedem von uns einen Löffel. Also so!? Wir sollten zu dritt aus demselben Topf essen! Das war mir nun eigentlich in meiner Praxis noch nicht vorgekommen. Aber alle aufsteigenden Bedenken knurrte mein Magen energisch nieder. Ich tauchte den Löffel in den Pott und labte mich. Ah, wie das schmeckte. Erbsen und Speck nach dreistündigem Marsch an einem frischen Märztage und dabei achtzehn Jahre alt! Ich sah auf meine Kameraden und bemerkte mit Vergnügen, daß es ihnen nicht minder schmeckte.

Da aber — zwischen Lipp und Löffelrand kam das Verhängnis. Während ich den Löffel wieder zum Munde führte, warf ich einen Blick auf Hönle und es war mir plötzlich, als hätte ich einen haarigen Kartoffelkloß im Halse stecken. Hönles Nase hatte sich in eine Tropfsteinhöhle verwandelt. Ich stieß verzweifelt Stefan an, der sofort die Maulsperre kriegte, und wirklich, wir sahen nun, wie ein Tropfen fiel — mitten in die schönen Erbsen —!

Mit dem Tropfen fielen auch unsere Löffel in den Topf, und mit den Löffeln fielen Worte wie: „Schuft! — Schwein! — Zwei Stunden Umweg! — Alles vorbei! — Hunger! — Dreckiger Kerl! —"

Als Stefan auch zu Handgreiflichkeiten überging, hatte die

Köchin wohl kein weiteres Interesse an der Entwicklung der Begebenheit. Sie riß die Tür auf und schrie nach einem gewissen Krischan. Da uns an neuen Bekanntschaften in Bismarcks Hause nichts gelegen war, nahmen wir unsere Berliner und zogen ab. Die Abrechnung mit dem Tropfnasenkunden war .zwar grausam, aber gründlich. Ich hätte nie geglaubt, daß einige Löffel Erbsen sich sofort in solche Gewandheit und Kraft umsetzen könnten. Natürlich haben wir uns von dem ungebildeten Menschen sofort getrennt. Der Plebejer paßte nicht in unsere feine Gesellschaft.

Bei Bismarck habe ich dann nie wieder gespeist. „Grundsätzlich nicht."

Ich lerne meine Frau kennen

Nach etwa sieben Wochen langer Wanderung fand ich Arbeit in Hamburg und zwar am Rödingsmarkt, den damals noch ein Fleet weniger durchflutete als durchstänkerte. Nach mehrmonatlicher Arbeit war ich in Kollegenkreisen sehr bekannt geworden. In die Parteikorpora zu kommen gelang mir nicht, obwohl ich die besten Absichten hatte. Die alten Hamburger Parteivertrauensleute waren, mit Recht, sehr vorsichtig. Einen so jungen fremden Dachs die Nase in die Geheimnisse der nordischen Wasserkante stecken zu lassen, hatten sie gar keinen Anlaß. Nahezu unbelastet mit irgendwelchen organisatorischen Verpflichtungen, frei nach jeder Richtung hin, war ich unter fröhlichen Kollegen und Genossen einer der fröhlichsten. Da, eines Tages, verkrachte die Druckerei, in der ich beschäftigt war, so daß ich mit vielen anderen auf die Straße flog. Das Glück war mir aber hold, denn es wurde in Kiel ein Setzer gesucht. Ich reiste nach dort, um in der Nähe Hamburgs zu bleiben. In Kiel hatte ich denn auch nur wenige Wochen gearbeitet, als mich Hamburger Freunde aufforderten, zurückzukommen, es gebe „Kunst". Natürlich besann ich mich keine Stunde lang und fuhr Hals über Kopf sofort nach Hamburg zurück. Mit mehreren der bekanntesten Kollegen arbeitete ich in Uhlenhorst in einer ganz modern eingerichteten Druckerei. Nach wenigen Monaten lagen wir aber alle wieder draußen, denn die Arbeit, für die man uns engagiert hatte, ein sogenannter Schnellschuß, war fertig.

Ich habe übrigens auf der Wanderschaft einen ganz richtigen Roman mit allem Drum und Dran erlebt. Ein triftiger Grund, darüber zu schweigen, liegt nicht vor, und da ich auch keine Ursache habe, besser erscheinen zu wollen als ich bin oder war, will ich den Roman erzählen.

Ich war also in Hamburg wieder arbeitslos geworden. Sollte ich dort liegenbleiben oder wieder in die Welt ziehen? Ich besann mich nicht lange, schnürte mein Ränzel und — fort muß er wieder, muß weiter ziehn! Es war März geworden, die Sonne meinte es schoß recht gut, die Stiefel waren in heilem Zustand, die Kleidung in Ordnung. Was wollte ich mehr!

Wenige Tage später lagen wir auf einem kleinen Hügel in der Nähe von Brunsbüttel, dort, wo jetzt der Nordostsee-Kanal Cuxhaven gegenüber in die Elbe mündet. Unsere Stimmung war famos. Kein Wunder übrigens. Mein Reisegefährte, der lustige Katzoff, hatte die Taschen voll Wurst, und ich, stolz wie ein Spanier in der sauberen Kluft, hatte noch diverse Mark von der letzten Zahlung her. In jeder größeren Stadt, die ich besuchte, leistete ich mir einen „Bielefelder" — einen Papierkragen. Immer nobel!

Dazu heller Sonnenschein. Waren das nicht Gründe genug, zwei gesunde junge Burschen, denen die Lebenslust aus den Augen blitzte, übermütig zu machen?

Hei, wie schmetterten wir unsere schönsten Lieder in die würzige Frühlingsluft! Dann wurde ein Pfeifchen angebrannt. Und nun setzte mir mein Reisekollege haarscharf auseinander, daß wir ein wahres Götterleben führen könnten, wenn ich die verdammte „Linkmichelei" überwinden und das Fechten erlernen wollte. Er hole mit Leichtigkeit Wurst und Speck bei seinen Meistern, ich sollte das Brot beschaffen und mittags auch mein Essen fechten, damit wir das ganze Bargeld zum Verjubeln hätten. Die Abstinenzler mögen mir verzeihen: damals hatte der Vorschlag etwas sehr Verlockendes für mich.

Raffiniert war der Katzoff zu Werke gegangen. Er hatte durchblicken lassen, daß er mich für einen Angstmeier halten müsse, wenn ich nicht fechten gehe. Und das ertrug ich nicht. „Noch heute wird gefochten!"

Je näher wir dem sauberen Städtchen Marne kamen, um so heftiger pochte mir aber das Herz und ich bemerkte wohl, wie mich der Katzoff immer von der Seite beobachtete. Ich biß die Zähne aufeinander und redete mir im stillen Mut zu: jawohl, du gehst fechten, du mußt fechten; das ist gar keine Hexerei, du gehst unter allen Umständen fechten.

Und nun stand ich vor der Tür eines kleinen Schreibwarenladens. Ich zitterte an allen Gliedern. Ach du lieber Gott — und nun hatte ich wirklich die Türklinke in der Hand — und nun ging die Tür auf — und es klingelte — und mir kam es vor, als ob mein ganzes Knochengerüst mit geklingelt hätte. Ach wäre ich wieder draußen, dieses schreckliche Schamgefühl — —!

Verzweifelt drehte ich den Filzhut in den Händen. Ich blieb an der Tür stehen und brachte kein Wort über die Lippen. Und dann reichte mir ein kleines vertrocknetes Männchen, ebenfalls ohne ein Wort zu sagen, ein Geldstück.

„Ich danke" — wie es über meine Lippen kam, ich weiß es nicht. Dann war ich wieder draußen, und es war mir, als sei ich betrunken. Ich steckte das Fünfpfennigstück in die Westentasche, um es aufzubewahren zum ewigen Andenken.

„Na, man tau!" rief mir da mein Reisekamerad zu, der auf der anderen Seite aus einem Hause herauskam, um sofort in dem anderen zu verschwinden. Er klopfte nach allen Regeln der Kunst seine Straßenseite ab.

So schlimm war ja mein erster Fechtgang schließlich nicht gewesen. Und der Ertrag war eigentlich auch nicht schlecht. Aber in das nächste, nebenan gelegene Haus getraute ich mich doch nicht, ich ging also etwa hundert Schritte weiter und jedesmal, wenn ich horte, wie dort die Klingel ging, wo mein Katzoff sich als armer Handwerksbursche vorstellte, war es mir, als erhielte ich einen Rippenstoß mit der Mahnung: mach's ihm nach, was ist denn dabei!

Ich rang und rang mit mir. Noch einmal wollte ich es versuchen. Einmal ist keinmal, aber zweimal ist für den Anfang und für den ersten Tag genug, so philosophierte ich.

Vor einem größeren Eckhause machte ich halt. Der flackernde Lichtschein, der durch die Scheiben oberhalb der Haustüre zu beobachten war, zeigte deutlich, daß der Korridor gerade beleuchtet werden sollte. Ich trat näher und drückte auf die Türklinke, die Glocke spektakelte und — drin war ich. Ach, hätte ich nur tausend Klafter tief in die Erde sinken können! Ich fühle heute noch, wie mir damals die Schamröte ins Gesicht und das Blut bis in die Haarwurzeln stieg — —. Vor mir sah ich ungefähr ein Dutzend junger, blitzblanker und hübscher Mädchen mit geröteten Wangen und strahlenden Augen: Schneiderinnen!

Zwei standen auf Tischen, um die großen Petroleumhängelampen anzuzünden. Aber noch bevor ich zu mir selber kommen konnte, war die mir zunächst stehende Laternenanzündern vom Tisch herunter gerade vor mich gesprungen. Unter großer Heiterkeit der ganzen Gesellschaft machte sie eine ulkige Verbeugung und sagte zu mir:

„Erschrecken Sie nicht, Herr Direktor, was steht zu Diensten?"

Natürlich war alles, was ich hier berichte, das Werk eines Augenblickes. Ich weiß nicht, wie es kam, aber wenn ich im ersten Augenblick, als ich die jungen Mädchen sah, wirklich hätte versinken mögen — ich kam doch als Fechtbruder! — jetzt, nachdem die Schwarze den famosen Knicks vor mir gemacht hatte, steckte mich die Lustigkeit der Heldinnen von der Nadel an und ganz frei kam es heraus: „Entschuldigen Sie, mein liebes Fräulein, ich bin ein armer Handwerksbursche. — —"

Nun ging ein Höllenspektakel los. Als wenn das so sein müßte, oder als ob es sorgsam einstudiert wäre, stellten sich die Mädchen unter fröhlichem Gelächter im Kreis um die junge schwarze Hexe auf. Diese hatte einen Schürhaken genommen, klopfte damit an den Henkel eines Bügeleisens und zählte eins, zwei, drei!

Und nun sang die Rotte Kobra:

Ein Sträußchen am Hute,

Den Stab in der Hand . . .

Die übermütige Gesellschaft brachte mir also ein richtiges Ständchen, und die ganze Aufmachung hatte mich derart amüsiert, daß ich dem gebieterischen Winken der dirigierenden Hexe Folge leistete und den zweiten Vers kräftig mitsang. Dann wurde mir reichlich aufgetragen, Butter, Brot und Käse. Auch ein Grog wurde mir schnell gebraut. Und dann ging eine amüsante Plauderei los. Woher? Wohin? Haben Sie auch einen Schatz?

Und weiter erzählte mir die Schwarze, daß die „Olsch" zum Kaffeeklatsch sei, und daß dann jedesmal sie, „die Verständigste und Gesetzteste" die Aufsicht zu führen hätte. Bei dieser Erzählung wollten sich die anderen halbtot lachen. Diese kreuzfidele Hexe die „vernünftigste und gesetzteste" — das schien mir allerdings auch zum Lachen. Da war im wahren Sinne des Wortes der Bock zum Gärtner gemacht worden.

Die Schwarze, — sie wurde Hanne genannt — drückte mir

schließlich einige Groschen, die sie gesammelt hatte, in die Hand. Ich dankte und machte eine möglichst elegante Verbeugung. „Kommen Sie bald wieder"! sagte mir meine Wohltäterin zum Abschied. „Das Glück wird mir kaum beschieden sein", antwortete ich.

Es war mir ganz eigenartig zumute, als ich wieder auf der Straße war. Das Walzen kam mir weniger schön vor. Unter allen Umständen wollte ich die Walze so bald als möglich beenden. Irgendwo mußte es glücken, Arbeit zu bekommen. Es glückte wirklich: durch Inserate wurden Setzer in Hamburg gesucht. Merkwürdig, daß ich so häufig an Marne dachte. Es kam der Hochsommer und mit ihm die Kündigungen dutzendweise. Wieder arbeitslos! Peter Löhde, der Herbergsvater auf den Kohlhöfen, hatte mich in sein Herz geschlossen. Auf sein Zureden blieb ich, er wollte kreditieren, bis sich neue Arbeitsgelegenheit fände. Ich blieb eine, zwei und schließlich drei Wochen. Und da wurde ich aus Hamburg hinausgeknobelt.

Wir saßen ziemlich mißmutig bei Löhde am runden Tisch und bliesen Trübsal nach Noten. Wohl ein Dutzend kunstloser Typenfänger. Es war an einem Freitag nachmittag. Da trat Peter mit einem fremden Herrn zu uns und machte uns die Mitteilung, daß der Buchdruckereibesitzer Altmüller aus Marne nicht nur ein paar Runden spendieren, sondern auch einen von uns engagieren wollte! Na, das wirkte wie ein — Blitz aus heiterem Himmel.

Die Runden waren bald getrunken, jedenfalls war die Rundenfrage viel schneller erledigt als die Engagementfrage. Einige ältere lehnten es ab, Hamburg zu verlassen. Von den jüngeren waren verschiedene bereit zu gehen, aber keiner wollte dem anderen vorgreifen.

„Ausknobeln!" Dieser Vorschlag Peters war akzeptabel. Ausknobeln! Und ich war Sieger. Ich warf die höchste Hausnummer.

Am Sonntag sollte ich nach Marne kommen. Ich erhielt einen Vorschuß, von dem ich auch die Reisekosten bestreiten sollte. Natürlich begannen wir sofort Abschied zu feiern. Wir feierten freitags und wir feierten samstags weiter. Und als ich am Sonntag früh mit neuem Schuß vom braven Peter nach Marne fuhr, da quälten mich nicht nur Fragen, wie die: Wirst du sie wiedersehen? sondern auch ganz verfluchte Kopfschmerzen.

In Marne sollte eine provinziale Gewerbe- und Industrie-

Ausstellung stattfinden. Gerade deshalb wurde noch ein Gehilfe gebraucht. Wir hatten stramm zu tun und mußten notgedrungen Überstunden machen. Da wir bei unserem Herrn und Meister in Kost und Logis waren, kamen wir in der Mittagsstunde kaum einmal vor die Tür. Abends, wenn wir das Haus verließen, war es bereits ziemlich dunkel. Ich sah nichts von der schwarzen Schneiderin und war auch nicht in der Lage, mit Bestimmtheit zu sagen: In diesem Hause hast du gefochten, gegessen und gesungen. So vergingen an die vierzehn Tage.

Die Ausstellung wurde an einem Sonntag Mittag feierlich eröffnet. Wir durften selbstverständlich bei solch einem wichtigen Ereignis nicht fehlen. Am Arme eines lieben Kollegen, der schon mehrere Jahre in Marne tätig war, — er stammte aus dem gottbegnadeten Schwiebus und hieß Gustav —, durchwanderte ich Raum für Raum. Gustav war bekannt wie eine bunte Kuh, mich kannte niemand, um so mehr guckten die Kleinstädter nach dem fremden langen Kerl.

Da — mein Führer schaute mich verwundert genug an, als ich plötzlich heftig zusammenzuckte — kein Zweifel! Das war sie. An der Wand hing als gewichtiges Reklamestück eines Photographen das lebensgroße Brustbild eines jungen Mädchens im Zigeunerkostüm. Das mußte sie sein. Genau so hatte sie mich angeschaut, damals, als ich sie anbettelte...

Du, Gustav, wer ist das?

Die Zigeunerin? Das ist Hanne Dibbern, die kenne ich. Oh, das ist ne fidele Kruke!

Na, fidele Kruke, das schien mir gerade keine sonderlich passende Bezeichnung. Aber daß sie fidel war, bestätigte mir von neuem das Zigeunerbild, ebenso, daß sie ganz verteufelt schwarze Haare und ebensolche Augen hatte.

Gustav versprach, so bald als möglich mit dem Mädel eine Begegnung herbeizuführen. Schon am kommenden Abend würde das möglich sein. Zu dem Gartenkonzert, das anläßlich der Ausstellung stattfinden sollte, könne er das Fräulein in unauffälliger Weise einladen. Das sei um so leichter, weil er ihren Vater gut kenne.

Wie das nun so zu gehen pflegte in den achtziger Jahren: hier ein Glas Grog, da ein Glas Grog, und zwischendurch ein Glas Bier. Na, wir hatten am selben Abend gegen 10 Uhr zwei gediegene Affen durch Marne zu führen. Und mit etwa einem halben Dutzend angesehener Bürgerssöhnen stand ich um 11 Uhr schon auf dem Duzfuße. Es gefiel mir großartig in Marne. Leider verlor ich später meinen Freund Gustav oder er verlor mich, genau ist das niemals festzustellen gewesen, und nun fand ich mich nicht ohne weiteres heim. Ich kam in eine schmale Verbindungsstraße, in der nur wenige Häuser standen, und hier begegnete mir ein kreuzfideler Kupferschmied, der mit steinerweichender Stimme sang: O Susanna, wie bist du doch so schön! Er nannte mich Bruderherz und fiel mir um den Hals. Er war ganz erstaunt, einen Menschen zu treffen, den er noch nicht kannte. Ich mußte mich mit ihm auf die Stufen vor dem Hause eines Barbiers niedersetzen. Und dann erzählte er und sang zwischendurch immer wieder: O Susanna, wie bist du doch so schön. Marne sei ein herrliches Nest, hier wohnten wirklich lustige Leute und er gehe keinen Abend zu Bett, er habe denn einen tollen Streich ausgeführt. Er sei ganz unglücklich, weil er nicht wisse, was er in dieser Nacht noch anstellen solle.

Na, das war sicher der, der mir an jenem Abend noch gefehlt hatte. Ach, und das Unglück kam so schnell. Hinter den Staketen auf der anderen Seite der Straße lachten uns zwei weiße Töpfchen entgegen, von denen man nie spricht, die man aber in allen Schlafstuben findet. Sie hingen an großen hölzernen Pflöcken. Und über uns klapperten die goldigglänzenden Becken des Barbiers. Das war eine Idee: die Töpfe an die Becken binden! Aber war das auch wirklich lustig genug? Wir hielten Kriegsrat. Und da knarrte das Eisenschild zweier alter Jungfern, die unserem Sitzplatz schräg gegenüber eine Damen-Schneiderei betrieben. Auf dem Schild, das der Wind zur Seite geweht hatte, könnten wir deutlich lesen: „Modewarenhandlung". Nun waren wir vollkommen einig. Geteilter Schmerz ist halber Schmerz, geteilte Freude ist doppelte Freude. Der Kupferschmied sollte den alten Jungfern und ich dem Putzbüttel je eines der schönen weißen Töpfchen an die Reklameschilder binden...

Mit Zuhilfenahme unserer Spazierstöcke hatten wir die zierlichen Erzeugnisse der Porzellanmanufaktur bald in unserem Besitz. Mit wahrer Todesverachtung begannen wir unser Kletterwerk. Der Kupferschmied bestieg die Staketenwand, ich mußte auf eine große Regentonne klettern, wie sie im Norden unter jeder Dachtraufe stehen, damit sich die Frauen ihr Waschwasser sammeln können. Ich band gerade den Knoten meines Taschentuches, da ich ein anderes Bindemittel nicht hatte, fest, als mein neuer Freund, wohl als Zeichen, daß er sein Kunstwerk glücklich vollendet habe, wieder zu singen begann: O Susanna. In unserem Eifer, ein wichtiges und gutes Werk zu tun, hatten wir nicht bemerkt, daß zwei gefährliche Menschen leise heranschlichen: einer der beiden Schutzmänner des Ortes und ein Nachtwächter. Und sie müssen uns wohl beide zu gleicher Zeit an die Beine geklopft haben, denn wie aus einem Munde erklangen unsere Schreckensrufe: Oha — ooh! —

Mit einer Gewandtheit, die ich ihm niemals zugetraut hätte, sprang mein Associé von dem Staketenzaun und lief auf und davon, der alte klapprige Nachtwächter hinter ihm her.

Ich konnte nicht auskneifen. Der Putz hielt mich krampfhaft an den Hosen fest und bei jeder heftigen Bewegung hätte ich in die Regentonne fallen können. Ich blieb also auf der Tonne stehen und hielt mich an der Dachrinne fest.

„Was machen Sie denn da oben?"

„Ich wollte nur mal sehen, wie sich so'n Topp zwischen den Barbierbecken macht."

„So, na kommen Sie mal runter, ich will mal sehen, wie Sie sich zwischen uns beiden machen."

Der alte Nachtrat kam nämlich gerade unverrichteter Sache pustend und hustend zurück; der Kupferschmied war ihm durch die Lappen gegangen. Ich machte gar keine Anstalten, von der Tonne herunterzukommen.

„Na, wird's bald? Kommen Sie jetzt bald herunter?"

„Nee, mir gefällt's ganz gut hier oben. Was wollen Sie denn eigentlich von mir?"

„Ich will Ihre Personalien feststellen, weiter nichts, wenn Sie jetzt vernünftig sind und herunterkommen."

Na, das ließ sich ja hören, und ich kletterte herunter.

„Sie heißen?"

„Philipp Sowieso."

„Was sind Sie?"

„Künstler."

„Ach machen Sie keine faulen Witze, in Marne gibt's keine Künstler."

„Ich muß aber doch sehr bitten, Herr Wachtmeister, ich bin Typograph."

„Na ja! Wenn ich's mir nicht gedacht habe; wieder ein Buchdrucker von Altmüller. Sie wohnen auch dort?"

„Jawohl."

„Wie heißt denn Ihr Kollege, der ausgekniffen ist?"

„Den kenn ich nicht."

„Das ist doch fauler Zauber."

„Herr Wachtmeister, mein großes Ehrenwort, ich habe den jungen Mann erst heute abend kennengelernt. Wie er heißt, weiß ich wirklich nicht."

„Und dann machen Sie gleich solche Streiche mit einem Menschen, dessen Namen Sie nicht einmal kennen?"

„Aber Herr Wachtmeister, das kommt doch bei solchen Unternehmungen nur auf die Talente an und nicht auf die Namen!"

„Na, gehen Sie mal heim, wir werden Ihren Geschäftsfreund schon ausfindig machen."

Junge Liebe

Zu dem Konzert am Montag abend kam die schwarze Jungfrau nicht. Sie kam nicht, trotzdem sie mein Freund Gustav durch die Siebzehnjährige unseres nächsten Nachbarn ausdrücklich hatte einladen lassen. Und wie raffiniert hatte Gustav eingeladen. Ein junger netter Herr sei anwesend, den Fräulein Hanne von einer sehr lustigen Begegnung her kenne. Der betreffende Herr brenne darauf, das Fräulein wiederzusehen. Und dann hatte er der Zwischenträgerin noch versichert, was ich für ein liebenswürdiger Mensch sei, usw.

Neugierig hatte das kleine blonde Fräulein noch einmal bei uns in das Fenster gelugt, um zu sehen, ob ich wirklich ein netter Mensch sei. Und sie muß zufrieden gewesen sein. Spornstreichs war sie hinweggeeilt, der um ein Jahr älteren Freundin die Einladung zu überbringen.

Sie traf Hanne und deren Vater zu Hause.

„Du Hanne, ich soll dich einladen zum Konzert für heute abend."

„Wer läßt mich einladen?"

„Gustav Wabersky."

„Waaas? Wie kommt Gustav dazu, mich einzuladen?"

„Ja, weißt du, er lädt dich gewissermaßen nur im Namen eines anderen ein."

„Eines anderen? Was soll das bedeuten? Wer ist der andere?"

„Ja, das soll ich nicht sagen; du sollst überrascht werden. Es handelt sich um einen jungen Mann, dem du schon begegnet sein sollst, und zwar unter ganz absonderlichen Umständen."

Nun merkte der Alte, Hannes Vater, der in seiner Polizeiuniform an einem Tisch saß und schrieb, auch auf: „Was ist das für eine merkwürdige Einladung?"

„Oh, Herr Dibbern, es handelt sich wirklich um einen sehr anständigen Herrn, ich habe ihn gesehen", versicherte jetzt das kleine Botenfräulein. „Es handelt sich um einen Freund Waberskys, und Gustav kennen Sie doch.

„Ach was, ich will wissen, wer meine Tochter zum Konzert einlädt. Also: wie heißt der nette junge Mann?"

„Herr Sowieso."

„Wa-wa-was? Wie — heißt der Kerl? Bei Altmüller?" fuhr der Putz auf.

„Ja, ganz recht."

„Aber den kenne ich doch gar nicht", warf Hanne dazwischen.

„Oh, es handelt sich wirklich um einen „netten jungen Mann"," erklärte jetzt der Alte und setzte die ganz offizielle Polizeimiene auf. „Du wirst den netten, anständigen, jungen Menschen allerdings schwerlich kennen; aber ich kenne ihn. Ich habe ihn diese Nacht so zwischen ein und zwei Uhr auf dem Steindamm kennengelernt, den „netten jungen Mann". So ein frecher Kerl! Wie kann sich der unterstehen! Es ist selbstverständlich, daß du nicht zu dem Konzert gehst! Dem werde ich die Meinung sagen, sobald ich ihm begegne."

Wir spazierten im Konzertgarten umher und schauten uns die Augen aus. Sie war nirgends zu entdecken. Da klopfte plötzlich ein Polizeimensch, der mir merkwürdig bekannt vorkam, meinem Freund Gustav auf die Schulter und sagte:

„Meine Tochter verbittet sich die Einladungen von gewissen „netten" — das „netten" betonte er in ganz auffälliger Weise — von gewissen netten jungen Herren."

Damit verschwand der grimmige Schnauzbart. Gustav war baff.

„Was will denn der Putz", fragte ich.

„Was der will, das war doch Hannes Vater!"

„Mensch, bist du verrückt? Das war —?"

„Das war Hannes Vater."

„Ach du lieber Gott, dann ist alles aus. Dieser Putz hat mich ja diese Nacht arretieren wollen, —"

„Arretieren? Warum?"

Nun erzählte ich Gustav den Zusammenhang, so weit ich ihn selbst noch kannte. Er schüttelte sich vor Lachen.

„Das vergißt dir der Alte nie. Aber bei seiner Tochter schadet dir das nichts, die macht selber tolle Streiche, wo und wann sich Gelegenheit bietet."

Wir sahen uns zuerst an einem Sonntagnachmittag. Gustav hatte die Begegnung mit feiner Diplomatie arrangiert. Wir trafen uns außerhalb des Städtchens, in der Nähe des Wohnhäuschens des Putz, das in einem hübschen Gärtchen stand. Und ich hätte laut aufjubeln mögen! Sie erkannte mich auf den ersten Blick wieder. Und sie freute sich!

Wir sahen uns dann häufiger. Und an einem schönen Oktobertag spazierten wir hinaus nach Neufeld, einem kleinen Hafenort, mit einer Rettungsstation für Schiffbrüchige. Sie zeigte und erklärte mir die ganze Einrichtung. Auf einer kleinen Erhöhung, etwa 30 Meter vom Ufer entfernt, stand ein kleines Häuschen, aus dem heraus Schienen direkt in das Wasser führen. Im Häuschen selbst steht auf den Schienen das ausgerüstete Boot, bereit zur Ausfahrt, um in Seenot befindlichen Menschen zu helfen.

Das Mädchen in der schwarzen Sammettaille sprach sachverständig, wie ein alter Seemann. In mir kochte und brodelte es, wie die Flut, die dem Hafen zu unseren Füßen geräuschvoll ungeheure Wassermassen zuführte. Aber gerade heute schien mir der Mund den Dienst aufgesagt zu haben. Wir gingen schweigend den Deich entlang, der die Uferanwohner vor dem ungeberdigen Element schützt.

Es war ein wunderbar schöner Herbsttag. Die Luft war so klar, daß wir weit drüben über dem hier unendlich scheinenden Wasserspiegel Cuxhaven erkennen konnten. Wie ein riesiges Spielzeug, dem der richtige Antrieb fehlt, schlich mit der Flut ein stolzer Segler langsam der Elbe zu. Und noch weiter drüben sahen wir zwei Dampfer der Nordsee zustreben.

Schweigend setzten wir uns nieder. Eine feierliche Stimmung

war über uns gekommen. Ich nahm ihre Hand in die meine. Dann gab es eine lange Pause. —

„Fräulein Hanne, Sie haben mir die Rettungsstation so genau beschrieben, es war die erste, die ich gesehen habe ... Das heißt die erste dieser Art. Eine andere habe ich doch schon gesehen."

Sie blickte mich fragend an.

„Wissen Sie noch, wie ich zu Ihnen auf den Hausflur kam als Handwerksbursche?"

„Ob ich's noch weiß!" antwortete sie mit vergnügtem Lachen.

„Ja, sehen Sie, Hanne, dieser Hausflur war für mich auch eine Rettungsstation. Ihre Freundinnen gehörten zur Besatzung und Sie waren die Führerin."

„Der Vergleich hinkt."

„Mag er hinken! Merken Sie nicht, wohin ich will?

Im Rettungsboot kann man nicht immer bleiben, man muß auch an den Hafen denken!   Ach, ersparen Sie mir das Reden, gerade heute will es nicht gehen. —"

Sie war schnell aufgesprungen und wandte sich ein wenig zur Seite, so daß es mir zuerst schien, als wollte sie davonlaufen. Aber sie blieb und drehte ihren großen Strohhut in den Händen, genau so, wie ich meinen Filzhut bei dem Fechtversuch auf dem Hausgang dereinst gedreht hatte.

Ich nahm wieder ihre Hand, die sie mir ohne Sträuben überließ.

„Sind Sie mir böse?"

„Nein."

Wir waren glücklich. Je näher wir wieder nach Marne kamen, um so mehr schlug uns freilich das Gewissen. Was würde der Alte sagen? Der durfte zunächst nichts wissen von unserer jungen Liebe.

„Vater vergißt dir den Streich in der Nacht auf dem Steindamm nicht. Der hat schon damals, nachdem Betty, die die Einladung zum Konzert brachte, fortgegangen war, gesagt: ein Mensch, der solche Streiche macht, sei zu allem fähig."

Uns schauderte die Haut wegen meiner Schlechtigkeit. Zum Trost gaben wir uns einen Kuß, vielleicht waren es auch zwei oder noch mehr.

Zurück in die Heimat

Da ich zwar allerlei aus meinem Leben erzählen will, aber doch keine Liebesromane zu schreiben gedachte, will ich das Marner Kapitel hiermit schließen. Ich verließ den Ort bald und gab das Wanderleben auf. Ich dachte mehr an die Zukunft und war entschlossen, mir doch in absehbarer Zeit eine Existenz zu gründen, damit ich mit dem fröhlichen Mädel aus Marne eine Familie gründen könne. Der Alte wurde schließlich — ich greife hier den Ereignissen um mehrere Jahre voraus — versöhnt. Nachdem ich in Marburg eine nach menschlichem Ermessen dauernde Stellung gefunden hatte, wurden die Hochzeitspläne gemacht.

Genossen meiner Marner Jugendlust waren außer dem genannten Gustav Wabersky aus Schwiebus, der später Jahrzehnte lang am Hamburger „Echo" Redakteur gewesen ist, noch Fritz Lesche, mit dem zusammen ich später jahrelang im Reichstage tätig war. Wir drei waren gut aufeinander abgestimmt in unseren Jugendjahren. Schließlich ist keiner von uns zugrunde gegangen, obwohl es damals eine Abstinentenbewegung noch nicht gegeben hat, durch die wir auf den richtigen Weg hätten aufmerksam gemacht werden können.

In die Heimat mußte ich schließlich der militärischen Ausmusterung wegen zurück, denn nur in der Heimat hatte ich Aussicht, auf Reklamation meiner Mutter freizukommen. Gleich bei der ersten Musterung wurde ich zur Gardeinfanterie nach Berlin ausgehoben. Nun war guter Rat teuer, aber es gelang wirklich, mich, als den alleinigen Ernährer meiner Mutter, freizubekommen.

Dritter Abschnitt

Die Parteipresse in den Kinderjahren

Als in Kassel der Versuch gemacht wurde, trotz Sozialistengesetz und trotz unserer erbarmungswürdigen Armut ein sozialdemokratisches Blatt herauszugeben, war ich natürlich vom ersten Tage an dabei. Das war 1886. Die Drucker waren zwei Kollegen namens Eckert und Niehus. Als „Offizin" wurde ein Konditoreiladen gemietet, Ecke Weißer Hof und Artilleriestraße. Durch eine spanische Wand wurde das „Etablissement" in zwei Teile geteilt: die Setzerei und die Druckerei. Vor der Papierwand stand ein Ladentisch. Die „Redaktionsräume" wurden dadurch hergestellt, daß ein Pappdeckel auf einen Setzkasten gelegt, die Schere aus der Schublade des Ladentisches und ein Kleistertopf von der Druckmaschine genommen wurde. Das Falzen der Zeitungen, sowie die gesamte Expedition wurde auf dem Ladentisch erledigt, an dem wir auch frühstückten. Die Druckmaschine, die wir abwechselnd mit der Hand drehten, war gepumpt und bald vor jedem brutalen Zugriff Unberechtigter durch die reizende Stempelmarke eines Königlich Preußischen Gerichtsvollziehers geschützt worden. Gegenüber unserer Druckerei, Expedition und Redaktion, also jenseits des Töpfermarkts, hatte Wilhelm Pfannkuch einen Zigarrenladen, von dem er zwar nicht leben konnte, in dem er aber von früh bis spät Auskünfte aller Art geben mußte. Hatte er durch seine Auskünfte den Fragesteller befriedigt, dann war es üblich, daß ihn der gute Freund bis zum nächsten Zahltag um einige Zigarren anpumpte. Diese nächsten Zahltage hat Pfannkuch nur ausnahmsweise erlebt. Hatte seine Auskunft nicht befriedigt, das heißt, wenn er dem Fragesteller nicht hatte recht geben können, dann machte der Unzufriedene geräuschvolle Reklame für Pfannkuch; seine Auskünfte seien genau so schlecht wie seine Zigarren. In diesem Laden rang Pfannkuch sich hin und wieder einen Artikel für unser Blatt ab. In der Regel wurden die Artikel für den „Volksfreund" der „Voss. Zeitung" entnommen, die auch fast den ganzen übrigen Stoff stellen mußte. Außer der Tante Voß wurde noch die „Frankfurter Zeitung" gehalten, aus der wir uns die „Originalberichte" aus dem Reichstage machten. Einige sozialdemokratische Blätter waren uns gratis überwiesen worden, da diese aber ihre „Originalberichte" zumeist auch den beiden genannten Zeitungen entnommen hatten, kamen sie als Quellen für uns weniger in Betracht. Offiziell war bei uns Heinrich Zappay, der später in Brandenburg gestorben ist, Redakteur. In Wirklichkeit arbeiteten wir alle an der Redaktion mit. Übrigens hielt jeder einzelne von uns sich für viel gescheiter als alle anderen zusammen. Das Blatt glich denn auch häufig genug dem berühmten Arizona Kicker. Einmal gab es in der Redaktion eine ernsthafte Pufferei, die begreiflicherweise sehr schnell in die Setzerei und Druckerei hinüberspielte. Ich hatte vor dem jenseits gelegenen Ausspann-Wirtshaus „Weißer Hof" eine lustige Szene von meinem Fenster aus beobachtet und darüber gleich einen Lokalartikel gesetzt, ohne ihn zuvor zu Papier zu bringen oder darüber zu reden. Auf einem bäuerlichen Leiterwagen hatte man eine trunkene Bäuerin herbei gefahren, die nun unter großem Hallo der Zuschauer abgeladen wurde. Die Angehörigen der Bäuerin waren ausnahmslos in höchst vergnügter Stimmung, so daß die Szene ungemein lustig war — ein lebendig gewordenes Bild von Jan Steen. Alles spielte sich, wie gesagt, ohne jede Roheit ab. Als unser Chef diese Notiz in dem fertigen Blatte las, machte er Krach. Ich wurde natürlich gegen diese Tyrannei des Chefredakteurs von den übrigen Kollegen in Schutz genommen, wir ließen uns einige Krüge Bärenkammer-Bier holen und sangen Freiheitslieder. Wir Schwuren: Eine Grenze hat Tyrannenmacht!

Abends von 6 bis 12 Uhr feierten wir in der Nachbarschaft Versöhnung. Am nächsten Morgen knobelten wir aus, wer die Redaktion machen mußte, denn unser Chef, so ließ uns seine Frau sagen, müsse sich in der vergangenen Nacht furchtbar erkältet haben, er sei überhaupt nicht munter zu kriegen. Schlimm waren die Tage, an denen weder Abonnementsgeld gebracht wurde, noch ein Inserat kam. Zwar tat uns jeder verstorbene Freund und Abonnent leid, aber, die Wahrheit über alles, jede Todesanzeige brachte doch mindestens 15 Groschen und gerade die gebrauchten wir täglich deshalb so dringend, weil das Papier für die Auflage des Blattes jeden Vormittag in der Papierhandlung von van der Linden & Neubert geholt und bar bezahlt werden mußte. Ein toter Abonnent war uns also in bestimmten Situationen wertvoller als ein lebendiger. Jedenfalls wurde der Schmerz um einen Verstorbenen wesentlich gemildert durch die paar Groschen für die Todesanzeige. So war es denn kein Wunder, daß wir alle die Hälse reckten, sobald die Türe ging, damit wir schnellstens erfuhren, wieviel Kasse gemacht wurde, ob wir selbst schließlich auch einmal ein paar Groschen bekommen könnten.

Nur an einer Stelle hatten wir unbeschränkten Kredit, das war eine Kneipe in der Nähe, die ein ganz vorzügliches Bier verzapfte. Wenn es tagelang kein Geld gab, dann stellte uns der „Herr Buchdruckereibesitzer", der brave Genosse Eckert — sein Kompagnon war schon nach vierzehntägigem Bestehen des Unternehmens davongelaufen — Bons aus auf 10 oder 20 Krüge Bier. Ein Krug war gleich 1 Liter, der damals 25 Pfennige kostete. Obgleich der Gastwirt Tag für Tag schwur, daß er nur am Bier, nichts aber an den Speisen verdiene, gab er uns für die Bierbons trotzdem mitunter auch Speisen und Zigarren. Als wir weder 15 Groschen für Papier noch 5 Groschen für Schmieröl, keine Farbe und auch keinen Bierbon-Kredit mehr hatten und nahezu der letzte Abonnent gestorben oder davongegangen war, hielten wir mit Pfannkuch ernste Beratung. Es war die höchste Zeit, daß wir in Ehren und Schönheit starben „als Opfer des Bismarckschen Schändgesetzes gegen die gemeingefährlichen Bestrebungen der Sozialdemokratie". Ohne eine Miene zu verziehen griff Pfannkuch in ein Schubfach und zog einen Artikel heraus, der schön in mehreren Städten das sofortige Verbot anderer Parteiblätter herbeigeführt hatte. „Soviel Papier habt ihr hoffentlich noch, daß ihr den Artikel morgen drucken könnt, wenigstens für die Polizei und die Landesbibliothek?" — „Ja, Makulaturbogen sind genug da," 48 Stunden später traten wir alle pünktlich im Volksfreund-Etablissement an, in banger Furcht, daß der Artikel von der hohen Polizei oder der noch höheren Staatsanwaltschaft vielleicht übersehen sein könnte, wir also nicht in Ehren und Schönheit sterben, sondern ganz herkömmlich und schäbig dem Pleitegeier zum Opfer fallen müßten. Da sahen wir über den Platz die Botin kommen, die die „Frankfurter Zeitung" brachte. Wir atmeten auf, denn die Frankfurter enthielt das Telegramm, demzufolge der „Volksfreund" in Kassel auf Grund des Gesetzes usw. usw. verboten worden sei. Gott sei Dank! Unsere Sehnsucht war erfüllt, wir waren wirklich brutal unterdrückt worden! Wir haben das Ereignis gebührend gefeiert und ich darf sagen, daß wir den „Volksfreund" gründlich beigesetzt haben.

Weil es damals neben vielen anderen auch ein Gewerbegericht noch nicht gab, meldeten wir sofort bei der zuständigen Stelle im Rathause unsere bevorrechtigten Forderungen an. Da wirklich so gut wie nichts da war, bekamen wir nur wenige Bettelpfennige.

Vor diesem herrlichen Jahre im sozialdemokratischen „Volksfreund", dem ich mit Eifer vom ersten bis zum letzten Tage gedient, hatte ich ein Hungerjahr absolvieren müssen in einem nationalliberalen Betrieb, in der ehemals führend und sehr geachtet gewesenen „Hessischen Morgenzeitung", die lange Jahre von Dr. Friedrich Oetker geleitet worden war. Nach dem sozialdemokratischen Jahr kam ich in die demokratischfreisinnig redigierte „Kasseler Zeitung", deren Chefredakteur der Gründer des „Hessenlandes", Franz Zwenger war. Auch hier ging es nicht besser als in den eben geschilderten Betrieben. Franz Zwenger wurde abgelöst von einem demokratischen Schwaben namens Allgaier, der uns Sozialdemokraten nahestand und mit uns Setzern ab und zu kneipen ging. Eines Tages war der Besitzer des Blattes verschwunden. Wir standen wiederum mittellos auf der Straße.

Glückliche Jahre in Marburg

Nach längerer Arbeitslosigkeit stand ich schließlich vor der Wahl: Berlin oder Marburg. Meine Freunde wunderten sich, daß ich Marburg vorzog, meine damalige Entschließung hat sich aber als wohlüberlegt und richtig erwiesen. Ich stand nunmehr im 24. Lebensjahre und hatte den Ernst des Lebens doch schon etwas kennengelernt. Außerdem war ich auch wirklich nicht nur jugendlich fröhlich gewesen, sondern, ich darf es wohl sagen, auch fleißig. Gehst du nach Berlin, dann bist du ein Sandkorn in der Wüste mehr, gehst du nach dem kleinen Marburg, dann wirst du vor allen Dingen Gelegenheit haben, dich selbst weiterzubilden. Das schien mir doch richtiger zu sein. Dreizehn volle Semester, sechs und ein halbes Jahr lang, habe ich in Marburg gearbeitet. Ich darf sagen, daß diese Jahre die glücklichsten meines Lebens gewesen sind. Hier gründete ich meine Familie, hier lernte ich hochgebildete Freunde, verehrte Lehrer und brave Genossen kennen. Als ich am 3. September 1888 nach Marburg kam, machten mir zunächst die Arbeiten, vor die ich in meinem Berufe gestellt wurde, große Freude. Wirklich künstlerische Akzidenzarbeiten, fast immer in den Farben der studentischen Korporationen, sowie wissenschaftliche Arbeiten in mannigfaltigster Art: Doktordissertationen aller Fakultäten mit teils ungemein schwierigem Satz, so bei den chemischen und mathematischen Arbeiten, dann aber auch bei den Arbeiten der Alt-Philologen: Griechisch, Lateinisch, Hebräisch usw. Was ich nicht konnte, erlernte ich schnell. Als ich schließlich Griechisch, ohne freilich die Sprache selbst zu verstehen, nahezu so flott las, wie Deutsch, machten mir die vielfach unleserlichen Schriften der Herren Professoren ein Hauptvergnügen. Schließlich galt ich bei einigen Professoren als erfolgreicher Rätselrater für schwer leserliche Manuskripte.

Da keinerlei sozialdemokratische Organisation in Marburg bestand, gründete ich mit einigen Genossen sofort einen Klub unter dem harmlosen Namen „Gemütlichkeit". Unter diesem Namen, so kalkulierten wir, würde die Polizei Staatsgefährliches nicht vermuten. Von diesem Verein aus besorgten wir alle Parteiarbeit, schrieben und vertrieben Flugblätter und agitierten in unserer Weise auch Sonntags in der Umgebung. Die Polizei hatte schließlich unserer „Gemütlichkeit" gegenüber doch Verdacht geschöpft, so daß sie unsere regelmäßig stattfindenden Versammlungen durch einen Schutzmann überwachen ließ. Dieser Schutzmann, ein Berliner namens Schulze, dessen Kinderzahl, wie ganz Marburg wußte, enorm war, kannte jeden von uns, denn er verkehrte täglich in unserer Stammkneipe bei Konrad Müller am Hirschberg. Natürlich wußte er sehr bald, was bei uns los war, nahm aber eine wohlwollende Neutralität ein und bemerkte nichts. Als wir eines Abends einen Artikel der „Neuen Zeit" besprochen hatten, war er eingeschlafen — übrigens kein Wunder. Als er gegen Mitternacht aufwachte und ein schwindsüchtiger Schneider allerlei über Hegelsche Philosophie sprach, schlug der Schutzmann Schulze mit der Faust auf den Tisch und fragte, ob mit dem Quatsch immer noch nicht Schluß gemacht würde; wenn wir nicht bald zum Gemütlichen übergingen, gehe er weg. Natürlich gingen wir sofort zum gemütlichen Teile über. Schulze blieb und spielte mit dem Hegeischen Philosophen Skat.

In Marburg wurde ich mit dem im ganzen Kreise hochangesehenen reichen Gutsbesitzer Heinrich Lauer in Niederwalgern bekannt, der sich offen zur Sozialdemokratie bekannte und auch für sie zum Reichstag kandidierte. Lauer war in seiner Jugend lange Jahre in Amerika gewesen und hatte erst im reiferen Mannesalter das elterliche Gut übernehmen müssen. Zeitweilig besuchte ich Lauer jeden Sonntag und traf dann die merkwürdigsten Leute bei ihm. Sein Haus war das gastfreieste in ganz Kurhessen. Wer immer in das Haus kam, wurde zu der gerade fälligen Mahlzeit eingeladen: morgens, mittags, zur Vesper oder abends. Ich schrieb die Flugblätter, die wir in Kassel drucken ließen und gewissenhaft verbreiteten. Lauer hatte infolge eines Unfalls ein lahmes Bein, das ihn zwang, stets am Stocke zu gehen. Er war etwa 70 Jahre alt, hatte aber ein jugendfrisch-rötlich angehauchtes Gesicht, leuchtende blaue Augen, einen prachtvollen weißen Haarschopf und einen ebenso weißen Vollbart. Man kann sich schwerlich einen sympathischeren Menschen vorstellen als diesen alten kurhessischen Großbauern. In Marburg kam ich damals auch in nähere Berührung mit dem freisinnigen Professor Stengel, dem Neuphilologen, der später dem Reichstag als Mitglied angehört hat, von Marburg aber durch die Reaktion ebenso weggeekelt worden ist, wie später der demokratische Staatsrechtslehrer und Abgeordnete Schücking. Besonders wertvoll waren mir die Bekanntschaften, besser gesagt Freundschaften, die ich in Marburg mit Paul Bader und Kurt Eisner schloß. Diese beiden Männer gaben die „Hessische Landeszeitung" heraus, die im besonderen den Kampf gegen den von Dr. Otto Böckel geführten Antisemitismus in Hessen ausfocht. Keiner von ihnen war Sozialdemokrat, als ich sie kennenlernte. Eisner lehnte den Klassenkampf ganz schroff ab. Aber je länger, desto mehr ging die Wandlung der beiden vor sich, nicht ruckweise oder gar sprunghaft, aus einer bestimmten Situation heraus, vielmehr auf Grund wahrhaft wissenschaftlicher Erkenntnis und aufmerksamer Beobachtung der gesamten politischen Umwelt und der wirtschaftlichen Entwicklung. Ich habe diesen beiden Männern viel zu danken, denn sie führten mich in Gebiete, die mir bis dahin so gut wie verschlossen waren, sie öffneten mir die Türen zur schönen Literatur und weckten mein Verständnis für mancherlei Kunstgebiete.

Ich las damals unter anderem Gerhart Hauptmanns „Weber" und war glücklich, eine vollkommen unmögliche Regiebemerkung Hauptmanns zu finden. Hauptmann schilderte den einarmigen Weber Hilse, verlangt aber später, daß der unglückliche Mann die Hände faltet. Eisner empfahl mir, meine Entdeckung

Hauptmann selbst mitzuteilen, das habe ich aber nicht getan, weil es mir zu unbescheiden vorkam.

Eines Tages fragte Wilhelm Liebknecht bei mir an, ob Eisner nicht bereit sein würde, für den „Vorwärts" zu arbeiten. Eisner besann sich nicht lange. Meine vorsichtige Sondierung hatte schon stattgefunden, als ich durch eine neue Mitteilung Liebknechts überrascht wurde: Eisner hätte sich entschlossen, in die Redaktion des „Vorwärts" einzutreten. Bader übernahm später die Redaktion der Magdeburger „Volksstimme". In einem späteren Briefe lobte Liebknecht den neuen Kollegen Eisner sehr und pries den Tag, an dem er mit mir von Gießen nach Marburg gefahren sei, um Eisner kennenzulernen. Daß Eisner, dieser feine Ästhet, im Laufe des Krieges, besonders aber nach dem Zusammenbruch, politisch vollkommen entgleisen konnte, wie es seine Freunde mit wachsendem Erstaunen erlebten, ist uns allen ein Rätsel geblieben. Durch Eisner hatte ich auch den Professor Hermann Cohen kennengelernt, den ausgezeichneten Philosophen. Vorlesungen bei ihm habe ich noch besucht, als ich längst Redakteur in Gießen geworden war.

In Marburg war ich bis zum Fall des Sozialistengesetzes Vorsitzender des erwähnten politischen Klubs und, bis zu meiner Abreise nach Gießen, auch Bezirksvorsteher des Verbandes der deutschen Buchdrucker und zweiter Vorsitzender der Allgemeinen Ortskrankenkasse. Das war damals etwas! Viel Arbeit bereiteten mir diese Ämter nicht, so daß ich mich mit Eifer meinen Studien hingeben konnte. Ich studierte namentlich Volkswirtschaft und Geschichte. Nebenher schrieb ich für sozialdemokratische Blätter, ständig für das unter meiner Mitwirkung in Kassel neu gegründete „Volksblatt." Auch die „Hessische Landeszeitung" druckte manchen Beitrag von mir. Mein Chef ließ mir jegliche Freiheit, auch im Betrieb, den ich leitete. Er hatte sich überzeugt, daß er mit mir und den Kollegen, die treu zu mir standen, nicht schlecht fuhr. Als es schließlich der Beredsamkeit des damaligen Gießener Gymnasiallehrers Dr. Eduard David, der sich offen zur Sozialdemokratie bekannte, gelungen war, mich zur Übernahme der Redaktion der von ihm begründeten „Mitteldeutschen Sonntags-Zeitung" breit zu schlagen, und ich meinem Chef mitteilte, daß ich Marburg verlassen wollte, um mich mit Haut und Haaren meiner Partei zur Verfügung zu stellen, da hat er, der

Mitglied der Nationalliberalen Partei war, tatsächlich bitterlich geweint.

Vierter Abschnitt

Im Parteidienst

Durch eine von der Berufsorganisation Anfang der neunziger Jahre aufgenommene Statistik war festgestellt worden, daß ich in Marburg mit einem festen Wochenlohn von 30 Mark der am höchsten bezahlte Setzer in ganz Hessen-Nassau war. Frankfurter Zeitung-Setzer, die in Akkord arbeiteten, verdienten natürlich erheblich mehr. Was diese 30 Mark damals bedeuteten, wird vielleicht einigermaßen verständlich, wenn ich den Preis für meine Wohnung angebe. Ich bewohnte im dritten Stock des Hauses Nr. 18 in „Zwischenhausen", einer Parallelstraße der vielbesungenen „Ketzerbach", eine Stube, zwei Kammern, Küche, Keller und Boden für monatlich 13,50 Mark. Dieses fette Leben hörte mit der Übersiedlung nach Gießen, also mit dem Eintritt in den Parteidienst auf, denn in Gießen mußte ich mich mit einem monatlichen Einkommen von 120 Mark begnügen. Es wurde auch dadurch leider kein Ausgleich geschaffen, daß ich, nunmehr im Großherzogtum Hessen wohnhaft, mehr Steuern und erheblich höhere Hausmiete zu tragen hatte. Der Hauszins war auch um deswillen höher, weil ich für die Redaktion und Expedition die Räume stellen und von meinem lumpigen Einkommen auch noch die Heizung, Beleuchtung und Reinigung zahlen mußte. Sehr schmerzlich war für meine Frau, daß von den 120 Mark nur 80 Mark wirklich garantiert waren. Diesen Betrag monatlich zuzuschießen hatte der Parteivorstand sich verpflichtet. Die fehlenden 40 Mark sollte ich aus dem Blatt, abgesehen von den Kosten für Druck und Expedition, ebenfalls herauswirtschaften. Besonders verlockend waren die Verhältnisse, unter denen ich in Gießen meine Tätigkeit beginnen sollte, also nicht.

Daß damals als Ersatz für das frühere Sozialistengesetz die berüchtigte Zuchthausvorlage ernstlich vorbereitet wurde, sei nur nebenbei erwähnt. Trotzdem ging ich mit Feuereifer ins Geschirr. Das Wochenblatt zu machen wäre eine Spielerei gewesen, wenn die ganze Arbeit an einem oder zwei Tagen hätte erledigt werden können, und wenn das Blatt in Gießen gedruckt worden wäre. Der Druck erfolgte aber in Frankfurt am Main. Vertragsgemäß mußte das Manuskript Tag für Tag in bestimmter Menge geliefert werden. Der Druck erfolgte am Donnerstag, die Expedition von

Gießen aus am Freitag, damit am Sonnabend alle Ortschaften versorgt sein konnten. Druck am Donnerstag hieß natürlich Redaktionsschluß am Mittwoch. Die größte Schwierigkeit bestand also darin, für den Mittwoch noch soviel Platz wie irgendmöglich aufzustapeln, um wenigstens in die politische Rundschau die wichtigsten Geschehnisse noch unterbringen zu können. Im Anfang war mir die umständliche Art der Redaktionsführung sehr lästig, besonders deshalb, weil ich, abgesehen vom Samstag und Sonntag, nicht mehrere Tage nacheinander von Gießen fortbleiben konnte. Das zu ermöglichen war für die Verhältnisse in Oberhessen jedoch besonders wichtig, wie ich sehr bald gemerkt hatte. In kürzester Frist war ich das Mädchen für alles, das nur deshalb weniger auf hohen Lohn sehen durfte, weil die Behandlung durch die Genossen eine wirklich kameradschaftliche und gute war. Ich war Redakteur, Expedient, Arbeiter- und Parteisekretär, Inseratensammler und Einkassierer. (Sonst hätte ich die 40 Mark monatlich niemals zusammengebracht!) Ich schrieb die Flugblätter für alle Wahlen, setzte sie auch, wenn sie über Nacht in Gießen hergestellt werden mußten, half beim Falzen und, die Hauptsache, verbreitete die Blätter zum großen Teile auch selbst, soweit abgelegene Orte, in denen die Partei noch nicht Fuß gefaßt hatte, in Betracht kamen. Ich nahm dann den Rucksack auf den Buckel, setzte mich auf das Rad und strampelte von Ort zu Ort. Da Hessen kein Versammlungsrecht hatte, also außer den Verfassungsbestimmungen irgendwelche Hemmungen nicht kannte, war eine Voranmeldung der Versammlung nicht notwendig. So konnte ich auf den Dörfern, wo die Gelegenheit günstig war, noch für den gleichen Abend durch den Ortsdiener eine Versammlung ausklingeln lassen. Auf diese Weise habe ich in Oberhessen von 1895 bis 1900 Hunderte von Versammlungen abgehalten. An Arbeit hat es mir in Gießen nicht gefehlt, schon deshalb nicht, weil ich sehr bald zum Kandidaten für alle Wahlen bestimmt worden war, gleichviel, ob es sich um die Stadtverordnetenversammlung, den Hessischen Landtag oder den Reichstag handelte. Ich war ein vom Glück besonders begünstigter Meisterschaftsdurchfaller. So oft und so schnell nacheinander, wie ich innerhalb fünf Jahren (dazu auch noch Nachwahlen und Doppelkandidaturen in Gießen und Solingen) durchgefallen bin, ist wahrscheinlich kein zweiter Sozialdemokrat in Deutschland durchgefallen. Aber ich war damals wirklich nicht klein zu kriegen, redete mir die Zunge wund und schrieb mir die Finger lahm. Fertigkeiten im Sparen haben wir damals entwickeln müssen, die sich sehen lassen konnten. Einige Abrechnungen aus dem Jahre 1895, die im Original vor mir liegen, erinnern daran mit aller Deutlichkeit. Der Genosse Wilhelm Hugo aus Eschwege, der die ländlichen Verhältnisse recht gut kannte und sehr eindringlich zu reden verstand, hatte mir acht Tage lang bei einer Agitation in einer Reichstagsnachwahl geholfen. Dafür wurden an ihn ausgezahlt:

Ersatz für Eisenbahnfahrten 4. Klasse .	Mk. 18.05
Rückvergütung für Zettelankleben in Rüddinghausen	„ —.50
Diäten für 8 Tage, a 6 Mk	„ 48.—
Ersatz für entgang. Arbeitsverdienst	„ 15.—
	Mk. 81,55 62

Die Tätigkeit Hugos hatte an einem Sonntag begonnen und am Abend des nächsten Sonntag geendet. Innerhalb dieser acht Tage hatte er in elf Versammlungen geredet. Zweimal mußte er nachts durchmarschieren, weil ihm ein Nachtlager verweigert worden war; einmal war er nach der Versammlung aus dem Lokal hinausgeworfen, einmal in der Versammlung verprügelt worden. So fürstlich wie die „auswärtigen" Referenten à la Hugo wurden wir, die wir dauernd das Brot der Partei essen durften, natürlich nicht bezahlt. Da wir zu Hause unser Brot hätten auch bezahlen müssen, wurde uns nur das Fahrgeld und der Betrag für das Nachtlager zurückvergütet. Vor mir liegt eine Abrechnung, derzufolge ich 1896 gelegentlich einer Ersatzwahl zum Reichstag hintereinander einmal 29 Versammlungen abhielt. Dafür wurden an Fahrgeldern ausgezahlt: Mk. 28,20, für 27maliges Übernachten wurden vergütet Mk. 30,30. Glänzend muß ich damals in Effolderbach gewohnt haben, denn dort hat das Übernachten 2 Mark gekostet. Für die beiden Prügeleien und die uns zerrissenen Hemdkragen brauchten wir eine besondere Gebühr nicht zu zahlen. So mühsam es mitunter war, das richtige Lokal, in dem wir reden wollten, zu finden, so schnell waren wir manchmal, kaum, daß wir den Saal betraten hatten, schon wieder draußen, obwohl es Flugzeuge noch nicht gab.

Landagitation

Die „Mitteldeutsche Sonntagszeitung" war von Dr. David 1894 zu dem ausgesprochenen Zweck gegründet worden, für die Sozialdemokratie Anhang unter der Landbevölkerung, besonders unter den Kleinbauern, zu gewinnen. David, der im Anfang von Simon Katzenstein unterstützt worden war, hatte die Zeitung ihrem Zweck entsprechend in wahrhaft vorbildlicher Weise redigiert. Dazu befähigten ihn, den vortrefflichen Kenner der sozialistischen Altmeister, in hohem Maße seine gründlichen Agrarstudien, außerdem aber auch seine hervorragende pädagogische Begabung. Die Stellung Davids als Lehrer am Gymnasium war schließlich unhaltbar geworden, weil er ganz offen als Sozialdemokrat auftrat und das von ihm ins Leben gerufene Blatt auch verantwortlich zeichnete. Wie sehr ihn sein Direktor, der in der pädagogischen Welt allgemein rühmlichst bekannte Professor Schiller, geschätzt hat, geht daraus hervor, daß Schiller die verzweifelten Eltern zurückgebliebener Schüler, soweit sie ihn um Rat fragten, stets an Dr. David auch dann noch verwiesen hat, als dieser längst aus dem Lehramte geschieden war und sich gänzlich dem sozialdemokratischen Parteidienste gewidmet hatte.

Die „Mitteldeutsche Sonntagszeitung" so weiterzuführen, wie David begonnen hatte, war mir natürlich vollkommen unmöglich, denn weder konnte ich mich auf pädagogische Begabung, noch auf besondere Kenntnisse ländlicher Verhältnisse stützen. Aber ich setzte mich auf die Hosen und führte in kurzer Zeit in den Dorfversammlungen mit den antisemitischen Agitatoren Debatten recht erfolgreich. Die Erfolge der „Mitteldeutschen Sonntagszeitung" und der Landagitation in ihrem Verwaltungsgebiet waren unverkennbar. Herr v. Gerlach, mit dem ich ebenso wie mit dem Pfarrer Friedrich Naumann damals oft die Klingen kreuzte, schrieb 1898 im „Politischen Wochenblatt" nicht nur sehr anerkennend über die Redaktion der „Mitteldeutschen Sonntagszeitung", sondern attestierte mir auch „bedeutendes Verständnis für die Agrarfrage". Den Antisemiten wurde ich von Woche zu Woche unbequemer, denn sie konnten kaum noch eine Versammlung abhalten, ohne daß sie sich mit mir herumschlagen mußten. Ich rückte ihnen von Dorf zu Dorf nach, gleichviel wer von ihnen als Referent auftrat, ob es Philipp Köhler, Zimmermann, Bindewald, Hirschel, Pickenbach, Ahlwardt, Boeckel, Liebermann von

Sonnenberg, Werner-Hersfeld oder sonst wer war. Je länger dieser Kampf dauerte, um so gehässiger wurden die Herrschaften. Ich muß aber in den Versammlungen nicht ungeschickt operiert haben, denn schließlich kündigten sie ihre Versammlungen, die sie abends abhalten wollten, erst kurz zuvor durch die Ortsschelle an, so daß sie von Gießen aus nicht mehr rechtzeitig erreicht werden konnten. Da die Antisemiten jeden Saal, den sie haben wollten, zu jeder Zeit unter allen Umständen bekommen konnten, war ihre Taktik vollkommen durchsichtig. Köhler und Hirschel traten später, nachdem ich in kleinbäuerlichen Fragen wirklich sattelfest war und den Unterschied zwischen Großbauern- und Kleinbauern-Interessen sehr drastisch darzustellen vermochte, namentlich unter Hinweis auf die Wirkungen der Zölle, nur noch gemeinsam als Referenten auf. Beim Durchblättern der „Mitteldeutschen Sonntagszeitung" stoße ich, neben vielen anderen Beispielen für die damalige Art des Kampfes, auf eine von mir verfaßte Briefkastennotiz, die ich zitieren will, der ich aber folgendes vorausschicken muß. Während ich in jede antisemitische Versammlung ging, kamen die Antisemiten zu mir erst dann einmal, als sie dazu direkt gezwungen worden waren. Alle sozialdemokratischen Versammlungen, die vorher bestimmt waren, wurden öffentlich in der „Mitteldeutschen Sonntagszeitung" und in den in Betracht kommenden Kreisblättern bekanntgemacht und jedermann freie Diskussion zugesichert. Vor den Reichstagswahlen im Jahre 1898 zernierten wir den antisemitischen Bürgermeister von Langsdorf, meinen Gegenkandidaten Köhler, nach allen Regeln der Kunst. Ich sprach in allen größeren Orten in der Nähe Langsdorfs und schickte an Köhler selbst alle Versammlungsankündigungen mit besonderer Einladung zur Teilnahme. Da kündigten wir wochenlang vor dem angesetzten Termin eine der Versammlungen in Langsdorf selbst an und forderten Köhler öffentlich auf, sich endlich einmal in einer von uns einberufenen Versammlung in seinem eigenen Dorfe zu stellen. Diesem Zweck sollte die bereits erwähnte Briefkastennotiz dienen, die folgendermaßen lautete:

„Nach Langsdorf. Sie behaupten, der Abgeordnete Köhler sei deshalb nicht in unsere Versammlung nach Lieh gekommen, weil er sich überhaupt allein einem Gegner nicht zu stellen wagt und einen Hilfsredner nicht habe auftreiben können. Unsere eigenen

Erfahrungen von früher her sprechen für Ihre Behauptungen. Um nun dem Abgeordneten Köhler die Möglichkeit zu geben, sich rechtzeitig Hilfe zu bestellen, teilen wir heute schon mit, daß wir an einem der nächsten Sonntage eine Versammlung in Langsdorf abhalten werden. Wir hoffen dann, Herrn Köhler und wenigstens eine seiner Redestützen am Platze zu finden."

Antisemitische Schimpfapostel

Köhler hätte sich natürlich um jedes Ansehen gebracht, wenn er auch dieser Versammlung ferngeblieben wäre. Er hatte sich den Abgeordneten Hirschel als Beistand kommen lassen. In der „Mitteldeutschen Sonntagszeitung" Nr. 20 von 1898 ist ein ausführlicher Bericht über die Versammlung erschienen. Danach ist es den beiden Antisemiten schlecht ergangen. In der Marburger „Hessischen Landeszeitung" erschien über die Versammlung, die weit und breit das größte Aufsehen gemacht hatte, sogar ein spaltenlanger Bericht in oberhessischer Mundart, offenbar von einem Langsdorfer verfaßt. Darin wurde zunächst geschildert, wie die Antisemiten von der „Mitteldeutschen Sonntagszeitung" zum Kommen direkt genötigt worden seien, dann heißt es weiter:

„... Ean he (Köhler) hott sich wohrhafdig ean (Redestütze) ohg'schaffd. Wer warsch? D's Hirschelche voh Offebach. Mir glaabte juo: earmer Scheidemann aw-weil beaste verlor'n, etzt hunnse dach. Oawwer was hare mir ins v'rreachelt; dessi' oss'n G'witterhond, do kammer d'r Deuwel off'm flache Feald met fange. Mir mahnt g'rad, der hätt e Schwätzmeaschin gefreasse. Aich glaawe, der ioß freuer emmol balwirer geweast, so horre se ingesääft ..."

Die Wut der Unterlegenen kam deutlich genug in ihrer Zeitung zum Ausdruck. Der Redakteur der „Hessischen Landeszeitung", Paul Bader, der damals für die demokratischen Bürger und Bauern des Reichstagswahlkreises Marburg—Kirchhain—Frankenberg— Vöhl kandidierte, hatte zur selben Zeit in einer Versammlung einen Zusammenstoß mit Hirschel gehabt. Darüber quittierte dieser in seinem Blatt mit diesen Schimpfereien auf Bader: „Raffinierter Volksbetrüger, der bezahlte Agent ist gewissenlos genug", „Hergelaufener Pommer", „Bader, der Volksbetrüger, log und verleumdete", „Bader mit seiner pommerschen Speckstimme" usw. usw.

Zur Kennzeichnung der Tonart des Antisemitenblattes, das in Friedberg in Hessen gedruckt und von dem Architekten Hirschel redigiert wurde, mögen noch folgende Beispiele dienen, die in der „Mitteldeutschen Sonntagszeitung" zitiert worden sind: „Scheidemann, das Subjekt, das in der ‚Mitteldeutschen Sonntagszeitung' sein Wesen treibt"; „er reißt sich eine Schleimhaut von seiner brandig roten Jammerseele". Die Antworten in der „Mitteldeutschen Sonntagszeitung" waren natürlich dementsprechend: „Köhler hat dort, wo normale Menschen die Zunge haben, eine Dreckschippe." Im übrigen wurde er zumeist behandelt als „der verrückte Bürgermeister in Langsdorf". Ein Blick in die alten Jahrgänge der „Mitteldeutschen Sonntagszeitung" ist jedesmal ein Quell ungetrübter Freude.

Versammlungen auf dem Lande

Die jüngeren Arbeiter können sich kaum eine Vorstellung machen von der Gehässigkeit, mit der wir in den achtziger und neunziger Jahren des vorigen Jahrhunderts bei unserer Agitation auf dem Lande zu rechnen hatten. Wie oft sind wir mit Hunden aus den Dörfern gehetzt worden. Als ich von Gießen aus in Oberhessen tätig war, hatte die Sozialdemokratie schon vielerorts spärlich Wurzel gefaßt. So von Frankfurt aus bis in die gesegnete Wetterau, wo die fettesten Bauern saßen. Aber diese Wurzeln waren wirklich sehr spärlich. Was pfiffen die hessischen Bauern auf den armen Fabrikarbeiter, der in Frankfurt oder Gießen schaffte, aber in einem der reichen Wetterau-Dörfer noch seinen Wohnsitz hatte, weil ihm ein paar Morgen Land von seinen Eltern vererbt worden waren! In einem dieser Dörfer hatte ich einen Wirt, der wahrscheinlich Sinn für Humor hatte, zu bestimmen gewußt, mir für einen Sonntagabend seinen Saal zur Verfügung zu stellen. Obwohl ihm sofort von seinen Stammgästen heftig zugesetzt wurde, sein Wort zurückzunehmen, war er dazu doch zu stolz, Er ist wohl der Meinung gewesen, daß ich überhaupt nicht würde zu Worte kommen können, und wenn schon, daß ich sicherlich fünf Minuten später hinausgeflogen — worden sei. Ich berief die Versammlung durch Handzettel, die ich von Haus zu Haus am Vormittag verbreitete, ein. Natürlich mußte ich die Versammlung auch selbst eröffnen, war ich doch als Sozi mutterseelenallein in diesem Dorfe. Daß die Musikantenkanzel, von der aus ich sprach, nur über eine Treppe, die vom Hofe aus betreten werden mußte, zu erreichen war, kam mir zuerst sehr zustatten, nachher aber wurde es doch sehr unangenehm. Die Versammlung war bombenvoll. Der Saal glich einer Räucherkammer mehr als einem Versammlungsraum. Als ich hoch oben von der Wand herunter die Versammlung für eröffnet erklärte, sah ich unter mir außer Tabaksqualm und einigen düster brennenden Petroleumlampen überhaupt nichts. Ob die Versammelten mich sehen konnten, weiß ich nicht. Jedenfalls gab es sofort einen Höllenlärm, als die notleidenden Agrarier den ersten Ton von mir gehört hatten. Zu jener Zeit ließ ich mich aber noch weniger verblüffen als später, obwohl ich im Laufe der Jahre einiges hinzugelernt habe. Ich ließ die Gesellschaft zunächst toben, nahm mein Bierglas zur Hand und rief dann, als der erste Lärm sich gelegt hatte, in den Saal hinein: Prost! Diese Frechheit verblüffte die meisten derart, daß ich einige Sätze sagen konnte. „Heute abend wird's mit dem Teilen noch nichts, das sehe ich jetzt schon!" Hundert Zwischenrufe. Ich sprach weiter: „Sie alle haben doch schon gehört, daß die Sozialdemokraten teilen wollen." Wieder zahlreiche Zwischenrufe, ich merkte aber ganz deutlich, daß schon manche, die neugierig waren, hören wollten. „Wenn wirklich einmal geteilt wird, dann müssen die meisten von euch doch noch Land kriegen, denn die drei fettesten Bauern hier im Dorfe haben doch auch mehr als alle anderen zusammen." Einige Flegel lärmten immerzu, so daß ich oft genug eine Pause machen mußte, aber in dieser Beziehung hatte ich schon schlimmere Versammlungen erlebt. Der Erfolg des gewagten Unternehmens bestand darin, daß ich die Neugierde erregt und Zweifel geweckt hatte. Wenn die Sozialdemokraten alle so aussehen, wie „der", dann ist das mit den Hemdzipfeln, die jedem Sozi aus der Hose gucken sollen, gewiß nicht richtig, und eine Schnapsflasche, die diesen Herrschaften aus der Brusttasche herausschauen soll, hatte auch niemand gesehen. Ich war meiner Sache insofern gewiß, daß man ein Flugblatt, das wir demnächst in diesem Dorfe verbreiten wollten, todsicher lesen würde. Nach Schluß meiner Rede, die noch häufig durch Zwischenrufe, aber nicht ein einziges Mal durch fliegende Bieruntersätze unterbrochen wurde, sind mir sogar einige Fragen zugerufen worden, die ich dann in der gründlichsten Weise beantwortete, denn solange ich auf eine Frage Antwort gab, das wußte ich aus langer Erfahrung, solange würde niemand mich unterbrechen. Die unangenehmste Überraschung erlebte ich erst, als ich meine Prediger- und Musikantenkanzel verlassen wollte: Man hatte die Tür abgesperrt, mich also buchstäblich gefangen. Ich wollte nicht sofort Lärm schlagen, wartete vielmehr, bis der Saal sich geleert hatte, dann aber reagierte auf mein Klopfen und Rufen lange Zeit kein Mensch. Schließlich hat ein Dienstmädchen mich freigelassen. Als ich den Wirt dann um ein Nachtquartier bat, verweigerte er ein solches. Den Saal herzugeben hatte er noch den Mut gehabt, mich aber auch zu beherbergen, das wagte er nicht. Es war eine frostige Winternacht. Die Uhr zeigte auf zwölf, und Bad Nauheim lag 15 Kilometer, also drei Wegstunden, entfernt. Ich zündete eine Zigarre an und machte mich fröhlich und guter Dinge auf den Weg. —

Die Gelegenheit, mit Gegnern zu debattieren, wurde immer seltener, denn auch die nationalliberalen Professoren aus Gießen vermieden jedes Zusammentreffen. In einer Notiz der „Mitteldeutschen Sonntagszeitung" wird gebeten, schnellstens telefonisch oder telegraphisch zu berichten, wenn irgendwo eine gegnerische Versammlung angekündigt werde. Sei es möglich, mit der Bahn, mit dem Rad oder zu Fuß die Versammlung zu erreichen, so würde unser Kandidat pünktlich zur Stelle sein. Diese Kämpfe betrieben wir geradezu sportmäßig, wir waren allerdings auch auf die Wahrnehmung jeder Möglichkeit, öffentlich sprechen zu können, angewiesen, weil unserer Partei Säle vielfach für Versammlungen nicht zur Verfügung standen. In Gießen waren wir noch Ende der neunziger Jahre kaum imstande, eigene Versammlungen in größeren Sälen veranstalten zu können. Deshalb besuchten wir jede gegnerische Versammlung. In den Jahren von 1895 bis 1900 hat nur ein gegnerischer Redner in Gießen gesprochen, mit dem eine Diskussion unmöglich war, weil er seine Zusage für eine Versammlung nur unter der Bedingung gegeben hatte, daß eine Debatte nicht stattfinden dürfe. Dieser Redner war Eugen Richter. Seine Bedingung war uns zur Kenntnis gekommen durch den Bürovorsteher des Rechtsanwalts und hessischen Landtagsabgeordneten Metz, dem Vorsitzenden der Freisinnigen Volkspartei, mit dem Richter korrespondiert hatte.

Infolge meiner öffentlichen Tätigkeit wurde ich sehr schnell in ganz Oberhessen bekannt. Da ich 1896, also kaum ein Jahr nach meinem Einzug in Gießen, in einer notwendig gewordenen Reichstagsnachwahl gegen den Antisemiten Philipp Köhler als Reichstagskandidat aufgestellt worden war, sprach man auf dem Lande eigentlich nur noch von dem Langsdorfer Philipp und dem roten Philipp. Dieser Name wurde mir geradezu offiziell beigelegt. Ich erinnere mich einer Meldung aus dem Vogelsberg, derzufolge ein Ortsdiener ausgeschellt hatte: „Morgen abend 8 Uhr spricht der rote Philipp im Goldenen Engel."

Hier einige Ziffern, durch die die politischen Fortschritte der Sozialdemokratischen Partei im Wahlkreise Gießen—Grünberg—Nidda innerhalb weniger Jahre eifriger Agitation ersichtlich werden. Es wurden Stimmen abgegeben:

	Nationall.	Freis. Vp.	Antisem.	Sozi.
1887	10918	7941	—	387
1890	4363	5905	4566	1732
1893	4300	1883	5606	2852
1896	2442	2192	4177	3371
1998	4174		4703	4577

Gegnerische Stimmen: 8877 Sozi: 4577

Besonders bemerkenswert ist die Zerrüttung der liberalen Parteien in diesem Kreise. 1887 erhielten sie zusammen noch 18859 Stimmen, 11 Jahre später hatten sie rund 10000 Stimmen verloren.

Die „Mitteldeutsche Sonntagszeitung", die bei Freund und Feind in beiden Hessen allgemein beachtet wurde, redigierte ich mit einer so robusten Urwüchsigkeit, daß sie bald auch in der gesamten Partei auffiel. Ich bekam im Laufe der Jahre Anerbietungen von Dr. Bruno Schönlank, der mich an die „Leipziger Volkszeitung" haben wollte, von Dr. Max Quarck, der die „Frankfurter Volksstimme" leitete; Ullrich offerierte mir die Redaktion in Offenbach für den Fall, daß ich einmal ernstlich daran denken sollte, Gießen zu verlassen; Franz Joseph Ehrhardt wollte mich für sein Gebiet, die Pfalz, gewinnen; die Kasseler Genossen baten mich wiederholt, in die Heimat zurückzukehren, um die Redaktion des „Volksblattes", aber auch die Reichstagskandidatur zu übernehmen. Am schwersten fiel mir die Ablehnung der Anerbietungen aus der Vaterstadt. August Jordan schrieb am 13. November 1897: „Die Genossen sind zu der einstimmigen Auffassung gekommen, Sie zu bitten, die hiesige Reichstagskandidatur anzunehmen. Sie kennen die Verhältnisse und entsprechen allen unseren Wünschen. Wenn Sie auch bei der letzten Unterredung abgelehnt haben, so geschah das doch wohl hauptsächlich wegen Ihrer Kandidatur in Gießen. Der dortige Kreis ist in den nächsten zehn Jahren bestimmt nicht zu erobern, dagegen können Sie Kassel bei der nächsten Wahl gewinnen. Nehmen Sie mit den Genossen in Gießen Rücksprache und sagen Sie uns zu."

Am gleichen Tage hatte der Redakteur unseres „Kasseler Volksblattes", Paul John, späterer Berliner Bezirksbürgermeister, mir geschrieben: „Pfannkuch hat uns durch seinen Rücktritt in die größte Verlegenheit gebracht. Sie müssen helfen, denn Sie sind der einzig mögliche Ersatz, die ganze Partei steht geschlossen hinter Ihnen." Die Gießener Genossen wehrten sich, und ich stimmte ihnen zu, denn ein Jahr vor den ordentlichen Reichstagswahlen wollte ich sie nicht in Verlegenheit bringen. Ich lehnte also für Kassel ab. Trotzdem wurde mir schließlich für die 98er Wahlen eine zweite Reichstagskandidatur direkt aufgezwungen, and zwar durch den Parteivorstand, nämlich der Wahlkreis Solingen.

Wilhelm Liebknecht, dessen Vaterstadt Gießen war, besuchte uns jedes Jahr. Das waren immer Feiertage. Er kannte im alten Gießen jedes Haus und in Obefhessen jedes Dorf. Je näher ich Liebknecht kennenlernte, um so mehr lernte ich ihn auch schätzen, allerdings immer mehr als Mensch, Dichter und Stilisten, deaa als Politiker. Er lebte politisch für uns, die wir ganz in der Agitationsarbeit des Tages aufgingen, teils zu sehr in der Vergangenheit, teils viel zu sehr in weiter Zukunft. Die Gegenwart kam ihm, wie uns scheinen wollte, vor, wie eine leicht zu überwindende Episode. Vielleicht tue ich ihm unrecht, was ich um keinen Preis der Welt tun möchte, denn ich habe ihn ehrlich geliebt.

Reif fürs Gefängnis

Vor Abschluß dieses Kapitels soll übrigens festgestellt werden, daß ich nur mit Mühe und Not in Gießen einer Gefängnisstrafe entgangen bin. Während einer mehrtägigen Abwesenheit auf einer Agitationsreise in den Vogelsberg hatte ich einen immer hilfsbereiten Freund gebeten, das von mir fertiggestellte Manuskript für die „Mitteldeutsche Sonntagszeitung" Tag für Tag in der vorgeschriebenen Menge an die Frankfurter Druckerei zu senden. Gott bewahre uns vor unseren Freunden! Er wollte sich auch einmal selbständig betätigen und mir durch eigene Arbeit imponieren. Einer seiner Freunde — „Gott bewahre uns" usw.! — hatte ihm eine Skandalgeschichte, an der so ziemlich das gesamte Gießener Offizierkorps beteiligt sein sollte, erzählt, und er, unerfahren im Paragraphengestrüpp des Strafgesetzbuches, tischte das alles nun im besten Glauben und in der ehrlichen Überzeugung, eine furchtbare „kapitalistisch-militärische Eiterbeule" aufzustechen, all den Lesern der „Mitteldeutschen Sonntagszeitung" auf. Das Offizierkorps hatte Strafantrag bei der Staatsanwaltschaft gestellt. Die Sache sah deshalb sehr übel aus, weil an eine Beweisführung nicht zu denken war, obgleich in Gießen kein Mensch an der Richtigkeit des Gemeldeten zweifelte.

Der Rechtsanwalt Dr. Gutfleisch gehörte damals nicht nur in Gießen zu den angesehensten und beliebtesten Männern, sondern in ganz Hessen und weit darüber hinaus. Er galt als der hervorragendste Jurist in Hessen. Wiederholt hatte er das ihm angebotene Justizministerium abgelehnt. Ein Prozeß, den Gutfleisch führte, galt von vornherein mindestens als halbgewonnen. Als freisinniges Mitglied des Reichstages und engster Freund Eugen Richters war er zu jener Zeit einer der am meisten genannten Parlamentarier. Bei der Beratung der sozialen Versicherungsgesetze spielte er, der einflußreiche Führer der Liberalen aller Richtungen, eine den Arbeitern sehr unbequeme Rolle. In vielen Wählerversammlungen war ich mit ihm zusammengetroffen und hatte ihn mit der grenzenlosen Liebenswürdigkeit, die mich in meinen politischen Flegeljahren auszeichnete, für alle politischen Schlechtigkeiten und Rückschritte der letzten Jahrzehnte in erster Linie verantwortlich gemacht. Wir kannten uns also sehr gut. Im Hinblick auf die vielen Annehmlichkeiten, die ich ihm in den Wählerversammlungen bereitet hatte, Annehmlichkeiten, für die er als gebildeter Mensch auch Verständnis haben mußte, ging ich zu ihm, um ihn zu fragen, ob er in dem „zu Unrecht gegen mich anhängig gemachten politischen Tendenzprozeß" mir nicht zu meinem Rechte verhelfen möchte. Die ihn erwartenden Ehren würden aller Voraussicht nach so groß sein, daß er sich schon deshalb mit einem mäßigen Honorar würde begnügen können, falls er nicht gänzlich darauf verzichten wolle. Gutfleisch verschob eine geplante Urlaubsreise, übernahm meine Verteidigung und führte sie, wie kein Mensch anders erwartet hatte, glänzend.

Nachdem der gehässig kaltschnäuzige Staatsanwalt mich in den grellsten Farben karikiert und dreist behauptet hatte, daß keine Versammlung vor meinem Einbruch sicher sei, daß ich in der Zeitung die dreisteste Feder führe, kein gutes Haar an der göttlichen Weltordnung lasse, und daß deshalb die honette Gesellschaft zunächst einmal für mindestens drei Monate, die er beantragte, vor mir gesichert werden müßte, nahm Gutfleisch das Wort. Er schilderte mich wie ich wirklich war und wie aus diesen Zeilen ganz klar hervorgehen dürfte: zurückhaltend und bescheiden, im politischen Kampfe äußerst sachlich und dabei von einer bestechend vornehmen Liebenswürdigkeit. „Der Herr Verteidiger übertreibt ein wenig", wollte ich dazwischenrufen, aber ich bezwang mich, ich wollte durch die Tat beweisen, wie recht er im Grunde genommen hatte, wie bescheiden ich wirklich war, deshalb schwieg ich, eingedenk des Wortes, daß Reden Silber, Schweigen aber Gold ist. Dem Staatsanwalt warf ich jedoch einen Blick zu, vor dem er beschämt die Augen senkte und innerlich bestimmt erzitterte. Wahrscheinlich rang er schwer mit sich, ob er seinen Antrag zurückziehen oder gar eine Prämie für mich beantragen sollte. Er hatte aber nicht die erforderliche Intelligenz, um die wahrhaftigen Schilderungen Gutfleischs vollkommen würdigen zu können. Vielleicht fehlte ihm aber auch der Mut, zuzugestehen, daß er sich vollkommen geirrt hatte in der Person des unschuldig Angeklagten. Gutfleisch fuhr indessen unbeirrt fort, seinen Klienten als einen wahrhaft vorbildlichen Menschen zu schildern. Wir könnten uns glücklich schätzen, wenn der politische Kampf überall so seriös geführt würde, wie von dem Manne, den zu vertreten er die große Ehre habe.

Ich sagte mir im Stillen, daß Gutfleisch unmöglich Honorar verlangen könnte, denn er müsse sich doch wirklich etwas darauf einbilden, einmal einen so einzig dastehenden Angeklagten verteidigen zu dürfen. Ich ging sogar noch weiter in meinen Erwägungen. Daß Gutfleisch, falls ich eine Gefängnisstrafe kriegen sollte, für mich ins Loch gehen müsse, konnte man ihm vielleicht nicht zumuten. Immerhin war zu erwägen, ob er nicht eine etwaige Geldstrafe auslegen könne, denn er war als reicher Mann bekannt, woher wir aber das Geld nehmen sollten, falls ich nicht freigesprochen würde, das war meinen Freunden und mir vollkommen rätselhaft. Während der Ausführungen Gutfleischs ruhten die Augen der fünf Richter bewundernd auf seinem Klienten. Der Staatsanwalt warf mir gehässige Blicke zu, bezeichnenderweise über die Brille hinweg. Also nicht nur gehässig, sondern auch geizig war der Mensch: um die Gläser zu schonen, guckte er nicht hindurch, sondern darüber hinweg. Geiz ist die Wurzel allen Übels. Pfui! über diesen würdigen Vertreter des Klassenstaates. Er hatte auch noch die Dreistigkeit, meinem verehrten und wahrheitsliebenden Verteidiger zu widersprechen. Der hat dann aber einen geistigen linken Kinnhaken gelandet, der den geizigen Anwalt des Staates glatt erledigte. „Ich kenne diesen würdigen Mitbürger, den Sie ins Gefängnis bringen wollen — ich ringe um seine Freiheit und seine Freisprechung —eben weil ich ihn kenne. Sie kennen ihn nicht und nur deshalb drängen Sie, Herr Staatsanwalt, auf eine Verurteilung. Der Hohe Gerichtshof, das ist meine feste .Überzeugung, wird über Ihren Antrag, Herr Staatsanwalt, zur Tagesordnung übergehen und meinem Klienten Gerechtigkeit widerfahren lassen." — Resultat: Zweihundert Mark Geldstrafe wegen Beleidigung durch die Presse.

Nürnberger Dienst

Ende 1899 wurde ich durch den früheren Reichstagsabgeordneten Philipp Wiemer, nicht zu verwechseln mit dem ehedem fortschrittlichen, später volksparteilichen Abgeordneten Otto Wiemer, gebeten, nach Nürnberg als Chefredakteur der „Fränkischen Tagespost" zu kommen. Die Stellung würde zwar ausgeschrieben werden, das sei aber nur eine Formsache. Sobald ich meine Bewerbung einreiche, sei meine Wahl gewiß, denn man kenne alle in Betracht kommenden Genossen. Obwohl mein politisches Betätigungsgebiet in Gießen nichts zu wünschen übrig ließ, mußte ich allmählich doch auch mehr an meine Familie denken. Mit einhundertzwanzig Mark monatlich war auf die Dauer nicht auszukommen. Ich meldete mich also nach Nürnberg, nachdem ich mit Gießener Freunden gesprochen hatte, und wurde gewählt. Leider war Nürnberg, wie ich erst zu spät erfuhr, damals ein Hexenkessel schlimmster Art, so daß ich schon nach kurzer Zeit bedauerte, Gießen verlassen zu haben. Nach dem Tode Grillenbergers, den die Nürnberger abgöttisch verehrt hatten, stellte sich Karl Oertel als Besitzer der „Fränkischen Tagespost" vor, obwohl allgemein angenommen worden war, daß sie Eigentum der Partei gewesen und noch sei. Man darf die damaligen Verhältnisse nicht vergleichen wollen mit den geordneten Zuständen, die ein Vierteljahrhundert später allgemein als ganz selbstverständlich betrachtet wurden. Grillenberger hatte die „Fränkische Tagespost" während des Sozialistengesetzes unter großer Mühe über Wasser gehalten. Oertel, der zu Lebzeiten Grillenbergers schon allgemein der „Kronprinz" genannt wurde, war der Nachfolger seines Meisters im Reichstag geworden und wollte auch sein Nachfolger im Bayerischen Landtag bleiben. Nun trat ein Zustand ein, den Nazi Auer einmal sehr treffend gekennzeichnet hatte mit den Worten: „Bei uns menschelt's ebenso, wie bei den anderen Parteien auch." Besitzer des Parteiblatts, Mitglied des Reichstages und Mitglied des Landtags? „Das koscht di d's Blättle", hatte ihm der aus Württemberg stammende Parteisekretär Konrad Herrmann, der gern in den Landtag gewählt werden wollte, ins Gesicht gesagt.

Es hatte gerade eine systematische Hetze gegen Oertel eingesetzt, als ich am 1. April 1900 in Nürnberg antrat. Dabei war Oertel wenige Tage zuvor als schwerkranker Mann in eine Irrenheilanstalt überführt worden. Zwei oder drei Tage nach meinem Eintreffen in Nürnberg starb er, ohne daß ich ihn nur einmal gesehen habe. Mein Vorgänger war Dr. Südekum gewesen, dem Oertel, offenbar schon sehr krank, einen für damalige Zeit erheblichen Redaktionsetat bewilligt hatte, so daß Korrespondenzen direkt aus Wien, Paris und anderen Weltstädten bezogen werden konnten. Dabei hatte es sich schnell genug herausgestellt, daß das Geschäft mit erheblicher Unterbilanz arbeitete. Der mir eingeräumte Etat wurde sofort auf ein lächerlich geringes Minimum herabgesetzt. Der Redaktionsstab bestand aus dem Chefredakteur, dem verantwortlichen Redakteur Gärtner, der den lokalen Teil leitete, dem damals schon greisenhaften Heinrich Oehme, der den bayerischen Teil bearbeiten sollte, soweit der Arbeitersekretär und Landtagsabgeordnete Segitz ihn nicht von München aus lieferte, und dem Lokalberichterstatter Westmeyer, der später in Stuttgart gestorben ist. Ich gab mir die größte Mühe, trotz der nach jeder Richtung hin unzulänglichen Mittel, ein anständiges Blatt zu machen, wurde aber viel zu schnell zu umfangreicher rednerischer Tätigkeit verlangt und zu zahllosen Sitzungen herangezogen. Die letzteren hatten sich als notwendig erwiesen, weil ein unerhörtes Kesseltreiben im gegnerischen „Fränkischen Kurier", der damals noch freisinnig war, einsetzte gegen — ja, gegen wen eigentlich? Gegen alle und jeden, der verdächtig schien, daß er ein Mandat hätte erstreben können. Gegen mich, der ich kaum in Nürnberg und nicht einmal Bayer, also überhaupt nicht wahlberechtigt und wählbar war, wurden zweideutige Notizen lanciert, aus denen gefolgert werden sollte, daß ich in den Landtag gewählt werden wollte. Täglich gab es außerdem in dem Blatte unserer Gegner Mitteilungen über interne Parteivorgänge, ebenso Berichte über Konferenzen, an denen nur wenige Genossen beteiligt gewesen waren. Die Geschichte wurde immer mysteriöser. Nicht nur in Nürnberg und Bayern, sondern bald in der gesamten Partei Deutschlands kam eine sich mehr und mehr steigernde Nervosität dieser Vorgänge wegen auf. Dr. Südekum, der inzwischen Oertels Nachfolger im Reichstag und Chefredakteur der „Dresdner Arbeiterzeitung" geworden war, schrieb mir am 22. Dezember 1900:

„Lieber Scheidemann! Die letzte Kuriernotiz über die Versammlung im ‚Cafe Merk', in der Sie angeblich die Kosten der Unterhaltung getragen haben sollen, ist wieder einfach empörend. Da aber der Kurier selbst die Zahl der Teilnehmer auf nur 30 angibt, so müßte doch endlich der Lump zu eruieren sein, der den Lügenkurier bedient. Es kann doch gewiß keine Schwierigkeiten haben, die Namen der 30 Teilnehmer festzustellen und davon — die oder den Verdächtigen herauszusondern. Dieser Skandal kann doch nicht immer so weitergehen." Einige Vorkommnisse hatten mich besonders stutzig gemacht. Ich besprach sie mit einem vertrauten älteren Freunde und zeichnete von da ab, auf seinen Rat hin, die verdächtigen Vorkommnisse auf. Diese Aufzeichnungen — zunächst nur Indizien —, zwangen eines Tages zu absolut eindeutiger Schlußfolgerung: Die Gewährsleute des „Fränkischen Kurier" waren der Vorsitzende der SPD, der erste Parteisekretär und ein ihnen innig befreundeter Kassenbeamter! Es trat ein Schiedsgericht unter dem Vorsitz des Genossen v. Vollmar zusammen, an dem vom Parteivorstand die Genossen Gerisch und Pfannkuch teilnahmen. Die glatt überführten Genossen, die sich so schwer vergangen hatten, wurden aus der Partei ausgeschlossen. Der böse Geist war der Parteisekretär gewesen, der den gutmütigen, etwas leichtgläubigen Vorsitzenden vollkommen betört, das heißt „überzeugt" hatte, daß man im Interesse der Partei zu diesen ungewöhnlichen Mitteln seine Zuflucht hätte nehmen müssen. Dem in dieser Weise mißbrauchten Genossen, der der Partei viele Jahrzehnte lang treu und in Ehren gedient hatte, ist später verziehen worden, so daß er wieder in die Partei aufgenommen werden konnte.

Die beiden Vertreter des Parteivorstandes, Gerisch und Pfannkuch, haben mir damals nach der Sitzung unter v. Vollmar, auf die soeben hingewiesen ist, versichert, daß sie mancherlei Peinliches in ihrer schweren Amtstätigkeit erlebt hätten, ein Fall wie dieser Nürnberger stehe einzig da, und werde hoffentlich auch für alle Zeiten vereinzelt bleiben. So unglaublich es scheinen mag, ich will es doch feststellen: Mir sind damals von verschiedenen Seiten Vorwürfe gemacht worden, weil ich die drei der geschilderten Handlungen überführt hatte. Ich schrieb empört an den Parteivorstand und bat um seinen Rat: „Wird man mir in Berlin übelnehmen können, wenn ich hier alles hinwerfe und ohne weiteres weggehe?" Vor mir liegt die Antwort Gerischs in klarer Frakturschrift: „So sehr ich im Augenblick unter dem Eindruck stand, es sei besser gewesen, wenn wir, Pfannkuch und ich, vorher von den Dingen Kenntnis gehabt hätten, (von den Einzelheiten der raffiniert begangenen Hetze in dem gegnerischen Blatt und von den Schwierigkeiten der Aufdeckung), so unumwunden will ich zugeben, daß Dein Verhalten als völlig einwandfrei bezeichnet werden muß. Diese meine Auffassung habe ich auch hier, sowie den Genossen gegenüber, die sich lebhaft für die Vorgänge in Nürnberg interessierten, in aller Schärfe zum Ausdruck gebracht.

Mit herzlichen Grüßen
Dein A. Gerisch"

Nur zwei Jahre blieb ich in Nürnberg. Als in einer Sitzung der Genosse Dr. Siegmund Freiherr v. Haller zu Hallerstein, der sich für einige Jahre, in die Partei verirrt hatte, in dieser Zeit aber, dank der Vertrauensseligkeit vieler Genossen, sozialdemokratischer Landtagsabgeordneter geworden war, allerlei an der Zeitung mäkelte, weil ihm das Arbeiterblatt nicht vornehm genug war, benutzte ich sofort den günstigen Anlaß und bat die Preßkommission um Entbindung von meinem Vertrag: „Sie würden mich zu besonderem Dank verpflichten, wenn Sie veranlassen wollten, daß ich von meinem Vertrag entbunden werde. Es ist mir wiederholt von dem Genossen Ulrich in Offenbach die Stellung eines leitenden Redakteurs an unserem dortigen Parteiblatt angeboten worden, eine Stellung, die meinen Wünschen und Neigungen nach jeder Richtung hin entspricht und mir die Möglichkeit gibt, in meinem Wahlkreis (Solingen) mehr und wirksamer agitatorisch tätig zu sein, als von Nürnberg aus. Ich hoffe, daß mein Wunsch erfüllt wird, da Sie ja wissen, daß die unleidlichen Nürnberger Parteiverhältnisse in mir schon längst den Wunsch erweckten, aus meiner, Stellung zu scheiden. Es kann Ihnen nichts daran liegen, mich in einer Stellung zu halten, die mir nach keiner Richtung hin mehr Befriedigung gewährt..." Da der Vorsitzende der Preßkommission, ein sehr verständiger Buchdrucker, im Betriebe der „Fränkischen Tagespost" beschäftigt war, konnte ich schon am nächsten Morgen mit ihm auch persönliche Rücksprache nehmen. Die Sache lief infolgedessen nach Wunsch. Die Preßkommission gab meinem Antrag statt und dankte mir in einem liebenswürdigen Schreiben für meine Tätigkeit, „mit der sie durchaus zufrieden gewesen sei. Wir grüßen Sie herzlich und wünschen Ihnen in Ihrem neuen Schaffensort eine ruhigere Arbeitsmöglichkeit als in Nürnberg. Hans Pfötschler, Schriftführer der Pressekommission."

Die Nürnberger Erlebnisse hatten geradezu erschütternd auf mich gewirkt. Als ich die herrliche deutsche Stadt Albrecht Dürers, Hans Sachsens und — Beckmessers verließ, gehörte ich der Partei fast 20 Jahre lang an. Hatte ich auch mancherlei Kleinlichkeiten erleben müssen, so hätte ich doch für unmöglich gehalten, daß in der Sozialdemokratischen Partei so unkameradschaftliche Vorgänge wie die in Nürnberg erlebten, vorkommen können. Die Erklärung dafür war allerdings nicht gar zu schwer zu finden. Das Sozialistengesetz hatte vielerorts die Leitung der ganzen Parteibewegung in engste Konventikel gedrängt. Die Nürnberger Arbeiterschaft, gesund an Leib und Seele, hatte als Führer einen Mann, um den sie die gesamte Partei beneidete, Karl Grillenberger. Dennoch mußte das Verhältnis ein ungesundes werden, weil schließlich die ganze Bewegung am Orte in diesem einen Mann verkörpert war. Von einer demokratischen Leitung der Partei konnte damals nirgends die Rede sein, ebensowenig von demokratischem Leben in der Partei. Nur wenige Auserwählte waren in Nürnberg die Vertrauten des eigentlichen Führers, der alle anderen nicht nur körperlich — er war ein Hüne — um mehr als Hauptslänge überragt hatte. Cliquen hatten sich gebildet, die schließlich nur persönliches Verschulden und Herrschsucht sahen, obwohl sich über das ganze Reich hinweg, auch dort, wo kein Belagerungszustand bestand, die ganz natürlichen Folgen des Ausnahmegesetzes bemerkbar gemacht hatten. Noch viele Jahre nach dem Fall des Sozialistengesetzes machten sich im Reiche, bald hier, bald dort, immer und immer wieder allerlei Cliquen bemerkbar. In Nürnberg zehrte das schleichende Gift, das Bismarck mit seinem Ausnahmegesetz über das Reich verspritzt hatte, viele Jahre lang am Körper der Partei, bis endlich, nach Überwindung heftigster Fieberschauern, die gründliche Reinigung einsetzte. Dann begann ein neuer Aufstieg, vorbildlich für die gesamte Partei, die, im Kriege gespalten, 1922 in Nürnberg wieder geeint wurde.

Wieder in Hessen

Als ich Gießen mit Nürnberg Anfang 1900 vertauschen wollte, hatten die führenden Genossen mir heftige Vorwürfe gemacht, besonders Ulrich und David waren ungehalten. David schrieb mir noch im Februar 1900 aus dem Hessischen Landtage einen Brief, in dem er mir in den herrlichsten Farben eine große politische Zukunft schilderte, falls ich mich entschließen könnte, in Hessen zu bleiben. Das alles hatte mich nicht abhalten können, Hessen zu verlassen. Ich durfte damals weniger an meine „glänzende politische Zukunft", vielmehr mußte ich an die elende Gegenwart und an meine Familie denken. Drei Kinder und ein Einkommen von 120 Mark monatlich, fünf Jahre lang, das ging einfach nicht mehr.

Kaum waren jedoch über die widerwärtigen Zustände in Nürnberg die ersten Mitteilungen nach außen gelangt, da schrieb mir schon Ulrich, der „rote Großherzog", weshalb ich mich solchen Widerwärtigkeiten in dem „wilden Lande" Bayern aussetze, ich sollte zurückkommen nach Hessen, um die Redaktion des Offenbacher Parteiblattes zu übernehmen. Daß ich schließlich den weiteren Lockungen Ulrichs nicht länger widerstanden habe, ist den Lesern bereits bekannt. In Offenbach war ich dann drei Jahre tätig, nicht nur als Leiter unseres Parteiblattes, sondern vornehmlich auch als Redner in den Provinzen Oberhessen, Rheinhessen und Starkenburg.

An Offenbach habe ich Erinnerungen heiterer und trauriger Art in großer Menge. Ulrich wurde von einer Wirtschafterin betreut, die ein unvergleichliches Original war, die „Gnädige", wie sie in den Parteikreisen der ganzen Provinz Starkenburg genannt wurde. Jeder in Offenbach und weiterer Umgebung kannte sie, aber auch sie kannte jeden und jede. Sie bemutterte Ulrich, den „Gnädigen" — anders sprach sie von ihm in seiner Abwesenheit nie —, wie ihr Kind. Dabei waren beide wohl in gleichem Alter. Sie jagte von früh bis spät treppauf, treppab durch alle Räume der Druckerei und schimpfte ununterbrochen in Deutsch, Französisch und Englisch auf die Redaktion und die Expedition, die Setzer, den Metteur, den Drucker und die Zeitungsträger, auf die Inserenten und alle Lieferanten, auf die Bäcker, die Metzger —, sie schimpfte unverdrossen und meinte es dabei doch mit allen gut. Je mehr sie einen Menschen beschimpft hatte, um so reicher war die Spende, die sie dann für die „Fraa", für den „Moa" oder für die „Kinner" einpackte. Als Trostpreise hatte sie stets Obst, je nach den Jahreszeit, in großen Mengen zu Hause, aber auch Zigarren, Gemüse, Brot und Wurst, je nach den Bedürfnissen ihrer Opfer. Da ich sie einmal so ganz nebenbei in aller Harmlosigkeit einem alten Drachen verglichen hatte, war ich ihr besonderer Liebling geworden. Sie schimpfte täglich auf den „Glatzkopf in der Redaktion", aber sie brachte als Sühne dafür stets irgendeine Liebesgabe zum Frühstück. Besonders köstlich war die Spende dann, wenn irgendeinem gehässigen Gegner Ulrichs im Blatte gehörig heimgezahlt worden war. Dann strahlte sie vor Freude. Als wir eines Morgens in die Redaktion gingen, fanden wir einen großen Teil der ganzen Marktstraße dick mit Stroh belegt. Ulrich war in der Nacht erkrankt und erst gegen Morgen eingeschlafen. Damit er durch die Marktwagen nicht gestört werden sollte, hatte sie schleunigst für den Strohbelag gesorgt. Das holprige Straßenpflaster Offenbachs war übrigens weit und breit berühmt. Es hatte den Frankfurter Dichter Friedrich Stoltze zu einem fürchterlichen Fluch veranlaßt, dessen Schluß, entsprechend illustriert, zum Spottwort in ganz Hessen geworden war. „Krieh die Kränke,

Offebach! Die Staa binne se aa, die Hunn' losse se laafe!" (Die Steine, mit denen man nach einem Hunde werfen könnte, pflastern sie ein, die Hunde lassen sie frei umherlaufen.)

Hessen ist in der zweiten Hälfte des vorigen Jahrhunderts das freieste deutsche Land gewesen. Die kleinlichen preußischen Scherereien kannte man nicht. Mancherlei ist darüber schon in dem Kapitel aus Gießen berichtet worden. Etwa 1904 oder 1905 hatte uns Engelbert Pernerstorffer eine Versammlung in Offenbach zugesagt. Zu unserer großen Überraschung wurde unserem Freunde, sicherlich auf preußische Einflüsse hin, das Reden verboten. Die Versammlung wurde natürlich trotzdem abgehalten, und zwar am Vormittag des preußischen Büß- und Bettags mit Ulrich und mir als Referenten. Da wir Massenbesuch für selbstverständlich hielten, hatten wir vereinbart, daß Ulrich im großen Saale des Gewerkschaftshauses, ich unter freiem Himmel vor dem Hause reden sollte. Der Andrang war wirklich unbeschreiblich. Nicht nur aus Offenbach und allen Nachbarorten waren die Arbeiter in Massen erschienen, sie Waren auch zu vielen Hunderten von „dribb d'r Bach", von der anderen Seite des Mains, aus dem preußischen Frankfurt, gekomen. Wer im benachbarten Preußen nicht büßen und beten wollte, ging am Mittag über die Grenze nach dem „wilden Hessen". Wir hatten vereinbart, daß Ulrich und ich das Verhalten der Polizei nicht nur rücksichtslos geißeln, sondern daß wir sie auch in Verlegenheit bringen wollten durch die Meldung, man hätte unserem Freunde zwar den Mund stopfen, aber die Beine nicht zusammenbinden können. Er weile mitten unter uns, um diese preußische Schmach in Hessen ganz mit empfinden und dann überall da, wo Weniger preußisch gewirtschaftet werde, diese Kulturschande nach Gebühr brandmarken zu können! Im Saale sowohl, wie draußen unter freiem Himmel, waren die zahlreich erschienenen Geheimpolizisten durch diese Bemerkungen, die bei den Versammelten riesigen Jubel auslösten, in große Aufregung versetzt worden. Sie suchten eifrig nach dem verbotenen

Österreicher und wurden jedesmal ausgelacht, wenn sich ein ihnen verdächtig Erscheinender „mit langer Nase und spitz zugeschnittenem Vollbart" als irgendein harmloser Bürger aus Hanau oder Frankfurt auswies. Tausendstimmige Hochs auf Pernerstorffer erschollen jedesmal, wenn die Polizei sich wieder vergriffen hatte. Diese preußische Betätigung in Hessen ist nur einmal und niemals wieder von der hessischen Regierung geduldet worden. Der propagandistische Erfolg für die Sozialdemokratische Partei war ungeheuer. Es wurden zahlreiche neue Mitglieder für die Partei und viele Hunderte Abonnenten für das Parteiblatt gewonnen. Bei aller Beredsamkeit unseres lieben Engelbert — den Erfolg hätte er durch seine schönste Rede nicht erringen können, den die Preußen mit dem Verbot erzielt haben.

In Offenbach wurde übrigens damals der politische Kampf von den Gegnern der SPD so gehässig persönlich und verlogen geführt, wie man das bis dahin nirgends im Reich gekannt hatte. Verleumdungen und Unterstellungen, wie sie vor der Wahl 1907 zum ersten Male im Reiche allgemeiner praktiziert worden sind, tauchten zuerst in Offenbach schon 1903 auf. Offenbach war zweifellos das Probierfeld des im Entstehen begriffenen Reichsverbandes zur Bekämpfung der deutschen Sozialdemokratie. Die „Offenbacher Zeitung" brachte dauernd verletzende und verhetzende Artikel, über die angeblichen Vermögensverhältnisse Ulrichs und erging sich in persönlichen Anspielungen häßlichster Art. Gegenkandidat Ulrichs war 1903 ein katholisch-nationalliberaler Arzt Dr. Jakob Becker aus Sprendlingen. Er war kaum in den Wahlkampf eingetreten, da kamen auch schon die nichtswürdigen Verdächtigungen in die Presse von „Drahtseilen, die nachts über die Straße gespannt worden seien", um den unvergleichlichen Herrn Doktor mitsamt seinem Auto ums Leben zu bringen. Es gelang den vereinten bürgerlichen Parteien tatsächlich, das alte sozialdemokratische Offenbacher Mandat mit derartigen Schwindeleien zu erringen. Ihr Appell an die niedrigsten Instinkte war von Erfolg gekrönt, allerdings nicht für lange. Der Redakteur der „Offenbacher Zeitung", der typische Reichsverbändler, so wie wir sie später zu Dutzenden kennengelernt haben, ein gewisser Anton Beer, war plötzlich bei Nacht und Nebel aus triftigen Gründen verschwunden. Bei den nächsten Wahlen wurde das Mandat für die Sozialdemokratie zurückgeholt und selbstverständlich dann ununterbrochen gehalten. Der in so infamer Weise geführte Wahlkampf der vereinigten Besitzbürger hatte nur einmal gezogen.

Nach Kassel versetzt

Nahezu drei Jahre war ich in Offenbach tätig, als eines Abends Albin Gerisch als Vertreter des Parteivorstandes sehr geheimnisvoll auftauchte. Er wollte mit mir vertraulich eine Sache besprechen, die er „für ebenso wichtig halte, wie die mit dir zu Ende geführte Solinger Angelegenheit", die später geschildert werden soll. Ich erhob entsetzt die Hände und sagte mit Grausen: „Du, noch einmal Solingen oder so etwas ähnliches? Nein! Nein! Tausendmal nein! Hebe dich weg von mir, Satanas!" Gerisch, ein braver Mensch, jedoch sehr ernst, lachte, was selten genug bei ihm vorkam, aus vollem Halse. „Versteh mich nicht falsch, es handelt sich um eine Sache, die für die Partei von großer Wichtigkeit ist, nicht um ein zweites Solingen!" Allmählich rückte er dann heraus. Es handele sich um meine Vaterstadt Kassel. „Die Partei kommt dort nicht hoch und unser dortiges Blatt ist das schlechteste der ganzen Partei." Der Parteivorstand will ein großes finanzielles Opfer bringen, wenn du dich bereit erklärst, nach Kassel zu gehen, um das Blatt zu machen." Ich bat eine Stunde Bedenkzeit aus und fragte dann, als wir beim Schoppen saßen, wie groß das finanzielle Opfer sei, das der Parteivorstand bringen wolle. „30000 Mark!" antwortete Gerisch, „die sollen natürlich auf etwa drei Jahre verteilt werden. Glaubst du, daß du damit das Blatt hochbringen kannst?" Nach gründlicher Aussprache wurde klar, daß mit dem ausgeworfenen Betrag die gesamten redaktionellen Kosten, einschließlich der Redakteurgehälter, für die drei bis vier Jahre gedeckt Werden sollten. In Wirklichkeit war die so groß klingende Summe also doch nur eine Lappalie. Ich stellte noch am gleichen Abend einen provisorischen Etat auf und erklärte mich dann bereit, die Mission zu übernehmen. Die Aufgabe reizte mich.

Vom Main verlegte ich meinen Wohnsitz wieder an die Fulda, aus Darmhessen in die kurhessische Heimat, freudig begrüßt von der überglücklichen Mutter, die den verlorenen Sohn wieder ans Herz drücken konnte, aufrichtig aber auch begrüßt von den Genossen und Jugendfreunden, mit denen ich dann sechs Jahre lang Freud und Leid redlich geteilt, mit denen gemeinsam vor allem aber ein rücksichtsloser Kampf gegen die Reaktion in ihrer häßlichsten, dümmsten und brutalsten Form, nämlich der des Antisemitismus, geführt wurde.

Das „Kasseler Volksblatt" war in der Tat geschäftlich und redaktionell vollkommen heruntergewirtschaftet. Eine eigentliche Redaktion hatte es seit Jahr und Tag nicht mehr gehabt. Ein in der Expedition beschäftigter Angestellter, ein braver Fuhrmann, der ausgezeichnet mit seinen Pferden zurechtgekommen war und im Laufe der Jahre später bewiesen hat, daß er ein ganzer Kerl war, schnitt aus einem anderen Parteiblatt „die Politik" heraus und kaufte einigen zweifelhaften Reportern, von denen keiner einen Satz richtig schreiben konnte, für wenige Pfennige die Stadtneuigkeiten ab. Zumeist waren die Meldungen ebenso falsch, wie das Deutsch, in dem sie veröffentlicht wurden. Unter diesen Reportern hatte sich ein Original befunden, das, wenn gar nichts los war, irgendeine Schwindelnotiz erfand. Fiel ihm nichts besseres ein, so ließ er Pferde stürzen, Hunde überfahren, kostbare Vögel entfliegen oder Spitzbuben in nicht existierende Laden einbrechen. Gekauft wurden diese Berichte immer, denn sie waren ja furchtbar billig und wurden gern gelesen. Für zwanzig Pfennige konnte man ein halbes Dutzend der gewagtesten Einbrüche und ein ganzes Dutzend blau geschlagene Augen oder ebensoviel eingedrückte Nasen bewundern. Die meisten Abonnenten des „Volksblattes" waren, wie sich bei einer Buchprüfung ergab, Leser honoris causa. Nachdem alle „Abonnenten", die seit mehr als sechs Monaten kein Abonnementsgeld bezahlt hatten, gestrichen waren, blieben keine 1500 übrig. Sobald nach und nach auch denen zu Leibe gerückt war, die nur mehr als drei Monate mit ihrer Zahlung im Rückstande waren, schrumpfte die Auflage des Blattes in beängstigender Weise zusammen. Das Blatt war bisher nur dadurch vor dem Eingehen bewahrt worden, daß der Parteivorstand alle paar Wochen einspringen und die aufgelaufenen Schulden zahlen mußte. Da es auf diese Weise wohl vor dem Sterben bewahrt, aber nicht gebessert und auf eigene Füße gebracht werden konnte, hatte der Parteivorstand den bereits erwähnten Entschluß gefaßt, einmal eine größere Summe unter gewissen Bedingungen zur Verfügung zu stellen. Auf meine Anregung wurde Johannes Kämpfer von Rotenburg, ein regsamer, junger Genosse, der in Hessen Land und Leute kannte wie kein zweiter, als Geschäftsführer gewonnen, denn die geschäftliche Leitung des Blattes war noch schlechter als die redaktionelle gewesen.

In verhältnismäßig kurzer Zeit nahm das Blatt einen großen Aufschwung. Es erfreute sich in Arbeiterkreisen bald allgemeiner Beliebtheit und fand auch Eingang im Kleinbürgertum. Neben der vielen anderen Arbeit, die ich auf dem Halse hatte — ich gehörte bereits seit 1903 dem Reichstage an und mußte an den geschlossenen Sitzungen der örtlichen Parteikörperschaften teilnehmen — schrieb ich wöchentlich eine Plauderei in Kasseler Mundart, ein Beginnen, das gut einschlug und viele Leser aus Handwerkerkreisen brachte. Wenn der Reichstag zusammen war, machte ich den politischen Teil in Berlin, so daß der andere Redakteur, Richard Hauschildt, — wir waren nur zu zweit — den provinziellen und lokalen Teil zu bearbeiten, außerdem aber noch die morgens einlaufenden „Wolfftelegramme" (die wir aus dem zweiten Morgenblatt der „Frankfurter Zeitung" ausschnitten) unterzubringen hatte. Seine Hauptsorge war, wie er immer wieder schrieb und stöhnte, die: „wohin soll ich mit all Ihren Manuskripten! Sie schicken zu viel, ich ersaufe in Ihrer Politik." Im Vergleich zu den Hilfsmitteln, die einer Redaktion heute zu Gebote stehen, waren die damaligen Verhältnisse geradezu kläglich zu nennen. Trotzdem: wir hatten den Ehrgeiz, unser Blatt hochzubringen, und wir hatten die Freude, unsere Arbeit belohnt zu sehen. Je größer und sichtbarer unsere Erfolge waren, desto mehr wuchs die Erbitterung unserer Gegner, die alle rechts von uns standen. Die Arbeiterschaft, soweit sie zum Klassenbewußtsein erwacht war, gehörte zu uns. Der Bolschewismus war noch nicht erfunden, Moskauer Hampelmänner gab es noch nicht. Wenn jemand damals gesagt haben würde, daß sich einmal deutsche Arbeiter finden könnten, die, auf jede eigene Meinung verzichtend, von Moskau aus wie Marionetten sich würden mißbrauchen lassen, so wäre ein Gelächter ausgebrochen von Königsberg bis Konstanz.

Der Reichsverband gegen die Sozi

Als kleinbürgerliche Beamtenstadt war Kassel schnell ein Dorado des Reichsverbandes zur Bekämpfung der Sozialdemokratie geworden. An der Spitze des Reichsverbandes stand der Generalleutnant v. Liebert. Die Kasseler Ortsgruppe wurde geleitet von dem Generalleutnant v. d. Böckh, einem politisch beschränkten

Gamaschenknopf. Bei der großen Abhängigkeit, in der zu kaiserlicher Zeit jeder Beamte sich befand, wurden die Listen zum Einzeichnen für den Reichsverband von Büro zu Büro geleitet, der Herr Vorsteher schrieb sich ein und — wer hätte es von den unteren oder mittleren Beamten wagen dürfen, seine Einzeichnung zu verweigern? Wiederholt wurde bekanntgegeben, daß Kassel die stärkste Ortsgruppe des „Lügenverbandes", wie die Organisation in Arbeiterkreisen allgemein genannt wurde, hatte. Angeblich zählte sie mehr als 5000 Mitglieder. Der Verband entfaltete eine überaus rege Tätigkeit. Bei den Reichstagswahlen operierte er wie folgt: Alle bürgerlichen Parteien mußten sich verpflichten, für den Fall einer Stichwahl unter allen Umständen gegen den sozialdemokratischen Kandidaten zu stimmen.

Gegen diese Verpflichtung genossen alle bürgerlichen Parteien für die Hauptwahl die Unterstützung des Reichsverbandes durch Lieferung von Flugschriften, sowie durch die Abhaltung von Versammlungen gegen die Sozialdemokratie., In den Versammlungen des Reichsverbandes wurde das Blaue vom Himmel heruntergelogen, um die Sozialdemokratie zu verdächtigen, freie Aussprache gab es natürlich nicht.

Fortgesetzt im „Volksblatt" angegriffen, beriefen die Reichsverbändler einmal eine Versammlung ein mit dem Bemerken, daß es eine freie Aussprache geben sollte. Wir hatten unter der Hand von einem der vielen Zwangsmitglieder gehört, daß die freie Aussprache zwar angekündigt, nachher aber dadurch unmöglich gemacht werden sollte, daß man fünf oder sechs eigene Redner sprechen ließ und dann wegen eingetretener Feierabendstunde Schluß machen wollte. Wir ermahnten die Arbeiter, ihre Groschen dem Reichsverbande nicht zu opfern, vielmehr zu Hause zu bleiben, um sich nicht narren zu lassen. Am nächsten Tage veröffentlichte der Verband Inserate in allen bürgerlichen Zeitungen an die Arbeiter: „Eure Führer fürchten sich!" Nunmehr appellierten wir an die eiserne Disziplin unserer Genossen und verlangten erst recht, daß keiner in die Versammlung gehe; daß ihre Führer sich nicht fürchten, wüßten sie. Kein Wort weiter. Außer mir ging denn auch kein Arbeiter in die Versammlung. Als ich in den überfüllten Saal eintrat, steckten alle die Köpfe zusammen. So ein frecher Mensch! Mitten im Saale setzte ich mich auf einen für einen anderen belegten Stuhl. Als ob man nur auf mein Kommen gewartet hätte —

Der Herr Vorsitzende eröffnete die Versammlung mit hochtrabenden Redensarten, die er für patriotisch hielt, und gab dann dem ersten Referenten, Herrn Sowieso, das Wort. Nachdem dieser Redner eine Stunde lang die Versammlung gelangweilt hatte mit Märchen aus den Kolonien, erhielt der zweite Redner das Wort, Herr Katzenbuckel aus Berlin. Hatten die tausend Menschen schon während der Rede des ersten Referenten mehr nach mir als nach dem Podium geschaut, so verwandten sie jetzt kaum noch einen Blick von meinem Platz, nachdem ich bei einer herzhaft blöden Behauptung des Redners einmal hell aufgelacht hatte. Die Versammlung langweilte sich offenbar zu Tode. Schließlich kam noch ein dritter Redner, und dann noch ein vierter, der über Handwerkerfragen sprechen sollte, zum Wort. Bei dieser Rede wurde gegähnt und direkt gemurrt. Als der Handwerksredner, mit seiner Rede in den letzten Zügen lag, sah ich den Vorsitzenden seine Vorbereitungen für das Schlußwort treffen. Er schlürfte Limonade, wahrscheinlich genau so dünn, wie die Reden, die wir gehört hatten, rutschte nervös auf dem Stuhle hin und her und wischte mit dem Schnupftuch bald über das Strategenhaupt, bald über den Schnauzbart. Richtig — das Schlimmste war überwunden, wenigstens für mich: der Herr Referent machte überhastet Schluß, er war am Ende seines Lateins. Da erhob sich der Herr Generalleutnant, dankte den Rednern für ihre „lehrreichen Ausführungen" und machte unverkennbar Anstalten für sein patriotisches Schlußfeuerwerk, das stets, wie bekannt war, in ein „Hoch auf Seine Majestät unseren allergnädigsten Kaiser und König" ausklang. Aber bevor noch Seine Majestät der allergnädigste Kaiser und König angehocht werden konnte, war ich durch den Saal gesprungen und verlangte energisch das Wort, denn es sei ausdrücklich zu der Versammlung mit dem Hinweis auf freie Aussprache eingeladen worden. Der Herr Generalleutnant wollte Späne machen, wurde aber nun sogar aus der Versammlung heraus aufgefordert, mir das Wort zu geben — tausend Menschen platzten nahezu vor Neugier: Was werden wir erleben, wenn der jetzt redet!

„Gut, der Scheidemann hat das Wort, aber nur für zehn Minuten."

Schon stand ich neben ihm und begann: „Nachdem der Böckh

— es ist ja wohl, wie ich annehmen muß, hier Sitte, so zu reden — mir für zehn Minuten das Wort erteilt hat, werde ich zu beweisen haben, daß unter Umständen in zehn Minuten von Einem mehr gesagt werden kann, als von Vier oder Fünfen zusammen in 150 Minuten." Wie mir später von verschiedenen Seiten versichert wurde, ist „der Böckh" bleich wie eine Leiche geworden nach meinen ersten drei Worten. Das wäre nicht mehr wie recht gewesen nach der Zurechtweisung wegen seines ungezogenen Benehmens. Natürlich hielt ich mich nicht lange mit den „belehrenden" Referaten auf. Mit zwei Sätzen wischte ich sie aus dem Gedächtnis der Versammlung weg, wie man eine Wandtafel mit einem Schwamme säubert. Dann zeichnete ich, in dem Bewußtsein, Menschen vor mir zu haben, denen ich mit dem Abc kommen müsse, die Klassenunterschiede. Gruppierte links die ungeheuren Massen der Kopf- und Handarbeiter, rechts das Häuflein der Besitzenden, die ihren Reichtum aus der Arbeit anderer gewinnen, und ihre politische Macht der Gleichgültigkeit und Denkfaulheit eben dieser anderen, nämlich der schaffenden Masse, verdanken. „Die Gänse und Hühner sind nicht so dumm, ihr Schicksal den Füchsen anzuvertrauen. Ihr aber, ihr kleinen Handwerker, Geschäftsleute, unteren Beamten usw., ihr lauft inaktiven Generälen und aktiven Fabrikanten nach, in dem Glauben, daß dann eure Interessen am besten gewahrt werden ... Wo ist der Arbeiter, der das Handwerk ruiniert? Den gibt es nicht! Die kleinen Schuster gehen zugrunde, weil ihnen die Schuhfabriken das Lebenslicht ausblasen. Wer steckt hinter den Fabriken? Die Kapitalisten ... Und dann die ‚Vaterlandsfeindschaft' der Sozialdemokratie! Sie ist erlogen. Von wem stammt das Wort ‚Ohne Kanitz keine Kähne'! Von den engsten Freunden Ihres Vorsitzenden, den Konservativen. Sie wollten dem Vaterlande die angeblich unentbehrlichen Schiffe aus lauter Vaterlandsliebe bewilligen, aber nur dann, wenn man ihnen auf lange Zeit hinaus festgelegte Mindestpreise für die Brotfrucht gewährleistete, wenn man ihnen das Recht einräumte, durch hohe Brotpreise das Volk auszuplündern. Das nennt die Gesellschaft dann Patriotismus ..."

So war ich gerade im schönsten Zuge, die Versammelten lauschten andächtig, wie bei einer aufpeitschenden Kanzelrede, als der Vorsitzende mich mit dem Bemerken niederklingelte, daß meine zehn Minuten abgelaufen seien und die Versammlung geschlossen werden müßte, und zwar mit dem Rufe: „Seine Majestät der Kaiser und König lebe hoch! —

Tagelang ist in der kleinbürgerlichen „Residenz" über diese Versammlung gesprochen und in allen Wirtshäusern debattiert worden, nicht zum Schaden der Sozialdemokratischen Partei Deutschlands.

Es ging voran mit der Sozialdemokratischen Partei in Hessen. Nur unterbrochen durch die zwei Nürnberger Jahre, hatte ich von 1888 an unausgesetzt den Kampf besonders gegen den Antisemitismus geführt. Kassel mußte als letzte Burg dieser Kulturschande erobert werden, erobert für die Sozialdemokratie. Das war unser Programm, das wir durchgeführt haben. Bei den Wahlen im Winter 1906/07 klappte der Schlag noch nicht. Das eine Jahr intensivster Arbeit hatte nicht genügt, die Feste zu Fall zu bringen. 1912 aber, nachdem wir besonders auch in der Stadtverordnetenversammlung, in die ich mit wenigen anderen Sozialdemokraten gewählt worden war, durch praktische Arbeit vielen den Star gestochen hatten, war sie sturmreif. Mit dem Antisemiten Lattmann flog der letzte Antisemit aus dem Deutschen Reichstag. Unser Kandidat Hüttmann aus Frankfurt a. M. zog für ihn in das Reichsparlament.

Bei den Wahlen im Jahre 1903 waren im Reiche 3010800 sozialdemokratische Stimmen abgegeben worden, 1907 3258000, 1912 aber 4250000. —

Meines Bleibens in Kassel war nicht länger als sechs Jahre gewesen. Auf dem Parteitage in Jena wurde ich 1911 in den Parteivorstand gewählt.

Fünfter Abschnitt

In der Parteileitung

Als im Jahre 1911 der Sozialdemokratische Parteitag in Jena zusammentrat, tobten die Finsterlinge im Lande. Das verpreußte Deutschland war ihnen noch viel zu freiheitlich. Im Reichstag herrschte der schwarz-blaue Block als feste Mehrheit. Die evangelisch-blauen Junker und Unternehmer waren vereinigt mit der schwarz-katholischen Klerisei. Ein Zustand so ganz nach dem Herzen aller Rückwärtser. Mit einer solchen Mehrheit in der Volksvertretung hatte der Kaiser dem schafsgeduldigen Volke übermütig zurufen können: „Herrlichen Zeiten werde ich euch entgegenführen!" Von der Verwaltung, namentlich in Preußen, wurde die Arbeiterbewegung in der kleinlichsten Weise schikaniert und gequält. Die Richter fällten grausame Urteile. Innerhalb eines halben Jahres wurden von bekannteren Sozialdemokraten wegen angeblicher Majestätsbeleidigung vier zu insgesamt 23 Monaten Gefängnis verurteilt. Und doch, so hieß es in der Rechtspresse, sei mit den bestehenden Strafgesetzen gegen die Sozialdemokratie nicht mehr auszukommen. Es wurde Stimmung gemacht für neue Ausnahmegesetze. In Moabit war es infolge des brutalen Vorgehens der „Königlich preußischen Polizei" gegen streikende Arbeiter zu einigen Krawallen gekommen. „Das ist der Anfang der Revolution!" „Rote Petroleusen haben brennende Lampen nach der Polizei geworfen!" So schrien die konservativen Gazetten wochenlang Tag für Tag.

Einige Straßendemonstrationen für das gleiche Wahlrecht in Preußen hatten die verschlafenen Leser der „nationalen" Blätter, die ihre königlich preußische Ruhe haben wollten, aufgescheucht. Also: „Hilfe! Hilfe! Gegen die Sozialdemokratie!" Wie der Kaiser in diesen Fragen gedacht hat, geht einwandfrei hervor aus den Schilderungen, die sein langjähriger Hofmarschall, Freiherr v. Zedlitz-Trützschler, aufgezeichnet hat in seinem Buche „Zwölf Jahre am deutschen Kaiserhof". Gewissenlose Scharfmacher hatten bei einer Mittagstafel gegen die Arbeiterschaft aufgehetzt, darauf Seine Majestät: „Ja, ohne einen ordentlichen Aderlaß mit Dazwischenschießen wird es wohl in der nächsten Zeit nicht abgehen." Als die Berliner Straßenbahner im Jahre 1900 in einen Streik eingetreten waren, der, sicher infolge des taktlosen Verhaltens der Polizei, einige Unruhen am Dönhoffsplatz im Gefolge gehabt hatte, telegraphierte der Kaiser an das Generalkommando des Gardekorps: „Ich erwarte, daß beim Einschreiten der Truppen mindestens fünfhundert Leute zur Strecke gebracht werden!" –

Als die Delegierten der Sozialdemokratischen Partei Deutschlands sich in Jena zusammenfanden, zählte die Partei nahezu 850000 organisierte, regelmäßig Beiträge zahlende Mitglieder. Innerhalb Jahresfrist waren mehr als 116000 neue Mitglieder gewonnen worden. Eine Kampfeslust ohnegleichen herrschte unter den Delegierten. Nur noch wenige Monate, dann mußte die große Abrechnung kommen mit den Schwarz-Blauen. Es galt also, alle Vorbereitungen zu treffen, das Waffenarsenal zu vervollständigen, den Generalstab zu ergänzen. Für den verstorbenen Paul Singer, der mit Bebel Vorsitzender der Partei gewesen war, wurde der Königsberger Rechtsanwalt Hugo Haase gewählt. Als Sekretäre wurden wiedergewählt: Ebert, Gerisch, Molkenbuhr, H. Müller und Pfannkuch. Hinzugewählt wurden: Otto Braun und Scheidemann. Für die Frauen wurde Luise Zietz dem Vorstand zugesellt.

Die Wahl in die Parteileitung bedingte für mich wieder einmal einen Umzug: von Kassel nach Berlin. Meine Frau, die nun schon zum siebenten Male mit Kind und Kegel hatte umziehen müssen, gab jetzt doch scherzhaft zu erwägen, einen Zigeunerwagen zu beschaffen, weil uns dann das sich immer wiederholende Ein- und Auspacken erspart bleibe.

Trotz der guten Kameradschaft mit den Freunden und Kampfgenossen in der Parteileitung war das Arbeiten in der Zentrale der deutschen Sozialdemokratie zunächst eine große Enttäuschung für mich. Bis dahin war ich in allen Stellungen vollkommen selbständig gewesen, obwohl ich als Redakteur natürlich überall mit Preßkommissionen hatte arbeiten müssen. Irgendwelche Schwierigkeiten habe ich damit nirgends gehabt, im Gegenteil, überall waren die Preßkommissionen meine besten Helfer, sie sind mit mir durch dick und dünn gegangen. Die freie Feder des Redakteurs mußte ich nun mit Aktenbündeln vertauschen. Mit Ebert und Müller saß ich anfänglich im gleichen Zimmer. Wenn ein Besucher mit einem von uns verhandelte, waren die beiden anderen lahmgelegt. Und was bargen die Akten, was erzählten die Besucher? Zunächst Kleinkram, der mich nicht interessierte. Natürlich mußten alle diese langweiligen Klagen ertragen, mußten die zahllosen bürokratischen Arbeiten gemacht werden. Ich bewunderte die Geduld und den Fleiß meiner Kollegen, die mir mit bestem Beispiel vorangingen. Mit erstaunlichem Ernst trug Ebert in der Vollsitzung des Vorstandes vor, daß der Geschäftsführer Sowieso in Dortal oder Johsdorf neue Gardinen für sein Büro beschafft habe. Der Parteivorstand sei an diesem Unternehmen beteiligt. Er werde sich derartige Eigenmächtigkeiten bestimmt nicht gefallen lassen. Natürlich nicht! Dem Angestellten Erdkügler in der mit Beteiligung des Parteivorstandes errichteten Druckerei in Westfälingen wurden 30 Mark Gehaltszulage bewilligt. In Erdburg mußte ein Schiedsgericht zusammentreten, für das wir den Vorsitzenden zu ernennen haben. Gott ja, das war alles notwendig, aber, so frage ich mich, der ich mit solchen Geschichten niemals im Leben etwas zu tun gehabt hatte, ist das Arbeit für die Leitung einer Millionenpartei? Zu meinen Dezernaten gehörten u. a. die Parteischule, an der Mehring, Rosa Luxemburg, Heinemann, Stadthagen, H. Schulz, Heinrich Cunow und andere lehrten, sowie die Vertretung des Vorstandes in der Preßkommission des „Vorwärts". Das waren Aufgaben, die im Notfall einigermaßen befriedigen konnten. Mehr nicht. Mir hing halt immer und überall der Redakteur nach, der politisch das Neueste in größter Hast verarbeitet und Tag für Tag zu Tausenden von Menschen reden soll, der mitten im hastenden Leben steht...

In Vertretung Müllers sollte ich einmal in einem Schiedsgerichtsverfahren bestimmte Vorschläge machen, wahrscheinlich handelte es sich um die Ernennung eines Vorsitzenden. Ich schilderte den bisherigen Verlauf des Verfahrens gegen das angeschuldigte Parteimitglied und stellte fest, daß der Mann mit Recht aus der Partei ausgeschlossen worden sei. Wir sollten froh sein, einen solchen Menschen los zu sein, deshalb sei ich nicht für die Wiederholung des Verfahrens in einer neuen Instanz, denn es sei schade um jeden Pfennig, den wir deshalb noch opfern würden.

Alle meine Freunde schrien vor Vergnügen auf: „Kennst du denn das Organisationsstatut nicht? Danach muß doch auf Antrag die zweite Instanz berufen werden!" Ich erklärte freimütig, daß ich das Organisationsstatut noch niemals gelesen hätte, auch gar nicht beabsichtige, es jemals in die Hand zu nehmen, weil es mich nicht im geringsten interessiere. Es war ein Glück für mich, daß die Kollegen damals auch gute Kameraden und Freunde waren, sonst hätten sie mir manchmal peinliche Scherereien machen können.

Für einen plötzlich erkrankten Kollegen sollte ich einen bestimmten Fall bearbeiten. Ich erledigte die Korrespondenz und legte sie in eine meiner Mappen. Nach längerer Zeit herrschte große Aufregung in den Büroräumen, weil die Korrespondenz mit dem angenehmen Zeit- und Parteigenossen X. nirgends zu finden war. Schließlich war es einem Kollegen eingefallen, daß ich einmal vertretungsweise mit diesem X, zu tun gehabt hatte. Drei Mann kamen auf einmal in mein Zimmer, das letzte in der durch Einziehen

von Rabitzwänden inzwischen eingerichteten Zimmerflucht:

„Philipp, wo hast du die Korrespondenz mit dem X.?"

„Die liegt in der Mappe."

„Nein, da ist sie nicht."

„Aber selbstverständlich, bitte, eine Sekunde."

Ich griff in meinen Schrank, holte die betreffende Mappe heraus und übergab sie stolz einem der Kollegen. Er guckte erst die Mappe und dann mich an und sagte dann:

„Da steht drauf ‚Verrückte'?"

„Ja — um alles in der Welt, wohin hätte ich denn den X. anders hintun sollen "

Zwei Jahre später wußte die ganze Partei, daß bei dem von mir richtig eingepackten Genossen einige Schrauben los waren.

Da Bebel das halbe Jahr in der Schweiz lebte, und Haase, der andere Vorsitzende, vielfach beruflich als Anwalt verhindert war, rechtzeitig zu den ordentlichen Plenar-Vorstandssitzungen zu kommen, führte Ebert zumeist den Vorsitz. Er war sehr geschäftsgewandt und kannte, da er schon zehn Jahre lang dem Parteivorstand angehörte, alle Vorgänge. Er herrschte, im besten Sinne ist das gemeint, sozusagen diktatorisch in dieser demokratischen Körperschaft. Was er wollte, setzte er fast immer durch, wenn auch manchmal erst nach zornigem Augenrollen. Schier unerträglich war mir die Art und Weise, wie Aufrufe und ähnliche Kundgebungen zustande kamen. In den acht Jahren meiner Zugehörigkeit zum Parteivorstand habe ich die meisten Entwürfe für politische Proklamationen machen müssen. Es wurde dann für jedes Mitglied ein Abzug angefertigt, und jeder brachte seine Verbesserungen an. Wahrscheinlich kann nicht anders verfahren werden in einer demokratischen Partei, das ändert aber nichts an der Tatsache, daß mir oft das Herz geblutet hat, wenn ich schließlich meine Entwürfe, nach manchmal stundenlangen Verhandlungen, schließlich in der Presse veröffentlicht sah. Jedenfalls litten unsere Aufrufe darunter, daß sie niemals wie aus einem Guß erschienen, sondern immer den Begabungs- und Willensdurchschnitt von acht oder zehn sehr verschieden veranlagten Menschen gar zu deutlich zur Schau trugen.

Obwohl wir in guter Kameradschaft miteinander lebten, stand dennoch mein Entschluß schon im ersten Jahre meiner Zugehörigkeit zum Parteivorstand fest, nach Ablauf von zwei, längstens drei Jahren wieder auszuscheiden, weil die Art der damals zumeist bürokratischen Tätigkeit mir nach gar keiner Richtung hin zusagte. 1914, ich war mit meinen Freunden in Kassel schon seit einem Jahre vollkommen einig, sollte und wollte ich bestimmt ausscheiden. Da brach der unglückselige Krieg aus und machte es mir natürlich zur Pflicht, auszuharren. 1917, als wir, etwas verfrüht, das Ende des Krieges in greifbarer Nähe glaubten, wurde ich in einer Sitzung der Kasseler Vertrauensmänner verpflichtet, die dortige Reichstagskandidatur und auch wieder die Chefredaktion des „Volksblattes" baldigst zu übernehmen. Auch diese Abmachungen konnten leider nicht innegehalten werden, weil das Kriegsende ganz anders war, als wir erwartet hatten. Übrigens war ich Zeuge, als Ebert mit Vertretern des Genossenschaftswesens die Frage erörterte, ob er nach dem Kriege in der Zentrale in Hamburg eine für ihn passende Stellung übernehmen könne. Die in der Vorkriegszeit schon begonnenen, dann im Kriege bis zur Unerträglichkeit gesteigerten häßlichen Kämpfe von allerlei Radikalinski gegen die Parteileitung hatten auch ihm „die Politik verekelt".

Oasen in der Wüste waren in den Jahren meiner Zugehörigkeit zum Parteivorstand die wenigen Parteitage, auf denen lebhaft gefochten wurde und auf denen auch ich Aufgaben zu erledigen hatte, die mir Freude bereiteten.

Der Kampf um das Stichwahlabkommen

Die gesamte agitatorische und organisatorische Tätigkeit der Sozialdemokratischen Partei war von 1910 an auf die Abrechnung bei den bevorstehenden Reichstagswahlen mit dem schwarzblauen Block eingestellt. In einem dem Jenaer Parteitag 1911 vorgelegten Rechenschaftsbericht der sozialdemokratischen Reichstagsfraktion hatte der Berichterstatter Adolf Geck über meine jüngste Etatsrede im Reichstage geschrieben:

„Scheidemann schilderte vorzüglich mit seinem lebhaften Rednertemperament die große Sündenschuld der herrschenden Gesellschaft an dem finanziellen Bankrottsystem, das aus der fortdauernden Wettrüstungs- und Weltmachtspolitik entstand und weiterwuchert. Ein Reich, das etwa 98 Proz. seiner Nettoeinnahmen diesem kriegerischen Wahne opfert, dabei durch eine raffinierte Zöllnerei das arbeitende Volk ausbeutet und die besitzende Klasse schont, muß es sich gefallen lassen, daß die wenigen Versprechungen von der Regierung unerfüllt bleiben, die zur Linderung der schwersten Not, zum Beispiel jener der Veteranen, der aktiven Soldaten, gemacht wurden. Die vielen Versprechungen, die in Preußen-Deutschland gemacht worden sind, gleichen feinstem Porzellan; aber die Politik, die Sie getrieben haben, ist eine einzige große Scherbenkiste, eine Scherbenkiste voll gebrochener Versprechungen, voll gebrochener Ehrenworte[1] ... Dem nimmersatten Junkertum, ‚menschgewordener Habgier, Frechheit und Brutalität', vermag das Reich keinen Wunsch abzuschlagen. Scheidemann bezeichnete die Säuberung des Reichstages von der Junkerherrschaft als das nächste Ziel, wozu in erster Reihe die Eroberung des freien Wahlrechts für Preußen dienen müsse'."

Säuberung des Reichstages von der Junkerherrschaft! Zertrümmerung des schwarz-blauen Blocks! Das war es, worauf es ankam. Und ich hatte im Reichstag mit meiner Fanfare den Kampf eröffnen dürfen. Eine das ganze Reich aufrüttelnde, agitatorische Tätigkeit setzte ein. Das war eine Tätigkeit der Parteileitung, die mir gefiel: Flugschriften, Zeitungsartikel, Versammlungen, Konferenzen zur Anspornung der letzten Kräfte in allen Provinzen. Das Resultat war glänzend. Doch handelt es sich gerade hier um ein so interessantes Kapitel über gewisse Zustände in der guten alten Zeit, daß zunächst ganz trocken und nüchtern Zahlen reden sollen.

Kurz vor Jahresschluß 1906 war der Reichstag wegen Ablehnung einer kolonialen Forderung aufgelöst worden. Es gab eine wüste nationale Wahlmache gegen die Sozialdemokratie. Wie immer, so fiel auch diesmal der brave, deutsche Michel auf den nationalen Wahlschwindel hinein. Es gab eine selten starke Wahlbeteiligung der sonst Wahlfaulen zugunsten der „nationalen" Parteien. Die Sozialdemokratie hatte in dem aufgelösten Reichstag über 81 Mandate verfügt, in den neuen Reichstag kehrte sie zurück mit nur 43 Abgeordneten. Das schien äußerst blamabel und gab dem damaligen Reichskanzler, Fürsten Bülow, auch Anlaß zu allerlei törichten Bemerkungen über den „Rückgang der Sozialdemokratischen Partei"; das waren Redensarten, die ihm der die Kanzlerreden ausarbeitende Geheimrat Hammmann aufgeschrieben hatte. Zahlen beweisen.

Es wurden für die Sozialdemokratie

	1903:	1907:	1912:
Stimmen abgegeben:	3010800	3259000	4250400
Sie hatte gewonnen in den Hauptwahlen	56	29	64
Sie war beteiligt an Stichwahlen	118	90	121
Mandate gewonnen in der Stichwahl	25	14	46
Sie war unterlegen in den Stichwahlen	93	76	75
Gesamtzahl der Mandate	81	43	110

Ein flüchtiger Blick auf diese Zahlen zeigt zur Genüge, wie ehedem die Wahlergebnisse von den nationalen Parteien gefälscht werden konnten. Fälschung ist ein hartes Wort — „corrigér la fortune!" nannte dergleichen Tun Lessings Monsieur Riccaut de la Marlinière. Zwar zog die SPD 1907 wirklich mit nur 43 Abgeordneten in den Reichstag, den sie wenige Wochen zuvor 81 Mann stark verlassen hatte, ein. Das bedeutete aber keineswegs einen „Rückgang" der Sozialdemokratischen Partei. Des Rätsels Lösung war im Grunde genommen sehr einfach. Infolge der Parteienzersplitterung in Deutschland konnte die absolute Mehrheit für einen Kandidaten in zahlreichen Wahlkreisen nicht schon in der Hauptwahl erzielt werden. Bei 397 Wahlkreisen, in die das Reich früher eingeteilt war, wurden sehr viel Stichwahlen notwendig, 1893: 180 mal, 1898: 187, 1903: 180, 1907: 158 mal. Ein Blick auf die oben abgedruckte Tabelle zeigt klar und deutlich, wie die SPD, bei den Stichwahlen in den Jahren 1903 und 1907 von den bürgerlichen Parteien um die ihr zustehenden Mandate betrogen worden ist. In 118 Stichwahlen, in denen sie 1903 beteiligt war, fielen ihr nur 25 Mandate zu, 1907 in 90 Stichwahlen gar nur 14. Um ganz deutlich zu machen, wie die SPD „national" geprellt worden ist, bevor nach dem Zusammenbruch das Proportional-Wahlverfahren eingeführt wurde, soll ein einziger Kreis angeführt werden, der als typisch bezeichnet werden darf: Kassel. Dort gab es 1907

Wahlberechtigte:	44 919
Davon haben gewählt:	39392
Sozialdemokraten:	17 073
Antisemiten:	11788
Vereinigte Liberale:	9477
Hessische Rechtspartei:	739

Splitterparteien erhielten insgesamt einige hundert Stimmen, die absolute Mehrheit, nämlich mehr als die Hälfte der abgegebenen Stimmen (39392 : 2 + 1 = 19697), hatte in der Hauptwahl keine Partei erhalten. Die relative Mehrheit hatte die SPD auf sich vereint mit 17 073 Stimmen, die nächststärkste Partei war die der Antisemiten, die in der Stichwahl auch das Mandat erhielt, obwohl sie um 5285 Stimmen weniger als die Sozialdemokraten auf ihren Kandidaten in der Hauptwahl vereinigt hatten. In der Stichwahl waren für die Sozialdemokraten 18050, für die Antisemiten jedoch 21555 Stimmen abgegeben worden. Da der Sozialdemokratischen Partei von der Hauptwahl zur Stichwahl nicht einmal 1000 Stimmen zugeflossen waren, während die Antisemiten mehr als 9 700 Stimmen gewannen, liegt klar auf der Hand, daß die in den „nationalen" Parteien zusammengefaßten Antisemiten und Liberalen aller Schattierungen und Konfessionen restlos für den Antisemiten gestimmt haben. Unter dieser Stichwahlkorruption litten übrigens die fortschrittlichen Volksparteiler in manchen Kreisen ebensosehr wie die SPD.

Die große taktische Aufgabe für die SPD und die wirklichen Demokraten unter den fortschrittlichen Volksparteilern bestand vor den Wahlen von 1912 darin, nach Möglichkeit falsche Stichwahlen zu verhüten und im übrigen Abmachungen zu treffen, die zu einem gegenseitigen Herauspauken bei den Stichwahlen verpflichteten. Die oben abgedruckte tabellarische Übersicht über die Wahlergebnisse von 1903, 1907 und 1912 zeigt deutlich genug, wie ersprießlich das Abkommen gewesen ist. In den Stichwahlen fielen der Sozialdemokratie 1912 46 Mandate zu, der Erfolg der Fortschrittlichen Volkspartei war relativ viel größer. Das Abkommen war natürlich zunächst f vertraulich behandelt worden. Als es in den sozialdemokratischen Kreisen bekannt wurde, erhob sich manche Stimme heftig dagegen. Man sah „Prinzipien" gefährdet. Bebel, der auch vor eine vollendete Tatsache gestellt worden war, hatte große Bedenken. „Wie wird der Parteitag verlaufen!" Ich suchte ihn zu überzeugen, daß das Abkommen nicht nur klug, sondern auch eine politische Notwendigkeit gewesen sei. „Nicht den geringsten Zweifel habe ich, daß die große Mehrheit des Parteitages zustimmen wird — ich bin meiner Sache sicher und freue mich auf die Rede, mit der ich das Abkommen rechtfertigen werde." Ich war nämlich als Referent vom Parteivorstand für diesen Punkt der Tagesordnung bestimmt worden. Bebel blieb skeptisch bis zur letzten Stunde, hatte er doch schon die wunderlichsten Dinge auf den Parteitagen erlebt.

Zur Begründung des Abkommens

Aus der zur Rechtfertigung des Stichwahlabkommens auf dem Sozialdemokratischen Parteitag in Chemnitz am 18. September 1912 von mir gehaltenen Rede sollen einige Sätze hier wiedergegeben werden. Es sei ausdrücklich bemerkt, daß alle Kundgebungen des Parteitags während und am Schluß der Rede fortgelassen sind. Wer die Reden, aus denen in diesen Büchern Zitate abgedruckt werden, ungekürzt lesen will, muß zu den Stenogrammen greifen.

„Wir durften uns unter keinen Umständen unterkriegen lassen; wir mußten alles tun, was wir konnten, um dem Volke den Reichstag zu geben, den das Volk haben wollte. Den Reichstag, den das Volk haben wollte, konnten wir uns am Abend des 12. Januar sehr genau vorstellen, denn die Stimmenabgabe war wahrhaftig deutlich genug gewesen. Was für einen Reichstag das Volk aber bekommen würde, das stand auf einem ganz anderen Blatt! Sofort nach den Wahlen, die für uns einen so glänzenden Ausgang genommen hatten, ging das Treiben bei unseren Gegnern los, um für die Rechte soviel Mandate wie möglich herauszuschinden, den Sozialdemokraten aber möglichst viel von dem zu nehmen, was ihnen nach dem Spruche des Volkes zukommen sollte. Der Zweck der Übung war klar: es sollten Dreiklassenwahlen gemacht werden ohne das Dreiklassenwahlrecht. Nun, die Bemühungen unserer Gegner, uns an die Wand zu drücken, wie in früheren Jahren bei den Stichwahlen, sind zum guten Teil abgeschlagen worden. Die Experimente sind diesmal den Herrschaften zum großen Teil vorbeigelungen. Ich bin unbescheiden genug, zu sagen, daß ein kleiner Teil des Verdienstes da wohl unserer Parteileitung zuzusprechen ist. Von den $12^1/_3$ Millionen Stimmen, die am 12. Januar abgegeben worden waren, erhielten Konservative, Reichspartei, Zentrum und Antisemiten zusammen $3^3/_4$ Millionen, das waren immerhin noch 400 000 Stimmen weniger, als wir für uns allein bekommen hatten. Trotzdem bestand die große Gefahr, daß je nach dem Ausgang der Stichwahlen die schwarz-blaue Parteikoalition als Mehrheit in den Reichstag zurückkehren könnte! Diese Parteien hatten zusammen rein zahlenmäßig nach den von mir schon wiedergegebenen Stimmen einen Anspruch auf insgesamt 127 Mandate, hatten aber in der Hauptwahl schon 116 errungen. Wir Sozialdemokraten dagegen hatten bei einem zahlenmäßigen Anspruch auf 138 im ganzen nur 64 Mandate errungen. Und die Liberalen? Die hatten bei $3^1/_4$ Millionen Stimmen sage und schreibe 4 Mandate erobert.

Ich frage Sie, hätten wir es verantworten können, daß die vom Volke verurteilte blau-schwarze Parteikoalition, dem klar ausgesprochenen Volkswillen zum Hohn und Trotz, wiederkehrte als Mehrheit im neuen Reichstag? Nein, wir hätten es nicht verantworten können! Es war unsere Pflicht, den Wahlfälschern, die uns um die uns zukommenden Mandate durch taktische Manöver betrügen wollten, gehörig in die Parade zu fahren. Dem klar und deutlich ausgesprochenen Willen des Volkes, soweit es irgendmöglich war unter dem bestehenden Gesetz, Geltung zu verschaffen, das war in der damaligen Situation unsere zwingende Aufgabe.

Wir standen vor einer außerordentlichen Situation, wir haben das Problem mit außerordentlichen Mitteln gelöst. Je klarer man das den Massen darstellt, um so besser werden sie es begreifen und erkennen, daß und warum wir das Stichwahlabkommen in seinem ganzen Umfange zur Wahrung unserer Grundsätze und zu ihrer Durchsetzung treffen mußten. Direkter Unsinn ist es auch, immer und immer wieder zu reden von der Ohnmacht des Reichstags. Wir wissen, daß der Reichstag sich ohnmächtig benommen hat nach oben hin. Wir wissen aber, daß er Macht genug entfaltet hat nach unten hin. Ist der Reichstag wirklich so ohnmächtig? Wer da behauptet, daß es gleichgültig ist, ob 70 oder 100 Sozialdemokraten im Reichstag sitzen; der ist gewiß kein politischer Kopf. Ist es gleichgültig, wieviel Sozialdemokraten im Reichstage sitzen? Ganz und gar nicht. Im Reichstage sind eine große Anzahl Gesetze von weittragender Bedeutung mit Mehrheiten von 5 bis 10 Stimmen zustande gekommen. Wenn die Erbschaftssteuer abgelehnt wurde mit 8 Stimmen Mehrheit, so bedeutet das in Wirklichkeit, daß auf der linken Seite nur 5 mehr zu sitzen brauchten, um das gegenteilige Resultat zu erzielen. Alles das hat der Parteivorstand bei dem Stichwahlabkommen in Betracht gezogen. Er hat gewissenhaft erwogen, was für die Partei und für das Volksinteresse auf dem Spiele stand.

Es lag uns selbstverständlich nichts ferner als die Absicht, bestehende Klassengegensätze zu verwischen. Wer das tun wollte, wäre ein Tor. Unser Ziel ist und bleibt die Verwirklichung des Sozialismus durch die siegreiche Demokratie, der Arbeit. Wer vermag zu sagen, was für schwere Kämpfe uns noch bevorstehen auf unserem Wege? Aber wir sind entschlossen, den Weg zu gehen bis ans Ende, und wir alle sind überzeugt, daß er uns zum Siege führen wird. Noch sind feste Wälle zu stürmen, noch ist ein starker und skrupelloser Feind zu werfen. Schwer sind die Kämpfe, die uns bevorstehen, aber herrlich auch der Sieg, der uns winkt. So, meine ich, wollen wir kämpfen bis ans Ende, bis zum Siege. Und freudig wollen wir in dem Bewußtsein für Freiheit und Gleichheit kämpfen: — ja, so ist es eine Lust, zu leben!"

Nach stundenlanger Debatte ging der Parteitag über alle zu diesem Gegenstand der Tagesordnung beantragten Resolutionen für und wider das Stichwahlabkommen zur Tagesordnung über, entsprechend einer Anregung des Referenten in seinem Schlußwort.

Der Ausgang dieser Aussprache war ein großer Erfolg für die Leitung der Sozialdemokratischen Partei, die in der Stichwahlfrage das Richtige getan hatte. Bebel und ich wohnten in dem Hotel, das den ganzen Parteivorstand beherbergte, Zimmer an Zimmer. Er war an einer heftigen Influenza erkrankt und mußte einige Tage das Bett hüten. Als ich nach Erledigung des Stichwahlkampfes in das Hotel zurückkehrte und ihn über den Ausgang unterrichtete, war er heilfroh. „Es gab wohl heftige Debatten? Hat man Ihnen den Kopf gehörig gewaschen?"

„Gar nicht! Zwei Radikale haben mich sogar riesig gelobt!"

„Da bin ich neugierig!"

„Bitte, der Schiller hat gesagt, daß ich ihm einen großen oratorischen Genuß bereitet hätte, und der Ludwig von Hagen hat sogar erklärt, daß der Parteivorstand keinen Besseren zu seiner Verteidigung hätte bestimmen können. Ich sei der Gerissenste. Na, wie stehe ich nun da —"

„Scheren Sie sich bloß raus! Übrigens", so sagte Bebel nunmehr schmunzelnd, „ich war schon informiert. Sie sollen Ihre Sache wirklich nicht übel gemacht haben." Er gab mir die Hand und fügte hinzu: „Gehen Sie nun wirklich, denn sonst kriegen Sie die Grippe auch noch!"

Ich ging, als sei ich mit dem Roten Drachenorden erster Klasse dekoriert worden, mit dem Versprechen, auf sein Wohl trinken zu wollen.

Nach Bebels Tod

Seit Jahr und Tag schon kränkelte Bebel, als er 1912 nach Chemnitz gereist war. Seine letzte Rede im Reichstag hat er von seinem Platze aus halten müssen. Der Klappsitz war schon vor Beginn der Sitzung von dem Fraktionsdiener hochgebunden worden, so daß unser Führer während seiner Rede „in seinem Platz stehen" konnte. Derart eingekeilt zu reden war Bebels Sache nicht, er fühlte sich dabei an Händen und Füßen gebunden, im Gegensatz zu v. Vollmar, der stets in dieser Zwangsstellung geredet hatte. Aber v. Vollmar war seit seinen Verletzungen im Siebziger Feldzug nahezu vollkommen gelähmt und konnte gar nicht längere Zeit stehen, während der immer lebendige und bewegliche Bebel, als Redner auf dem Stuhl sitzend, oder zwischen Rücklehne und

Stuhl eingeklemmt, ein schmerzliches Bild für uns alle war. Am 13. August 1913, mit den Vorbereitungen für seine Reise zum Jenaer Parteitag beschäftigt, war unser Führer in Passug in der Schweiz gestorben. Wir wußten seit Jahren, wie es um ihn stand, mit Angst und Sorge vernahmen wir die Berichte über An- und Abschwellen der Füße und Beine. Nun, da die Schreckenskunde eintraf, waren alle, die diesen einzigen Menschen gekannt, oder, wie wir, ihm auch persönlich nahegestanden hatten, doch wie vom Donner gerührt. Alle fühlten es: jetzt ist eine Lücke gerissen, die nie wieder geschlossen werden kann. Es ist so unerhört snobistisch, zu sagen, daß jeder ersetzt werden könne. Ach ja, es kann alles und jedes „ersetzt" werden. Wenn wir uns aber klarmachen, daß das Hauptwort von ersetzen „Ersatz" heißt, sollte es uns doch wie Schuppen von den Augen fallen. Wir sollten leicht begreifen, was das leichtfertige Wort bedeutet: „Niemand ist unersetzlich, jeder kann ersetzt werden, auch Bebel." Im Kriege haben 70 Millionen deutsche Männer, Frauen und Kinder schließlich nur noch von Seifen-, Leder-, Leinen-, Wolle-, Brot-, Fett- und Fleisch„ersatz" leben müssen. Gerade in Deutschland sollte die Redensart, daß alles und jeder ersetzt werden kann, nur mit größter Vorsicht gebraucht werden. Bebel ist von Freund und Feind so häufig geschildert worden, daß hier wenige Sätze über ihn genügen mögen. Er war ein hinreißender Redner, der auch die Zuhörer, die ihm in seinen Gedankengängen nicht zu folgen vermochten, in seinen Bann zwang. Seine Stimme war von seltener Klarheit, scharf und schneidend, er hatte, wie man zu sagen pflegt, Metall in der Kehle. Humorvolle Darstellung lag ihm nicht. Zwar konnte er mitunter herzlich, wirklich herzlich lachen, aber sofort gewann ernste Stimmung doch wieder die Oberhand. Ich erinnere mich an folgenden Vorgang: Im Jahre 1904 oder 1905 hatten die Elsässer Winzer den Reichstag eingeladen zu einer Weinprobe, die in den Wandelgängen des Reichstages eines Abends veranstaltet wurde. Sämtliche Gänge waren festlich hergerichtet und mit Tischen und Stühlen ausgestattet. Natürlich wurde auch allerlei Ulkerei von Angehörigen nahezu aller Fraktionen, namentlich von den süddeutschen Abgeordneten, betrieben. So hatte Adolf Geck, der sangesfrohe Sozi, zusammen mit anderen Fraktionskollegen, die „Kapuzinerpredigt" des Frankfurter demokratischen Dichters und Zechers Friedrich Stoltze vorbereitet. Eingehüllt in riesige, vom Restaurant des Reichstages entliehene weiße Tischtücher, die den ganzen Körper vom Kopf bis zu den Füßen bedeckten, rückten die roten Apostel, einer hinter dem anderen, in feierlichem Aufzug in die Wandelhalle. Adolf Geck sang mit prächtiger Baritonstimme die Kapuzinerpredigt: »Hört, o hört, was euch der weise Paulus lehrt":

> Paulus, der schrieb den Ephesern:
> Trinket nie aus leeren Gläsern!
> Sintemal und alldieweil
> Dieses ist dem Herrn ein Greul.
> Wein, so schrieb er an die Römer,
> Wein schmeckt auch viel angenehmer,
> Und das Wasser, wie man weiß,
> Schmeckt nach nichts. Gott tat's mit Fleiß.
> Drum, schrieb er an die Philipper,
> Seid nicht nur so bloße Nipper,
> In dem Wein liegt Wahrheit, und
> Kommt der Wahrheit auf den Grund!

Der Refrain, den zunächst nur die roten Apostel, schließlich alle Teilnehmer an der Weinprobe mitsangen, lautete:

> „Hört, o hört! Hört, o hört,
> Was uns der weise Paulus lehrt."

Als Bebel, der zwischen schlanken Junkern und feisten Zentrumsmännern Platz genommen hatte, von dem Geckschen Vorhaben hörte, kam er entsetzt gelaufen, um uns von dem Unternehmen abzuhalten. Im jetzigen Zeppelinzimmer des Reichstags, im Hauptgeschoß, fand die Einkleidung der Apostel in die weißen Mäntel statt. Mit hocherhobenen Händen bat Bebel, Abstand zu nehmen von dem Ulk. „Wer weiß, wie das aufgenommen wird!"

An dem Abend hatte August aber nichts zu melden, er wurde einfach ausgelacht. Er selbst war nicht zu bewegen, in die Wandelhalle zurückzugehen. Er blieb in dem kleinen Zimmer, bis die Apostel, belohnt mit Beifallssalven, wie sie weder vorher noch nachher jemals ein Redner im Reichstag gefunden hat, zurückkehrten.

„Wie ist euer Scherz aufgenommen worden?" schrie er, als die

Tür sich öffnete.

„Da haben Sie wirklich was versäumt! Gehen Sie schnell in die Wandelhalle, dann können Sie noch sehen, wie sich alle die Bäuche halten vor Lachen!"

Es sei hier ausdrücklich bemerkt, daß der persönliche Verkehr der Reichstagsabgeordneten untereinander früher, genauer gesagt: bis zum Beginn der Tätigkeit des Reichsverbandes zur Bekämpfung der Sozialdemokratie, ein leidlich kollegialer war. Trotz aller politischen Gegensätze und sachlich scharfen Kämpfe achtete man sich doch gegenseitig. Vielfach bestand sogar ein ganz angenehmer geselliger Verkehr, zum Beispiel an bestimmten Stammtischen. Es kann übrigens auch nicht ernsthaft bestritten werden, daß das Niveau des Reichstages, das unter den Antisemiten aller Couleuren freilich schon gelitten hatte, bis zum Eintritt der Völkischen und Kommunisten entschieden besser gewesen ist. Die Reden, wenigstens die offiziellen Reden der Parteiführer, an sogenannten großen Tagen, wurden sorgsamer vorbereitet und waren infolgedessen auch gehaltvoller als viele der Feld-, Wald- und Wiesenreden, die später dem Hohen Hause vielfach versetzt worden sind. Man vergleiche Reden der Kanitz und Heydebrand mit solchen der Hergt und Westarp! Oder man vergleiche Scholz mit Bassermann, um nur wenige Beispiele zu nennen. Um den Unterschied zwischen dem früheren und dem späteren Niveau des Reichstages sehr schnell festzustellen, braucht man nur ein paar Reden „zur Geschäftsordnung" oder „persönliche Bemerkungen" aus dem Jahre 1914 mit solchen etwa von 1927 zu vergleichen, nachdem die Deutschnationalen an die verschiedenen Lager der Nationalsozialisten und Völkischen Mitglieder abgegeben, die Kommunisten sich aber in drei Lager auseinanderkrakeelt hatten.

Bebel war ein so begabter und gewandter Parlamentarier, daß er natürlich jederzeit rednerisch eingreifen konnte. Er war aber wiederum so gewissenhaft, daß er Reden, für die ihm zur Vorbereitung Zeit blieb, auch wirklich in der sorgsamsten Weise ausarbeitete. Als die Partei einmal in große Aufregung geriet — sachlich handelte es sich um Marokko, persönlich um Rosa Luxemburg —, schrieb ein Mitglied des Parteivorstandes an den in der Schweiz bei seiner Tochter weilenden Parteivorsitzenden Bebel, ob er nicht doch lieber einmal nach Berlin kommen wollte. „Wo denkt Ihr hin, noch habe ich keinen Strich für meine Etatrede gemacht!" Das war im Sommer, die Etatrede hätte er frühestens vier Monate später halten können.

Andere Zeiten, andere Sitten! Andere Zeiten, andere Möglichkeiten und Pflichten. Das parlamentarische Leben im Frieden war schließlich eine Idylle im Vergleich mit der Zeit in und nach dem Kriege. Dieser Hinweis mag das Körnchen Salz für die oben angestellten Vergleiche der früheren und jetzigen Reden sein. Bebel konnte sich mitunter aufregen über ein politisches Geschehnis, das uns jetzt eine lächerliche Bagatelle ist. Er führte monate- und jahrelang Kämpfe um Prinzipien, die ihm — und uns damals mit — gefährdet erschienen. Man denke an die Kämpfe zwischen ihm und Bernstein um den Revisionismus) Was waren alle diese politischen und Parteierlebnisse für winzige Rheinkiesel im Vergleich mit den, Felsblöcken, die die Sozialdemokratische Partei im Kriege und nach dem Kriege hat wälzen müssen.

Man hat häufig die Frage aufgeworfen, wie Bebel im Kriege sich verhalten haben würde, ob er für oder gegen die Kriegskredite eingetreten wäre. Ich habe, besonders im Hinblick auf die „russische Dampfwalze", von der Bebel selbst oft gesprochen hat, nicht den geringsten Zweifel, daß er für die Kredite gewesen wäre. Ob er diese Stellung dauernd beibehalten haben würde, ist eine andere Frage. Er entschied sich in allen Fragen zunächst stets ganz sachlich, hatte aber beständig den Daumen am Puls der Partei. Zweifellos gab es im Kriege Zeiten, in denen es bestimmt nicht leicht war, zu sagen, daß die Mehrheit der Partei noch hinter der Parteileitung stehe. Selbst auf die Gefahr hin, in die Minderheit zu geraten, hat die Leitung der Partei im Kriege sich aber ganz ausschließlich nach dem Gesichtspunkt gerichtet: „Wie vertreten wir nach ehrlicher Überzeugung die Landes Interessen am besten?" Da die große Masse des deutschen Volkes selbst über die wichtigsten Fragen und Vorgänge nicht immer unterrichtet werden konnte, war eine andere Haltung gar nicht möglich.

Männer, die in einer Parteileitung zusammen sitzen, also häufig genug gemeinschaftlich schwere Aufgaben erfüllen und noch schwerere Sorgen tragen müssen, stehen oft genug vor der Frage, was steht jetzt höher, die Vertretung der persönlichen Meinung oder die Kameradschaft, die uns verpflichtet, nicht nur nicht zu opponieren, sondern auch den Mund zu halten? Bebel anerkannte

Kameradschaft in diesem Sinne nicht. Als in heftiger Debatte auf einem Parteitag die Parteileitung sehr scharf angegriffen wurde, nahm auch er, der Vorsitzende der Partei, das Wort, um dem Sinne nach öffentlich zu sagen: „Wenn ich nicht selbst mit zum Parteivorstand gehörte, würde ich euch noch ganz anders angreifen, als das hier geschieht." Dabei wußte jeder, daß er, wenn der Reichstag nicht versammelt war, zumeist in der Schweiz lebte, also unmöglich das Recht in Anspruch nehmen konnte, nach Belieben Beschlüsse des Parteivorstandes in Fragen, die er gar nicht näher kannte, kritisieren zu können. Bei anderer Gelegenheit erklärte er gar, die Fahne der Rebellion in der Partei erheben zu wollen, falls dies oder jenes geschehen oder nicht geschehen sollte. Solche Naturen kommen selbstverständlich leicht in Konflikte mit anderen selbständigen Charakteren, werden aber leicht fertig mit Durchschnitts- oder Unterdurchschnittsmenschen. Das war früher so, ist jetzt so und wird vermutlich auch so bleiben, bis die Menschheit aus lauter hochintelligenten, charakterfesten Ebenbildern Gottes bestehen wird.

Bebel und Wilhelm Liebknecht, die jahrzehntelang Seite an Seite gefochten und der gesamten Sozialdemokratischen Partei als das vorbildliche brüderliche Kämpferpaar gegolten hatten, waren in Wirklichkeit jahrelang vor ihrem Lebensende miteinander verkracht. Vor aller Welt spielte zwischen Bebel und Auer, diesem scharfsinnigen, charaktervollen Mitglied des Parteivorstandes, sich folgende Szene ab: Bebel redete auf dem Dresdner Parteitag 1903 über taktische Fragen und wandte sich dabei in der stärksten Form gegen v. Vollmar, Auer und andere. Dabei sagte er: „. . . Ich habe diesmal nicht angefangen. Sobald Vollmar gesprochen, nahm fast die ganze Parteipresse klar und präzise Stellung gegen ihn. Es brach an allen Ecken los. In der ganzen Partei drang von unten her ein einziger Schrei der Entrüstung empor... Da hat Auer in den „Sozialistischen Monatsheften" — die „Neue Zeit" scheint für ihn nicht mehr zu existieren — in seiner bekannten witzigen Weise gesagt, daß eine sehr nebensächliche Angelegenheit zu einer Haupt- und Staatsaktion aufgebauscht worden sei... Man hat gesagt, die Sache beruhe auf einer falschen Auffassung von mir: Bebel glaube an eine Verschwörung, Dieser Glaube ist vielleicht angeregt durch Briefe von mir an Auer. (Auer: „Die habe ich gar nicht gelesen. [Bewegung.] Ich lege immer alle Briefe während solcher Streitigkeiten zurück.") Es handelt sich um mehrere Briefe, die ich dir vor 4 bis 6 Wochen, durch dich provoziert, geschrieben habe (Ja, ja!) und nun sagt Auer, er habe bis heute diese Briefe nicht gelesen. (Hört, hört.) Das ist mir lieb zu hören. Ich nehme mir von meiner kostbaren Zeit, um in einer so wichtigen Sache an dich zu schreiben — er hat mir ja auch seine Ansicht geschrieben — und du liest sie nicht! (Hört, hört.) Da ich meine Briefe nicht zum Vergnügen schreibe, werde ich künftig meine Konsequenzen ziehen."

Bei der Lektüre des offiziellen Parteitagsprotokolls müssen alle Teilnehmer an jener Sitzung in Dresden die Überzeugung gewinnen, daß wesentlich mildernde Korrekturen, besonders an dem Zuruf Auers, vorgenommen worden sind. Die Worte: „Ich lege immer alle Briefe während solcher Streitigkeiten zurück" sind sicher erst später hineingeschrieben worden. Damals wirkte die Szene wie eine eiskalte Dusche.

Ich habe keinen Menschen kennengelernt, dessen ganze Charakterveranlagung in gleich deutlicher Weise im Kopf und Gesicht so zum Ausdruck gekommen wäre wie bei Bebel. Halb Löwe, halb Fuchs. Die mächtig hohe und breite Stirn mit der dichten Mähne darüber, und dann, von den klugen Augen aus, das nach dem Kinn zu spitz verlaufende Gesicht: das hieß Tapferkeit, Klugheit und Geschick. So war Bebel. Und so sah er noch aus, als Tausende Männer und Frauen an seinem offenen Sarge in Zürich vorüberzogen, um tränenden Auges Abschied für immer zu nehmen von diesem seltenen Manne, der Millionen Lehrer und Führer gewesen war.

Die Massenstreik-Debatte in Jena

Für den Jenaer Parteitag im Jahre 1913 war mir der ehrenvolle Auftrag geworden, den Rechenschaftsbericht des Parteivorstandes zu erstatten, das hieß: über die gesamte politische Tätigkeit im allgemeinen und die gegen den Wunsch des Parteivorstandes lebhaft in Fluß gekommene Massenstreikfrage im besonderen zu sprechen. Da diese Auseinandersetzungen, besonders auch im Hinblick auf die später bei dem Kapp-Putsch gemachten Erfahrungen, große parteigeschichtliche Bedeutung hatten, sollen aus dem Referat einige Sätze wiedergegeben werden.

In der Einleitung meiner Rede hatte ich darauf hingewiesen,

wie schikanös von der Polizei, den Gerichten und der Verwaltung sogar der Bildungsarbeit der Partei entgegengearbeitet worden war. Es sei unerhört, wenn man sehen müsse, wie Veranstaltungen rein gesellschaftlicher und künstlerischer Art unserer Jugendbewegung unterdrückt werden, wie man gewaltsam politische Veranstaltungen konstruiert habe aus Ausflügen, aus Vorträgen über Schubert und Beethoven.

„Jugendausschüsse hatten wir 1912: 574, im Jahre 1913: 655. Abonnenten der „Arbeiter-Jugend" waren 1913: 99 540. Die Zahl der täglich erscheinenden Parteiblätter ist gestiegen auf 90 im Jahre 1913, die Zahl der Ortsvereine von 4827 im Jahre 1912 auf 4978 im Jahre 1913, die Zahl der verbreiteten Flugschriften usw. betrug 1912: 107,3 Millionen, 1913: 47,2 Millionen, die Zahl der Mitgliederversammlungen 1912: 42241, 1913: 36393, die Zahl der öffentlichen Versammlungen 1912: 29685, 1913: 11415.

Wir waren noch in der Protestbewegung gegen die Agrarpolitik begriffen, als der Balkankrieg ausbrach. Die Kriegsgefahr rückte näher. Wir haben gegen den Krieg, der eine Gefahr wurde für die ganze west-europäische Kultur, in der lebhaftesten Weise gekämpft. Das deutsche Proletariat hat damals im Kampfe gegen den Imperialismus und die Kriegsgefahr seine volle Schuldigkeit getan. Das gleiche gilt von den Genossen in Österreich und Frankreich, die vor allem mitbedroht waren.

„Es kam die Krönung der ganzen Protestarbeit durch den Internationalen Kongreß in Basel. So waren wir in einer großen Volksbewegung, die jeden von uns mit Freude und Stolz erfüllen konnte, als die neue Militärvorlage im Reichstag eingebracht wurde. Die imperialistischen Politiker suchten das Eisen zu schmieden, solange auf dem Balkan Dörfer brannten und Menschenblut floß. Die Heeresvorlage kam, ein neuer Schrei der Empörung ging durch die Reihen des deutschen Proletariats. So wie wir bis dahin allgemein gegen den Imperialismus gearbeitet hatten, so richtete sich nun die ganze Stoßkraft der Partei gegen die Militärvorlage im besonderen. Es wurde debattiert über alles Mögliche. Da endlich fiel, meines Erachtens zur unrechten Zeit, das Stichwort: Massenstreik. Als das Stichwort gefallen war, entwickelte sich eine merkwürdige Debatte, eine Debatte, von der ich sagen möchte, daß sie in ihrem Verlauf wenig erbaulich war und daß ihre bisherigen Ergebnisse mindestens keine große

Freude bereiten können. Was war denn das Endergebnis der Auseinandersetzungen? Alle Redner, die sich über den Massenstreik öffentlich ausgesprochen haben — ich habe nicht von einer einzigen Ausnahme gehört oder gelesen —, kamen zu dem Ergebnis: jetzt ist an einen Massenstreik nicht zu denken. Das haben wir uns im Parteivorstand vor dem Beginn der Debatte auch schon gesagt, und deshalb haben wir den Mund gehalten, weil wir uns sagten, warum brauche ich denn dem Gegner, meinem Todfeinde, zu sagen, was ich jetzt nicht machen kann. Wir sind der Meinung gewesen, daß man dem Gegner nicht zu sagen braucht: „Du, ich habe noch eine Waffe, wenn ich die benutze, dann bist du verloren. Aber du kannst ruhig sein, ich kann sie augenblicklich nicht benutzen."

Ich will Ihnen klaren Wein einschenken über die Stellung des Parteivorstandes zu dieser Frage. Der Parteivorstand steht auf dem Boden der Beschlüsse, von Jena und Mannheim. Da ist u. a. beschlossen worden: „Sobald der Parteivorstand die Notwendigkeit eines politischen Massenstreiks für gegeben erachtet, hat er sich mit der Generalkommission der Gewerkschaften in Verbindung zu setzen und alle Maßnahmen zu ergreifen, die erforderlich sind, um die Aktion erfolgreich durchzuführen." Sie dürfen sich darauf verlassen, daß der Parteivorstand entschlossen ist, diese Entschließung früherer Parteitage unter allen Umständen zu respektieren, danach zu handeln... Eins wird bei der Schilderung der Bewegungen in Schweden und Belgien immer vergessen, ein Imponderabile, von dem man niemals redet, das man aber nicht außer acht lassen sollte. Ohne daß unsere belgischen und schwedischen Genossen auch nur ein Wort über den beabsichtigten Massenstreik mit uns hätten zu sprechen brauchen — sie konnten ihren Streik beginnen, wann sie wollten, sie brauchten sich gar nicht vorher mit uns zu verständigen — sie konnten in den Kampf hineinziehen mit dem beruhigenden Gefühl, jenseits der Grenzen wohnt ein großer Bruder, der mir im schlimmsten Falle helfen wird! Parteigenossen, wir haben einen größeren Bruder jenseits der Grenzen nicht..." Man habe lesen können: Warum sind nicht bei dem Besuche des Blutzaren in Berlin republikanische Aktionen gemacht worden?

In den früheren Resolutionen von Jena und Mannheim ist gesagt worden, daß der Massenstreik nicht nur anzuwenden ist, um drohende Attentate auf bestehende Rechte abzuwenden, sondern gegebenenfalls neue Rechte zu erobern. Darauf beziehen wir uns ausdrücklich. Es kann sich, wie die Dinge im Reiche liegen, zunächst nur um einen Massenstreik handeln im Hinblick auf das preußische Wahlrecht. Wir haben, nachdem wir von der Abstinenz bei der Wahl abgekommen waren, uns an den Landtagswahlen beteiligt. Wir haben das Volk für den Landtag zu interessieren versucht, das an den Verhandlungen dieses merkwürdigen Parlaments bisher kein Interesse genommen hatte. Wir haben Flugschriften verteilt und in ganz Preußen Versammlungen abgehalten; wir haben imposante Straßendemonstrationen erlebt. Die Arbeit ist nicht ganz vergeblich gewesen. Wir haben nicht nur die Arbeitermassen interessiert, wir haben auch höher hinauf aufmerksam gemacht auf Verhältnisse, die sehr bedrohlich geworden sind für Leute, die sich weigern, dem Volke die ihm zustehenden Rechte zu geben. Wir haben die Thronrede von 1908 erlebt, in der die Wahlreform angekündigt wurde als eine der wichtigsten Aufgaben der Gegenwart. Wir haben die verunglückte Wahlrechtsreform von 1910 erlebt und schließlich den Ausgang der letzten Landtagswahlen. Es scheint in der Tat aussichtslos, daß auf dem Boden des Dreiklassenwahlrechts die Frage gelöst werden kann. Eben deshalb unsere Parteitagsbeschlüsse von Jena und Mannheim. Wir werden gegebenenfalls den Massenstreik haben, aber wir wollen uns an das halten, was Bebel gesagt hat: der Massenstreik ist die Ultima ratio der Sozialdemokratie. Alles zu seiner Zeit!

... Der klassenbewußte Arbeiter weiß, daß er in der Stunde der Not, in der Stunde der Notwendigkeit, mit seiner ganzen Existenz, mit Leib und Leben einzutreten hat für das, was er für richtig hält, was seine Überzeugung ist. Über Massenstreik und Massen haben am meisten diejenigen geredet und geschrieben, die mit den Massen die wenigste Fühlung haben. Wer uns nachsagt, daß wir mit der Masse keine Fühlung haben, der sollte den Nachweis dafür versuchen. Wir kennen die Massen besser als diejenigen, die die revolutionären Artikel schreiben, mit denen man aber keine Massenbewegung machen kann. Ich kann Ihnen sagen, daß die Resolution, die als weiße Salbe bezeichnet worden ist und als Produkt einer mangelnden Fühlung mit den Massen, daß diese Resolution das Produkt ernster Beratungen nicht nur des

Parteivorstandes und Parteiausschusses, sondern das Produkt ernster Beratung aller der in Frage kommenden Körperschaften ist. Deutlicher will ich nicht werden, aber ich hoffe, daß mich die Genossen verstehen, wenn ich sage, alle Körperschaften stehen dahinter, die bei einem Massenstreik in Betracht kommen."

An der Debatte beteiligten sich auf der radikalen Seite die besten Köpfe der Partei: Dr. Gottschalk (Königsberg), Dr. Rosa Luxemburg, Dr. Karl Liebknecht, Klara Zetkin, Ledebour, der holländische Professor Dr. Pannekook (Bremen), Dr. Laufenberg (Hamburg) und Dr. Ludwig Frank, dieser ausgezeichnete Mensch und kluge Politiker, der in der Massenstreikfrage auf der radikalen Seite mit führend gewesen war, den Argumenten des Referenten sich aber nicht verschloß und deshalb schließlich für die Resolution des Parteivorstandes stimmte. In meinem ausführlichen Schlußwort zur Massenstreikdebatte wandte ich mich besonders gegen Rosa Luxemburg: Sie habe mich sehr temperamentvoll geschildert als roten Struwwelpeter, der einen Drachen ausgebrütet hat, um ihn dann zu töten. Ich kann beschwören, daß ich niemals eines Drachen ausgebrütet habe. Sie wollte damit sagen, ich hätte mir den Drachen künstlich konstruiert, ich hätte mich also an Dinge geklammert, die nicht vorhanden sind. Das stimmt nicht. Rosa Luxemburg war natürlich heute die lilienweiße Unschuld, und vor allem die große Weisheit, ich war die menschgewordene Unwissenheit. „Du gleichst dem Geist, den du begreifst, nicht mir." Genossin Luxemburg, das haben Sie mir gesagt. Ich will Ihnen antworten mit einem ändern Wort von Goethe aus dem „Tasso": „Ich freue mich, wenn kluge Männer sprechen, daß ich verstehen kann, wie sie es meinen." Und daran will ich die Bemerkung knüpfen: Ich freue mich aber nicht, wenn kluge Frauen sprechen, und zwar so, daß man nicht verstehen kann, wie sie es meinen. Und dann noch ein Wort über die Art der Rosa, von oben herunter über alle diejenigen zu urteilen, die nicht mit ihr einer Meinung sind. Ich mache gar kein Hehl daraus, daß ich immerhin klug genug bin, zu wissen, daß ich lange nicht so klug bin, wie Rosa Luxemburg. Ich kann auch gar nicht so klug sein, denn ihr alle wißt, daß ich ein ganz einfacher Arbeiter gewesen bin, der sich sein bißchen Wissen, über das Genossin Luxemburg spottet, in durchwachten Nächten erst hat aneignen müssen. Das wollte ich Ihnen sagen, Genossin Luxemburg, weil Sie nicht allein mir gegenüber in dieser Art operiert haben, sondern auch anderen Genossen, ja sogar ganzen Versammlungen gegenüber.

Rosa Luxemburg und ihre Anhänger erlitten eine

eklatante Niederlage. In namentlicher Abstimmung wurden für die „radikale" Resolution Luxemburg-Liebknecht 142, für die von der Parteileitung eingebrachte Resolution 330 Stimmen abgegeben.

Sechster Abschnitt
Werbetätigkeit im Ausland

Durch meine politische Tätigkeit, besonders im Reichstag, die in einem späteren Kapitel behandelt werden soll, war ich auch im Ausland bekanntgeworden. Schon bevor ich in der Parteileitung saß, hatte ich auf offizielle Einladung hin viele Werbeversammlungen im Auslande für den demokratischen Sozialismus gehalten. Die Schweiz mußte ich einmal vom Bodensee bis Genf beackern. Ich sprach innerhalb 14 Tagen in 12 Versammlungen, die von dem Sekretär so genial arrangiert waren, daß ich etwa in dieser Reihenfolge sprechen mußte: Romanshorn, Bern, Appenzell, Genf, St. Gallen, Zürich, Freiburg, Schaffhausen, Winterthur usw. Ich schreibe hier ganz nach dem Gedächtnis, da ich Aufzeichnungen über diese Schweizer Reise nicht besitze. Falls die Reihenfolge etwas anders gewesen sein sollte, als sie hier geschildert wird, ändert das nichts an der Kreuz- und Querfahrerei. Als ich den Parteisekretär bei meiner Ankunft in Zürich wegen diesem Arrangement entsetzt befragte, meinte er, ohne eine Miene zu verziehen: „Sie haben doch ein halbes Monatsabonnement auf der Bahn, Sie können also nach Belieben jeden Tag durch die ganze Schweiz fahren!"

Das war ein Gemütsmensch, freilich war er noch lange nicht auf der Höhe wie ein deutscher Parteisekretär, der sich einmal folgende Scherze mit mir erlaubt hatte. In einer Universitätsstadt mit etwa 20000 Einwohnern, darunter mehr als 2000 Studenten, beherrschten die Völkischen das Feld. Hinter dem erwähnten Parteisekretär standen etwa 60 bis 70 organisierte Sozialdemokraten. Außerdem waren natürlich alle übrigen Parteirichtungen vertreten. In dieser Stadt mietete der Sekretär im Jahre 1924 vor der Reichstagswahl die riesige Festhalle, in der mehrere tausend Personen Platz finden, um eine öffentliche Versammlung abzuhalten, in der ich sprechen sollte. Ich sagte auch zu, obwohl ich über den Versammlungsverlauf und -ausgang gar nicht im Zweifel war. Für die Versammlung war weit und breit von den Gegnern meiner Partei, sowohl von den Deutsch-nationalen und Völkischen, wie auch den Kommunisten, lebhafte Propaganda gemacht worden, so daß die Halle überfüllt und draußen noch eine Menge von mindestens 1500 Männern und Frauen versammelt war. Als unser Stratege, ein sozialdemokratischer Ludendorff, ausgerüstet mit einem Glöckchen, das man bequem in einer Westentasche verstecken konnte, die Halle in meiner Begleitung betrat, gab es schon einen Höllenlärm. Zwei Stunden lang tobte der Kampf brüllender Studenten und kreischender Kommunisten gegen mich. Jeder meiner Sätze wurde unterbrochen von einem Orkan wüster Beschimpfungen. Wie alles einmal ein Ende nimmt, so ging auch diese Versammlung zu Ende. Als wir dann im engsten Kreise beisammen saßen, fragte ich den Arrangeur der Versammlung, wie er eigentlich dazu gekommen sei, eine solche Versammlung zu veranstalten. Wie wenig Parteigenossen er hinter sich habe, hätte er doch gewußt, daß gerade diese Stadt als vollkommen reaktionär verseucht allgemein bekannt sei, hätte doch auch ihm, der hier seinen Wohnsitz habe, kein Geheimnis bleiben können.

Ebenso hätte er wissen müssen, daß die Kommunisten aus allen Nachbarorten in großer Zahl herbeiströmen würden. Der Radau sei also vorauszusehen gewesen. Wozu eine solche Versammlung, die der Vorsitzende gar nicht in der Hand habe, die uns ganz gewiß auch nichts genützt hätte?

„Wozu?" antwortete der Vorsitzende. „Ich habe doch Eintrittsgeld erhoben, wir haben ein sehr gutes Geschäft für die Partei gemacht!" Meine Meinung, daß er ein noch viel besseres Geschäft hätte machen können, wenn er für doppelt hohes Eintrittsgeld den Besuchern das Recht eingeräumt hätte, nach dem Referenten mit Bierseideln zu werfen, teilte er vollkommen.

Auf die Schweizer Reise hatte ich meine Frau mitgenommen, damit sie das schöne Land kennenlernen sollte. Sie war natürlich begeistert von der Genialität des Sekretärs, der sich ausschließlich nach dem Wunsche der Ortsleitungen gerichtet hatte, ohne die geringste Rücksicht auf den Redner zu nehmen. Jeden Abend kam es nach meinem Vortrag, häufig bis nach Mitternacht, zu lebhaften Debatten mit allerlei hochinteressanten, aber vielfach auch merkwürdig verschraubten Menschen, die mir zu Leibe rückten als Syndikalisten und Abstinenten, Anarchisten und Nichtraucher, Freidenker und Grütlianer, radikale Sozialisten und religiöse Fanatiker, Revolutionäre, die die „direkte Aktion" predigten... Todmüde gingen wir nachts ins Gasthaus, um am nächsten Morgen in aller Frühe wieder zu rüsten, damit ich abends rechtzeitig an dem bestimmten Orte zu neuen Boxkämpfen antreten konnte. —

Als Mitglied der deutschen Parteileitung wurde ich, ebenso wie die Kollegen, nicht nur zu Kongressen ausländischer Brudervereine delegiert, sondern auch mit besonderen Missionen betraut. So kam ich wiederholt nach Wien, nach Holland, Belgien und Frankreich, nach Dänemark und Schweden. Eine große Agitationsreise durch die Vereinigten Staaten von Nordamerika soll besonders behandelt werden. Diese Reisen brachten mich in engste Berührung mit den führenden Männern des demokratischen Sozialismus in vielen europäischen Ländern, Mit den meisten dieser Männer verband und verbindet mich noch innige Freundschaft. Wo das Freundschaftsband nicht mehr besteht, hat es die rauhe Hand des Todes zerschnitten. Es gibt keinen der bekannteren internationalen Sozialisten, den ich im Laufe der Jahre nicht kennen und schätzen gelernt hätte. Mit besonderem Vergnügen erinnere ich mich an die Pariser Zusammenkünfte mit Jaurès und Jules Guesde, sowie Edouard Vaillant und Camélinat, die beiden Kommunekämpfer von 1870, die der Vollziehung der über sie verhängten Todesstrafe nur durch die Flucht entgehen konnten. Wer hätte sich einen besseren Führer durch den Louvre wünschen können als Jean Jaurès!

Übrigens soll eine kleine Szene festgehalten werden: Wir waren zu viert im Dome des Invalides, der Ruhestätte Napoleons I., Jean Jaurès, Engelbert Pernerstorffer, der elsässische Sozialist Grumbach und ich. Kein Mensch sonst. Jaurès erzählte eine Episode aus Napoleons Leben. Da stieß Grumbach mich an, wies auf einen inzwischen eingetretenen Herrn jenseits der Galerie hin und flüsterte mir zu: das ist doch Bassermann. Richtig, der Abgeordnete Bassermann, der Vorsitzende der Nationalliberalen Partei. Ich sagte Jaurès Bescheid und erhielt natürlich die Erlaubnis, die Herren vorstellen zu dürfen, sobald wir uns begegnen würden. Bassermann aber sah uns von der anderen Seite des Grabmals an, hob die Nase noch zwei Zentimeter höher und wandte sich dann dem Ausgang zu, in einer Gangart, durch die er wahrscheinlich bekunden wollte, was dieses armselige Napoleonchen doch ein Stümper gewesen sei im Vergleich mit ihm, dem großen Politiker. Jaurès lächelte, Grumbach witzelte, Pernerstorffer und ich — wir haben uns geschämt.

In lebhafter Erinnerung sind mir die vielen Begegnungen auf Kongressen und bei gemeinsamen Demonstrationen mit den Holländern Troelstra, Vliegen, van Kol, Albarda, de Roode, Vibaut u. a., mit den Belgiern Vandervelde, de Brouckère und Camille Huysman in Brüssel. Hier war besonders eindrucksvoll die demonstrative Einweihung des Ferrer-Denkmals. Durch Schweden und Dänemark habe ich wiederholt große Vortragsreisen gemacht. Zuletzt in den Jahren der Inflation, um für die Hergabe von Mitteln zu wirken, die den notleidenden Universitäten und Studenten auch wirklich in beträchtlichen Summen zugeflossen sind. Mit den Sozialisten der nordischen Länder verbindet mich besonders innige Freundschaft, so mit Möller und Engberg in Stockholm, mit Stauning, Borgbjerg, I. P. Nielsen, Kiefer und vielen anderen in Kopenhagen.

Eine amerikanische Agitationstour

Anfang Juni 1913 wurde ich von der German Language Federation — der deutschen Sprachgruppe der Vereinigten Staaten — zu einer Vortragstour eingeladen. Einschließlich der Hin- und Rückreise sollte ich mich für zwei Monate verpflichten. Da ich selbst längst gern einen Abstecher nach Amerika gemacht hätte, der Parteivorstand seine Einwilligung auch ohne weiteres erteilte, waren wir uns bald einig. Die Tour sollte sofort nach dem Parteitag in Jena beginnen.

Ich reiste von Jena nach Berlin, packte meine Koffer und schiffte mich in Bremerhaven ein. Mir war, als ich an Bord der „Kronprinzessin Cäcilie" ging, wieder zumute, wie 30 Jahre zuvor, als ich das Ränzel auf den Buckel nahm, um in die weite Welt zu ziehen. Auf der Überfahrt erschloß sich mir, der ich aus harten politischen Kämpfen kam, geradezu eine neue Welt — ich lebte eine Woche lang auf diesem Märchenschiffe wie im Schlaraffenland. Das Herz schlägt mir höher, wenn ich dieser herrlichen Überfahrt gedenke, wenn ich sie im Geiste noch einmal mache. Ich lasse einige meiner damals geschriebenen Skizzen auszugsweise folgen:

„Auf dem Vorderdeck geht es bewegt zu. Viele Hunderte von Zwischendeckern, zumeist Italiener und Polen, drängen sich hier auf engem Raum. Das weibliche Geschlecht ist in der großen Mehrheit. Die Zahl der Kinder ist ungeheuer groß. Hier und da sitzen auch junge Mütter, ihre Säuglinge stillend. Traurig schauen sie in die Ferne. Wird die neue Welt gewähren, was die alte den Enterbten versagt hat?

Je länger ich dem bunten Treiben zuschaue, um so leichter wird es mir, die Männer und Frauen nach ihrer Herkunft mit einiger Sicherheit festzustellen. Farbenfroh scheinen sie alle zu sein, dafür sprechen die geradezu schreienden Farben ihrer mehr oder weniger phantastischen Kleidung. Einige junge Mädchen, unverkennbar Deutsche, passen absolut nicht in das Gewühl hinein. Sie wirken direkt störend im Rahmen dieses Bildes. Alle bewegen sich anscheinend unaufhaltsam durcheinander, wie die Steinchen im Kaleidoskop. Soeben sah ich noch den Polen mit dem feisten Salzhering in der Faust am Backbord. Jetzt steht er schon auf der Steuerbordseite neben der hübschen Italienerin, die ihre gesunden Zähne in eine Orange gräbt. Hoffentlich läßt sie sich von dem schmierigen Kerl nicht beschwatzen, denn sie würde zu ihm passen wie die saftige Frucht zu dem Hering, mit dem er sich den Schnauzbart einsalzt.

Siegreich hat die Sonne ihren Weg durch die Wolken gebahnt — alles atmet im rosigen Licht. Ein Böhme hat seine Ziehharmonika aus dem Schlafraum geholt und spielt zum Tanze auf. Hei, wie dieser musikalische Quetschbeutel wirkt! Schon drehen sich zehn oder mehr Paare im Takt oder besser gesagt: sie versuchen, sich im Takte zu drehen.

Immer mehr der phantastischen Gestalten sind aus den schier unergründlichen Wohnräumen des Zwischendecks nach oben gekommen. Sie sperren den Tanzlustigen den Platz. So wandelt sich die Polka ganz von selbst in einen komisch wirkenden Schiebetanz. Die Paare suchen sich Platz zu schieben und zu wackeln. Die Fröhlichkeit ist immer größer geworden. Es tanzen nicht nur junge Männer mit gleichaltrigen Mädchen und Frauen, es tanzen auch ältere Semester miteinander — hier tanzen zwei junge Mädchen miteinander, dort gleich zwei männliche Paare, die in überaus komisch wirkender Tapsigkeit nach alter Melodei Tänze aufführen, wie sie noch kein Auge geschaut hat."

Das alles spielt sich ab auf der „Spitze" eines der herrlichsten Schiffe, die der Norddeutsche Lloyd jede Woche von Bremen nach New York hetzt, wo sie zumeist mit der Pünktlichkeit eines

Bäderzuges eintreffen.

Ganz hinten auf dem Schiffe haben sich die Passagiere zweiter Klasse häuslich niedergelassen. Das ganze Mittelschiff durch alle Decks hindurch ist den Passagieren erster Klasse reserviert. Die erste gemeinsame Mahlzeit an den Tischen mit fünf und sechs Gedecken vermittelt die ersten Reisebekanntschaften. Ich hatte, wie man zu sagen pflegt, „Schwein". Ich war vom Obersteward einem Tisch zugewiesen worden, an dem kein Freund von Traurigkeit zu finden war. Der erste Arzt war unser Präside.

Wir hatten die erste Nacht hinter uns und fuhren durch den Kanal, die englische Küste immer zur Rechten. In Southampton konnte unser Schiff nicht vor Anker gehen, bevor die „Olympik", das Schwesterschiff der unglückseligen „Titanic" aus dem Hafen bugsiert war. Zwei Schlepper versuchten unsere „Cäcilie" zu drehen — der eine drückte vorn rechts, der andere hinten links. Bei diesem Manöver war einem Tender eine starke Stahltrosse über Bord gefallen, die von der Schraube unseres Schiffes blitzschnell aufgewickelt worden war. Nun war Holland zunächst in Not. Es wurde ein Taucher zitiert, der nach stundenlanger Arbeit die Trosse wieder abwickelte und uns freimachte für die Weiterfahrt. War das wirklich ein böser unheilverkündender Anfang, wie viele befürchteten? Unser Kapitän wußte alle Bedenken zu zerstreuen und eine Stunde später dachte niemand mehr an die Störung, die freilich schon in alle Welt telegraphisch berichtet worden war und die Angehörigen der Passagiere nicht wenig beunruhigt hatte, wie man später erfahren konnte. Noch in derselben Nacht legten wir in dem französischen Hafen Cherbourg an, wo Passivere, die fast ausnahmslos über Paris kamen, an Bord genommen wurden; Nun gab es keine Station mehr bis New York. Jetzt ging's hinein in den Atlantischen Ozean. Als ich am nächsten Morgen erwachte, tanzte

unsere „Cäcilie" Polka. Bald bäumte sie sich vorn, bald hinten auf. Ein gar schauerliches Heulen schreckte die Ängstlichen auf, wenn das Boot sich vorn so tief in die Wogen legte, daß die Schrauben sich hinten über dem Wasser drehten.

Auf dem Zwischendeck war keine Menschenseele mehr zu schauen, hin und wieder spülte eine ungeheure Wogen über den Boden hinweg, auf dem tags zuvor noch das „frohe Gezitter der Füße" nach den Takten der Harmonika zu schauen war. Und auf den Promenadendecks lagen — lang ausgestreckt in bequemen Liegestühlen, der Seekrankheit erste Opfer mit bleichem Gesicht.

Zwei Tage lang hielt die rauhe See an, dann aber wurde es wieder schön wie im Frühling, obgleich der Kalender besagte, daß uns nur wenige Tage vom Oktober trennen. An Bord herrschte fröhliches Leben und Treiben. Auf dem Zwischendeck wurde wieder nach der Harmonika getanzt und für die Kajütpassagiere erster Klasse spielte die Steward-Kapelle zum Tanze auf festlich illuminiertem Deck. Und in den Gesellschaftsräumen spielten und sangen erste Opernsterne, die lorbeergeschmückt nach Amerika zurückfuhren oder dollarhungrig in der neuen Welt ihre Börse füllen wollten....

Wir, haben die Freiheitsstatue passiert; wir haben alle mehr oder weniger bekannten Orte und Befestigungen im Hafen gesehen. Nun bleibt unser Steamer plötzlich liegen, noch weit vom Pier entfernt. Die Quarantänestation ist erreicht und Ärzte kommen an Bord. Dann wird die Post abgeliefert und links und rechts legen Postboote an, in die nun eine ganze Stunde lang ununterbrochen zahllose Säcke mit Briefen und Karten aufgegeben werden. Ein ganzer Stab von deutschen Postbeamten hat während der Überfahrt die deutsche Post vollständig sortiert. Einige amerikanische Postmenschen haben die Post für New York sogar schon nach Bezirken und Straßen fix und fertig gemacht. Für mich persönlich ist dieser Aufenthalt vor dem Hafen keine angenehme Erinnerung. Denn mit den Postbooten zugleich ist ein ganzer Schwärm von Zeitungsreportern gekommen. Fünf Menschen zugleich versuchen mich bis aufs Hemd auszufragen... Fünf Minuten später stand ich auf amerikanischem Boden, herzlich begrüßt von 20 bis 30 Männern und Frauen. Das Gepäck war schnell revidiert und nach dem Hotel dirigiert. Dann ging es von Hoboken unter dem Hudson hindurch nach New York.

Amerikanische Versammlungen

Über die Vereinigten Staaten mit ihren tausend Merkwürdigkeiten, ebenso über New York mit seinen Wolkenkratzern, imposanten Verkehrsmitteln und Straßenbildern, ist bereits unendlich viel geschrieben worden. Ich widerstehe der Versuchung, diese Schilderungen zu vermehren, begnüge mich vielmehr mit der Darstellung einiger persönlicher Erlebnisse. Wie so ganz anders als bei uns verläuft beispielsweise eine Volksversammlung in New York:

„...Mit Pauken und Trompeten! Vor einem Versammlungslokal wurde ich erwartet von einer Musikkapelle. Diese stellt sich auf und marschiert voran, einen echt amerikanischen Marsch blasend und trommelnd. Zwei Männer haben mich in die Mitte genommen, andere schieben uns voran. Ein unbeschreibliches Getöse umfing uns beim Eintritt in den Saal.

Mir wurde wohl tausendmal die Hand geschüttelt. Schließlich war ich mehr tot als lebendig bis an die Bühne geschoben worden. Die Kapelle begann von neuem zu spielen, Hochrufe klangen dazwischen und dann berichtete ein Mann, was ich für ein Mensch sei. Er stellt dann einen anderen Mann vor, der die Versammlung leiten werde. Dieser andere Mann schildert zunächst, was ich in seinen Augen bedeute oder nicht bedeute. Er ist grausam genug, mir das Wort noch nicht zu erteilen. Er erteilt es einem Gesangverein, der nun ein Begrüßungslied singt, und dann auf den Beifall hin noch eine Zugabe stiftet. Dann übergibt mir eine junge Dame einen riesigen Blumenstrauß, mit dem ich wirklich in dieser Situation nichts anzufangen wußte.

Schließlich wurde ich „vorgestellt" und konnte mit meiner Rede beginnen. Aber ich war durch die voraufgegangenen Strapazen der letzten halben Stunde so nervös geworden, daß ich an diesem Abend wieder alles das in der Versammlung sah, was ich längst überwunden zu haben glaubte. Ich sah, daß in jeder Reihe drei oder vier Männer Gummi kauten; oh, das ist entsetzlich! Wohin ich blicken mag, hier kaut einer, da kaut einer! Unaufhörlich und anscheinend unermüdlich, sie kauen und kauen! Ich fing während meiner Rede an zu zählen: in der ersten Reihe kauten vier, in der zweiten drei, in der dritten aber neun... Ich mußte zählen, ob ich wollte oder nicht; hier kauten drei, dort kauten sieben, im ganzen Saale kauten mindestens dreihundert.

Eine andere Versammlung: Es herrscht Kirchenstille im Saale, Man hat mir gesagt, daß mir Anarchisten, Syndikalisten und ähnliche Zeitgenossen entgegentreten wollten. Schön, hatte ich gesagt, es soll mir recht sein; daß es den Herren an Anknüpfungspunkten für eine Debatte nicht fehlt, soll mein eifrigstes Bemühen sein. Ich streichelte und liebkoste die Anarchisten und Syndikalisten in meiner Rede also in wirklich aufreizender Weise. Aber Totenstille herrschte indes im Saale — bis plötzlich ein wirklicher

Säugling ein furchtbares Geschrei begann. Ich schwieg einige Sekunden und sagte dann, da der Schreihals sich nicht beruhigte: „Nur ein junger Mann opponiert bis jetzt." Dabei sah ich sehr eindringlich nach der Mutter des Kindes. Diese drückte den kleinen Anarchisten daraufhin so fest an die Brust, daß er für einige Minuten wirklich schwieg. Dann begann er wieder zu schreien, als ob er am Spieße stecke. Da die Frau noch immer nicht Anstalten traf, mit dem Kinde hinauszugehen, sagte ich nun: der junge Mann opponiert weiter, aber die eigentliche Diskussion fängt erst nach meinem Vortrag an, vielleicht kann er sich entschließen, bis dahin draußen zu opponieren. Nun endlich ging die Frau mit dem Kinde hinaus.

Ich bin fest überzeugt, daß nicht nur sie mir mein Verhalten sehr übelgenommen hat; mindestens haben es die zwanzig anderen Frauen, die mit Kindern im Saale saßen, auch getan. Übrigens ist mir später gesagt worden, daß das Geschrei die Aufmerksamkeit der Versammlung nicht im geringsten gestört habe. Dergleichen Störungen bemerke der Amerikaner gar nicht, wenn die Aufmerksamkeit einmal auf einen bestimmten Punkt konzentriert werde.

Auf dem Podium

In dieser Schrift wird oft auf Reden hingewiesen, die ich im In- und Auslande gehalten habe. Abgesehen davon, daß ein großer Unterschied besteht zwischen Reden vor landsmännischen oder fremdsprachlichen Hörern, sind die Erlebnisse auf dem Podium selbst ungemein vielseitig, keineswegs nur ernster, sondern mitunter auch sehr lustiger Art.

Vor fremdsprachlichem Publikum zu reden ist nicht leicht. Wer eine fremde Sprache nicht beherrscht, wie seine Muttersprache, sollte sie in öffentlicher Rede besser nicht anwenden. Während der Deutsche sich sehr gut amüsiert, wenn ein Ausländer deutsch radebrecht, ist es für den Franzosen eine Tortur, wenn er seine Sprache, auf die er ungemein stolz ist, nicht rein und richtig sprechen hört. Im Laufe der Jahre habe ich natürlich gelernt, wie man vor fremdsprachigen Hörern sprechen muß, wenn man sie nicht langweilen will. Erste Voraussetzung ist, daß man sich die größte Mühe geben muß, nicht zu schnell, dagegen sehr klar, deutlich und rein zu sprechen. Dadurch erleichtert man das Verständnis wenigstens den Zuhörern, die bemüht gewesen sind, Deutsch zu erlernen. Dann bin ich seit vielen Jahren davon abgekommen, erst meine ganze Rede zu halten und sie dann übersetzen zu lassen. Es muß eine Versammlung schließlich langweilen und unruhig machen, wenn ein Fremdling eine Stunde lang seine Sprüchlein hersagt, ohne daß ihm der größere Teil der Versammlung folgen kann. Für ebenso falsch halte ich die Methode, nach der besonders Redner der Heilsarmee vor fremdsprachigen Versammlungen zu reden pflegen. Sie lassen von dem neben ihnen stehenden Dolmetscher sofort jeden Satz übersetzen. Dadurch verliert der Redner allen Schwung, ertötet in sich selbst jede Spur von Temperament — die ganze Veranstaltung wird automatenhaft.

Sehr gut hat sich dagegen — ich kann nur von meinen persönlichen Erfahrungen sprechen — folgendes Verfahren bewährt. Ich arbeite die im Ausland zu haltende Rede sorgsam aus und zwar abschnittsweise. Je nach der zu behandelnden Materie genügt es, die einzelnen Kapitel so abzufassen, daß ihr Vortrag in keinem Fall länger als jeweils acht bis zehn Minuten in Anspruch nimmt. Nach jedem vorgetragenen Kapitel übersetzt es der Dolmetscher, dem man natürlich vor dem Vortrag das Manuskript aushändigen muß. So ist es mir stets gelungen, mit drei-, höchstens viermaligen Pausen das gestellte Thema zu behandeln, ohne daß die Aufmerksamkeit der Versammelten nachgelassen hätte. Es ist selbstverständlich, daß der Redner sich nicht sklavisch an sein Manuskript zu halten braucht, das für den Übersetzer freilich bindend ist. Wer es versteht, am Schlüsse eines jeden Kapitels durch eine Bemerkung, die der Übersetzer sofort aufgreifen kann, die Aufmerksamkeit der Hörer immer wieder von neuem zu wecken, wird mit dieser Methode des Redens gute Erfahrungen machen. Jedenfalls habe ich, sowohl in europäischen, wie auch in den amerikanischen Staaten diese Art, vor fremdsprachigen Hörern zu reden, als die beste gefunden.

Die Schwierigkeit der Agitation

Unsere deutschen Arbeiter können sich kaum eine Vorstellung machen von der Schwierigkeit der sozialistischen Agitation in den Vereinigten Staaten. Zwar haben sie es noch leichter als wir, in drastischen Beispielen den Widersinn der kapitalistischen Gesellschaftsordnung zu beleuchten. Was war und ist schließlich unser Krupp im Vergleich zu den vielen amerikanischen Milliardären à la Vanderbüd, Astor, Gould, Carnegie, Ford usw. Aber es genügt nicht, die drastischen Beispiele zu haben, man muß sie auch der proletarischen Masse vortragen können. Nun stelle man sich eine amerikanische Stadt vor; ein Proletariat mit einheitlicher Sprache gibt es nicht; Tag für Tag wandern neue Tausende hinzu aus aller Herren Länder. Neben den wenigen Zuwanderern aus Ländern mit höherer wirtschaftlicher und politischer Entwicklung kommen oder kamen bis zu der streng durchgeführten Kontingentierung große Massen aus Polen, Italien usw. Unter diesen Einwanderern gibt es eine große Zahl, die sich schon wie Fürsten vorkommen, wenn sie in Amerika „nur zu dritt" in einem Bett liegen, statt wie daheim zu fünf oder sechs auf elenden Pritschen und erbärmlichen Strohlagern. Diese armen Teufel für den Sozialismus zu gewinnen, wäre eine dankbare Aufgabe — wenn man nur an sie herankommen könnte. Aber selbst wenn man alle Sprachschwierigkeiten überwinden könnte, wenn man sprachkundige Genossen für die Dutzende von Sprachen, die in den Vereinigten Staaten gesprochen werden, fände, wie und wo findet man dann wiederum die, an die man sich wenden will. Man stelle sich die Verbreitung von Flugblättern vor; zwar wohnen bestimmte Nationalitäten zumeist auch in bestimmten Quartieren der Großstädte. Aber trotzdem! Es kann sehr leicht vorkommen, daß man ein in deutscher und englischer Sprache verfaßtes Flugblatt in vielen Tausenden von Exemplaren verbreitet und daß trotzdem nur hundert Exemplare die sprachenkundigen Leser finden. So hat auch die Parteipresse mit schier unüberwindlichen Schwierigkeiten zu rechnen. Wie die gesamte amerikanische Presse ist sie fast ausschließlich auf den Straßenverkauf angewiesen; feste Abonnements stellen Ausnahmen dar. ...Vorträge habe ich in den Vereinigten Staaten u. a. gehalten in Brooklyn (N, Y.), Bronx (N. Y.), Passaic (N. Y.), New Haven (Conn.), Newark (N. J.), Elixabeth (N. J.), Schenectady (N, Y.), Lawrence (Mass.), Providence (R. I.), Paterson (N. J.), New Britain (Conn.), Hartford (Conn.), Rochester (N. Y.), Buffalo (N. Y.), Cleveland (Ohio), Detroit (Mich.), Chicago (111.), Milwaukee (Wisc.), St. Paul (Minn.), Denver (Col.), St. Louis (Miss.), Staunton (Ill.), Springfield (Ill.), Pittsburgh (Penns.), Baltimore (Maryl.), Philadelphia (Penns.). Zum Schluß sprach ich wiederum in New York, und zwar in Manhattan. Die Tour war zwar nicht so eingerichtet, daß ich immer von dem einen Ort zum nächstgelegenen anderen hätte reisen können. Immerhin war sie, wenngleich strapaziös genug, doch erträglich. Als ich freilich in Denver (Cal.), durch zahlreiche Briefe und Telegramme aus San Francisco aufgefordert wurde, auch noch nach Kalifornien zu kommen, sagte ich ab. Bei den teils geradezu ungeheuerlichen Entfernungen, Tag für Tag in zumeist großen und stets überfüllten Sälen einen Vortrag zu halten und in der Woche bestenfalls einen freien Tag zu haben, das war schließlich zu viel. Eine grenzenlose Sehnsucht nach Weib und Kindern trug das übrige dazu bei, mich zu bestimmen, in Colorado Kehrt zu machen. Die Presse, sowohl die deutsche, wie auch die englische, bürgerliche und sozialistische, hat mich überall in liebenswürdigster Weise behandelt und eingehend über meine Vorträge berichtet. ... Die „New Yorker Staatszeitung" behandelte mich geradezu überschwenglich: „Der hervorragende Arbeiterführer appelliert nicht an die Leidenschaft der Massen, verschmäht hochtönende Phrasen und blumenreiche Rhetorik, doch zeigt seine Rede von scharfer Logik und seine Ausführungen verraten gesunden Menschenverstand und Überzeugungstreue, und diese Eigenschaften eroberten ihm im Fluge die Herzen der ihm lauschenden Männer und Frauen, die denn auch mit demonstrativem Beifall seine Ansprache quittierten." — Die sozialdemokratischen Blätter berichteten überall von glänzenden Erfolgen, die Syndikalisten tobten. ... In einem zusammenfassenden Bericht schrieb die sozialdemokratische „New Yorker Volkszeitung": „Scheidemann hat einen tiefen Eindruck hinterlassen. Seine klare Vortragsweise, wie nicht minder die Furchtlosigkeit und Bestimmtheit im Ausdruck seiner Überzeugung, haben ihm die Herzen der Tausende, die ihn gehört, im Sturme erobert. Und mehr als das: Viele Hunderte, die im syndikalistischen Ansturm auf die altbewährten sozialistischen Kampfmethoden knieschwach und wankend geworden, erhielten von diesem Vertrauensmann der deutschen Sozialdemokratie neuen Mut, neuen Glauben an die Kraft der politischen Aktion eingeflößt. Es ging gleichsam wie eine frische Brise von Scheidemanns ganzer Persönlichkeit aus."

Siebenter Abschnitt

Ein Vierteljahrhundert im Reichstag: Das Solinger Mandat

Eines der peinlichsten Kapitel in der Geschichte der SPD heißt: „Solingen" — —

Wunderschön in die Wupperberge gebettet, von einer Bevölkerung bewohnt, die fleißig und geschickt, fröhlich und freiheitlich gesinnt, ist Solingen Heimstätte einer der eigenartigsten Industrien. Solingen ist die Stadt der „Schlieper", der „Federmesserreider" und der „Langen Tafelmesserschleifer". Die Eigenartigkeit der Industrie hatte begreiflicherweise auch besondere Organisationsformen gezeitigt. Da es nur ein Solingen im Reiche gibt, waren die Organisationen der Spezialarbeiter lokaler Art. In Solingen ist es vorgekommen, daß Unternehmer jahrzehntelang bestreikt worden sind, ohne daß nur ein einziger Arbeiter deshalb auch nur einen Tag gefeiert hätte. Das sind Tatsachen, die man außerhalb des Niederrheins nicht verstehen konnte, weil man die Eigenart der Messerfabrikation und Messerschleiferei nicht kannte. Natürlich gab es schon seit vielen Jahrzehnten auch große Unternehmer, die nur im eigenen Hause produzieren ließen. Das war aber nur die Ausnahme. In der Hauptsache handelte es sich um kleinere und mittlere Kapitalisten, die nur einen Teil der bis in das Kleinste spezialisierten Arbeit im eigenen Hause fertigten, die Hauptsache aber, das Schleifen, das eine wirklich große Kunstfertigkeit voraussetzt, von Spezialarbeitern besorgen ließen, die sich „Rotten" (Werkstätten mit Wasserantrieb) mieteten und in ihrer besonderen Art wieder selbständige Unternehmer waren. Wurde also der eine Unternehmer bestreikt, so konnte man für einen der anderen um so mehr schleifen. Arbeit gab es immer in Hülle und Fülle. Wie an der Wupper die religiöse Muckerei, aber auch geradezu fanatisches Freidenkertum dicht beieinander wohnen, so bestehen in der Solinger Industrie modernste Arbeitsmethoden — kleinste Teilarbeit, die zu unerhörter Geschicklichkeit der Spezialarbeiter führte, und völlig veraltete Systeme, Fabrikbetrieb mit „Hausarbeit" und deren Hilfsarbeitern — auch dicht beieinander. Da die Solinger Schleifer tatsächlich konkurrenzlos in der ganzen Welt waren — über die Sheffielder Konkurrenz wurde früher sehr geringschätzig geurteilt —, so befanden sie sich in verhältnismäßig guter sozialer Lage. Wer erst einen „Kotten" besaß, also selbständig war, der verdiente verhältnismäßig viel Geld. Mit einem Worte gesagt: die Solinger Spezialarbeiter stellten eine Elite unter den Metallarbeitern dar und hatten infolge ihrer gesamten sozialen Stellung begreiflicherweise auch gewisse zünftlerische Einstellungen. Jedenfalls brachten sie kein Interesse auf für die Zentralorganisationen, weil für sie Solingen alles bedeutete, sowohl in der Produktion, wie in der ihre Interessen vertretenden Organisation. Sie sträubten sich gegen den Metallarbeiterverband, da er ihnen angeblich ihre selbständige Stellung gefährde, „weil er alle Metallarbeiter über einen Kamm schere, alle in die Fabriken treibe", dem modernen Produktionsprozeß Vorschub leisten, den „Schlieper" aus seiner guten Position also verdrängen müsse, ob er wolle oder nicht. Aus diesen Gegensätzen heraus, die naturgemäß nur ganz knapp hier geschildert werden können, erwuchsen zwischen den Arbeitern Konflikte, die zeitweilig die schlimmsten Formen annahmen. Und doch hatte Lassalle bekanntlich gerade in Solingen und Remscheid den ersten sozialistischen Samen ausgestreut und bei der für alle freiheitlichen Ideen leicht zu begeisternden Bevölkerung jubelnde Zustimmung gefunden. Die Richtigkeit der Marx-Engelsschen Theorie von der materialistischen Geschichtsauffassung wird in interessanter Weise illustriert auch durch die Kämpfe der Solinger Arbeiter untereinander. Übrigens sei nebenbei bemerkt, daß Konflikte, die Ende der neunziger Jahre des vorigen Jahrhunderts an den Namen Schumacher knüpfen, viel früher schon in nahezu derselben Weise sich abgespielt hatten, sie wurden damals unter dem Stichwort „Rüddinghausen-Schumacher" in der Partei behandelt.

Hier Zentralverband! Hier Lokalorganisation! In Versammlungen und in der Presse wurde der Kampf der Arbeiter untereinander zum großen Vergnügen der Unternehmer in der heftigsten Weise geführt. Schließlich gab es sogar zwei Arbeiterzeitungen und zwei sozialdemokratische Reichstagskandidaturen. Ende der neunziger Jahre wollten die für die Zentralorganisation kämpfenden Arbeiter unter gar keinen Umständen den bisherigen sozialdemokratischen Abgeordneten Schumacher wiederwählen. Um so fester traten die Lokalisten für Schumacher ein. Der Kampf nahm immer heftigere Formen an und wurde schließlich in ganz persönlicher Weise geführt. Die Gegner der SPD zehrten im ganzen Reich von dem Bruderkampfe in Solingen. Viele sozialdemokratische Parteitage mußten sich mit Solingen beschäftigen.

Da ich 1903 als Abgeordneter für Solingen gewählt wurde und mit dieser Wahl ein bedeutungsvoller Abschnitt meines Lebens begann, soll so knapp wie möglich dargestellt werden, wie gerade ich zu der besonderen Auszeichnung gekommen bin, Mitglied des Reichstages für Solingen zu werden.

Auf dem Hamburger Parteitag, der im Jahre 1897 stattfand, spielten die Solinger Streitigkeiten wieder eine große Rolle.

In der sogenannten Siebener-Kommission des Parteitages, deren Vorsitzender der verstorbene Berliner Privatdozent Dr. Leo Arons war, wurde sie eingehend behandelt, und zwar unter Hinzuziehung der am meisten beteiligten Genossen aus Solingen, vor allem also auch Schumachers selbst. Es kam eine Verständigung zustande, wie Gerisch sie vorausgesehen und zwischen den Zeilen einer Rede schon angedeutet hatte: Er traute den Genossen in Solingen, die gegenseitig von unbeschreiblichem Mißtrauen und Haß erfüllt waren, überhaupt nicht mehr. Dr. Arons, einer der liebenswürdigsten Sozialdemokraten, die ich jemals kennengelernt habe, berichtete aus seiner Kommission, und zwar, da er die Verhältnisse in Solingen nicht so genau kannte wie Gerisch, in sehr optimistischer Weise:

„Der Siebener-Kommission ist es glücklicherweise leicht geworden, mit der Solinger Angelegenheit fertig zu werden, dank dem Entgegenkommen der Solinger Genossen von beiden Seiten. Ich bitte dieses Entgegenkommen nicht gering anzuschlagen, denn die Solinger Genossen waren sich wohl bewußt, daß sie mit der Vertretung derjenigen Resolution, der sie zugestimmt haben, einen schweren Standpunkt zu Hause haben würden. Die Siebener-Kommission beantragt folgende Resolution:

„Der Parteitag möge beschließen: Da der Genosse Schumacher erklärt hat, daß er die Wiederaufstellung seiner Kandidatur für die Reichstagswahl ablehnt, beschließt der Parteitag, die Parteileitung zu beauftragen, einen den Solinger Streitigkeiten fernstehenden Kandidaten aufzustellen.

Der Parteitag beauftragt die neue Parteileitung, die Verschmelzung der „Bergischen Arbeiterstimme" und der „Solinger

Freien Presse", sowie die Überführung in das Eigentum der Gesamtpartei baldmöglichst in die Wege zu leiten."

Die Genossen Inger und Schaal einerseits, Schumacher und Langenberg andererseits erklären, daß sie diesen Beschluß vor ihren Genossen vertreten wollen.

Noch einige kurze Bemerkungen zu der Resolution: Die meisten Genossen werden wissen, daß sich die Parteileitung nur höchst ungern mit der Aufstellung der Kandidaten befaßt. Das ist im allgemeinen Sache der Wahlkreise. Anders liegen die Dinge in Solingen. Hier bedarf es, wenn man ein Wort anwenden darf, das in der Kommission gefallen ist, für den Augenblick der Bevormundung. Selbstverständlich soll der Kandidat nicht aufgezwungen werden. Es werden Besprechungen mit der einen und der anderen Seite erfolgen, aber das letzte Wort soll die Parteileitung sprechen."

Wie jedem anderen Sozialdemokraten, der nicht direkt an diesen Auseinandersetzungen beteiligt war, so wurden auch mir die Vorgänge in Solingen ein Scheuel und Greuel. Der Krakeel widerte mich derart an, daß ich, sobald auch nur das Stichwort „Solingen" auf dem Hamburger Parteitag gefallen war, den Saal verließ, um mir die Stadt anzusehen.

Weil ich seit 1896 Reichstagskandidat für Gießen war, also Inhaber einer vorläufig aussichtslosen Kandidatur, die mich befriedigte, hatte ich die schmeichelhaftesten Anträge aus Kassel, die dortige Kandidatur zu übernehmen, glatt abgelehnt. Ich war deshalb nicht wenig überrascht, als ich einen von Pfannkuch am 24. November 1897 geschriebenen Brief erhielt, der folgende Nachschrift hatte:

„PS. Noch eins! Würden Sie jetzt Ihre Meinung bezüglich der Kandidatur in Solingen nicht ändern? Gerisch und ich halten Sie für den Qualifiziertesten unter den in Betracht Kommenden. Aber äußern Sie sich bald."

Schon auf dem Hamburger Parteitag hatte ich auf die Frage des Parteivorstandes, ob ich in Solingen kandidieren wollte, geantwortet: „Nein, ihr haltet mich offenbar für vergnügungssüchtiger als ich bin." Auf Pfannkuchs oben erwähnten Brief antwortete ich wieder ablehnend. Dann aber kamen steinerweichende Briefe Gerischs, der sich auf Auer und Bebel berief. Er wies auf die Schwierigkeiten der Situation hin, ließ aber zwischen den

Zeilen trostreich durchblicken, daß ich doch immerhin Chancen hätte, von den Solingern gar nicht akzeptiert zu werden, da der Parteivorstand beabsichtige, sechs Parteigenossen als „Kandidaten zur Auswahl" in Vorschlag zu bringen. „Na", sagte ich, „wenn ihr sechs ‚alte und bewährte Parteigenossen empfehlt, dann will ich es mit meinen 32 Jahren ruhig riskieren, ja zu sagen. Die Solinger werden auf mich wahrscheinlich dann nicht reflektieren." Es kam aber anders. Am 16. Dezember 1897 erhielt ich folgenden Brief Gerischs:

„Berlin SW., 15. 12. 1897.
Lieber Genosse Scheidemann!
Aus Solingen erhalten wir soeben die Nachricht, daß die zur Vorbereitung der Kandidatenfrage eingesetzte Kommission unter den von uns vorgeschlagenen Kandidaten einstimmig für Dich entschieden hat. Die Kommission wünscht nun, daß Du Dich, wenn irgendmöglich, am kommenden Sonntag, den 18. cr., dem engeren Kreise der Parteigenossen vorstellen möchtest. Da im engsten Anschluß an die Regelung der Kandidatenfrage auch noch verschiedene andere Angelegenheiten ... zu ordnen sind, wäre es auch uns lieb, wenn Du dem Wunsche entsprechen würdest . . . Viel Glück im neuen Wirkungskreis."

Nun half kein Mundspitzen mehr, jetzt mußte gepfiffen werden. Wie sag' ich's meinen Kindern, den Genossen in Gießen? 1898 sollte die allgemeine Reichstagswahl stattfinden, Mitte Dezember 1897 bekam ich zu der Gießener Kandidatur die zweite in Solingen, einem Kreise, den ich nur nach vielstündiger Bahnfahrt erreichen konnte. Ich reise an dem gewünschten Tage nach Solingen, immer noch in der stillen Hoffnung, daß die Versammlung, der ich mich vorstellen und die mich zum Kandidaten erklären sollte, nein sagen würde. Zwar hatte die Sechser-Kommission, die aus je drei Genossen beider Richtungen bestand, sich einstimmig für mich entschieden, aber hatte die Versammlung nicht das Recht, mich begeistert abzulehnen? In Solingen traf ich Gerisch mit sorgenschwerem Gesicht an. „Es wird von beiden Seiten gehetzt, die Versammlung, in der du reden sollst, wird sehr stürmisch verlaufen, vielleicht sogar gesprengt werden." , „Das wäre mir fast das liebste!"

„Rede nicht so gotteslästerlich, hoffentlich geht noch alles gut.

Rede so gut wie du noch nie in deinem Leben gesprochen hast, dann wird's schon klappen."

Die Sechser-Kommission sprach sich erneut einstimmig für mich aus. Die Wählerversammlung, in der ich mich vorstellen sollte, fand dann ein oder zwei Wochen später statt, und zwar in einem häßlichen Saal, in dem nur Bänke standen. Die Beleuchtung war kläglich. Da eine Konzession zum Wirtschaftsbetriebe nicht bestand, hatten sich Hunderte von Arbeitern die ihnen unentbehrlich scheinenden Getränke in Flaschen selbst mitgebracht. Neben dem kräftigen Bier vom Niederrhein gab es, wie mir versichert wurde, und wie ich auch habe selbst sehen können, erheblich schärfere Getränke.

Gerisch sprach einleitend und mahnte zur Vernunft, zur Eintracht. Eine lange Geschäftsordnungsdebatte folgte. Hitzig ging es zu: „Wir wollen den hessischen Genossen, den uns der Parteivorstand aufzwingen will, gar nicht hören."

Gerisch: „Wir zwingen euch keinen Kandidaten auf. Der Parteivorstand hat die Parteitagsbeschlüsse auszuführen. Er hat euch sechs Genossen zur Auswahl vorgeschlagen. Eine paritätisch zusammengesetzte Kommission hat sich für Scheidemann entschieden. Wir kennen ihn, hört ihn zunächst an und dann entscheidet euch,"

„Nein! Nein! Wir wollen Schumacher wählen,"

Von der anderen Seite: „Wortbrüchige Gesellschaft!"

Hier und da soll es zwischendurch sogar Püffe gegeben haben. Nach einer weiteren Rede Gerischs stand ich plötzlich, ich wußte nicht, wie mir geschehen war, auf dem Podium und begann zu reden. Zu meiner großen Überraschung war sofort Ruhe eingetreten und es wurde, wie mir schien, immer stiller. Ich sprach über die politische Lage und legte die Möglichkeiten dar, sie zugunsten der werktätigen Bevölkerung zu ändern. Erste Voraussetzung sei selbstverständlich Geschlossenheit der klassenbewußten Arbeiterschaft.

Es gab noch allerlei Geplänkel, schließlich wurde ich aber doch mit großer Mehrheit als sozialdemokratischer Kandidat für den Wahlkreis Solingen aufgestellt. Bis zu den Wahlen hatte ich nunmehr eine Arbeit zu leisten, wegen der mich wirklich niemand zu beneiden brauchte. Drei Tage Agitation in Oberhessen, drei Tage im Kreise Solingen — auf den Eisenbahnfahrten, natürlich vierter Klasse, machte ich das Gießener Blatt, einen Tag hielt ich mir in der Woche frei, um die Redaktion einigermaßen ordnungsmäßig abschließen zu können. —

Die Abmachungen in Solingen wurden nicht gehalten. Nicht lange vor der Wahl stellte Schumacher seine eigene Kandidatur doch wieder auf und so ging das sichere Mandat, eines der ältesten der deutschen Sozialdemokratie, verloren. Bei der Hauptwahl wurden im Kreise Solingen Stimmen abgegeben für: Scheidemann (Soz.) 6349, Schumacher (Soz.) 5411, Sabin (Vereinigte Liberale) 5838, Zentrum 5449. Vor der Stichwahl zwischen dem offiziellen Sozialdemokraten und dem Kandidaten der Vereinigten Liberalen gab Schumacher für seine Wähler die Parole aus: „Wählt den Liberalen!" So wurde Sabin gewählt. Schmachvolleres hatte die SPD bis dahin nicht erlitten. Übrigens will ich nicht versäumen, einen Brief Liebknechts vom 30. Juni 1899, der mir bei der Durchsicht älterer Briefe wieder zu Gesicht gekommen ist, abzudrucken, weil er deutlich zeigt, daß nach der Auffassung Liebknechts, die ich teile, keineswegs alle Schuld für die Solinger Wirren, soweit persönliches Verschulden überhaupt in Betracht kommt, auf Seiten Schumachers gelegen hat. Der von Liebknecht in seinem Brief mit F. bezeichnete Genosse redigierte (der liebe Gott wird es ihm inzwischen verziehen haben) in kritischer Zeit das gegen Schumacher kämpfende Parteiblatt. Hier der Brief Liebknechts:

„Lieber Genosse! Gewiß haben Sie recht mit Bezug auf das Solinger Blatt. Sie werden sich wohl manchmal gewundert haben, daß ich gegen Schumacher so entgegenkommend und nachgiebig war. Sie beginnen, es zu verstehen. Gegen Schumacher ist mehr gesündigt worden als von ihm, und der Anfang liegt schon über 20 Jahre zurück. Seine Dickköpfigkeit bauschte Kleinigkeiten auf und erschwerte einen freundschaftlichen Verkehr mit Freunden. Andere waren jedoch nicht besser. Nach Hamburg hatte ich es soweit, daß Schumacher ruhig ging, wenn F. beseitigt werde. Das wurde versprochen, aber nicht gehalten. Nun gab es für Schumacher keinen Halt mehr. Er kam allmählich in die Stellung, in der wir ihn seit der Wahl sehen. Den Parteigenossen wildfeindlich, für die Partei verloren ...

Grüße an alle und auf Wiedersehen.

Wilhelm Liebknecht."

Verärgert und verbittert ist Schumacher später nach Köln gezogen, wo er, zeitweilig von der SPD unterstützt, sich kümmerlich durch schriftstellerische Tätigkeit über Wasser hielt. Er hat sich später mit der Partei wieder ausgesöhnt. —

Unter welchen Umständen der Wahlkampf im Jahre 1898 in Solingen hatte geführt werden müssen, können die Leser sich kaum vorstellen. Der Parteivorstand hatte mir große Zurückhaltung empfohlen, damit ich nicht auch noch in den Bruderkampf hineingezogen werde. Das ist auch gelungen. Es redeten damals zugunsten meiner Kandidatur Wilhelm Liebknecht und Bebel. Auer hatte es übernommen, die wichtigste Flugschrift zu verfassen. Auf beiden Seiten wurde im übrigen mörderisch gerauft. In einer Versammlung mit Liebknecht und mir als Referenten war auf besondere Einladung Liebknechts Schumacher erschienen. Liebknecht, der mit ihm gut gestanden hatte, setzte ihm in der eindringlichsten und wirklich brüderlichen Weise zu. Scheinbar kam Schumacher, der übrigens ein sehr guter Redner war, zur Vernunft — er wagte es nicht, dem alten Liebknecht in gehässiger Weise zu widersprechen. Am nächsten Tage begann er mit seinem Kampfe gegen den „fremden Kandidaten" von neuem.

In den Monaten, die dem Wahltage vorausgegangen waren, hatte ich im Solinger Kreise zahlreiche prachtvolle Menschen kennengelernt. Freundschaften innigster Art haben mich seit jener Zeit mit dem Kreise verbunden. Zwar lehnte ich zunächst eine Wiederaufstellung für die Wahl im Jahre 1903 ab, gab aber schließlich doch nach, weil ich von Offenbach aus die Agitation leichter besorgen konnte. Bei den Wahlen im Juni 1903 wurde ich im ersten Wahlgange gewählt. Es waren Stimmen abgegeben worden: für die Sozialdemokraten 17 225, für das Zentrum 6457, für die Vereinigten Liberalen 5767, für die Christi. Soz. 648. Zersplitterte Stimmen: einige Hundert.

Im Laufe der Jahre war ich im Kreise Solingen sehr bekannt geworden, die Gegensätze unter den feindlichen Brüdern schliffen sich mehr und mehr ab. Daß es mir gelungen war, außerhalb des Parteizwistes zu bleiben, wurde mir hoch angerechnet. Von beiden Seiten brachte man mir immer mehr Vertrauen entgegen. Ja, mehr noch: einige Reden im Reichstage, ebenso erfolgreiche Schritte, die; ich im Interesse 'der Solinger Industrie in Berlin getan hatte, brachten mir auch immer mehr Sympathien des Bürgertums ein. Meine Position im Kreise wurde immer besser und fester. Als der Reichstag im Winter 1906 aufgelöst worden war, wurde ich bei den Neuwahlen im Januar 1907 im ersten Wahlgang wiedergewählt, obwohl ein heftiger Wahlkampf vorausgegangen war, in dem auf selten der Vereinigten Liberalen ein schneidiger junger Redakteur der; „Kölnischen Zeitung", Dr. Robert Brunhuber, als Kandidat focht, ein ausgezeichneter Redner und kenntnisreicher Mann, mit dem ich persönlich sehr gut stand. Häufig saßen wir abends, nach den heftigsten Redeschlachten, beim Glas Bier friedlich zusammen. In sozialpolitischen Fragen suchte er mir in seinen Reden immer um eine Nasenlänge voraus zu sein. Scharf, ja auf das Schroffste standen wir uns gegenüber in den Fragen des Militarismus, des Marinismus und der Kolonialpolitik. Nun war 1907 das Volk auf Grund der „nationalen" Wahlmache wirklich in seinen tiefsten Tiefen aufgewühlt worden. Besonders die Liberalen, unter Führung des damaligen Kolonialministers Dernburg, den die Konservativen spöttisch als „Exzellenz Koofmich" behandelten, machten die größten Kraftanstrengungen. Für Solingen spielten natürlich Kolonialfragen und Rüstungsfragen eine erhebliche Rolle.

Unvergeßlich bleibt mir eine Debatte mit Brunhuber in einem der größeren Orte des unteren Kreises Solingen — entweder in Leichlingen oder Opladen. Er hatte mit unerhörter Begeisterung die Kolonialpolitik gepriesen und auf die Absatzmöglichkeiten für die Solinger Industrie in Afrika hingewiesen. Ob das für die Messerfabrikanten und Messerschleifer etwa gleichgültig sei. Ich hatte darauf gesagt: Nein, gleichgültig ist's ganz gewiß nicht, aber wohin sollen denn die Neger die Taschenmesser tun — sie haben doch kerne Hosen an! Es war unmöglich, die Auseinandersetzung fortzuführen. In einer unglaublichen Heiterkeit, die meinen Worten folgte, ging die Versammlung auseinander. Die Messerschleifer entschieden sich für mich.

Es wurden abgegeben: Sozialdemokratische Stimmen: 19589, Liberale Stimmen: 10833, Zentrumsstimmen: 7992, Zersplitterte Stimmen: einige Hundert. Mein unterlegener Gegenkandidat Dr. Brunhuber trat bald nach der Wahl eine Weltreise an, auf der er im Gebiete des Himalaya von Eingeborenen grausam ermordet worden ist.

Im Laufe der Jahre war ich im Kreise Solingen vollkommen

heimisch geworden, so zwar, daß mich, wie man zu sagen pflegt, nahezu jedes Kind kannte. Die Wahl im Jahre 1912, bei der es sich um die Abrechnung mit dem schwarz-blauen Block handelte, war im Kreise Solingen eine Spielerei für die SPD. Es wurden am Tage der Hauptwahl 44245 Stimmen abgegeben, von denen ich 24571 erhielt, die Liberalen erhielten 10201, das Zentrum zählte 8239 Stimmen.

In der „Bergischen Arbeiterstimme" vom l1. Januar 1912 ist die ganze erste Seite mit nur wenigen Zeilen in Riesenlettern (Plakatschrift) bedruckt. Diese wenigen Zeilen kennzeichneten die Situation, in der die SPD sich damals befand, sehr gut. Sie lauteten wie folgt:

„Wen wählen wir?... Scheidemann! Mit Erfolg hat er im Reichstage gewirkt. Das liberale „Kreis-Intelligenzblatt", das zur Empfehlung seines eigenen Kandidaten absolut gar nichts zu sagen wußte, außer bedeutungslosen Floskeln, stellte erst dieser Tage (am 5. Januar 1912) wieder fest:

„Es ist von liberaler Seite nie in Abrede gestellt, sondern stets neidlos anerkannt worden, daß sich Scheidemann der Interessen seines Wahlkreises stets mit Eifer angenommen hat..."

Jeder Wähler, der den Wunsch hat, daß die Interessen des Kreises Solingen auch fernerhin mit Eifer, Geschick und Erfolg vertreten werden sollen, der muß unseren Kandidaten wählen."

Die Art, wie die „Bergische Arbeiterstimme" damals aufgemacht worden ist, fand viel Nachahmung. Da der Solinger Redakteur Dittmann in Remscheid kandidierte und im dortigen Wahlkampf, sowie mit der Herstellung einer wöchentlich für seinen Wahlkreis erscheinenden Wählerzeitung vollauf beschäftigt war, hatte ich mich zu meiner großen Freude in der „Bergischen Arbeiterstimme" nach Herzenslust ausarbeiten können. Ebert, der im benachbarten Wahlkreise Elberfeld-Barmen kandidierte, hatte ich in einer riesig besuchten Zirkusversammlung bei seinen Wählern eingeführt. Er fand besonderen Gefallen an der journalistischen Aufmachung der „Bergischen Arbeiterstimme" und bat mich, als er zu seiner peinlichen Überraschung noch in der Stichwahl um den Sieg ringen mußte, auch in das Elberfelder Blatt „mehr Leben" zu bringen. Nur in bescheidenem Maße war das möglich, weil die damaligen Redakteure des Elberfelder Blattes so prinzipienfest waren, daß ihnen jede Neuerung, und läge sie auch nur auf dem Gebiete journalistischer Aufmachung, schon wie ein Prinzipienverrat erschien. Der Wahlkreis Elberfeld-Barmen war räumlich so eingeengt, daß Ebert sich bedrückt fühlte, wenn er Tag für Tag Versammlungen abhielt, in denen begreiflicherweise immer ein kleiner Teil derselben Zuhörer erschien: in Elberfeld Barmer, in Barmen Elberfelder Wähler. Aus dem unbehaglichen Gefühl, das in Wahlwochen jeden Redner drückt, alle Abende inhaltlich das gleiche sagen zu müssen, machte er gar kein Geheimnis.

Meine ersten Eindrücke im Reichstag

In der Stärke von 81 Mann rückten wir Sozi nach den Wahlen im Juni 1903 in den Reichstag ein und zwar am 3. Dezember. Ein Gefühl verantwortungsschwerer Wichtigkeit kam über mich, als ich im Obergeschoß Zimmer 20 zum ersten Male an einer Fraktionssitzung teilnahm. Das Mobiliar dieses Zimmers war dem ehemaligen Sitzungssaale des alten Bundesrats entnommen. Der Lehnstuhl, auf dem Singer als Fraktionsvorsitzender saß, war früher Bismarcks Stuhl gewesen. Neben Singer saß Bebel, und dann kamen alle die Kämpen, die ich zum Teil von den Parteitagen her persönlich, alle anderen dem Namen nach und aus den Berichten über ihre Reichstagsreden kannte ... Lang ist die Liste der Kollegen von damals, die inzwischen durch den Tod abberufen worden sind.

Singer und Bebel hießen die Neulinge willkommen und gaben ihnen allerlei Fingerzeige, ältere Kollegen zeigten uns die zahlreichen Säle und Nebenräume. Nur an den ersten Sitzungstagen war das Haus gut besetzt, dann wurde es immer „leerer" und schließlich war nur ein kleines Häuflein von Stammgästen zu sehen. Von den 397 Abgeordneten waren damals gewiß nicht mehr als höchstens 150 regelmäßig im Hause, so daß es an Platz zum Arbeiten nicht fehlte. Der schlechte Besuch war die Folge der Diätenlosigkeit. Die Ausübung der Mandate sollte im Reichsparlament mit dem allgemeinen, gleichen, direkten und geheimen Wahlrecht nach der Auffassung der herrschenden Klasse nur denen vorbehalten bleiben, die sich das Leben in Berlin ohne besondere Zuschüsse leisten konnten. Der Preußische Landtag mit seinem kläglichen Dreiklassenwahlsystem war vor der Wahl von armen Schluckern ziemlich sicher, deshalb bekamen die Herren Landtagsabgeordneten, die sich zum erheblichen Teil aus Landräten und anderen Verwaltungsbeamten, sowie reichen Industriellen zusammensetzten, 15 Mark Tagegelder. Im Reichstag gab es, wie gesagt, keinen Pfennig. Die Sozialdemokratische Partei mußte also ihren Abgeordneten, damit sie überhaupt nach Berlin kommen konnten, aus der Parteikasse bestimmte Zuschüsse geben. Diese Tagegelder waren sehr bescheiden, sie waren je nach dem Einkommen der Abgeordneten gestuft, von drei bis zu sieben Mark. Damit mußten die sozialdemokratischen Reichstagsabgeordneten in Berlin auskommen. Wer ein Zimmer in Berlin mieten mußte, bekam noch einen kleinen Mietzuschuß monatlich. Damit die Parteikasse möglichst geschont blieb, wurde von dem Fraktionskassierer Hein Meister sorgsam darauf geachtet, daß kein Abgeordneter, der entbehrlich war, in Berlin etwa antrat. Wer aus irgendeinem Grunde einmal mehr als drei bis vier Tage in der Woche in Berlin gewesen war, mußte mit Hein erst schwere Kämpfe durchfechten, bis ihm für jeden Tag die ihm zustehenden Diäten ausgezahlt wurden. Die Auszahlung der Diäten erfolgte am Freitag nachmittag, zumeist in dem jetzigen Zeppelinzimmer. Hein Meister, der ein Glasauge trug und in der Unterhaltung stotterte, während er in freier Rede ganz leidlich sprach, hatte dann einen der rabiatesten Genossen neben sich sitzen. Diese beiden fauchten jeden, der für mehr als drei Tage Diäten beanspruchte, an, als ob er Ungeheuerliches fordere. Während der Sekundant Heins — lange Jahre hindurch war das der brave Genosse Friedrich Brühne aus Frankfurt am Main — die Tagegelder heischenden Abgeordneten examinierte und die Quittungen unterschreiben ließ, fädelte Hein Meister, unausgesetzt knurrend, eigenhändig die Quittungen mit einer großen Nähnadel auf eine lange Schnur. Diese Stunde der Diätenauszahlung war immer ein großes Gaudium, denn jeder wußte natürlich, daß Meister und sein Helfer die besten Kerle von der Welt, aber eifrig bestrebt waren, jeden Pfennig, der für die Parteikasse gespart werden konnte, auch wirklich zu sparen. Wenn ein Kollege einmal für vier Tage in der Woche Diäten ausbezahlt bekommen hatte, ohne daß er für eine wichtige Abstimmung dringend notwendig gewesen war, dann wurde er angeschnauzt: „Nun laß dich bloß vier Wochen lang nicht mehr sehen, sonst kriegste überhaupt nix!"

Die Diätenlosigkeit hatte die abscheulichsten Wirkungen. Der

Staatsminister Graf Posadowsky, der damals Staatssekretär des Reichsamts des Innern war, mußte oft bis zu drei Wochen lang im Reichstage sitzen und reden, bevor ihm sein Etat bewilligt wurde. Das Haus war niemals beschlußfähig, und erst, wenn wir Sozialdemokraten die Regierungsvertreter nach Strich und Faden „vorgenommen" hatten, ließen wir eine Abstimmung zu, ohne mit der Anzweiflung der Beschlußfähigkeit zu drohen.

Die übrigen Parteien litten schließlich ebenso unter diesen Zuständen, auch sie bekamen ihre Mitglieder nur auf dringende Telegramme für wichtige Abstimmungen nach Berlin. In den Fraktionen selbst wirkte die Diätenlosigkeit ebenfalls recht unangenehm. Der ganze parlamentarische Betrieb war in jeder Fraktion monopolisiert. Einige bestimmte Abgeordnete erledigten alles, während der große Haufen im wahren Sinne des Wortes „Stimmvieh" war, das im Bedarfsfalle telegraphisch gerufen wurde. — —

Acht Jahre lang, bis zur Wahl in den Parteivorstand 1911, habe ich im Reichstag die gesamte politische Redaktion der von mir geleiteten Blätter besorgt. Wie der journalistische Betrieb der sozialdemokratischen Blätter damals war, ohne Korrespondenzbüros, Funkerei und Telefondienst, ging das ausgezeichnet. Statt daß morgens am Erscheinungsorte der Zeitung die über Nacht eingelaufenen Berliner Abendblätter verarbeitet werden mußten, lag das fertige Manuskript schon vor.

Der am 16. Juni gewählte Reichstag, der „erste im zwanzigsten Jahrhundert", wie der Präsident v. Ballestrem einmal sagte, trat am 3. Dezember 1903 zum ersten Male zusammen. Wir „jungen Dachse" saßen oft im Plenum wie auf glühenden Kohlen, wenn eine Debatte nicht so lief, wie wir sie erwartet hatten, oder uns wünschten. In jeder Volksversammlung wären wir aufgesprungen und hätten uns zum Wort gemeldet. Hier redeten die von den Fraktionen bestimmten Redner. Die Reihenfolge, in der sie sprachen, bestimmte der Präsident. Stramme Zucht herrschte im Reichstag. Auf die schlimmsten Unwahrheiten gegen unsere Partei konnte nicht sofort geantwortet werden.

Alles ging schön der Reihe nach. Präsident war der Zentrumsgraf v. Ballestrem, ein fabelhaft geschickter, strenger Mann mit viel Humor. Unter diesem Präsidenten eine persönliche Bemerkung machen zu können, war eine Kunst, die viele Abgeordnete niemals erlernt haben. Ich paßte auf, wie ein Schießhund, um nicht zu entgleisen, wenn ich einmal in die Lage kommen sollte, mich persönlich bemerkbar machen zu müssen.

In der 27. Sitzung des neuen Reichstags, am 8. November 1904, hielt ich meine Jungfernrede. Eine andere Rede, die ich als „Jungfernrede" sorgsam vorbereitet hatte, konnte ich dem Hohen Hause erst eine halbe Stunde später versetzen. Ich sprach also gleich zweimal in derselben Sitzung, und zwar zur großen Überraschung des ganzen Hauses, hatte ich doch durch die erste Rede einige Aufmerksamkeit erregt. Von dieser Rede konnte ich mit Fug und Recht berlinerisch sagen: „unvorbereitet, wie ick mir habe". Zu dieser Rede kam ich auf folgende Weise. Die Sitzung hatte begonnen mit einer Geschäftsordnungsdebatte über die Tagesordnung, an der Bebel sich beteiligt und über die er sich geärgert hatte. Da alles anders lief, als er angenommen hatte, z. B. vorgesehene Gegenstände abgesetzt, andere aber aufgerufen wurden, für die von unserer Fraktion kein Redner gemeldet war, sagte er zu mir, der ich zufällig neben ihm saß: „Da hört doch alles auf, jetzt ist nicht einmal zum Reichsgesundheitsamt ein Redner von uns gemeldet, sonst drängt sich ein ganzes Dutzend dazu!" Ich fragte ihn schüchtern, ob er mich „loslassen" wolle, ich hätte in Solingen berechtigte Klagen über die Wupperverseuchung studiert, sei für heute zwar nicht direkt vorbereitet, könnte aber über die Frage reden. „Wenn Sie sich sicher fühlen, melden Sie sich." Im selben Augenblick wurde der Abgeordnete Paasche als Redner aufgerufen, der jedoch nicht im Saale war und — schon stand ich, kaum daß ich ein Kuvert mit einigen Zeitungsausschnitten und Reichstagsdrucksachen aus meiner Schublade hatte nehmen können, auf der Tribüne, denn der Präsident hatte gesagt: „Der Abgeordnete Scheidemann hat das Wort."

Aus meiner Jungfernrede

Aha, eine Jungfernrede! Da waren die meisten Abgeordneten damals neugierig, viele waren sogar allezeit bemüht, Jungfernredner durch Zurufe in Verlegenheit zu bringen. Bei mir geschah nichts dergleichen, ich hatte vielmehr gleich das Ohr des Hauses. Ich wies auf Petitionen hin, durch die um Hilfe gerufen wurde gegen die Verunreinigung der Flüsse. Durchgreifende Hilfe könne nur ein Reichswassergesetz bringen. Ein solches zu erlassen, sei allerdings sehr schwierig, denn der Artikel 65 der Einführungsbestimmungen des Bürgerlichen Gesetzbuches habe das Wasserrecht ausdrücklich der Reichsgesetzgebung entzogen und der Landesgesetzgebung überlassen. „Ich meine aber, wo ein Wille, da ist auch ein Weg!" Für die Notwendigkeit, daß ein solcher Weg gefunden werden müsse, führte ich zwei Beispiele an: „Eines aus dem Wahlkreis, den ich zu vertreten die Ehre habe, das die Wupper betrifft, und ein zweites aus meinem Wohnsitz in Offenbach, das den Main betrifft.

Über die Wupper hat schon im Jahre 1885 der preußische Gewerbeinspektor Dr. Wolf das allerschlimmste berichtet. Er hat damals ausgerechnet, daß die kleine Wupper täglich 150 Tonnen Schmutz mitführt und daß die 150 Tonnen Schmutz einen großen Gestank verbreiten, geradezu die Gegend verpesten, daß sie die Ufer überfluten und dadurch die Landwirtschaft schädigen, daß das Publikum in außerordentlicher Weise dadurch belästigt wird. Ich meine, Sie auf der rechten Seite sollten sich schon dafür interessieren, weil die Landwirtschaft geschädigt wird. Wenn diese Schlammassen die Ufer überfluten, würde der Körnerbau zur Unmöglichkeit. Die Gesundheit wird aber auch außerordentlich gefährdet – das liegt auf der Hand –, wenn ein Fluß solche Unmassen von Schmutzzeug mit sich führt. Schon vor 18 Jahren zeigte Dr. Wolf, daß sicherlich infolge der Flußverseuchung und der Luftverstänkerung in Elberfeld im Gegensatz zu allen anderen Städten auf Infektionskrankheiten allein 12,8 Prozent aller Todesfälle zurückzuführen sind, während Düsseldorf und Köln, die mit dem Rhein zu rechnen haben, nicht einmal die Hälfte davon aufweisen. Herr Dr. Wolf sagte damals: „Die Gefahren, welchen die Anwohner der unteren und der mittleren Wupper im Falle einer Choleraepidemie ausgesetzt sein würden, will ich nur andeuten. Das Wupperbett mit seiner mit Kot und anderen tierischen Abfällen gedüngten Schlammasse wäre die geeignete Unterlage für die Entwicklung der Verschleppung jener Seuche. Meines Erachtens muß gegen diese Übelstände sofort vorgegangen werden." Es sind seitdem 18 Jahre vergangen, und es ist nichts geschehen. Der schöne deutsche Fluß, die Wupper, die früher so fischreich war, hat seit Jahrzehnten keinen Fisch mehr aufzuweisen. Was man an Lebewesen darin jetzt noch findet, sind Wasserratten. Wenn man in die herrlichen Wupperberge kommt, nahe bei Solingen, in die Nähe von Müngsten, wo die deutsche

Technik die gewaltige Müngstener Brücke, 107 Meter über dem Wupperspiegel, errichtet hat, und dort sieht, was unsere Industrie zu leisten vermag, was die Technik hat fertigbringen können, wie sie anscheinende Ungeschicklichkeiten der Natur zu korrigieren versteht, so geht einem vor Freude das Herz auf; aber es berührt doch sofort auch wieder sehr schmerzlich, wenn man unter dem Wunderwerk der Technik die tintenschwarze Wupper fließen sieht. Dieselbe Industrie, der wir gewiß freundlich gegenüberstehen, dieselbe Industrie, diel die Natur in wunderbarer Weise korrigierte, hat auch die Naturschönheiten verwüstet. Das sollte uns zu denken geben, und es sollte nicht möglich sein, daß die Industrie einen Freibrief erhält, unsere schöne Natur in dieser Weise zu verwüsten. Auf allerlei Zwischenrufe, die mir gemacht wurden, antwortete ich: „Die Wupper ist unterhalb Solingens tatsächlich so schwarz, daß, wenn Sie einen Nationalliberalen darin untertauchen, Sie ihn als Zentrumsmann wieder herausziehen können."

Diese despektierliche Bemerkung eines Jungfernredners erschien dem Hause zunächst wohl unerhört, dann aber löste eine stürmische Heiterkeit die Spannung, so daß ich bald unter der größten Aufmerksamkeit meine Rede fortsetzen konnte.

Sofort nach dieser Rede erhob sich Graf Posadowsky, um zu erklären, daß es sich hier tatsächlich um eine Frage handele, die angesichts der wachsenden Industrie von Tag zu Tag wichtiger werde. Er führte an, was alles auf diesem Gebiete schon geschehen sei und weiter geschehen müsse, um dann wie folgt zu schließen: „Ich bin fest entschlossen, dieser ernsten Frage fortgesetzt meine Aufmerksamkeit zu schenken und darauf zu drängen, daß die vorhandenen Zustände eine allmähliche Besserung erfahren."

Die Fraktionskollegen waren zufrieden mit meiner Jungfernrede und beglückwünschten mich. Durch den merkwürdigen Lauf der Sitzung bekam dann der konservative Abgeordnete Rettich Gelegenheit, das Fleischbeschaugesetz zu berühren und damit eine Frage anzuschneiden, die ich in allen ihren Verzweigungen gründlich studiert hatte und deren Behandlung eigentlich die Aufgabe meiner Jungfernrede hatte sein sollen. Ich meldete mich im Einverständnis mit Bebet sofort wieder zum Wort und sprach dann — ich bitte um Verzeihung! — einundeinehalbe

Stunde lang über diese für die Volksernährung ungemein wichtige Angelegenheit. Das gleiche Thema habe ich später im Reichstag noch oft behandelt, teils bei Etatberatungen, teils bei Interpellationen, die die Sozialdemokratische Fraktion einbrachte. Meine Aufgabe bestand darin, den Nachweis zu führen, daß viele der hygienischen Vorschriften nur Vorwände seien, die Hauptaufgabe der sanitären Schutzgesetze aber darin bestehe, die Einfuhr von Vieh und Fleisch, Fleischwaren und tierischen Produkten nach Möglichkeit abzusperren, um den Viehzüchtern und Agrariern die unbequeme ausländische Konkurrenz fernzuhalten, damit die Preise beliebig in die Höhe getrieben werden könnten.

Fragen der Landwirtschaft und der Viehzucht waren im Reichstag jahrelang meine Spezialität. Es kam mir nun sehr zustatten, daß ich in meiner fünfjährigen Tätigkeit in Gießen die ländlichen Verhältnisse hatte gründlich studieren müssen. Denn ohne Kenntnisse auf diesen Gebieten hätte ich im Kampfe mit den Bauernbündlern auf dem Lande nicht bestehen können. Große Heiterkeit hatte es in der Fraktion erweckt, als das Viehseuchengesetz beraten werden sollte und ich mich freiwillig als Mitglied für die Kommission stellte. Aus persönlicher Freundschaft meldete sich weiter freiwillig der Kollege Stücklen. Wir zwei haben dann in der Kommission nach besten Kräften gearbeitet und auch auf eigene Faust zeitweilig Obstruktion gemacht. Dazu bot sich vorzügliche Gelegenheit, weil in der Kommission über alle Tierkrankheiten geredet werden konnte. Ich erinnere mich mit großem Vergnügen an eine Debatte über die Faulbrut der Bienen. Nach den Darlegungen der Sachverständigen, besonders der aus dem Reichsgesundheitsamt, schien es nahezu aussichtslos, gegen diese heimtückische Krankheit mit Erfolg anzukämpfen. Da hatte ich mit der ernstesten Miene von der Welt gefragt, ob man schon Versuche gemacht hätte mit der Einzelbehandlung der Bienen, wenn ganze Völker nicht gesund gemacht werden können!

Trotz der heftigsten Gegensätze in dieser Kommission ging es ganz kameradschaftlich zu. Ungehalten wurden die Herrschaften von rechts freilich, als bei dem Schlußparagraphen des Gesetzes, in dem gesagt wurde, daß die Ausführungsbestimmungen von den Landesregierungen getroffen werden müßten, Stücklen und ich mit den ernstesten Mienen anregten, etwa wie folgt zu formulieren: Die Ausführungsbestimmungen werden erlassen von den

Regierungen der Bundesstaaten, die baldigst das allgemeine, gleiche, direkte und geheime Wahlrecht einführen müssen. Leider ist unser Versuch — es handelte sich natürlich nicht um einen förmlichen Antrag —, das preußische Wahlrecht auf dem Wege über das Viehseuchengesetz einzuführen, mißglückt.

Beispiele agrarischer Agitationsmethoden

Ich hatte wieder einmal eine die Fleischnot betreffende Interpellation zu begründen, schilderte (am 11. 12. 1906) an der Hand von Berichten der preußischen Fabrikinspektoren die Not der arbeitenden Bevölkerung und wandte mich sehr entschieden gegen die in der agrar-konservativen Presse erhobenen lächerlichen Vorwürfe, daß die — schlechterdings „die" — ausländischen Produkte von Landwirtschaft und Viehzucht schlecht seien. Ein Beispiel mag zeigen, welcher Art die agrarischen Behauptungen und wie meine Stellungnahme war: Das dänische Pökelfleisch wird als besonders gefährlich geschildert. Über Holland schreibt die „Deutsche Tageszeitung" ähnlich: Die holländischen Bauern und Händler kaufen Margarine in ungeheuren Mengen, und der deutsche Michel ist so dumm, einer Ersparnis von ein paar Groschen wegen dieses Fabrikat den holländischen Gaunern abzukaufen, statt sich an reine deutsche Butter zu halten. Wer Gefühl hat für Gerechtigkeit und Wahrheit, den muß es unangenehm berühren, wenn er derartige unsinnige Auslassungen, derartig skandalöse Beschimpfungen des Auslandes zu lesen bekommt.

Von ausländischem Käse war allgemein behauptet worden, daß er schlecht und verfälscht sei. Dagegen sagte ich; Es sei wahrscheinlich, daß Butter- und Käsefälschungen auch im Auslande vorkommen. Aber wehe uns, wenn man jeden Einzelfall aus Deutschland im Auslande verallgemeinern wollte! „Was meinen Sie wohl, wenn wir in der Weise der „Deutschen Tageszeitung" von den (deutschen) Herrschaften sprechen wollten, denen, rein zufällig natürlich, Wasser in die Milch gelaufen ist, wenn wir die alle als „Gauner" bezeichnen wollten! Solche Herrschaften sitzen bis in sehr hohe Kreise hinauf. Da wir gerade bei der Butter sind, will ich als Zeugin dafür, daß es auch bei der Butterproduktion in Deutschland nicht überall ganz sauber zugehen soll, eine antisemitische Zeitung zitieren. Sie schreibt über einen in der bekannten Buttergegend Hessens, der Schwalm, gewählten Reichstagsabgeordneten, der seine Wähler doch kennen müßte, er hätte einmal behauptet: Meine Bauern sind treu wie die Hunde, aber dreckig wie die Schweine. Ich bin diskret genug, den Namen des Abgeordneten nicht zu nennen; wer sich für die Geschichte interessiert, kann sie nachlesen in der antisemitischen „Hessischen Rundschau" vom 19. August dieses Jahres unter der Überschrift: „Wie Herr v. Liebermann die Wähler einschätzt."

Die freundlichen Leser werden gern zugeben, daß die Kapitel von den Zollsperren, Käse- und Butterfälschungen, Geflügelcholera, sowie Maul- und Klauenseuche an sich gewiß nicht gerade erheiternd sind. Bei der Häufigkeit, mit der sich diese Debatten wiederholten, lag denn auch stets die Gefahr nahe, daß das Hohe Haus sich schnell leeren würde, sobald ein Abgeordneter erkennen ließ, daß er sich nunmehr irgendeiner Viehseuche zuwenden wolle. Man hat mir allgemein zugestanden, das wenig erfreuliche Thema jedesmal so behandelt zu haben, daß man „mit Vergnügen" der Rede hätte zuhören können. Der alte Träger, der mir sehr wohlgesinnt war, setzte sich regelmäßig, sobald ich auf die Tribüne ging, neben mich auf einen der sogenannten Referentenplätze. Er war schwerhörig geworden, wollte sich aber nichts „von den Bosheiten, die Sie der notleidenden Gesellschaft sagen", entgehen lassen. Im allgemeinen sind die Monologe, die im Reichstag gehalten worden sind und noch gehalten werden, entweder so saft- und kraftlos, fast immer aber so witzlos, daß man die Gleichgültigkeit, die den meisten Rednern entgegengebracht wird, wohl verstehen kann.

Die Interessenpolitik, die die notleidenden Agrarier im Reichstag allzeit getrieben haben, war tatsächlich stark genug. Mit brutaler Rücksichtslosigkeit gingen die Herrschaften vor. Als einmal die Nationalliberalen ein wenig widerborstig gewesen waren, also nicht so tanzten, wie die Drahtzieher vom Bunde der Landwirte pfiffen, da erinnerte Dr. Dietrich Hahn, einer der Landbundführer, in öffentlicher Sitzung die Nationalliberalen „an das Kontobuch des Bundes der Landwirte, in dem verzeichnet stehe, wieviel Wahlkosten für die Nationalliberalen bezahlt worden seien!" Soweit meine rednerische Betätigung im Reichstag auf volkswirtschaftlichen und sozialpolitischen Gebieten in Betracht kommt, kann hier nicht weiter darauf eingegangen werden. Dagegen sollen einige Stellen aus politischen Reden angeführt werden, weil sie grelle Streiflichter auf die „gute alte Kaiserzeit" werfen.

Die kaiserlichen Beamten in der guten alten Zeit

Beamte und Unterbeamte der Post in Kassel hatten mir Beschwerden vorgetragen, mit der Bitte, ihre Rechte wahrzunehmen, damit eine Untersuchung eingeleitet werde. Ähnlich war es dem Abgeordneten Zubeil ergangen. Nun lese man aus meiner Rede nach dem Stenogramm folgendes:

„... Ebenso wie mein Freund Zubeil von einer Gesangsabteilung der Postunterbeamten ein Entrüstungsschreiben bekommen hat, in dem Protest erhoben wird gegen das, was er hier (im Interesse der armen Teufel!) gesagt hat, so ist auch mir heute ein Schreiben zugegangen vom Vorstand des Post- und Telegraphen-Unterbeamten-Vereins, in dem die Unterbeamten erklären, daß der Inhalt der von mir vorgebrachten Beschwerde an Herrn Kraetke bei ihnen lebhafte Entrüstung hervorgerufen habe. In diesem Schreiben heißt es wörtlich:

„Auch die von Ihnen angeführte Behauptung, daß sich Unterbeamte bei Ihnen beschwert hätten, weisen wir mit aller Entschiedenheit zurück, und zwar so lange, bis Sie uns das Gegenteil beweisen bzw. die Namen der Unterbeamten nennen,"

Dieses Schreiben ist ein Beweis für die abscheuliche Abhängigkeit, unter der die Unterbeamten zu leiden haben. Ich habe aber in meiner Eingabe nicht nur von Unterbeamten, sondern auch von Beamten geredet; ich sehe also dem Entrüstungsschreiben der Beamten für die nächsten Tage noch entgegen. Ich soll Namen nennen. Wenn ich einen Namen nennen würde, wäre ich nicht wert, auch nur noch einen einzigen Tag Mitglied des Reichstages zu sein! Wenn ich einen Namen nennen würde, wäre ich ein ebenso verächtliches Subjekt, wie es diejenigen sind, die ihre Macht mißbrauchen, um ihnen unterstellten Leuten Gesinnungen zu diktieren! Ich will schließen mit einer Frage an die Herren vom Reichspostamt; ich will sie fragen, ob sie sich nicht endlich des Systems der Mameluckenzüchtung im Bereiche der Reichspostverwaltung schämen."

Soldatenbehandlung früher

In einer Rede brachte ich am 30. August 1908 die Behandlung der Soldaten durch Vorgesetzte zur Sprache und zwar an der Hand feststehender Tatsachen. Nach einem anstrengenden Manöver war die Mannschaft von Vorgesetzten als Säue, Schweine, Hammelherde, Lümmel, Lumpengesindel, Jammerlappen, blödsinnige Kamele usw. beschimpft worden. Ich nahm mich der Soldaten an und schloß so: Ich bin der Meinung, daß ein Mann, der ausgerüstet ist mit einer solchen Machtfülle wie ein deutscher Offizier, dem gegenüber die Mannschaften geradezu wehrlos dastehen, von denen geradezu Kadavergehorsam verlangt wird, — ich meine, daß auf einen Offizier, der solchen wehrlosen Leuten gegenüber Ausdrücke wie Lumpen, feige Memmen usw. gebraucht, diese Ausdrücke selbst zurückfallen.

Als Vertreter des Kriegsministeriums mußte Generalleutnant Sixt v. Arnim die Richtigkeit meiner Schilderungen zwar zugeben, er suchte das Verhalten der Offiziere jedoch zu entschuldigen. Selbstverständlich! In der guten alten Zeit waren die Offiziere Halbgötter und wer einen von ihnen anklagte, wurde stets beschuldigt, „das Offizierskorps beleidigt" zu haben, war ein vaterlandsloser Geselle, der sich auf dem besten Wege zum Landesverrat befand.

Etatsreden

Als bedeutsamste Aufgabe, die man einem Abgeordneten stellen könne, galt früher „die Etatsrede". Die Etatsreden wurden denn auch und werden heute noch zumeist von den Vorsitzenden der Fraktionen gehalten, weil dadurch am deutlichsten zum Ausdruck kommt, daß offiziell für die Partei gesprochen wird.

Solange Bebel, Wilhelm Liebknecht, Singer und v. Vollmar gesundheitlich auf der Höhe waren, war es ganz selbstverständlich, daß sie die großen Etatsreden hielten. Der schwächste unter den genannten vier Abgeordneten als Redner war Singer.

Einen gleich geschickten Vorsitzenden wie Singer hat die Partei seit seinem Tode nicht gehabt, und neidlos wird jeder, der diesen Mann jemals auf einem Sozialdemokratischen Parteitag als Präsident erlebt hat, anerkennen müssen, .daß ein besserer und mit größerer Autorität ausgestatteter Präsident schwerlich gedacht werden kann. Im Reichstag galt Singer als der beste Kenner der Geschäftsordnung. In jeder Geschäftsordnungsdebatte nahm er das Wort. Seine Auslegung bestrittener Bestimmungen galt eigentlich bei Freund und Feind als die richtige. Damit ist keineswegs gesagt, daß auch in seinem Sinne stets entschieden worden wäre. O nein, im Reichstag ist es allzeit viel mehr auf den Willen der Mehrheit, als auf die Richtigkeit ihrer Entscheidungen angekommen. Treffend kann das, abgesehen von vielen anderen Beweismitteln, erhärtet werden an den Entscheidungen der ehemaligen Wahlprüfungskommission über Gültigkeit oder Ungültigkeit eines angefochtenen Mandats. Es ist das übrigens eines der beschämendsten Kapitel aus der blamagenreichen Geschichte des Deutschen Reichstags,

Als Parlamentsredner trat Singer nicht sonderlich hervor. Der alte Liebknecht war 1900 gestorben, v. Vollmar, dessen Gesundheitszustand immer schlechter wurde, war zuletzt gänzlich an das Lager oder den Rollstuhl gefesselt, so daß er nur äußerst selten nach Berlin kam. Bebel und Singer waren kränklich geworden. Zwar verfügte die Fraktion über hervorragend begabte Kollegen, so, um nur wenige zu nennen, über Dr. Ludwig Frank und Dr. David. Landsberg gehörte dem Reichstag damals nicht an. Aber sowohl Frank wie David waren doch bei Bebel und Singer als „Revisionisten" gar zu verdächtig, als daß sie einem von ihnen die erste Etatsrede hätten anvertrauen mögen. Von der radikalen Seite wäre Ledebour noch in Betracht gekommen, wenn ihn Bebel oder Singer für etwas zuverlässiger gehalten hätten, Ledebour, der mitunter, wenn er ganz aus dem Stegreif sprach, wirklich ausgezeichnet war und geistreiche Pointen sprühte, versagte mit tödlicher Sicherheit, wenn er mit einer Rede im voraus beauftragt worden war. Er konnte eine Rede nicht vorbereiten. Er wurde dann jedesmal viel zu breit, verzettelte sich in Nebendingen und ließ wichtige Fragen unerörtert. Bebel hat stets hart über Ledebour geurteilt und warf ihm besonders Mangel an Fleiß vor — ich wähle die mildeste Auslegung der positiven Darstellung Bebels. Sein Urteil wurde übrigens bestätigt durch alle Kollegen, die jemals mit Ledebour zusammen gearbeitet hatten, sei es im Berliner „Vorwärts", sei es in der „Sächsischen Arbeiter-Zeitung" in Dresden. Wenn er in der Redaktion erschien, kam er jedenfalls zu spät. Entweder hatte ihn der Regen oder der Schnee, die Hitze oder die Kälte am rechtzeitigen Erscheinen gehindert. Die Erfahrungen, die wir im Vorstand der Fraktion mit ihm gemacht haben, bestätigten alle diese Urteile durchaus. Zu keiner Sitzung kam er zur rechten Zeit, jedesmal verlangte er stets, daß seinetwegen noch einmal von vorn mit der Beratung begonnen werden sollte. Ebenso selbstverständlich, wie wir diese Forderungen ablehnten, war dann sein Toben über Vergewaltigung. Er kam nicht nur in der Fraktion, sondern überall, selbst bei den wichtigsten Gelegenheiten, zu spät. Er kam selbst zu spät am 9. November 1918, so daß ihm sogar seine engeren Freunde den Vorwurf gemacht haben, daß er „die Revolution verschlafen" habe. Wir nannten ihn übrigens wegen seiner Unpünktlichkeit den Genossen „Zuspätebour". Für Bebel und Singer kam Ledebour also als Etatsredner nicht in Betracht, obwohl er damals in der Fraktion einen geradezu unheimlichen Einfluß ausübte als Leiter der radikalen Fraktionshälfte. Darüber sollen einige Worte gesagt werden, weil sie mancherlei Unerfreuliches aus jener Zeit erklären.

Die Sondersitzungen der beiden Fraktionshälften

Die sozialdemokratische Fraktion zählte 1907 43 Mitglieder. Davon stand die eine Hälfte auf radikalem, die andere auf revisionistischem Boden. Beide Teile hielten Sondersitzungen ab, bevor die Fraktion tagte. In diesen illegalen Sitzungen bestimmten beide Hälften, wer in der Fraktion zu diesem und jenem Punkte das Wort nehmen, welche Anträge gestellt, angenommen oder abgelehnt werden sollten, und wer für die einzelnen Gegenstände der Tagesordnung als Redner im Plenum zu bestimmen sei. Beide Teile suchten natürlich ihre Sondersitzungen zu verheimlichen. Der ganze Zustand war mir äußerst unbehaglich. Ich paßte eigentlich weder in die eine, noch in die andere Schablone, die überhebliche Art aber, mit der einige der revisionistischen Kollegen Fraktionsangehörige der anderen Couleur behandelten, sogar bei Begegnungen im Reichstag, wirkte so abstoßend auf mich, daß ich in das radikale Lager geriet. Das ist für die Fraktion jedoch kein Schaden gewesen, denn ich freue mich heute noch, wiederholt Beschlüsse, die mir reichlich töricht schienen, verhindert und schließlich die radikalen Sondersitzungen überhaupt gesprengt zu haben. Das ist geschehen, sobald ich den Unfug in seiner ganzen Gefahr für die Fraktion und auch für die Partei erkannt hatte.

Da von den 43 Mitgliedern der Fraktion meistens nicht mehr als 34 bis 35 in Berlin gewesen sein dürften, betrug die Mehrheit, die jeden Beschluß in der Fraktion durchsetzen konnte, 18 bis 19 Stimmen. Da auch die Sondersitzungen niemals von allen Kollegen, die sich, sei es rechts, sei es links, engagiert hatten, besucht waren, wurden die in der Fraktion herbeizuführenden Entscheidungen in den Sondersitzungen mitunter von ganz wenigen Abgeordneten bestimmt. Das soll ganz deutlich gemacht werden, um die Verwerflichkeit solcher Sonderunternehmungen für eine Partei praktisch darzustellen. Nehmen wir an, daß von den etwa 20 Mitgliedern einer jeden Gruppe 9 bis 10 erschienen, dann hatten von diesen wiederum in Wirklichkeit 5 Mann die Entscheidung in der Hand, denn die „Mehrheit" entschied natürlich nicht nur in der und für die Sondersitzung, sondern die dort getroffene „Mehrheitsentscheidung" war auch bindend für alle der Gruppe sich zuzählenden Kollegen. Die radikale Gruppe wurde von Ledebour „geführt". Ledebour suchte sich aber nicht erst in der Gruppensitzung vier oder fünf Genossen, um die Mehrheit zu erlangen, sondern er legte schon im Reichstag diesen und jenen ihm als radikal sicheren Kollegen fest. Mit anderen Worten: In Wirklichkeit herrschte dieser Mann in der Fraktion lange Zeit hindurch, denn auf der radikalen Seite standen ja, wenn auch nicht offiziell, die großen Autoritäten Bebel und Singer. Keiner von ihnen nahm jemals an einer der Gruppensitzungen teil, beide wurden aber stets informiert.

Kaiserliche Weltpolitik

Das Verständnis für die politische Situation vor dem Kriege, für den Weltkrieg selbst, für den Zusammenbruch und die Revolution, dürfte besonders jüngeren Lesern erleichtert werden durch den Hinweis auf eine Auseinandersetzung, die am 10. und 11. November 1908 im Reichstag stattgefunden hat. Diese Auseinandersetzung beleuchtet die Zustände unter dem damaligen Kaiser Wilhelm II. so deutlich, daß jeder Kommentar überflüssig ist. Wie ein Kräutlein Rührmichnichtan haben zu jener Zeit alle bürgerlichen Parteien die auswärtige Politik behandelt. Als sei sie eine Geheimwissenschaft, so wurde damals von den bürgerlichen Abgeordneten über sie gesprochen — man müsse den leitenden Staatsmännern Vertrauen entgegenbringen. Dabei war die Arbeit der verantwortlichen Minister vielfach nur die, die Fensterscheiben zu flicken, die der Kaiser durch unverantwortliche Redensarten eingeworfen hatte.

Im November 1908 wurden nicht weniger als fünf verschiedene Interpellationen, die alle den gleichen Inhalt hatten, verhandelt. Es soll hier der Wortlaut der „kaisertreuesten" Partei, der Konservativen, wiedergegeben werden:

„Ist der Herr Reichskanzler bereit, nähere Auskunft zu geben über die Umstände, die zur Veröffentlichung von Gesprächen Sr. Majestät des Kaisers in der englischen „Sonne" geführt haben?"

Von den zahllosen Schwätzereien, mit denen der Kaiser bei allen unpassenden Gelegenheiten um sich warf, war zufällig einmal eine an die Öffentlichkeit gekommen und zwar durch den Londoner „Daily Telegraph". Es handelte sich in der Hauptsache um vier Punkte:

„1. Der deutsche Kaiser habe einem englischen Staatsmann erklärt, daß er, der Kaiser, im Gegensatz zur Mehrheit des deutschen Volkes ein aufrichtiger Freund Englands sei.

Der deutsche Kaiser habe erzählt, daß er im Dezember 1899 an seine Großmutter, die Königin von England, einen von ihm selber ausgearbeiteten, von seinem Generalstab begutachteten Feldzugsplan wider die Buren gesendet habe und daß dieser Plan zum großen Teil übereinstimme mit dem von Lord Roberts wirklich durchgeführten Plan, der zur Niederlage der Buren führte.

Der deutsche Kaiser habe versichert, daß im Jahre 1899 Frankreich und Rußland an ihn herangetreten seien mit dem Vorschlage, England zur Beendigung des Krieges zu zwingen und es „bis in den Staub zu demütigen", daß er aber die Ausführung dieses Planes verhindert habe.

Der deutsche Kaiser habe die Engländer aufgefordert, sich bereitzuhalten, mit den vereinigten deutsch-britischen Kriegsflotten gemeinsame Interessen im Stillen Ozean gegen Japan und China zu verteidigen."

Steinerweichend klagten die deutschen Rechtsblätter. Der konservative „Reichsbote" schrieb, daß es sich um einen schweren

Schlag gegen die deutsche Politik handle, wie sie noch kein anderer getroffen habe. Die „Rheinisch-Westfälische Zeitung", das Organ der Großindustrie, schrieb u. a.:

„Aufs tiefste aber wird es die deutsche Volksseele treffen, daß sein Kaiser den Kriegsplan ausgearbeitet hat, mit dem das tapfere stammverwandte Burenvolk vernichtet worden ist..."

Auf den gleichen Ton war die gesamte Presse gestimmt. Der damalige Reichskanzler Fürst Bülow hatte den Kaiser um seine Entlassung gebeten. Das war die Situation, als die erwähnten Interpellationen zur Verhandlung kamen. Der Raumersparnis wegen führen wir nur die beiden Redner an, die am weitesten rechts, also dem Kaiser am nächsten standen.

Dr. v. Heydebrand (konservativ) sagte:

„... Man würde der Erregung nicht gerecht werden, wenn man sie lediglich an die letzten Veröffentlichungen und an die letzten Erscheinungen anknüpfen wollte.

Man muß es ganz offen aussprechen, daß es sich hier um eine Summe von Sorgen, von Bedenken und, man kann wohl auch sagen, von Unmut handelt, der sich seit Jahren angesammelt hat, angesammelt hat auch in Kreisen, an deren Treue zu Kaiser und Reich bisher noch niemand gezweifelt hat ..."

Liebermann v. Sonnenberg (Antisemit):

„... Was der Abgeordnete Singer gesagt hat, kann man sachlich in vielen Punkten mit unterschreiben. ...

Mich, als treuen Anhänger der Monarchie, schmerzt nicht nur seelisch, nein, buchstäblich körperlich jedes Wort, was ich hier heute gegen die Allerhöchste Person aussprechen muß: das Vertrauen im Volke ist auf den Nullpunkt gesunken." ...

Und der Reichskanzler sagte:

„.... Die Einsicht, daß die Veröffentlichung dieser Gespräche in England die von Seiner Majestät dem Kaiser gewollte Wirkung nicht hervorgerufen, in unserem Lande aber tiefe Erregung und schmerzliches Bedauern verursacht hat, wird — diese feste Überzeugung habe ich in diesen schweren Tagen gewonnen — Seine Majestät den Kaiser dahin führen, fernerhin auch in Privatgesprächen jene Zurückhaltung zu beobachten, die im Interesse einer einheitlichen Politik und für die Autorität der Krone gleich unentbehrlich ist. Wäre dem nicht so, so könnte weder ich noch einer meiner Nachfolger die Verantwortung tragen."

Fürst Bülow ging zunächst nicht, der Kaiser schickte ihn auch nicht fort, haßte ihn aber von nun ab wie die Sünde. Die bürgerlichen Parteien fanden nicht den Mut, die notwendige Folgerung zu ziehen und dem Kaiser durch entsprechende Verfassungsänderungen die notwendigen Fesseln anzulegen. Das Verhängnis nahm seinen Lauf.

Sätze aus meinen Etatsreden

Auf Vorschlag Bebels war ich im November 1908 von der Fraktion einstimmig zum Etatsredner bestimmt worden. Am 5. Dezember 1908 konnte ich zum ersten Male „losgehen". Ich zitiere wenig und nur solche Stellen, aus denen ersichtlich wird, wie die Fraktion zu bestimmten Fragen, besonders zu der Militärpolitik, gestanden hat.

„. . . Ich vermisse einen Posten unter den Einnahmen. Es soll Herr Dernburg gesagt haben, daß in unseren Kolonien große Diamantenfelder zu finden seien, die viel reicher seien, als irgend jemand in der Welt bisher geahnt habe. Herr Staatssekretär, wo sind Ihre Diamanten und Perlen?"

„. . . Ich komme zurück auf das Wort Sparsamkeit. Die beste Sparsamkeit ist eine gute auswärtige Politik. Mit einer guten auswärtigen Politik kann auch ein kleiner, weniger leistungsfähiger Staat eine erhebliche Rolle im Völkerkonzert spielen. Ein kleiner Staat mit einer guten auswärtigen Politik wird auch in der Lage sein, sich auf dem Weltmarkt eine günstige Position zu erringen; aber eine schlechte auswärtige Politik wird das niemals können. Eine schlechte auswärtige Politik wird Opfer über Opfer bringen, ohne damit irgend etwas zu erreichen. Sie wird Opfer an Gut und Blut bringen und weiter zu bringen bereit sein, ohne dem Staate dabei irgendwie zu nützen; im Gegenteil, durch die schlechte Politik den Staat in die größten Verlegenheiten stürzen . . .

Unter dem Eindruck, daß unsere auswärtige Politik in den letzten Jahren schlecht gewesen ist, ist man in sogenannten nationalen Kreisen zu der absurden Idee gekommen, daß wir unsere Position vielleicht durch einen Krieg wieder verbessern könnten. Auf dem alldeutschen Parteitag ist gesagt worden: „Was nicht in den Kopf geht, das muß in die Beine". Also sozusagen eine Politik der Beine. Ich danke schön für eine derartige Politik. Aber sage mir einer, was auch bei einer derartigen Politik für uns gewonnen werden könnte. Man sagt, Kriege, die glücklich verlaufen, stellen den Abschluß einer guten Diplomatie dar. Aber ich meine, diejenigen, die mit Kriegsgedanken spielen, sollten sich vor allen Dingen eines Wortes erinnern, das da lautet, daß die Heerführer nicht besser sind als die Diplomaten, die zur selben Zeit am Werke sind. Ich meine, meine Herren, das müßte vor allen Dingen denjenigen, die unausgesetzt kriegerische Gelüste propagieren, unter allen Umständen zu denken geben.

. . . Eine Diplomatie, die appellieren läßt bald an das geschliffene Schwert, bald von Pulver sprechen läßt, das trockengehalten werden muß, eine Diplomatie, von der nach allen diesen Redereien das Ausland annehmen muß, sie sei bereit, jeden Tag Hunderttausende der Schlachtbank entgegenzuführen, ist schlecht, sehr schlecht Sie muß zu dem führen, was der Herr Kollege Bassermann am Schlüsse seiner Rede angedeutet hat, indem er sprach von immer neuen Gruppierungen der Mächte, aber dabei die Hauptsache vergaß, nämlich, daß bei dieser Neugruppierung der Mächte das Deutsche Reich vollkommen auf dem Isolierschemel sitzt."

Ich besprach dann das weite Gebiet der auswärtigen Politik sowie die mühsam überwundene Marokkoaffäre und Reibereien mit Frankreich und England. Der Abgeordnete Bassermann habe sich darüber gewundert, daß im englischen Oberhaus Lord Roberts eine Resolution einbringt, in der er ein stehendes Heer verlangt! Ja, sind denn derartige Äußerungen englischer Politiker schließlich nicht verständlich für jeden, der unsere deutsche Politik verfolgt hat?

Mit jedem deutschen Schiff, das wir auf Stapel legen, mit jeder neuen Schiffstaufrede, die bei uns gehalten wird, steigt die Macht und der Einfluß Englands, nicht der Deutschlands.

Der Herr Abgeordnete Bassermann hat auch von Italien und Österreich gesprochen, er hat auf den Dreibund verwiesen, Äußerungen aus der italienischen Deputiertenkammer angeführt und als den wesentlichsten Punkt bezeichnet, daß Italien im Dreibund verbleibe. Ich hätte gewünscht, daß Herr Bassermann die Äußerungen Giolittis, eines doch auch bekannten Mannes, angeführt hätte, daß nach Ablauf des Dreibundes man zweifellos eine nähere Verbindung mit Rußland, Frankreich und England suchen müsse. Österreich ist sozusagen der letzte Mohikaner unserer Bundesgenossen."

Ich machte dann Ausführungen über die Unterhaltung von Spitzeln durch die Polizei, erinnerte an alle die nicht gehaltenen Versprechungen auf sozialpolitischem Gebiete und schilderte dann innerpolitische Zustände häßlichster Art. Hier einige Beispiele:

Der Kasseler Lehrer Kimpell war fortschrittlicher Reichstagskandidat gewesen, in der Hauptwahl aber nicht gewählt worden. Vor der Stichwahlentscheidung hatte man ihn gefragt, für wen er nun eintreten werde. Er hatte geantwortet, er könne weder für den Antisemiten noch für den Sozialdemokraten stimmen. Deshalb wurde er zu 90 Mark Geldstrafe verurteilt. In einer fortschrittlichen Versammlung hatte Dr. Theodor Barth dargelegt, daß nach Lage der Dinge jeder Fortschrittler in der Stichwahl für den Sozialdemokraten stimmen müsse. Ein Lehrer Brandau, der Vorsitzende in dieser Versammlung, wurde disziplinarisch zu 60 Mark verurteilt, weil er Theodor Barth nicht zur Ordnung gerufen hatte!

Schließlich schnitt ich noch die Wahlrechtsfrage an und verlangte, daß damit endlich ernst gemacht werde. Und dann gab ich den guten Rat, . . . daß Sie den Arbeitern gegenüber, die sich ihrer staatlichen Verantwortlichkeit sehr wohl bewußt sind, nicht in der Weise wie bisher weiter verständnislos verfahren möchten, sondern ihnen endlich die gleichen Rechte einräumen, wie im Reich, so im Staat und in den Gemeinden. ... Wie ist es überhaupt erklärlich, daß Fürst Bülow heute noch als Kanzler hier sitzen konnte, daß er noch im Amte bleiben konnte? ... Er hat neulich hier im Hause gelegentlich der Verhandlungen über das Kaiserinterview gesagt: Meine Herren, sorgen Sie dafür, daß aus dem Unglück keine Katastrophe wird. Was heißt das? Fürst Bülow ist der Kanzler des Unglücks, der Unglückskanzler, und Sie, meine Herren, halten ihn, weil Sie den kommenden Mann, der ein Katastrophenkanzler sein könnte, fürchten.

In dieser Rede wurde, sechs Jahre vor dem Ausbruch des Weltkrieges, mancherlei gesagt, das, damals verlacht, sich leider später als furchtbare Wahrheit erwiesen hat. Erstens: „Im Krieg sind die Heerführer zumeist nicht besser als die Diplomaten"; zweitens: Deutschland wird infolge seiner auswärtigen Politik eingekreist, sitzt sozusagen jetzt schon auf dem Isolierschemel; drittens: Italien wird sich England und Frankreich nähern; viertens: wenn Fürst Bülow ein Unglückskanzler ist, wird der nächste nicht schon der Katastrophenkanzler sein?

Während meiner Etatsrede war, wie aus dem Stenogramm hervorgeht, ein Vertreter des Kriegsministeriums auf der Ministerbank ohnmächtig zusammengebrochen. Bei einer früheren Etatsrede Bebels hatte bekanntlich Bülow einen leichten Schlaganfall erlitten, den übrigens Hofbeamte bestimmt als „fingiert" bezeichnet haben. Beide Herren hatten sich bald wieder erholt, deshalb ist es gewiß kein besonderes Verbrechen gewesen, wenn gelegentlich im Reichstagsrestaurant scherzweise von dem „Umreden" von Regierungsvertretern gesprochen worden ist. Man sprach einmal gerade wieder über Bülows Unfall bei der Bebelrede. Ich mischte mich ins Gespräch und sagte, zu Bebel gewandt, der mir gerade besonders gut gelaunt schien: „Was wollen Sie, Genosse Bebel, Sie haben 20 Jahre lang Etatsreden gehalten, bis Sie den Bülow umgeredet haben. Ich hatte kaum 20 Minuten geredet, da lag schon einer von der Regierungsbank da!'

Am 30. März 1909 hatte der Reichstag eine sozialdemokratische Resolution abgelehnt, in der wir wünschten, daß der Reichskanzler ersucht werde, die erforderlichen Schritte zu tun, um eine internationale Verständigung der Mächte zur gegenseitigen Begrenzung der Rüstungen zur See sowie zum Verzicht auf das Prisenrecht im Seekriege baldigst in die Wege zu leiten. Darauf kam ich am nächsten Tage zurück: „Sie haben damit im Auslande, wo man die Eigenart des Deutschen Reichstags nicht kennt, den Eindruck erweckt, als ob Sie grundsätzliche Gegner jeder Verständigung nach dieser Richtung hin wären . . ." Als der Abgeordnete Ledebour vorgestern die sozialdemokratische Resolution begründet hat, hat die sozialdemokratische Fraktion des Reichstags an die Arbeiterpartei im Englischen Unterhaus ein Telegramm folgenden Wortlauts gerichtet:

„Die Sozialdemokratie im Deutschen Reichstag begründet heute einen Antrag auf internationale Einschränkung der Rüstungen zur See und auf Abschaffung des Seebeuterechts. In der Hoffnung, daß die englischen und deutschen Sozialisten in der Förderung des Friedens den Erfolg auf ihrer Seite haben werden, sendet sie der englischen Arbeiterpartei brüderlichen Gruß."

Daß dieses Telegramm auf volles Verständnis gestoßen ist bei unserer Bruderpartei in England, beweist die Antwort, die noch an demselben Tage aus dem Englischen Unterhaus gekommen ist und folgenden Wortlaut hat: „Die britische Arbeiterpartei ist von ganzem Herzen mit euch und mit euren Bestrebungen einverstanden, ein internationales Abkommen herbeizuführen, das den Ausgaben des Wettrüstens Einhalt tut und das Kaperrecht abschafft.

Mit dem besten Wunsche für euren Erfolg und mit brüderlichen Grüßen von der Arbeiterpartei

Henderson."

Dann sagte ich u. a. weiter:

„Ich bin der Überzeugung, daß die Verständigung über das Flottenbauprogramm kommen wird, weil es kommen muß, wenn nicht der Krieg kommen soll, und wenn man sich die Frage vorlegt, wie ein solcher Krieg ausgehen müßte, so ist die Antwort verhältnismäßig leicht zu finden. Wir brauchen uns nur zu vergegenwärtigen, wie die Mächtegruppierung sich darstellt, und welche unerschöpflichen Hilfsmittel Großbritannien in der ganzen Welt zur Verfügung hat, und daß kaum ein deutsches Schiff in den Ozean hinausfahren könnte, wenn England das nicht dulden wollte. Jedenfalls liegen die Dinge derart ernsthaft, daß es wahrhaftig an der Zeit gewesen wäre, wenn die Mehrheit des Reichstags einen anderen Standpunkt eingenommen hätte.

. . . Unsere Regierung scheint zunächst nicht geneigt zu sein, irgendwelche Konzessionen zu machen. Sie sollte aber nicht vergessen, daß sie sich nicht nur in England und Frankreich, sondern im gesamten Ausland in das denkbar größte Unrecht setzt.

Die Stärke Deutschlands hängt nicht davon ab, ob wir zwei oder drei Dreadnoughts mehr bauen, sondern es kommt auf ganz andere Dinge an. Meine Herren, wollen Sie ein starkes Deutschland, an das das Ausland glauben muß, wollen Sie ein Land der Kultur und des Friedens, dann schaffen Sie ein Deutschland, das stark ist durch die Freiheit und das Selbstbestimmungsrecht des Volkes! Das ist das Deutschland, das wir wollen. Schaffen Sie ein solches Deutschland, das stark ist durch das, was ich anführte, und stark durch gesicherte und dauernde Freundschaftsverhältnisse mit den Nachbarvölkern, vor allem aber mit Frankreich und England!"

Vom Unglückskanzler zum Katastrophenkanzler

In der Sitzung des Reichstags vom 10. Dezember 1909 nahm ich Stellung gegen die ungeheuerlichen Summen, die für das Heer, für die Marine, für Kolonialpolitik gefordert wurden:... Die Wirkung des Flottenfiebers ist in dreifacher Richtung eine verderbliche: in der inneren Politik durch die Treibereien des Flottenvereins, die auch die größte Verstimmung in Süddeutschland hervorrufen, in der Finanzwirtschaft durch die unerschwinglichen Ausgaben, in der auswärtigen Politik durch das Mißtrauen, das diese Rüstungen erweckt. England erblickt darin eine Drohung, durch die es dauernd an die Seite Frankreichs gefesselt wird. Dabei ist es gänzlich ausgeschlossen, auch bei höchster Steueranspannung, eine Flotte zu bauen, die den vereinigten Flotten von England und Frankreich gewachsen wäre.

Zu dem neuen Reichskanzler gewandt — Fürst Bülow war inzwischen durch Bethmann Hollweg abgelöst worden —, sagte ich dann, daß er in dem Augenblick erledigt sein werde in dem er nicht tue, was die eigentlichen Herrscher des Reichs, die preußischen Junker, von ihm verlangten.

Ich kam dann auf die Wahlrechtsversprechungen des Königs von Preußen zurück und erörterte, wie die Junker den Standpunkt vertreten hätten, daß ein König sein Wort nicht zu halten brauche. Aber auch kirchliche Blätter konservativer Richtung hätten den gleichen Standpunkt verfochten: „jeder Versuch, die Versprechungen der Thronrede einzulösen, sei ein Frevel!" Dann fuhr ich fort: Es hat Leute gegeben und zwar Leute, die nicht zu uns gehören, leider noch nicht zu uns gehören, die der Meinung waren, daß jeden Tag eine Erklärung des Herrn Reichskanzlers kommen werde, in der er sich gegen die ihm zugemutete Schufterei energisch wahre, in der er erklärte: ich und mein König, wir haben nichts zu tun mit Schuftereien, wie sie da verlangt werden. Der Herr Reichskanzler hat sich in Schweigen gehüllt. „Um kein Mißverständnis aufkommen zu lassen, möchte ich doch bitten, daß Sie nicht etwa von mir annehmen, ich setzte ein besonderes Vertrauen in ein Königswort. Ich kenne die preußische Geschichte gut genug, um zu wissen, daß der Wortbruch sozusagen zu den erhabensten Traditionen des in Preußen regierenden Hauses gehört."

Die internationale Versippung des Kapitals

Mitte März 1910 kam es wegen der Mannesmann-Affären in Marokko zu lebhaften Auseinandersetzungen im Reichstag. Bebel hatte die Sache selbst behandeln wollen, fühlte sich schließlich aber zu schwach dazu und bat mich, zu reden. Ich entnehme aus dem Stenogramm nur wenige Sätze.

„... Man hat ein forscheres Auftreten verlangt. Das haben wir ja heute auch wieder aus dem Munde des Abgeordneten Stresemann gehört. Ich meine, man hätte doch aus dem Schaden klug werden sollen. Wenn gegenüber der klugen Diplomatie des Auslandes die Diplomatie der gesträubten Schnurrbartspitzen genützt hätte, dann hätten wir glänzende Erfolge erzielen müssen. Das Gegenteil ist eingetreten. Wir haben kläglichen Schiffbruch mit der Diplomatie der eisengepanzerten Faust erlitten.

. . . Man kann auswärtige Politik treiben im Interesse der Dynastie, man kann sie treiben im Interesse der Junker, man kann sie treiben im Interesse der kapitalistischen Klasse, und man kann sie treiben im Interesse der werktätigen Masse des Volkes. Aber Unsinn ist es, den Anschein erwecken zu wollen, als könne man Politik treiben allen zum Nutzen. . . . Ich halte es für meine Pflicht, jetzt auszusprechen, daß monatelang die sogenannte nationale deutsche Presse bearbeitet worden, das deutsche Volk über die Mannesmann-Affäre belogen worden ist. Es wurde auch hier gesprochen von der absolut klaren Lage, von der wirtschaftlichen Rechtslage. Nachdem noch gar keine genügenden Unterlagen vorhanden waren, schrieb der „Hannoversche Courier" das tollste, was in dieser ganzen Affäre, soweit ich die Sache habe verfolgen können, überhaupt geschrieben worden ist:

„daß Recht auch dann nicht aufhört, Recht zu bleiben, wenn vier Millionen Bajonette zu seinem Schütze bereitstehen."

Ich schilderte ausführlich, um was es sich eigentlich handelte: in Marokko „herrschte" der Sultan Abdul Asis, der mit seinem Bruder Muley Hafid verkracht war und deshalb mit ihm Krieg führte. Beide waren einander wert und konnten berlinerisch sagen:

„Keen Geld hamm'r ooch!" Sie pumpten solange es ging überall, bekriegten sich weiter und vergaben „Konzessionen" zur Ausbeutung von Minen. Der Kaiser mischte sich dummerweise in den Marokkokonflikt, fuhr nach Tanger und hielt eine seiner

Reden, mit der er allerlei Fensterscheiben einwarf. Nun bestand eine von allen in Betracht kommenden Mächten anerkannte sogenannte Algecirasakte, die genau festsetzte, unter welchen Bedingungen Konzessionen nur vergeben werden durften. Entgegen diesen Bedingungen vergab der Sultan, nachdem ihm die Gebrüder Mannesmann Geld gepumpt hatten, unter vier Augen wertvolle Konzessionen an sie. Das waren die „verbrieften Rechte", derentwegen Deutschland schließlich in einen Krieg getrieben werden sollte.

„Ein Gesetz, das nur zwei Personen kannten, das nicht veröffentlicht worden ist, das auch unserer Regierung nicht bekanntgegeben wurde — und dieses sogenannte Gesetz ist die Grundlage für die Rechtsansprüche der Gebrüder Mannesmann!"

Nehmen Sie den Fall an, daß die Geschichte umgekehrt läge, daß statt der Herren Gebrüder Mannesmann es einem Franzosen, Spanier oder Portugiesen gelungen wäre, den Sultan zu schmieren und ihn zu veranlassen, mit ihm unter vier Augen ein Gesetz zu machen. Den Spektakel hätte ich in Deutschland hören mögen, den man dann angestimmt hätte.

Im Laufe meiner Rede zeigte ich dann die internationale Versippung des Kapitals:

Eine interessante Erscheinung des internationalen Ineinanderarbeitens und Miteinanderarbeitens der kapitalistischen Gruppen ist bisher viel zu wenig berücksichtigt worden. Meine Herren, die wirtschaftlichen Fäden, die über die Grenze gehen, werden immer enger gesponnen, und es ist geradezu erstaunlich, in welchem Maße deutsches Kapital in Frankreich und französisches Kapital in Deutschland arbeitet. Das sind charakteristische Zeichen der Zeit, und Sie sehen ja — um wieder den Namen Mannesmann zu nennen —, wie gerade hier der Kapitalismus international miteinander verwachsen ist. An der „deutschen Gruppe" Mannesmann sind beteiligt Franzosen und, so viel ich weiß, Portugiesen und Angehörige anderer Nationen, und in der Gruppe der „Union des mines Maroccaines" sitzen die Firmen Krupp, Gelsenkirchen und „Deutscher Kaiser".

Dieser Internationalität des Ausbeutertums stellen die Arbeiter die Internationalität des Proletariats gegenüber.

Ich warnte vor dem Wettrüsten und verlangte die Pflege freundschaftlicher Beziehungen zu Frankreich und England. Damals hat kein gewöhnlicher Sterblicher in Deutschland gewußt, daß die Regierung von Großbritannien um die Jahrhundertwende dem Deutschen Reich dreimal ein Bündnis angeboten hatte, das der Kaiser und Fürst Bülow aus Liebedienerei vor Rußland zum Scheitern gebracht haben!

Dem Völkerbund gehört die Zukunft

Es handelte sich wieder einmal um eine Heeresvorlage. Am 9. Dezember 1910 kam die Fraktion durch mich zum Wort:

„Meine Herren, wir wollen uns auch nicht streiten über die Frage, ob Rußland gegenüber unter allen Umständen auf eine Brustwehr verzichtet werden könnte. Ich betone aber mit um so größerer Schärfe, daß wir weder im Westen noch jenseits der Nordsee einen möglichen Feind sehen. Wir in Deutschland und unsere Freunde in Frankreich und England sind fest entschlossen, eine Katastrophe, wie sie ein Krieg im Innern Europas für die ganze Kulturwelt bedeuten würde, zu verhindern. So schwer der Kampf ist, den wir auf diesem Gebiet zu führen haben, — dem deutsch-französisch-englischen Völkerbunde gehört die Zukunft doch, und wir setzen unsere Ehre darein, dieser Zukunft vorzuarbeiten.

Die preußisch-deutsche Scherbenkiste

In derselben Rede, aus der einige Kapitel soeben angeführt worden sind, besprach ich auch die inneren Verhältnisse im Reich. Die vielen Versprechungen, die in Preußen-Deutschland gemacht worden sind, dem Volke in seiner Gesamtheit, einzelnen Gruppen und Berufsschichten, gleichen feinstem Porzellan; aber die Politik, die Sie getrieben haben, ist eine einzige große Scherbenkiste, eine Scherbenkiste voll gebrochener Versprechungen, eine Scherbenkiste voll gebrochener Ehrenworte... Aus den kleinen obenauf liegenden Scherben in der großen Scherbenkiste Ihrer Mehrheitspolitik will ich noch eines herausgreifen: das ist die das persönliche Regiment betreffende Novemberverheißung vom Jahre 1908, jene Verheißung, die uns hier gegeben wurde, und über die neulich lang und breit debattiert wurde, von der es jetzt heißt, daß uns keine Versprechung gemacht werden sollte, von der also nun feststeht, daß es sich um ein Versprechen handelt, das nicht gehalten worden ist.

Ich habe nur ganz oben aus der Kiste einige Kleinigkeiten herausgenommen. Wenn wir tiefer hineingreifen würden, fänden wir noch eine ganze Masse Porzellanscherben aus der Königlichen Porzellanmanufaktur, die alle geschmückt sind mit dem edlen preußischen Wappentier. Infolge des Bruches geht ein großer Riß durch das Wappentier quer durch Leib und Flügel; heilgeblieben sind nur die Krallen und der große preußische Schnabel.

Wenn wir in der Scherbenkiste der Mehrheitspolitik tiefer graben, dann drängt sich uns die Überzeugung auf, daß da Vandalen oder Bonner Borussen gehaust haben müssen. Was ist aus dem Königlichen Wahlrechtsreformversprechen geworden vom 20. Oktober des Jahres 1908; was ist aus der Wahlreform des Reichskanzlers v. Bethmann Hollweg geworden? Sie ist unter Junkerfäusten elendiglich zertrümmert worden. Ein Schicksal, das sie übrigens vollauf verdient hat. Sie war nicht dazu angetan, irgendeinem mit dem Volke es ehrlich meinenden Menschen Freude zu bereiten. Ein Seufzer der Erleichterung ging durch alle Schichten des deutschen Volkes, als die unwürdige Wahlrechtskomödie endlich zum Schlüsse kam, als die widerliche Komödie aus war. Man muß lange suchen nach einem Beispiel so ausgesuchter Perfidie und politischer Unfähigkeit, wie es in ihrer Art die Wahlrechtsvorlage gewesen ist... Die ganze Wahlrechtskomödie ist mit unvergänglichen Lettern eingegraben in die deutsche Geschichte, und diejenigen, die sich bei dieser Wahlrechtsaffäre das Brandmal geholt haben, werden es niemals loswerden...

Kampfmethode der Reaktion

Es folgte in der gleichen Rede eine eingehende Kritik des Wahlunrechts und der Rechtsprechung, dann hieß es weiter:

„Wundern Sie sich nicht, wenn die letzten Spuren des Vertrauens infolge dieser Justiz flötengehen. Die „Kreuzzeitung", das Organ der Herren (nach rechts) schrieb vor ganz kurzer Zeit: „Wir brauchen bis zur Vernichtung gehende Ausnahmegesetze." Darauf redete Herr v. Heydebrand irgendwo: „Nein, wir brauchen keine Ausnahmegesetze, wir brauchen nur eine Verschärfung des gemeinen Rechts." Dann kam der „Reichsbote" und schrieb: „Wir brauchen den Staatsstreich. Übrigens kann man auch die Sozialdemokratie polizeilich verbieten, denn sie steht ja außerhalb der Verfassung." Das ist die Politik, die Sie (nach rechts) in der letzten Zeit getrieben haben, die Politik der Scharfmacherei in der denkbar schlimmsten Form. Ich kann Ihnen nur sagen: Sie imponieren uns mit Ihrer Scharfmacherei nicht. Sie beweisen uns durch Ihre Reden und Schriften bloß, wie gefährlich Sie wären, wenn Sie noch so könnten, wie Sie gern möchten. Wieviel hat jene Clique vergessen, ohne was hinzuzulernen! Mit Lug und Trug, mit Fälschungen, mit Aufforderungen zum Verfassungsbruch, mit der Aufforderung zum Eidbruch, mit allen möglichen Mitteln hat die Clique, die hinter der „Kreuzzeitung" steht, seit Jahrzehnten gekämpft...

Ich wandte mich dann wieder einmal gegen die üble Methode des Verallgemeinerns. Wenn irgendein Arbeiter etwas ausgefressen habe, könne man nicht die Sozialdemokratie dafür verantwortlich machen. Was würden Sie antworten, wenn wir sagen wollten, alle konservativen Redakteure sind Esel, weil der Freiherr v. Stumm die „Postredakteure als Esel zu bezeichnen pflegte. Und wenn wir Redakteure der „Kreuzzeitung", Gödsche und Freiherr v. Hammerstein verallgemeinern wollten, ach, wie schlecht kämen sie alle weg, und alle diejenigen, für die der Freiherr v. Hammerstein die Zunge gerührt und die Feder geführt hat! Wann war denn Ihre „Kreuzzeitung" am sittlichsten und am religiösesten? Wann hat sie denn am meisten in Monarchismus und am meisten in Vaterlandsliebe gemacht? Das war zu der Zeit, als der verstorbene Hofprediger Stoecker an den Freiherrn v. Hammerstein den bekannten Scheiterhaufenbrief schrieb, in dem ausgeführt wurde, wie man von hintenherum, heimtückischerweise, Bismarck eine Falle stellen könnte! Das war die Zeit, wo Ihr größter und bester Führer, Ihr bester Redner und Ihr bester Schriftsteller „Kreuzzeitungs"-Chefredakteur war, das war die Zeit, wo an Ihrer Spitze ein Zuchthäusler stand! Wir verallgemeinern nicht, meine Herren, es fällt uns nicht ein, aus Einzelentgleisungen Schlüsse zu ziehen, wie Sie sie ziehen. Ich appelliere jedoch an Ihr Schamgefühl, da ich nicht an Ihren Verstand appellieren darf..."

Für den Weltfrieden

Es ist keine besonders angenehme Aufgabe, Kritik zu üben an der ausländischen Politik, weil jeder Sozialdemokrat, der sich untersteht, unsere ausländische Politik zu kritisieren, sich stets der Gefahr aussetzt, daß er als ein Agent des Auslandes, als ein Vaterlandsverräter bezeichnet wird. So sagte ich am 30. März 1911 im Reichstag. Ich fügte dann hinzu: Ich will von dieser Stelle erneut aussprechen, daß wir Sozialisten uns in brüderlicher Solidarität mit den arbeitenden Klassen aller Länder verbunden fühlen, daß wir den Krieg für ein Verbrechen, für einen Wahnsinn halten.

Ich will weiter feststellen, daß die klassenbewußten Arbeiter der ganzen Welt nur einen gemeinsamen Feind kennen, das ist der völkerverhetzende Kapitalismus, der zum Völkermorde treibt.

Wir Sozialdemokraten sind stolz darauf, daß wir die ersten waren, die den Gedanken der Friedenspropaganda in die Massen hineingetragen haben. Es war eine große Tat jenes internationalen Arbeiterkongresses, der im Jahre 1889 in Paris tagte und die Einsetzung des 1. Mai auch als eines großen Protesttages gegen die Rüstungen, als eines großen Demonstrationstages für den Frieden beschloß. Diese Einsetzung des 1. Mai hat sich als eine große Kulturtat erwiesen. Da mag geschehen von bürgerlicher Seite was da will, Sie können noch so viele Ansprachen und Reden halten, — was will das bedeuten im Vergleich zu der Tatsache, daß sich alle Jahre am selben Tage Millionen von Menschen in allen Kulturstaaten der Welt zusammenfinden, um gemeinsam gegen die Kriegsrüstungen zu protestieren, um gemeinsam die Forderung aufzustellen: für den Weltfrieden, für die Abrüstung.

... Ich weiß, daß eine auswärtige Politik, wie wir Sozialdemokraten sie für richtig halten, nur dann gemacht werden kann, wenn die arbeitenden Klassen den herrschenden Einfluß gewonnen haben. Voraussetzung dazu ist, daß Europa, und in erster Linie Deutschland selber, demokratisiert wird. Wer dem widerstrebt, der trägt die Verantwortung für die Kriegsgefahren, die sich aus dem Konkurrenzkampf des Kapitalismus ergeben. Ich möchte mit aller Bestimmtheit sagen: für den Ausbruch eines europäischen Krieges haben allein der Kapitalismus und seine Träger die Verantwortung zu tragen, und mit dieser Verantwortung belasten wir die Mehrheit dieses Hauses, wenn sie sich den Friedensbestrebungen des internationalen Sozialismus entgegenstellt."

Preußen das deutsche Sibirien?

In einer Rede über innerpolitische Fragen sagte ich am 17. Mai 1912 im Reichstag: „Darüber kann wohl kein Zweifel bestehen, daß wir in einer Zeit des Übergangs leben. Alte Autoritäten werden baufällig, neue Mächte steigen auf, neue Ansprüche machen sich geltend. Und dem Herrn v. Bethmann Hollweg ist die undankbare Aufgabe gestellt, Wankendes zu stützen, Sinkendes zu halten und Leichen einzureden, daß noch Leben in ihnen stecke. Unhaltbar und dem Untergang geweiht ist das System des persönlichen Regiments, das im Widerspruch steht zu den Empfindungen und Wünschen des ganzen Volkes, das von diesem Hause erwartet, daß es sich eine seiner Bedeutung entsprechende Machtstellung sichert, nötigenfalls erkämpft.

... Es sind Äußerungen des Kaisers bekanntgeworden, in denen die Rede davon ist, daß die elsaß-lothringische Verfassung in Scherben geschlagen, und das Land zu Preußen einverleibt werden soll.

Wir begrüßen es als ein schwerwiegendes Geständnis, daß von kompetenten Stellen aus die Einverleibung in Preußen angedroht wird als die schwerste Strafe, die ein Land wegen Widerspenstigkeit treffen kann, als eine Strafe, die gewissermaßen gleich neben dem Zuchthaus steht oder Versetzung in die unterste Klasse der deutschen Reichsangehörigkeit, nämlich in die preußische Klasse. (Die Rechte tobte und verließ den Saal, ebenso der Reichskanzler an der Spitze sämtlicher Bundesratsbevollmächtigter.) Wir müssen den schärfsten Protest erheben dagegen, daß eine Stelle, die kein Faktor unserer Reichsgesetzgebung ist, aus eigener Machtvollkommenheit Maßregeln ankündigt, ohne zu fragen, ob denn die berufenen Stellen, d. h. hier der Reichstag oder Bundesrat, ohne die die Sache doch nicht zu machen wäre, mit einer Ausführung der Drohung einverstanden seien.

Wir wollen mit den unheilvollen Zuständen, die ich geschildert habe, ein Ende machen: Nicht in Elsaß-Lothringen zurück, sondern in Preußen vorwärts! Das ist die Losung. ...

„Wir klagen Sie an, in unverantwortlicher Weise das große

Werk der Volksversöhnung zwischen Deutschland und Frankreich zu stören, ein Werk, an dem wir zum Segen beider Völker und ganz Europas mit allen Kräften bisher gearbeitet haben und weiter arbeiten werden. Wir werden trotz aller Widerwärtigkeiten, die sich uns entgegenstellen, in dem Sinne weiterkämpfen, wie wir es bisher getan haben, und der Tag wird kommen, an dem sich die Hand der Deutschen freundschaftlich und vertrauensvoll in die Hand der Franzosen legen wird. Das wird ein Tag sein, der eine neue, bessere Zeit bringen wird; das wird ein Tag unseres Triumphes sein. In der Überzeugung, damit den wahren Interessen des deutschen Vaterlandes zu dienen, kämpfen wir gegen diese Heeresvorlage. Wir werden, wie sich ihr Schicksal auch gestalten mag, für das schöne, große Ziel weiterkämpfen: Friede und Freiheit vom Belt bis zu den Pyrenäen! Das arbeitende Volk Deutschlands und Frankreichs einig in der Arbeit für Freiheit und Kultur!"

Die letzte Etatsrede vor dem Kriege

Nachdem im Laufe der letzten Jahre vor dem Kriege immer und immer wieder auf die drohende Kriegsgefahr verwiesen worden, der Kampf gegen den Militarismus in schärfster Form geführt und die Völkerversöhnung gefordert worden war, bot sich am 5. April 1914 noch einmal Gelegenheit, die Polizeiherrschaft in Preußen zu kennzeichnen. Ich sagte u. a.: „Ich habe heute gegen die Behörden eines großen Teils des Reichs die Anklage zu erheben, daß sie die Reichsgesetze nicht beachten und daß sie in der Anwendung ungesetzlich und willkürlich verfahren zuungunsten der arbeitenden Klassen unseres Volks.

Viele Beispiele wurden angeführt, u. a. eins aus Königsberg i. Pr.: Dort wurde für Kinder eine „Schulentlassungsfeier" veranstaltet. Diese Feier wurde als „politische Versammlung" verboten und aufgelöst: Nun hören Sie, um was es sich da gehandelt hat:

Der Veranstalter wird zweimal für verhaftet erklärt, mit Gewalt von der Tribüne heruntergeholt und stundenlang grundlos seiner Freiheit beraubt. . . . Mit Knüffen und Püffen werden die Jugendlichen zum zweiten Male hinausgetrieben. Ein zwanzigjähriges Mädchen wird unter dem furchtbaren Verdacht, daß es erst achtzehn oder weniger als achtzehn Jahre sei, festgenommen und auf das Polizeipräsidium geschleppt . . .

Meine Herren, ich würde es aber als eine große Unterlassungssünde ansehen, wenn ich Ihnen nicht sagen wollte, um was es sich bei diesem Jugendfest, das durch brutale Polizeieingriffe gestört worden ist, überhaupt gehandelt hat. Es ist ein Kulturdokument, was ich Ihnen jetzt vorlese, ein Dokument zugunsten der proletarischen Jugendbewegung und zur Schande der Polizei. Erlauben Sie, daß ich das Programm vorlese:

„Schulentlassungsfeier:
1. Orgelpräludium. 2. Deklamation: An die Jünglinge. Friedrich Hebbel. 3. Gesangverein „Vorwärts": a) Hymne, mit Orgelbegleitung. Ernst, Herzog von Sachsen, b) Märzluft. Angerer, c) Untreue. Fr. Sucher. 4. Festrede. 5. Klaviervorträge. 6. Orgelvortrag, Andante. Mendelssohn. 7. Baritonsoli: von Schubert und Schumann. 8. Deklamation: Wochenpredigt. Gottfried Keller. 9. Klaviervorträge. 10. Gesangs vorträge: a) Frühlingsreigen. Uthmann; b) Priesterchor aus „Zauberflöte". „Mozart."

Jeder verständige Mensch müßte sich freuen, daß die proletarische Jugend in dieser Weise auch zum künstlerischen Genießen erzogen wird. Da kommt aber die Polizei, greift brutal ein und jagt die jungen Leute auseinander. Sie verbietet Kompositionen von Liszt, Mozart, Schumann, Schubert und Gedichte von Hebbel und Keller — denn das sind die Merkmale der „politischen Versammlung".

Ich will darüber nicht weiter reden. Das Beispiel spricht für sich, ebenso wie die Tatsache, daß man in Düsseldorf einen für Jugendliche bestimmten Vortrag verboten hat, in dem die Gefahren des Alkoholismus erörtert werden sollten. In Lichtenberg verbot man einen Vortrag über Zucht und Entwicklung der Seidenraupe, Auch das sollte eine politische Versammlung sein . . ."

Achter Abschnitt

Im Reichstagspräsidium!

Die „Prinzipienfestigkeit", selbst sehr bedeutender sozialdemokratischer Parteiführer, war früher, wie uns jetzt scheint, mitunter geradezu grotesk. Gelegentlich des 100. Geburtstags Wilhelm Liebknechts habe ich seinen Freunden ins Gedächtnis gerufen, wie bitter „der Alte" — so hieß Liebknecht allgemein in der Partei — sich darüber beklagt hat, daß man ihn nicht für „unbedingt radikal" halte. Zum Nachweis seiner in Berlin angefochtenen radikalen Gesinnung und unbedingten Prinzipienfestigkeit hat er einmal ausdrücklich betont, daß er als Mitglied des Reichstags sich ganz entschieden sogar gegen eine Beteiligung der sozialdemokratischen Fraktion an den Beratungen des — Ältestenausschusses gewandt habe. Heute werden über eine derartige Stellungnahme zumeist nur Scherze gemacht. Und doch ist das ungerecht, sobald die Scherze auf Kosten Liebknechts gemacht werden. Man muß sich immer vergegenwärtigen, wie die Ältesten und Alten unserer Partei früher zeitweilig behandelt worden sind, nicht nur von Polizei, Verwaltung und Gerichten, sondern auch gesellschaftlich und von gegnerischen Parteien. Unsere führenden Genossen wurden zu bestimmten Zeiten ganz allgemein wie Strolche behandelt. Von Bebel sangen die „Komiker": „Denn ob man Bebel saget oder Pöbel, das ist nach meiner Meinung ganz egal." Es hat lange genug gedauert, bis auch nur die Fortschrittler, also die Väter unserer heutigen Demokraten, allmählich begriffen hatten, daß die Sozialdemokraten keine Schnapsbrüder, „Teiler", „immer wieder Teiler" und zielbewußte Zuchthausstaatler seien. Mit am häßlichsten hat auf diesem Gebiet übrigens Eugen Richter gewirkt. Jedenfalls war eine Stellungnahme wie die Liebknechtsche nicht unverständlich für die Sozialdemokraten, die, wie auch ich, noch viele Jahre des Sozialistengesetzes als tätige Parteigenossen miterlebt haben. Die jüngeren Arbeiter können sich kaum eine Vorstellung machen von dem Haß, der gegen „die bürgerliche Gesellschaft" in den verfemten Genossen lebte.

Nun war freilich der Ältestenausschuß des Reichstags zur Zeit des alten Liebknecht genau so harmlos, wie er heutzutage ist. Er hat eigentlich keine andere Aufgabe als die, daß der Präsident mit den Parteiführern eine Einigung über die bestmögliche Abwicklung der Geschäfte herbeizuführen sucht, über Beginn der Sitzungen, über einzulegende freie Tage, Dauer der Redezeit und dergleichen mehr. Selbst derartige Verabredungen mit „bürgerlichen" Parteileuten zu treffen, lehnte Liebknecht ab. Von weit größerer Bedeutung war die „radikale" Einstellung führender Genossen zu den Fragen, ob die Partei sich an den Wahlen zu den Stadtverordnetenversammlungen und zum Preußischen Landtag beteiligen dürfe oder nicht. In beiden Fällen kam, wenigstens in Preußen, das Dreiklassenwahlsystem mit öffentlicher Stimmabgabe in Betracht. Es hat lange gedauert, bis die Abstinenzpolitik bei den Stadtverordnetenwahlen aufgegeben worden ist, noch länger, bis die Wahlbeteiligung auch an den preußischen Landtagswahlen durchgesetzt werden konnte. Liebknecht war schärfster Gegner einer Beteiligung an den Landtagswahlen und vertrat den Standpunkt, „daß man den Landtag mit seinem erbärmlichen Wahlverfahren in sich selbst verfaulen lassen müsse".

An diese längst erledigten Streitfragen mußte erinnert werden, weil der Leser sonst kaum würde verstehen können, daß noch 1911 ganz ernsthaft die Frage in der Sozialdemokratischen Partei diskutiert worden ist, ob sie einen Anspruch auf Vertretung im Reichstagspräsidium erheben dürfe und ob, falls die Frage zustimmend beantwortet werden sollte, der als Opferlamm bestimmte Genosse gezwungen werden könne, „auch alle sogenannten höfischen Verpflichtungen zu übernehmen". In der Presse und auf Parteitagen hat man dieser Fragen wegen lebhaft gestritten.

Nach den für die Sozialdemokratische Partei so glänzend ausgefallenen Reichstagswahlen im Januar 1912 wurde die Frage akut, ob die SPD ihren Anspruch auf Vertretung im Präsidium geltend machen solle oder nicht. Nach parlamentarischem Herkommen hat die stärkste Partei Anspruch auf das Amt des Reichstagspräsidenten, wenngleich in der Praxis oft anders verfahren worden ist. Die SPD, die mit ihren 110 Mandaten die weitaus stärkste Partei des Reichstags war, konnte jedenfalls die Besetzung des Amtes des Reichstagspräsidenten mit Fug und Recht verlangen. Es wurde aber beschlossen, nur den ersten Vizepräsidenten zu beanspruchen, weil dann, so waren die Gedankengänge, die Frage der „höfischen Verpflichtungen" ohne weiteres ausscheide, denn in den Gesetzen sei immer nur die Rede vom

„Reichstagspräsidenten", niemals vom Reichstagspräsidium.

Neben anderen Erwägungen kam auch die in Betracht, daß der schwarz-blaue „Schnapsblock", der bei den Wahlen eine so empfindliche Niederlage erlitten hatte, dem Reichstagspräsidium ferngehalten werden müsse. Das hätte sehr leicht erreicht werden können, wenn die Nationalliberalen sich zu dem bindenden Versprechen hätten verstehen können, als ersten Vizepräsidenten einen Sozialdemokraten zu wählen, nachdem die Sozialdemokraten den nationalliberalen Kandidaten als Präsidenten gewählt haben würden. Den zweiten Vizepräsidenten sollten die Fortschrittler stellen, darüber war nicht der geringste Streit.

„Diese Rechnung", so schrieb damals Dr. Franz Mehring in der „Neuen Zeit", „war ohne die unsicheren Kantonisten im nationalliberalen Lager gemacht, die durchaus auch die schwarzblaue Minderheit im Präsidium vertreten wissen wollten. Die Präsidiumfrage, die man an und für sich gewiß nicht überschätzen darf, gewann dadurch eine hohe politische Bedeutung. Begann jetzt schon, sozusagen am ersten Tage des neuen Reichstags, das nationalliberale Techtelmechteln mit den Besiegten des Schnapsblocks, dann war für die Zukunft das Schlimmste zu befürchten, und die sozialdemokratische Fraktion hatte den dringendsten Anlaß, auch nur die leiseste Berührung mit diesen elenden Machenschaften zu scheuen. Sie hatte sich bereit erklärt, einen nationalliberalen Präsidenten zu wählen, falls die liberalen Parteien ihr den Posten des ersten Vizepräsidenten überließen. Aber sie mußte natürlich ihre feste Bürgschaft haben, daß diese Zusicherung erfüllt würde; sie konnte es nicht darauf ankommen lassen, daß, nachdem sie die Wahl eines nationalliberalen Präsidenten gesichert hatte, statt ihres Kandidaten nunmehr ein Konservativer oder ultramontaner Brotwucherer zum ersten Vizepräsidenten gewählt wurde. Und da es die Nationalliberalen ablehnten, sich auf eine bindende Verpflichtung einzulassen, so war es ganz selbstverständlich, daß die sozialdemokratische Fraktion bei der Wahl des Präsidiums auf eigene Faust vorging und für die Wahl des Präsidenten einen eigenen Kandidaten in der Person des Genossen Bebel aufstellte."

Da haben die Leser „in der Nußschale" alles, was sie wissen müssen, um die damalige Situation verstehen zu können. Mehring, der an allem, was die Leitung oder die Fraktion der Sozialdemokratischen Partei getan oder unterlassen hat, sehr viel auszusetzen wußte, hat der sozialdemokratischen Reichstagsfraktion damals vollkommen beigepflichtet. Die Fraktion sei sich natürlich klar darüber gewesen, „daß die Folge ihres Vorgehens die Wahl eines schwarzblauen Präsidenten werden konnte und tatsächlich auch wurde. Aber so unangenehm diese Möglichkeit sein mochte, so konnte sie doch nicht ins Gewicht fallen gegenüber der Riesenblamage, womit sich die sozialdemokratische Fraktion vor aller Welt bedeckt hätte, wenn sie sich durch die Nationalliberalen hätte düpieren lassen. Es war endlich einmal an der Zeit, jener ebenso alten wie perfiden Taktik des Liberalismus einen Riegel vorzuschieben, die durch allerlei Verrätereien am eigenen Prinzip der Reaktion die Wege bahnt und dann die Sozialdemokratie für den Sieg der Reaktion verantwortlich macht, weil sie sich auf keine Verrätereien einlassen will. Ein schwarzblaues Präsidium war gewiß eine unangenehme Sache, allein ein verhältnismäßig viel geringeres Übel, als wenn sich die Sozialdemokratie von Anbeginn durch die Nationalliberalen hätte nasführen lassen, wie die Nationalliberalen so oft durch Bismarck genasführt worden sind."

Die Gefahr der Wahl eines Sozialdemokraten in das Reichstagspräsidium wurde in den nationalliberalen und konservativen Blättern wie eine unmögliche Ungeheuerlichkeit behandelt. Bebel war in großer Aufregung über die zu treffende Auswahl eines geeigneten Kandidaten. Wie ich später erfahren habe, hatte er sich mit dem ihm persönlich nahestehenden Reichstagsabgeordneten Richard Fischer in Verbindung gesetzt, damit dieser ihn beraten möge. Eines Morgens wurde eine Sitzung von Mitgliedern der Parteileitung und des Fraktionsvorstandes einberufen, um die Frage zu erörtern, wer der Fraktion als Kandidat für das Reichstagspräsidium in Vorschlag gebracht werden sollte. Zu meiner nicht geringen Überraschung schlug Richard Fischer mich vor, Bebel stimmte zu, ein anderer Name wurde gar nicht genannt. Da auch die Fraktion einstimmig dem Vorschlag beipflichtete, war ich wieder einmal „Kandidat".

Drei kurze Sitzungen des Reichstags

I.

Am Freitag, dem 9. Februar 1912, wurde unter der Leitung des humorvollen Alterspräsidenten Albert Träger der neue Reichstag eröffnet. Dann wurden die Wahlen für das Präsidium vorgenommen. Bei der Wahl des Präsidenten, für die wir nach dem Verhalten der Nationalliberalen nunmehr Bebel in Vorschlag brachten, wurden drei Wahlgänge erforderlich. Im ersten Wahlgang erhielten Stimmen: Dr. Spahn 185, Bebel 110, Prinz v. Schönaich-Carolath 88, Dr. Paasche 1, Heine-Dessau 1. Es hatte also keiner der Herren die absolute Majorität; es mußte daher eine engere Wahl stattfinden, bei der nach der Geschäftsordnung sämtliche fünf zur engeren Wahl gestellt wurden.

„Alterspräsident Träger: Der Namensaufruf beginnt mit dem Buchstaben C. . .

Abgegeben wurden 388 Stimmen, die absolute Majorität betrug bei 385 gültigen Zetteln 193. Erhalten hatten: Dr. Spahn 186, Bebel 114, Prinz v. Schönaich-Carolath 85 Stimmen. Es mußte eine zweite Stichwahl stattfinden. Es kommen jetzt nur die beiden Herren, die die meisten Stimmen auf sich vereinigt hatten, zur Stichwahl, also Dr. Spahn und Bebel. „Der Namensaufruf beginnt mit dem Buchstaben D. . . ." Es wurden 384 Stimmzettel abgegeben, darunter dreizehn ungültige. Von den gültigen 371 Stimmzetteln erhielt Dr. Spahn 196 Stimmen, Bebel 175. (Dr. Spahn nahm die Wahl an und übernahm das Präsidium.)

„Wir treten nunmehr in die Wahl des ersten Vizepräsidenten ein. Der Namensaufruf beginnt mit dem Buchstaben E. . . ." Das Wahlresultat war folgendes: Es sind abgegeben 386 Stimmen, davon sind ungültig 21. Die Mehrheit beträgt 183. Es haben erhalten: Scheidemann 188, Dietrich 174 Stimmen, Dr. Paasche 3 Stimmen, „gewählt ist mithin der Herr Abgeordnete Scheidemann".

Der Abgeordnete Dr. Paasche wurde dann mit 274 Stimmen zum zweiten Vizepräsidenten gewählt.

Es setzte nun in der Rechtspresse eine Hetze gegen den „sozialdemokratischen Vizepräsidenten" ein, die alles übertraf, was man bis dahin erlebt hatte. Fast ebenso heftig wurden die Nationalliberalen angegriffen, „die diese Wahl zu verantworten hatten". Den Erfolg dieser Hetze, der später noch aufgezeigt werden soll, lernen die Leser aus den beiden folgenden Reichstagsberichten kennen.

II.

Am Dienstag, dem 13. Februar 1912, wurde die Sitzung durch den ersten Vizepräsidenten Scheidemann eröffnet. Er habe Urlaub erteilt den Herren Bartling und Heine-Dessau für je drei Tage. Es suche für längere Zeit Urlaub nach der Abgeordnete Fürst Salm, für vierzehn Tage wegen Krankheit. Der Abgeordnete Dr. Freiherr v. Hertling habe infolge seiner Ernennung zum bayerischen Staatsminister sein Mandat als Reichstagsabgeordneter niedergelegt. Das Erforderliche wegen der Ersatzwahl sei schon veranlaßt worden. Von dem Herrn Abgeordneten Dr. Spahn sei folgendes Schreiben eingegangen:

„Berlin, den 12. Februar 1912.

Dem Reichstagspräsidium teile ich ergebenst mit, daß ich das Amt des Reichstagspräsidenten hiermit niederlege. Spahn."

Im Anschluß an diese Mitteilung wurde ein Antrag, die Sitzung nunmehr zu vertagen, angenommen.

III.

Mittwoch, den 14. Februar 1912. Vizepräsident Scheidemann eröffnet die Sitzung: Der Abgeordnete Dr. Paasche hat an das Präsidium des Reichstags folgendes Schreiben gerichtet:

„Berlin, den 14. Februar 1914

Dem Präsidium des Reichstages teile ich hierdurch ergebenst mit, daß ich mein Amt als zweiter Vizepräsident hiermit niederlege. Dr. Paasche."

„Ich schlage dem Hause vor, die nunmehr notwendig gewordene Wahl des zweiten Vizepräsidenten heute sofort nach der Wahl des Präsidenten vorzunehmen. Das ist nur zulässig, wenn kein Mitglied des Hauses widerspricht. Es erfolgt kein Widerspruch. Wir werden also nach der Wahl des Präsidenten die Wahl des zweiten Vizepräsidenten vornehmen." Erster Gegenstand der Tagesordnung ist die Wahl des Präsidenten. Der Namensaufruf beginnt mit dem Buchstaben H. ... Das Resultat der Abstimmung ist folgendes: Es sind abgegeben 374 Stimmzettel, davon 174 weiße, also bleiben 200 gültige. Die absolute Mehrheit beträgt 101. Es haben erhalten: Der Herr Abgeordnete Kämpf 195 Stimmen. ... Somit ist der Herr Abgeordnete Kämpf zum Präsidenten gewählt. Kämpf nimmt die Wahl an. Als zweiter Vizepräsident wurde der Abgeordnete Dove gewählt.

Es war ein Vergnügen, am 15. Februar 1912 die Berliner Morgenblätter zu lesen. So groß die Freude über die Wahl eines Parteigenossen bei der Sozialdemokratie und selbstverständlich in den Spalten des „Vorwärts" war, um so katzenjämmerlicher wurde die Stimmung, je weiter rechts die Blätter standen.

Schier sprachlos vor Erstaunen war die konservative „Deutsche Tageszeitung". Sie suchte auf das Zentrum einzuwirken. Es sei nicht anzunehmen, daß das Zentrum von seinem Beschluß abgehe, unter keinen Umständen in ein Präsidium zu gehen, falls in dieses auch ein Sozialdemokrat gewählt werden sollte. Das agrarkonservative Blatt druckte mit einem Seufzer der Erleichterung unmittelbar unter seine Betrachtungen folgendes Telegramm ab:

Geheimrat v. Böttinger, Mitglied des Herrenhauses, erklärt in einem Telegramm aus Elberfeld: „Nachdem, wie ich soeben aus Berlin höre, eine große Zahl nationalliberaler Mitglieder bei der heutigen Reichstagspräsidentenwahl für den sozialdemokratischen Kandidaten gestimmt hat, bin ich genötigt, aus der nationalliberalen Partei auszutreten."

Die von den konservativen Blockbrüdern an die Adresse Spahns gerichteten Mahnungen waren schnell von Erfolg gekrönt. Dreimal 24 Stunden hat der lange Peter allerdings noch mit sich und Gott gerungen, da aber floh er entsetzt aus der Nähe des roten Vizepräsidenten. Paasche war nur schwer zu bewegen, seinen Rücktritt auszusprechen. Er hat mir in jenen Tagen sehr ärgerlich versichert, daß für ihn auch nicht der geringste Grund vorliege, aus dem Präsidium auszuscheiden. Paasche und ich waren seit dem Jahre 1888 persönlich bekannt. Bis er seinen Marburger Lehrstuhl mit einem solchen in Charlottenburg vertauschte, wohnten wir in Marburg jahrelang ganz nahe beieinander und sprachen oft miteinander, nachdem wir uns in einer Versammlung kennengelernt hatten. Es hatte sich infolgedessen, trotz der politischen Gegensätze, ein leidlich gutes persönliches Verhältnis entwickelt. Jedenfalls hat Paasche in den tragikomischen Tagen der Präsidentenwahl über seinen Parteifreund und

Konkurrenten für das Präsidium, den sehr braven und harmlosen Prinzen von Schönaich-Carolath, mir gegenüber sehr gotteslästerlich gescherzt. Er war sicherlich der Überzeugung, daß er definitiv aus dem Präsidium scheiden müsse; hätte er auch nur entfernt mit der Möglichkeit gerechnet, daß er wiedergewählt werden könnte, dann würde er bestimmt sofort, um ein gutes Beispiel nationalliberaler Parteidisziplin zu geben, mit großer Prinzipienfestigkeit demissioniert und nicht noch zwei Tage länger als Spahn mit sich selbst und seiner Fraktion gekämpft haben, bis er endlich, am 14. Februar, sein Rücktrittsgesuch einreichte.

In der Presse hatte es schon vor der von mir geleiteten Sitzung am 13. Februar, mehr aber noch nachher, ein sehr vergnügliches Rätselraten gegeben; wenn der gräßliche Sozialdemokrat, dieser wüste Hohenzollernbeschimpfer, bei der definitiven Wahl wirklich wieder gewählt werden sollte, wird er dann zu Hofe gehen? Wie weit ist er überhaupt an die Erfüllung höfischer Verpflichtungen gebunden? Hat die sozialdemokratische Fraktion entsprechende Beschlüsse gefaßt? Wie steht er selbst zu diesen Fragen? Ach, was haben die Herrschaften von rechts sich für Sorgen gemacht! Es war gar ergötzlich zu genießen, in wie vielerlei Tonarten sie ihren Kummer verkündeten. Meine Partei hatte, im Einverständnis mit mir, sich bereit erklärt, alle mit dem Amt eines Vizepräsidenten verbundenen verfassungsrechtlichen Pflichten zu erfüllen. Mehr nicht. Von irgendwelchen Hofgängen war nirgends etwas schwarz auf weiß zu lesen. Weder in der Verfassung, noch in der Geschäftsordnung des Reichstags.

Es wäre kinderleicht gewesen, bei der definitiven Wahl, die am 8. März vorgenommen worden ist, den Prinzen von Schönaich-Carolath zum ersten Präsidenten zu wählen, wenn die Nationalliberalen nicht Angst vor ihrer eigenen Courage bekommen hätten, die sie am 9. Februar bekundeten, als sie für mich stimmten. Aus Angst vor den davonlaufenden Bötingern, die bis dahin für die Füllung der nationalliberalen Parteikasse gesorgt hatten, aber auch aus Furcht vor den die Verwaltung Preußens beherrschenden ostelbischen Granden, gaben die Herren um Bassermann lieber den Präsidentenposten preis, als daß sie es noch einmal gewagt hätten, für einen Sozialdemokraten zu stimmen.

War in diesen Tagen Bebel schon ungewöhnlich aufgeregt, so wurde er am 13. Februar sinnfällig nervös. Er wohnte damals in der Schöneberger Hauptstraße, meine Wohnung war zwanzig Minuten entfernt, in Steglitz. Zweimal ließ er mich an dem genannten Tage, nachdem die Reichstagssitzung vorüber war, zu sich kommen, um immer wieder von neuem auf mich einzuwirken, daß ich unter keinen Umständen mich aus dem Präsidium drängen lassen dürfe. Er war überzeugt, daß die Gegner alle Minen springen lassen würden, um mir das Amt derart zu verekeln, daß ich es in ärgerlicher Stimmung vielleicht wirklich abgeben könnte. Das war eine ganz unnötige Sorge, denn es war selbstverständlich, daß ich ohne Zustimmung meiner Freunde in solch schwieriger Situation nichts eigenmächtig unternehmen durfte. In einer unserer Unterredungen hatte Bebel zunächst — Etikettenfragen angeschnitten: Haben Sie auch einen anständigen Gehrock? Er atmete erleichtert auf, als ich mit hellem Lachen seine Frage bejaht hatte. Für Bebel war der Reichstag etwas wirklich Großes, Bedeutsames, Das kam nicht nur in gelegentlichen Bemerkungen und Erzählungen zum Ausdruck, sondern in seinem ganzen Verhalten dem Parlament gegenüber, sogar in seiner Kleidung. Ich kann mich nicht erinnern, Bebel im Reichstag jemals anders als im schwarzen Gehrock gesehen zu haben. Dagegen erinnere ich mich sehr wohl, daß er einmal einen sozialdemokratischen Abgeordneten, der sich in der kleinen Wandelhalle auf der linken Seite des Hauses eine kurze Pfeife angebrannt hatte, in schärfster Weise zur Rede stellte. Der Reichstag sei kein Dorfwirtshaus. Ich bin keinen Augenblick darüber im Zweifel, daß Bebel sich energisch gegen die Neuerung gewandt haben würde, im Reichstag zu erscheinen, wie man ins Hochgebirge geht: mit kurzen Hosen und Gamaschen, ganz zu schweigen von den olivgrünen und schwarzen Hemden.

Für Bebel war der Reichstag tatsächlich das „Hohe Haus", das er nur in Feiertagskleidung betrat, weil hierher das Volk seine Besten, jedenfalls die schicken wollte, die sein Vertrauen genossen und seine Interessen vertreten sollten. In ein solches Haus, das war Bebels Auffassung, geht man nicht, wie man in eine Kaschemme gehen kann. Wie ernst und feierlich Bebel alles nahm, was mit dem Reichstag zusammenhing, dafür will ich aus jenen Tagen ein ihn trefflich charakterisierendes Beispiel anführen. Durch die geschilderten Umstände war ich vorübergehend alleiniger Präsident des „Hohen Hauses" geworden. Bevor die

Reichstagssitzung am 13. Februar begann, hielt die sozialdemokratische Fraktion eine Sitzung ab, an der ich selbstverständlich teilnahm. Es wurde über den voraussichtlichen Verlauf der Sitzung debattiert. Als ich, der ich in einer wenig beleuchteten Ecke des Zimmers saß, mich auch zum Wort meldete, fuhr Bebel, der mich bis dahin nicht wahrgenommen hatte, sehr unangenehm überrascht auf und verlangte, daß ich die Sitzung verlasse. Es sei im Reichstage Brauch, daß der Präsident sogar aus seiner Fraktion ausscheide, um dadurch zu bekunden, daß er jetzt über den Parteien stehe. Da ich zur Zeit alleiniger Präsident sei, müsse ich die Sitzung verlassen. Wir dürften uns auf keinen Fall einen Verstoß gegen das parlamentarisch Herkömmliche zuschulden kommen lassen. Unter vergnüglichem Hallo der Fraktion mußte ich tatsächlich abziehen.

„Der tüchtige Präsident"

In der damaligen Zeit scheinen alle Kreise, die der Sozialdemokratie feindlich gegenüberstanden, der Meinung gewesen zu sein, daß ein Sozi selbstverständlich entgleisen müsse, sobald er das Präsidium übernähme. Eine andere Erklärung gibt es kaum für die zum Teil überschwenglichen Hymnen, die meinen sehr bescheidenen Leistungen auf dem Präsidentenstuhle in der Presse aller Parteirichtungen gesungen worden sind. Die Berichte über die von mir geleiteten Sitzungen lesen sich so spaßig, daß die Wiedergabe einiger Presseäußerungen aus jener Zeit gerechtfertigt sein dürfte.

Das „Berliner Tageblatt" meinte:

„Scheidemann unterscheidet sich durch nichts von einem „bürgerlichen" Präsidenten und man bemerkt sofort, daß er sein Amt mit außerordentlichem Geschick, Ruhe und Geschäftskenntnis versieht. Herr Scheidemann erklärt mit sehr ruhiger, klarer Stimme — so, als ob er seit Jahren immer nur präsidiert hätte —, die Sitzung für eröffnet... Auch die Rechte muß zugeben, daß „der Genosse" — dem man mit ruhiger Neugier zugehört — seine Sache sehr gut macht."

Die „Frankfurter Zeitung":

„Einen historischen Moment nennen das einige Blätter, alle aber müssen konstatieren, daß Herr Scheidemann, der sozialdemokratische erste Vizepräsident, seine Sache gut gemacht habe.

Als ob es überhaupt zu bezweifeln gewesen wäre... Ein schlanker Herr mit scharfgeschnittenem Kopf, den man für einen Schriftsteller oder Künstler halten würde, nahm auf dem Präsidentenstuhle Platz, als ob er das gewohnt wäre."

Die „Berliner Morgenpost" schrieb ganz begeistert:

„Ganz vorzüglich ist es gegangen. Ausgezeichnet hat Philipp Scheidemann, der rechtmäßig gewählte erste Vizepräsident des Deutschen Reichstages, die Schwierigkeiten einer immerhin eigenartigen Situation überwunden. Die kurze Sitzung hat genügt, um den ersten sozialdemokratischen Vorsitzenden des Reichstages einen geradezu glänzenden Befähigungsnachweis für die Kunst des Präsidierens erbringen zu lassen."

Nicht viel anders meinten die Pressestimmen aus der Mitte. Die „Magdeburger Zeitung" sprach von einem historischen Moment: „Würdevoll erhebt sich Herr Scheidemann, zupft sich nochmals die Weste zurecht, greift nach der Glocke und erklärt unter fast atemloser Spannung die Sitzung für eröffnet. Das kraftvolle Organ dringt auch in die entferntesten Ecken des Saales und macht jedes seiner Worte verständlich. Wie etwas Selbstverständliches teilt er mit, daß „er" den Abgeordneten Fürst zu Salm und Bartling Urlaub erteilt, sowie daß Freiherr v. Hertling sein Mandat niederlege." — Von einem historischen Moment sprach auch das führende Zentrumsblatt, die „Germania": „Mit sonorer Stimme verkündete er (der sozialdemokratische Präsident) die Entscheidungen, die er bisher getroffen hat"

Die „Tägliche Rundschau", das Organ der evangelischen Geistlichkeit, war ganz und gar aus dem Häuschen: „Als ob er auf dem hochgebauten Gestühl geboren wäre, nimmt er die Stelle des Grafen Schwerin
ein. Der Historiograph des Hohenzollernhauses macht seine Sache gar nicht übel. Die Minister haben sich sanft unter das rote Joch gebeugt." — Selbst die äußersten Rechtsblätter finden Worte der Anerkennung, aber — sie konnten doch nicht aus ihrer Haut heraus. Den Ton für die agitatorische Ausschlachtung der Situation im Lande gaben für alle, die konservativ und fromm, gleichviel ob evangelisch oder katholisch orthodox waren, die „Schlesischen Nachrichten" an. Sie äußerten:

„Einen solch eleganten Reichstagspräsidenten wie den Genossen Scheidemann sah man noch nie an dieser Stelle; jeder Fremde mußte annehmen, daß ein millionenschwerer Bourgeois auf dem Präsidentensessel throne: hochelegant im Anzug, ausgeschnittene Weste mit tadelloser Krawatte, kurzum: eine anstandslose Figur für den ersten Schneidermeister Berlins."

Dann aber ging es los über den „wüsten Beschimpfer der Hohenzollern!" Schwamm drüber.

Ich gehe nicht zum Kaiser!

Bis zum 8. März gab es jeden Tag irgendeine neue Hatz gegen mich. Von durchschlagender Bedeutung für meine Ausschiffung aus dem Präsidium war schließlich, daß ich den Herren Kämpf und Dove auf ihre entsprechende Frage geantwortet hatte, sie möchten sich durch mich in keiner Weise abhalten lassen, den Kaiser zu bitten, sie zu empfangen, damit sie ihm von der erfolgten Konstituierung des Reichstags auch noch persönlich Mitteilung machen könnten; ich, so hatte ich hinzugefügt, bitte den Kaiser um nichts, am wenigsten um einen Empfang. Es mag heute lächerlich erscheinen, daß die Sozialdemokratische Partei über derartige Zwirnsfäden gestolpert ist. Ich bitte aber zu beachten, was ich bereits über die frühere Stellung der Partei zu den Stadtverordneten- und Landtagswahlen gesagt habe. Man kann das Verhalten von Personen und Parteien nur dann richtig würdigen, wenn man sich in die Zeiten versetzt, in denen die jetzt unverständlich erscheinenden Handlungen oder Unterlassungen vorgekommen sind. Meine Weigerung, zum Kaiser zu gehen, führte zu neuen heftigen Auseinandersetzungen in der Presse. Daß ich nunmehr unter keinen Umständen bei der definitiven Wahl in meinem Amte bestätigt werden würde, war ganz klar. Die Herren Kämpf und Dove hatten den Kaiser gebeten, sie zu empfangen. Der Kaiser ließ ihnen aber mitteilen, daß er ihnen für die löbliche Absicht, sich vorstellen zu wollen, bestens danke, jedoch verhindert sei, sie zu empfangen. Es lag ihm nichts an den beiden alten Herren, so wurde damals gescherzt, er wollte sie nur in Gemeinschaft mit dem ruppigen Genossen empfangen.

Diese Demonstration brauchte Herr v. Bethmann Hollweg damals, um die bürgerlichen Parteien einzuschüchtern. Er wollte ihnen bedeuten, daß sie vom Kaiser nicht mehr empfangen würden, falls sie sich noch einmal unterstehen sollten, einen Sozialdemokraten zu wählen.

Mein Abschiedsgruß: K wie Kamel!

Inzwischen war der Tag der Abrechnung, der 8. März, herangekommen. Endlich konnte der Reichstag und sein Präsidium von dem sozialdemokratischen Vizepräsidenten wieder befreit werden. Vielseitige und kostspielige Vorarbeit in Wort, Schrift und Bild war der Abrechnung vorausgegangen. Was dieser gräßliche Revolutionär jemals gegen den Kapitalismus, gegen die Junker, gegen die Hohenzollern im allgemeinen, gegen Wilhelm II. im besonderen, gegen das Wettrüsten und den Krieg gesagt hatte, jeder Ordnungsruf, der „auf seinen kahlen Schädel" niedergeprasselt war — alles, aber auch alles wurde herbeigeschleppt: jedes Scheitchen, jedes Splitterchen Holz war willkommen für den Scheiterhaufen, auf dem der Ketzer verbrannt werden sollte.

Nun war der Tag der Abrechnung, der Tag der wiederholten, nunmehr definitiven Wahl — vier Wochen nach der provisorischen — da!

Es ging alles ganz glatt am 8. März. Kämpf wurde zum Präsidenten, Paasche unter dem Vorsitz Kampfs zum ersten, Dove zum zweiten Vizepräsidenten gewählt. Für mich waren immerhin noch 155 (sozialdemokratische und fortschrittliche) Stimmen abgegeben worden. Die Wahl Kampfs hatte ich leiten müssen. Selbst in diesen letzten Minuten wollten die Herrschaften von rechts mir Fallen stellen. Im letzten Augenblicke noch sollte ich in irgendeine Verlegenheit gebracht werden. Die blödesten Zurufe, die ich als amtierender Präsident selbstverständlich überhörte, wurden gemacht. Zu den beliebtesten Scherzen derer, die nach einem Bibelwort ganz bestimmt Gott schauen werden, gehörte der, den ich jetzt schildern will. Wenn der Präsident den Buchstaben nennt, mit dem ein Namensaufruf beginnt, also A, B oder C, dann hagelt es Zwischenrufe der geistig Armen: „Wie? H?" „Was? K?" Oder „C?" „D?" „E?" Damit sollte auch ich noch geärgert, vielleicht gar in Verlegenheit gebracht werden. Die Versuche sind den Rufern aber schlecht bekommen. Ich hatte klar und deutlich gesagt, so daß man es in jedem Winkel hatte vernehmen können: „Der Namensaufruf beginnt mit dem Buchstaben K!" Die Mitglieder des Reichstages und die Besucher der überfüllten Tribünen jauchzten denn auch minutenlang vor Vergnügen, als ich auf die blöden Zurufe von rechts: „Was — A?" „Was — H?" klar und fröhlich, gleichsam als Worte des Abschieds vom Präsidentensessel antwortete: „Nein, K wie Kamel!"

Neunter Abschnitt

Internationale Friedensarbeit

Aus den in diesem Buche abgedruckten Teilen mancher Reichstagsreden haben die Leser ersehen können, mit welcher Entschiedenheit die Sozialdemokratische Partei gegen das allgemeine Wettrüsten, das nach ihrer Überzeugung zum Kriege führen mußte, angekämpft hat. Dabei darf nicht vergessen werden, daß alle sozialdemokratischen Redner in ihrer grundsätzlichen Anschauung vollkommen übereinstimmten. Die deutsche Sozialdemokratie ist in ihrer Stellung zum Militarismus im allgemeinen, zu der des wilhelminischen Kaiserreichs im besonderen, niemals Gegnerin der Landesverteidigung gewesen, wie man ihr immer und immer wieder unterstellt hat. Für mißverständliche Wendungen, die zumeist aus dem Zusammenhang einer Rede gerissen worden sind, für Redewendungen eines verärgerten Mannes kann man eine ganze Partei ebensowenig verantwortlich machen, wie man die Konservative Partei oder ihre Nachfolgerin, die Deutsch-nationale Partei, verantwortlich machen kann für die Handlungen ihres bedeutendsten Führers, des Freiherrn von Hammerstein.

Den besten und stärksten Schutz, der unserem Vaterlande gegen Angriffe gegeben werden konnte, verlangten die Sozialdemokraten in ihrem Parteiprogramm: „Erziehung zur allgemeinen Wehrhaftigkeit, Volkswehr an Stelle der stehenden Heere. Entscheidung über Krieg und Frieden durch die Volksvertretung. Schlichtung aller internationalen Streitigkeiten auf schiedsgerichtlichem Wege!" Keine andere deutsche Partei hat eine so weitgehende Ausbildung des gesamten Volkes für den Fall eines Abwehrkrieges verlangt, wie die Sozialdemokratie. Teils sind diese Forderungen als utopistisch, teils als „spießbürgerlich", unter törichten Hinweisen auf 1848, verlacht und abgelehnt worden. Im dritten und vierten Kriegsjahre, also in der größten Not, wurden die jungen Leute „zur allgemeinen Wehrhaftigkeit" herangezogen, sie wurden in wenigen Wochen schlecht und recht ausgebildet und dann ins Feld und in die Schützengräben geschickt. Wäre das sozialdemokratische Militärprogramm verwirklicht gewesen, so hätten, falls es dann überhaupt zum Kriege gekommen wäre, 1914 Millionen für den Kriegsdienst ausgebildete Menschen mehr zur Verfügung gestanden. Was das gerade zu Beginn des Krieges zu bedeuten gehabt hätte, liegt klar auf der Hand.

Ein anderer Vorwurf gegen die Sozialdemokratie, den unsere Gegner für besonders gewichtig halten, ist der, daß die englischen Sozialisten in erster Linie Engländer, die französischen in erster Linie Franzosen seien, wir deutschen Sozialisten seien in erster Linie immer erst vaterlandslose, internationale Sozialisten und erst in letzter Linie, wenn überhaupt, Deutsche. Dieser Vorwurf ist so alt wie die sozialistische Bewegung. Er wird in Frankreich gegen unsere dortigen Genossen, in England gegen die Sozialdemokraten genau so erhoben wie in Deutschland gegen uns. In England und Frankreich werden wir als die patriotischen Musterknaben gegen unsere dortigen „vaterlandslosen" Genossen ausgespielt. Wie unsinnig alle diese Vorwürfe sind, geht am besten aus den Beschlüssen der Internationalen Sozialistenkongresse hervor, ebenso aus dem Verhalten unserer Genossen in den Parlamenten Frankreichs, Englands, Belgiens und aller anderen Länder, soweit sie eine sozialdemokratische Vertretung überhaupt haben. Was besonders das gegenseitige Ausspielen der französischen und deutschen Sozialisten anbetrifft, so wirkt es für alle Kenner des internationalen Sozialismus direkt lächerlich. Die Tragik lag 1914 für beide Parteien gerade darin, daß sie beide bereit waren, das Menschenmögliche zur Verhütung des Krieges zu tun, daß jede der beiden Parteien aber der Überzeugung war, ihr Land sei das frevelhaft angegriffene und „in der Stunde der Not" dürfe niemand sein Vaterland im Stich lassen. Doch es soll hier später zu erörternden Situationen noch nicht vorgegriffen, vielmehr nur geschildert werden, was die französischen und deutschen Sozialisten in den letzten drei Jahren vor dem Kriege gemeinsam zur Bekämpfung des Krieges getan haben.

Bei den Reichstagswahlen im Jahre 1912 hatte sich herausgestellt, daß schon mehr als jeder dritte Wähler in Deutschland sozialdemokratisch gewählt hatte. Mit anderen Worten: Deutschland würde bald eine sozialdemokratische Mehrheit haben. Dann, so wurde im In- und Auslande angenommen, wird es mit dem persönlichen Regiment, das allgemein als dauernde Kriegsgefahr angesehen wurde, vorüber sein. Man rechnete mit demokratischen Reformen. Das arbeitende Volk in Deutschland machte sich nach mancher Richtung hin zweifellos zu große Hoffnungen, in

Frankreich aber atmete man auf, denn, so nahm man bestimmt an, das Schwert des Damokles wird weggenommen, wenn auch nicht jede Kriegsgefahr als beseitigt angesehen werden kann.

Siegesfeier in Paris

Wie die Wahlsiege unserer französischen Genossen von uns in Deutschland gefeiert worden sind wie eigene Siege, so hatten die Franzosen 1912 nach unseren wirklich großen Erfolgen das aufrichtige Bedürfnis, unseren Sieg auch öffentlich vor aller Welt als ihren Sieg, als einen Sieg des internationalen Sozialismus zu feiern. Ihre Glückwünsche an die deutsche Sozialdemokratie waren verbunden mit der Bitte, einen deutschen Genossen nach Paris zu schicken, damit er in einer großen Kundgebung über unseren gemeinsamen Willen, dem Frieden, vor allem anderen dem Frieden dienen zu wollen, sprechen möge. Der Parteivorstand beauftragte mich, nach Paris zu reisen. Eine erhebende Demonstration, getragen von dem besten Willen, den Frieden zu sichern, belebt von echter Freundschaft und Brüderlichkeit, fand am 30. März 1912 zu Paris in der Salle Wagram statt. Die „Humanite" berichtete über diese denkwürdige Kundgebung am nächsten Morgen unter der Überschrift: „Sechstausend Personen begrüßen enthusiastisch die Verheißungen des Friedens!" Ich hatte die Entwicklung der deutschen Sozialdemokratie geschildert, die Mitgliederzunahme in den Organisationen, den Aufschwung der Parteipresse — der „Vorwärts" zählte damals 170000 Abonnenten! — und dann der Hoffnung Ausdruck gegeben, daß es unserer gemeinsamen Arbeit gelingen werde, den Frieden zusichern. Nous luttons ensemble — — wir kämpfen zusammen, Seite an Seite. „Wenn die deutsche Solidarität und Disziplin sich paart mit dem französischen Elan und Enthusiasmus, dann wird uns das unüberwindliche Kraft geben!" — Die „Humanite" sprach in ihrem Bericht von einer dann einsetzenden großen und langwährenden Ovation, die sich erneuerte, als Jean Jaurès vortrat, um das Wort zu nehmen.

Es spielte sich nun eine Szene ab, die jeder, dem ein solch seltenes Glück zuteil wird, sie zu erleben, für alle Zeit im Gedächtnis behält. Jaurès umarmte mich und sprang buchstäblich mit mir auf der Bühne herum, überglücklich, wie er sagte, weil ich den Ton getroffen, den er heiß ersehnt, dessen Klingen er aber kaum zu erwarten gewagt hätte. Das alles sagte er mir, bevor der Beifallssturm sich gelegt hatte und er endlich mit seiner Rede beginnen konnte.

Unsere französischen Genossen hatten damals harte Kämpfe mit anarchistelnden Syndikalisten zu bestehen.

Wenige Wochen erst waren vergangen, seit im selben Saale in einer Sozialistenversammlung Schüsse gefallen waren. Daran hatte Jaurès gedacht, als mir das Wort erteilt worden war. Heiß waren seine Wünsche, „daß der deutsche Redner darlegen möchte, was Einigkeit vermöge". Ohne daß ich die besonderen Schmerzen und Wünsche Jaurès gekannt hatte, war es mir geglückt, den richtigen Ton anzuschlagen ... Jaurès sprach leidenschaftlich, mit einer Wucht, die ich niemals vorher oder nachher bei einem anderen Redner erlebt habe. Wiederholt sprach Jaurès mehr zu mir gewandt, der ich am Tische der Versammlungsleitung Platz genommen hatte, als zu der Versammlung selbst. Bald glichen seine Worte einem süßen Flüstern, so, als ob er gut zureden, als ob er, wie ein Liebhaber die Geliebte, überzeugen wollte, dann wurde seine Stimme wieder zum Orkan, der alles hinwegfegte, was ihm etwa hätte widerstehen wollen.

Endloser Jubel folgte seinen Worten. Während der Beifall durch den Saal brauste, hatte er mich wieder an die Rampe gezogen und von neuem umarmt. Diese Pariser Feier des deutschen Wahlsieges, dem internationale Bedeutung beigemessen wurde, war eine Friedensdemonstration von ungeheurer Wucht.

Neue Friedensdemonstrationen

Die Zeiten des braven Bürgers, der bei seinem Spaziergange am Ostermorgen nichts Besseres weiß, „als ein Gespräch von Krieg und Kriegsgeschrei, wenn hinten, weit in der Türkei, die Völker aufeinanderschlagen", waren vorüber. Als 1912 die Nachrichten vom Ausbruch des Balkankrieges die Welt in die größte Bestürzung versetzten, konnte sich kein verständiger Europäer abends sorglos zu Bett legen. Damals schon glich, allen Friedenskundgebungen der internationalen Sozialdemokratie zum Trotz, Europa einem Pulverfaß. Wenn vom Balkan her ein Fünkchen übersprang, dann war die gräßlichste Explosion gewiß. Die internationale Sozialdemokratie war denn auch schnell am Werke, um alle europäischen Völker gegen den Krieg mobil zu machen. In den europäischen Weststaaten wurden Tausende von Versammlungen abgehalten, ungezählte Millionen von Flugschriften verbreitet. In allen Hauptstädten fanden Demonstrationen mit bekannten Rednern der Internationale statt. In Deutschland sprachen Franzosen, in Frankreich Deutsche; in London sprach Dr. Ludwig Frank, in Amsterdam Molkenbuhr; in Berlin sprachen Dr. Renner (Wien) und O'Grady (London). Jean Jaurès war das Reden in Berlin verboten worden. Ich durfte in Paris ungehindert sprechen. Zu meiner großen Freude wieder mit Jaurès, Edouard Vaillant, Jules Guesde, dem alten Kommunard und Engelbert Pernerstorffer aus Wien, sowie Mac Donald (London).

Die Versammlungen nahmen überall den imposantesten Verlauf. Die Kundgebung in Paris gehörte mit zu den größten Demonstrationen, die ich jemals erlebt habe. Die Massen waren eingeladen worden nach St. Gervais bei Paris und waren auch wirklich zu vielen Zehntausenden erschienen. Die „Humanite" schrieb am nächsten Tage quer über die erste Seite: „Hunderttausend Manifestanten gegen den Krieg!" Darunter druckte sie in riesigen Lettern einen von mir in meiner Rede gesprochenen Satz ab: „Nous ne voulons pas tirer sur vous!", was zu deutsch klar und deutlich heißt: Wir wollen nicht auf euch schießen, nämlich deshalb nicht, weil wir ja gerade für den Frieden gemeinsam arbeiten: „Nicht schießen wollen wir auf euch, im Gegenteil, die Hände wollen wir euch schütteln, denn wir begrüßen euch als Freunde und Kampfgenossen, die einen gemeinsamen Feind haben, den internationalen Kapitalismus! Der Sinn meiner Rede war so eindeutig, daß die Kriegshetzer in Deutschland damit nichts anfangen konnten. Ihre Söldlinge griffen deshalb zu einem ihrer beliebtesten Mittel, sie fälschten! Sie machten aus dem „nous ne voulons pas tirer sur vous" einfach „nous ne tirerons pas sur vous!" Daraus dann einen eklatanten Landesverrat nachzuweisen, war ihnen natürlich eine Kleinigkeit: Sie, nämlich die deutschen Sozialdemokraten, wollten nicht auf die Franzosen schießen, selbst dann, wenn sie über uns herfallen sollten.

Im Reichstag gab es deswegen eine heftige Auseinandersetzung. Obwohl ich bei dieser Gelegenheit die nationalistische Fälschung schlagend nachgewiesen habe, wurde sie später trotzdem immer wieder benützt.

Der Kongreß in Basel

Die Friedenskundgebungen in den europäischen Hauptstädten hatten zweifellos einen großen Eindruck auf die Kriegstreiber, die es in allen Ländern gab und leider noch gibt, gemacht. Übertroffen wurden alle Demonstrationen durch den vom Internationalen Sozialistischen Büro nach Basel für den 24. November 1912 einberufenen Internationalen Kongreß, der zum Entsetzen aller Philister im Münster eröffnet und von dem schweizerischen Regierungspräsidenten Blocher begrüßt wurde. Einstimmig wurde in Basel eine Resolution beschlossen, in der es heißt:

„Droht der Ausbruch des Krieges, so sind die arbeitenden Klassen und deren parlamentarische Vertretungen in den beteiligten Ländern verpflichtet, unterstützt durch die zusammenfassende Tätigkeit des Internationalen Büros, alles aufzubieten, um durch die

Anwendung der ihnen am wirksamsten erscheinenden Mittel den Ausbruch des Krieges zu verhindern, die sich je nach der Verschärfung des Klassenkampfes und der Verschärfung der allgemeinen politischen Situation naturgemäß ändern.

Falls der Krieg dennoch ausbrechen sollte, ist es Pflicht, für dessen rasche Beendigung einzutreten und mit allen Kräften dahin zu streben, die durch den Krieg herbeigeführte wirtschaftliche und politische Krise zur Aufrüttelung des Volkes auszunützen und dadurch die Beseitigung der kapitalistischen Klassenherrschaft zu beschleunigen."

Ähnlich hatten schon die Beschlüsse der Internationalen Kongresse von Stuttgart und Kopenhagen gelautet. Waren den Militaristen aller Länder die sozialistischen Kundgebungen zunächst sehr in die Quere gekommen, so suchten sie unter Hinweis auf die Balkanwirren für den Militarismus zu werben, indem auch sie auf die „ständigen Kriegsgefahren", die „an Zahl ungenügenden Mannschaften" und die „mangelhafte Ausrüstung" hinwiesen. In Deutschland gab es neue Militärvorlagen, in Frankreich sollte durch Verlängerung der Dienstzeit das Heer gekräftigt werden, England nahm die deutschen Rüstungen zum Vorwand für weitere Schiffsbauten. So wurde die „militaristische Schraube ohne Ende" in allen europäischen Ländern weitergedreht. Wie die deutsche Sozialdemokratie gegen diese wahnwitzig Rüstungspolitik angekämpft hat, geht aus den in diesem Buch knapp skizzierten Reichstagsreden einwandfrei hervor. Für Deutschland und Frankreich waren die Gefahren kriegerischer Verwicklungen am größten. Deshalb wollten die Sozialisten gerade dieser beiden Länder noch eindringlicher vor aller Welt bekunden, daß sie sich mit äußerster Kraft einem Kriege zu widersetzen gewillt seien.

Die Konferenzen in Bern und Basel

Auf eine Anregung der Genossen Stampfer und Ludwig Frank kamen die deutsch-französischen Verständigungskonferenzen in der Schweiz zustande. Die französischen Genossen waren sofort einverstanden. Die Sache wurde so arrangiert, daß von schweizerischen Volksvertretern der verschiedensten Parteirichtungen zu Pfingsten 1913 nach Bern eine „Verständigungskonferenz" einberufen wurde, zu der die Parlamentarier aller Parteien aus Deutschland und Frankreich eingeladen werden sollten. Als Zweck der Konferenz wurde angegeben: Förderung eines freundschaftlichen Verhältnisses zwischen Frankreich und Deutschland. Es nahmen an der Konferenz 156 französische und deutsche Abgeordnete teil; während aber aus Frankreich auch 83 bürgerliche Parlamentarier,, darunter verschiedene ehemalige Minister, erschienen waren, hatten sich aus Deutschland nur sechs bürgerliche Abgeordnete eingefunden. Davon waren vier Volksparteiler und zwei Elsässer. Die geringfügige Anzahl Bürgerlicher aus Deutschland war kennzeichnend für den Liberalismus, der bis auf einen kleinen Rest dem Imperialismus vollständig verfallen war. Das Ergebnis der Konferenz war in jeder Beziehung erfreulich und durchaus befriedigend. Das Bekenntnis einer so großen gemischten Parlamentarierschar zur unbedingten Friedensliebe, sowie die unbedingte Anerkennung des Prinzips der Schiedsgerichte, wie sie in unserem sozialdemokratischen Programm gefordert werden, waren erfreuliche Tatsachen. Es wurde eine permanente deutsch-französische Verständigungskommission eingesetzt. In der einstimmig angenommenen Resolution hieß es unter anderem:

„Die erste Konferenz der deutschen und französischen Parlamentarier, versammelt zu Bern am 11. Mai 1913, wendet sich mit aller Entschlossenheit gegen die verwerflichen chauvinistischen Hetzereien jeder Art und gegen die sträflichen Treibereien, die auf beiden Seiten der Grenze den gesunden Sinn und die

Liebe der Bevölkerung zum Vaterlande irrezuführen drohen.

Sie weiß und verkündet, daß die beiden Völker in ihrer ungeheuren Mehrheit den Frieden wollen, diese oberste Bedingung jeden Fortschrittes ...

Sie lädt ihre Mitglieder ein, mit aller Kraft auf die Regierungen der Großmächte zu wirken, daß sie eine Beschränkung der Ausgaben für Heer und Flotte herbeiführen. Die Konferenz tritt warm ein für den von dem Staatssekretär der Vereinigten Staaten Bryan in der Schiedsgerichtsfrage gemachten Vorschlag. Sie fordern demgemäß, daß Konflikte, die zwischen den beiden Staaten entstehen könnten und die auf diplomatischem Wege nicht zu schlichten sein sollten, dem Haager Schiedsgericht unterbreitet werden ...

Sie ist überzeugt, daß eine Annäherung zwischen Deutschland und Frankreich die Verständigung zwischen den großen Mächtegruppen erleichtern und damit die Grundlage für einen dauernden Frieden schaffen werde ..."

Die sozialdemokratischen Fraktionen der Deputiertenkammer und des Reichstages, sowie die Vorstände der deutschen und französischen Sozialdemokratie hatten vor Eintritt in die Tagesordnung eine gemeinsame Erklärung abgegeben, in der die prinzipielle Stellung des internationalen Proletariats zum Krieg und zum Militarismus präzisiert und zum Schlüsse gesagt wurde:

„... Die französische und die deutsche Sozialdemokratie begrüßen deshalb aufs wärmste den Zusammentritt der Konferenz zu Bern und spricht den Wunsch aus, daß durch sie, auch über die Kreise der Arbeiter hinaus, die Einsicht in die Zusammengehörigkeit der beiden großen Kulturvölker zum Wohle der Menschheit gefördert werde."

Mit diesen Friedensdemonstrationen gaben die Sozialdemokraten Frankreichs und Deutschlands sich keineswegs zufrieden. Sie verabredeten eine gemeinsam zu unterzeichnende Flugschrift gegen den Krieg, die, auf einem Blatt in deutscher und französischer Sprache gedruckt, am selben Tage in ganz Frankreich und Deutschland verbreitet worden ist. Das Flugblatt trug die Überschrift: „Gegen den Rüstungswahnsinn!" Im Text hieß es unter anderem:

„... Die französische und die deutsche Sozialdemokratie erheben einmütig und einstimmig Protest gegen die unaufhörlichen

Rüstungen, die die Völker erschöpfen, sie zur Vernachlässigung der wichtigsten Kulturaufgaben zwingen, das gegenseitige Mißtrauen steigern und, statt Frieden zu sichern, Konflikte heraufbeschwören, die zu einer Weltkatastrophe führen mit Massenelend und Massenvernichtung im Gefolge. Die herrschenden Klassen hüben und drüben sind es, die die nationalen Gegensätze, statt sie zu bekämpfen, künstlich verschärfen, die gegenseitige Feindseligkeit schüren und dadurch die Völker von ihren Kulturbestrebungen und ihrem Befreiungskampf im Innern ablenken.

Um den Frieden, die Unabhängigkeit der Völker und den Fortschritt der Demokratie auf allen Gebieten in beiden Staaten zu sichern, fordert die Sozialdemokratie, daß alle Streitigkeiten zwischen den Völkern schiedsgerichtlich geschlichtet werden; sie empfindet die Entscheidungen auf dem Wege der Gewalt als Barbarei und Schande für die Menschheit.

Sie fordert weiter die Beseitigung des stehenden Heeres, das eine stete Bedrohung der Nationen bildet und an dessen Stelle die Einführung einer Volkswehr auf demokratischer Grundlage, die nur der Landesverteidigung zu dienen hat ...

Derselbe Ruf gegen den Krieg, dieselbe Verurteilung des bewaffneten Friedens hallt in beiden Ländern wider. Unter der Fahne der Internationale, die die Freiheit und Unabhängigkeit jeder Nation zur Voraussetzung hat, werden die deutschen und französischen Sozialisten mit steigender Kraft den Kampf fortführen gegen den unersättlichen Militarismus, gegen den länderverwüstenden Krieg, für die gegenseitige Verständigung, für den dauernden Völkerfrieden."

Unterzeichnet war diese Kampfschrift auf französischer Seite u. a. von Jean Jaurès, Pierre Renaudel, Camélinat, Albert Thomas, Sembat, Vaillant und sämtlichen sozialistischen Mitgliedern der Deputiertenkammer. Für die deutsche Sozialdemokratie hatten u. a. unterzeichnet: Bebel, Braun, Ebert, Haase, Molkenbuhr, Müller, Scheidemann und die gesamte Reichstagsfraktion.

Der Berner Konferenz, die einen sehr nachhaltigen Eindruck gemacht hatte, folgte im Sommer 1914 die Konferenz in Basel. Von den bekannteren Sozialisten aus Frankreich und Deutschland waren nahezu alle, die schon in Bern gewesen waren, wieder erschienen. Einer wurde schmerzlich vermißt: August Bebel, den der Tod inzwischen abberufen hatte. Mit seiner Rede für den

Frieden hatte er in Bern Abschied genommen: „Wir vertreten die Wahrheit, die Gerechtigkeit, die Menschlichkeit, den Frieden und die Wohlfahrt der Nationen und vertrauen darauf, daß immer weitere und weitere Kreise auch derjenigen, die uns heute noch spöttelnd gegenüberstehen, eines Tages unsere Ideen annehmen werden." In Basel wurde bekräftigt, was in Bern beschlossen worden war. Das Band zwischen allen Friedensfreunden diesseits und jenseits der Vogesen schien fester geknüpft, denn je zuvor.

Zehnter Abschnitt

Aus friedlichen Bergen – in blutigen Krieg

Parteipolitiker, die sich nur für Politik, sonst aber für nichts, wirklich für gar nichts anderes interessieren, haben mir immer aufrichtig leid getan. Ich bin gewiß ein hartgesottener Parteimensch von frühester Jugend an gewesen. Es wäre mir bis auf den heutigen Tag unerträglich, wenn ich frühmorgens nicht aus der Presse ersehen könnte, was in der Welt und in der Partei los ist. Aber daß ein Mensch für nichts anderes Interesse haben kann, als nur für Politik, habe ich niemals verstanden. Einseitigster Verkehr, immer in demselben kleinen Kreis, Verzicht auf den Besuch von Gasthäusern, Theatern und Konzerten, vollkommenes Desinteressement für jeglichen Sport — was sind das für Menschen, was weiß ein solcher Mensch überhaupt von der Welt, die er verbessern will? Vielleicht halten diese Politiker sich sogar für vorbildliche Zeitgenossen. Ich bin niemals maßlos bei irgendwelchem Tun gewesen, aber ich protestiere schon jetzt ein für allemal gegen die vielleicht auch mir nach meinem Tode drohende üble Nachrede, ein Musterknabe für lendenlahme Prinzipienreiter, für alkohol- und nikotinfeindliche „Revolutionäre" gewesen zu sein. Die „Revolutionäre" haben mir niemals imponiert, die Magenkrämpfe kriegen, wenn sie eine Maß Bier trinken sahen, oder die in Schreikrämpfe fallen, wenn ihnen ein Arbeiter einen Zutrunk reicht. Als ich mich, ein politischer Säugling, an der Milch marxistischer Theorien zu laben versuchte — in Wirklichkeit war es selten ein Labsal, zumeist ein kummervolles Bemühen — da war ich oft dem Verzweifeln nahe. So gescheite Menschen, wie diesen Karl Marx und seinen Spezel Friedrich Engels gab es wohl nicht zum zweitenmal in diesem irdischen Jammertale! Da las ich eines Tages, daß Marx seinen Freund Engels nicht nur regelmäßig anpumpte — aus offensichtlicher Not, sondern daß beide in London sich — mindestens einmal — regelrecht beknipst und dann im Übermut Straßenlaternen eingeworfen haben. Da habe ich geradezu aufgeatmet und mich mit gesteigertem Eifer in das „Kapital" und den „Anti-Dühring" verbissen. Ich wußte nun, daß die beiden Gelehrten des Sozialismus nicht nur trockene Bücherwürmer waren ...

Allen denen, die viel besser, klüger und vorbildlicher sind als ich, und deshalb nach dem Genuß vorstehender Zeilen von obenher über mich urteilen werden, verzeihe ich im voraus. Was sie auf Erden entbehren, mag ihnen im Himmel alles gutgeschrieben werden. Sie mögen mir dann von ihrem Überfluß recht viel abgeben, damit wir alle wenigstens oben „nach vernunftgemäßen Bedürfnissen" leben können.

Nach aufregender politischer Tätigkeit und bürokratischer Fronarbeit im Jahre 1914 hatte ich mein Edelweiß des Deutschen und österreichischen Alpenvereins an den Hut gesteckt — ich war lange Mitglied der Münchner Sektion Oberland —, um in den Bergen wieder einen Vorschuß auf die Seligkeit zu nehmen. Oftmals hatte ich in nächtlichen Stunden, wie an verbotenen Früchten naschend, in der Zeitschrift des Deutschen und österreichischen Alpenvereins geschwelgt und nach den alpinen Karten neue Touren ausgearbeitet. Von den Gipfeln des Monte Christallo und der Marmolata aus hatte ich bis dahin noch nicht in Gottes herrliche Welt jauchzen können, obwohl ich die Dolomiten im übrigen kreuz und quer durchstreift hatte. Ludwig Frank hatte 1913 die Marmolata bestiegen und mir davon allerlei erzählt. Ich war nicht mehr zu halten...

Nicht weit vom Pordoijoch entfernt, auf dem Wege zum Bamberger Haus, stießen wir, meine Tochter Luise und ich, auf österreichische Alpentruppen, die Geländeübungen machten. Sie fuhren, Pickel oder Bergstöcke als Steuer benutzend, stehend in Sandreißen ab, hatten aber zahlreiche Unfälle, so daß wir sehr viel Blut sehen mußten. In den meisten Fällen handelte es sich um Kopfverletzungen. Viele noch ungeübte Soldaten stürzten beim Abfahren und schlugen mit den Köpfen auf. Als wir die Hütte am Fuße der Marmolata erreicht hatten, roch es dort, wie in einem Krankenhaus, nach Karbol, ein im Hochgebirge erfreulicherweise nicht allzu häufiges Parfüm. Unsere Touren gelangen, vom besten Wetter begünstigt, ausgezeichnet. Ich überwand die Strapazen spielend, wie ich ja auch fünf Jahre später noch den Pic Palü von den Berninahäusern aus machen konnte, ohne mich überanstrengen zu müssen. Da unsere Urlaubszeit bald abgelaufen war, wandten wir uns von Bozen aus über Innsbruck wieder nördlich, um an der bayerisch-tirolerischen Grenze in Mittenwald, das mir seit vielen Jahren eine Zufluchtsstätte aus der Unrast kampffreier Tage war, noch eine Woche lang ganz dem Naturgenuß und der Erholung zu leben.

Am 24. Juli kamen wir in Mittenwald an. Aus den Ruhetagen wurde nichts. Wir konnten der Versuchung nicht widerstehen und bestiegen am 25. Juli die westliche Karwendelspitze, die wir schon in früheren Jahren, ebenso wie den Wörner, wiederholt bestiegen hatten. Das war eine köstliche Gipfelrast unter dem hohen Kreuz in nahezu 2400 Meter Höhe! Fünf lange Jahre habe ich von der Erinnerung an diese Rast zehren müssen! Die Sicht war klar, so klar, daß die nächsten Tage schlechtes Wetter mit Naturnotwendigkeit bringen mußten. Wir sahen die wunderbare Bergwelt in wahrhaft majestätischer Schönheit. Alle die Großen im Reiche der Tiroler Berge, vor allem die Ötztaler und Stubaier Dreitausender, leuchteten in prachtvoll feierlich-weißen Seidengewändern, von goldiger Sonne bestrahlt ... Weit und breit kein Mensch zu sehen, Ruhe und tiefster Frieden umgaben uns. Ein Glücksgefühl sondergleichen.

In Mittenwald wieder angekommen, erhielt ich die Nachricht von dem Ultimatum der Österreicher an die Serben. „Das ist der Krieg; offenbar will man den "Krieg!" Ich stürzte auf die Straße und traf einen mir bekannten Direktor aus der Personalabteilung des Kriegsministeriums. Er war ganz sorglos, glaubte nicht an einen Krieg und versicherte scherzend, daß er „erst in der übernächsten Woche wieder anfangen werde zu regieren".

Mich hätte keine Macht der Erde halten können. Ich telegraphierte nach Berlin, gab meiner Tochter die notwendigen Anweisungen, riet ihr, schleunigst nachzukommen, fuhr selbst aber sofort über München nach Berlin ... Wenige Tage später standen sich Millionen bis an die Zähne bewaffnet gegenüber. Das große Morden nahm seinen Anfang.

Elfter Abschnitt

Kritische Tage

Hals über Kopf war ich aus dem Gebirge nach Berlin zurückgekehrt. Überall, gleichviel wo immer man ein Wort zu hören bekam, es war „ein Gespräch von Krieg und Kriegsgeschrei." Es gab nur ein Gesprächsthema: „Krieg". Die Anhänger des Kriegs schienen in der großen Mehrheit zu sein. Waren die kampfbegeisterten Jünglinge, Männer und Greise von allen guten Geistern verlassen? Waren sie alle so vollkommen im Unklaren über das Furchtbare eines Krieges? Zum Frieden mahnende Stimmen vernahm ich, abgesehen von den wenigen demokratischen Zeitungen, eigentlich nur im Kreise meiner Parteifreunde. Dabei war die ungeheure Mehrheit des Volkes ganz zweifellos unbedingt gegen den Krieg.

„Unter den Linden" fanden Demonstrationen von gewaltigen Ausmaßen statt. Schüler und Studenten waren zu Tausenden vertreten, aber auch alte Semester im Germanenbart, mit bronzenen Denkmünzen und eisernen Kreuzen von 1870/71 auf der Brust, waren in großen Haufen erschienen. Treitschke und Bernhardi, ganz zu schweigen von den nationalliberalalldeutschen Bierbankhelden, schienen sich tausendfach vermehrt zu haben. Der patriotische Lärm wirkte betäubend und putschte die kriegerischen Hetzer immer mehr auf. „Es braust ein Ruf wie Donner hall!" Heil! „Siegreich woll'n wir Frankreich schlagen!" Hurra!

„Heil Dir im Sieger kränz!" Hoch! Hoch! — —

Die von den Berliner Sozialdemokraten sofort veranstalteten Gegendemonstrationen waren wuchtig und sicherlich disziplinierter als die Patriotenzüge, konnten den Lärm der Kriegswütigen jedoch nicht übertrumpfen. „Wohlan, wer Recht und Wahrheit achtet, zu unsrer Fahne steh' zu Häuf" Es lebe der Frieden! „Auf Sozialisten schließt die Reihen" — Die sozialistische Internationale Hoch! — Zeitweilig wurden die Patrioten durch die Proletariermassen zur Ruhe gezwungen, dann aber waren sie wieder obenauf. Dieser Sängerkrieg „Unter den Linden" setzte sich tagelang fort.

„Die Stunde haben wir ersehnt, unsere Freunde wissen es!" so jubelten die Alldeutschen Blätter, die seit Jahren im Blutrausch zum Kriege gehetzt hatten. Die von dem freikonservativen Führer und Großindustriellen v. Stumm ausgehaltene „Post" hatte schon 1910 bei der 40jährigen Gedächtnisfeier des Siebziger Krieges durch alle Spalten gestöhnt: „Vierzig weitere Friedensjahre wären ein nationales Unglück für Deutschland". Jetzt sahen diese Hetzer ihre Blutsaaten reifen. Vielleicht hat auch in den Köpfen vieler, die damals berufen waren, alle Mittel zur Erhaltung des Friedens in Anwendung zu bringen, das Bernhardische Wort Unheil angerichtet, „daß die Erhaltung des Friedens niemals der Zweck der Politik sein kann und darf." Diese Worte haben eine verteufelte Ähnlichkeit mit der geheimen Instruktion, die Baron von Holstein der deutschen Delegation zur ersten Haager Friedenskonferenz gegeben hat:

„Für den Staat gibt es keinen höheren Zweck als die Wahrung seiner Interessen; diese werden bei Großmächten nicht notwendig identisch sein mit der Erhaltung des Friedens, sondern viel eher mit der Vergewaltigung des Feindes und Konkurrenten."

Der Vorstand der SPD wollte jedenfalls tun, was in seinen Kräften stand, um dem drohenden Unheil entgegenzuwirken. Zum 28. Juli berief er telegraphisch eine gemeinsame Sitzung mit der Kontrollkommission ein, deren Mitglieder in allen Teilen des Reiches wohnten. Während der Parteivorstand von der KK sonst immer, wie wir unter uns spöttisch zu sagen pflegten, „scharf verhört" wurde, kamen wir in dieser Sitzung sehr gut weg. Wir waren sprachlos, als unsere Tätigkeit sogar gelobt wurde. Dergleichen hatte noch keiner erlebt.

Freilich ganz ohne Tadel ging es übrigens auch in dieser Sitzung nicht ab. Ein Mitglied der K. K. rügte, daß in so kriegerischer Zeit „der Genosse Ebert, einer der Parteivorsitzenden, nicht einmal aus seinem Urlaub zurückgekehrt sei. Das wird in Leipzig peinlich berühren und darf nicht wieder vorkommen."

Am 28. und 29. Juli 1914 tagte das Internationale Sozialistische Büro in Brüssel. Zu den Teilnehmern gehörten u. a. Jaurès (Frankreich), Troelstra (Holland), Vandervelde (Belgien), Keir Hardie (England), Margorie (Italien), Haase u. a. Das Büro nahm energisch Stellung gegen den drohenden Krieg und forderte die Arbeiterschaft aller Länder zu Demonstrationen auf.

Für den Monat September 1914 war ein Internationaler Sozialistenkongreß in Wien und im Anschluß daran ein Sozialdemokratischer Parteitag in Würzburg geplant. Beide Kongresse wurden durch den Krieg vereitelt.

Bethmann Hollweg hatte durch einen seiner Büchsenspanner, den Unterstaatssekretär Wahnschaffe, einen seinem Herrn treu ergebenen, klugen und rechtschaffenen Mann, uns bitten lassen, unsere Presse zur Vorsicht zu mahnen, denn wenn es zum Kriege kommen sollte, müsse natürlich der Belagerungszustand verhängt werden, der für die Presse allerlei Gefahren mit sich bringe.

Innerhalb weniger Tage hatte der Parteivorstand einen Aufruf veröffentlicht, ein Rundschreiben an die Presse geschickt und eine Extra-Ausgabe des „Vorwärts" veranlaßt. Wir arbeiteten mit Hochdruck. In einem schon am 25. Juli veröffentlichten Aufruf hatte der Parteivorstand gesagt:

„Noch dampfen die Acker auf dem Balkan von dem Blute der zu Tausenden Hingemordeten, noch rauchen die Trümmer verheerter Städte, verwüsteter Dörfer, noch irren hungernd arbeitslose Männer, verwitwete Frauen und verwaiste Kinder durchs Land und schon wieder schickt sich die vom österreichischen Imperialismus entfesselte Kriegsfurie an, Tod und Verderben über ganz Europa zu bringen ... Kein Tropfen Blut eines deutschen Soldaten darf dem Machtkitzel der österreichischen Gewalthaber geopfert werden. Parteigenossen! Wir fordern euch auf, sofort in Massenversammlungen den unerschütterlichen Friedenswillen des klassenbewußten Proletariats zum Ausdruck zu bringen ..."

Am Nachmittag des 30. Juli, an dem wir im Parteivorstand unter dem Vorsitz Haases in meinem Zimmer eine Proklamation an die Partei fertigstellten, spielte sich eine bemerkenswerte Szene ab. Während wir Satz für Satz des Entwurfs durchnahmen, klingelte das Telefon. Ich nahm den Hörer und stellte fest, daß Genosse Stampfer, der damals eine von nahezu der gesamten Parteipresse benutzte Korrespondenz herausgab, in Stichworten einen Artikel über die Stellung der Partei zum Kriege zu skizzieren wünsche. Er habe über den Artikel mit Ströbel bereits heftig gestritten, ihn aber trotzdem soeben verschickt. Alle lauschten aufmerksam zu. Schon nach den ersten Sätzen sprang Haase erregt auf und protestierte gegen den Artikel Stampfers. Es gab eine hastige Aussprache, während der ich von einem Nebenzimmer aus weiter mit Stampfer telefonisch verhandelte. Schließlich mußte ich ihn im Auftrag der versammelten Vorstandsmitglieder der

Partei und der Fraktion bitten, seinen Artikel telegraphisch zurückzuziehen, weil der Parteivorstand einen Aufruf formuliere, der durch den Artikel Stampfers erheblich tangiert werden dürfte. Stampfer war natürlich sehr ungehalten, denn er durfte mit Recht annehmen, daß die meisten Mitglieder der genannten Vorstände sachlich mit seinem Artikel einverstanden seien; von mir wußte er das bestimmt. Trotzdem war die Parteileitung formell im Recht, denn in einem so kritischen Augenblick mußte sie zu verhüten suchen, daß ihren eigenen offiziellen Publikationen von dritter, parteioffiziell nicht verantwortlicher Seite, vorgegriffen wurde. Die vielen Dutzende Abruftelegramme verhinderten nicht, daß der Stampf ersehe Artikel in einigen Blättern am nächsten Tage abgedruckt wurde. Der Artikel zeigt die damalige Stimmung der Partei, nicht etwa nur die Stampfers, so klar und deutlich, daß ich ihn als wichtiges Parteidokument hier wiedergeben will:

Sein oder Nichtsein!

„Solange es die Möglichkeit gibt, den Frieden zu retten, gibt es nur eine Pflicht: für ihn zu arbeiten. In dem Augenblick aber, in dem das weltgeschichtliche Ringen beginnt — und wir wissen nicht, um wieviel Stunden wir von ihm noch getrennt sind — ändern sich auch die Aufgaben des deutschen klassenbewußten Proletariats.

Deutschland wird dann mit einem Bundesgenossen, der mit starker Heeresmacht auf einem anderen Kriegsschauplatz festgehalten ist, gegen zwei Fronten — vielleicht obendrein noch in der Nordsee gegen England — zu kämpfen haben. Das ist ein Krieg, gegen den der von 1870/71 ein Kinderspiel war.

Die ungeheure Mehrheit des deutschen Volkes hat diesen Krieg nicht gewollt. Aber es gibt in ganz Deutschland keine Partei, keine Gruppe, und — wir glauben — keinen Menschen, der in diesem Kriege eine Niederlage Deutschlands wi11.

Diese Niederlage wäre etwas Unausdenkbares, Entsetzliches. Ist schon ein Krieg an sich der Schrecken aller Schrecken, so wird das Furchtbare dieses Krieges noch durch den Umstand vermehrt, daß er nicht nur unter zivilisierten Nationen geführt wird. Wir haben das Vertrauen zu unseren Klassen- und Volksgenossen in Uniform, daß sie sich von aller überflüssigen Grausamkeit fernhalten werden. Wir können dieses Vertrauen nicht haben zu den buntgemengten Völkerschaften des Zaren, und wir wollen nicht, daß unsere Frauen und Kinder Opfer kosakischer Bestialitäten werden.

Wir müssen noch ein Ferneres bedenken. Die geographische Lage zwingt Deutschland und Österreich nach drei oder vier Seiten nach außen zu kämpfen. Die Verbündeten können nicht mit ihrer ganzen Macht nach einem Punkte hinwirken, und darum werden sie auch im Falle eines Sieges nicht mit jenem Übermut des Siegers auftreten können, der jetzt im voraus aus den unverantwortlichen Äußerungen gewisser Zeitungen spricht. Die Gegner aber streben dann mit all ihren Kräften konzentrisch dem Mittelpunkt des deutsch-österreichischen Länderblockes zu. Deutschland-Österreich können den Gegnern kaum eine so vollkommene Niederlage beibringen, wie es die Niederlage Deutschlands wäre, wenn die Gegner von allen Seiten siegreich eindrängen.

Niederlage wäre gleichbedeutend mit Zusammenbruch, Vernichtung und namenlosem Elend für uns alle. Und unser aller Gedanken bäumen sich gegen diese Möglichkeit auf. Unsere Vertreter im Reichstag haben es unzählige Male für eine Verleumdung erklärt, daß die Sozialdemokraten ihr Land im Augenblick der Gefahr im Stiche lassen könnten. Wenn die verhängnisvolle Stunde schlägt, werden die Arbeiter das Wort einlösen, das von ihren Vertretern für sie abgegeben worden ist. Die „vaterlandslosen Gesellen" werden ihre Pflicht erfüllen und sich darin von den Patrioten in keiner Weise übertreffen lassen. Unsere Fraktion steht bei der Frage der Bewilligung der Kriegskredite vor einer furchtbaren verantwortungsvollen Entscheidung, die ihr durch keine Diskussion erschwert werden darf. Man wird sich vielmehr begnügen müssen, jede Entscheidung, die sie treffen kann, zu begreifen. Wer sie kennt, der weiß, daß ihr nichts fernerliegt, als den Krieg gutzuheißen, für seinen Ausbruch auch nur das kleinste Stückchen Verantwortung zu übernehmen und die Bande der Internationalität zu zerreißen, die nach dem Kriege wirksamer als je in Erscheinung treten werden. Wer sie kennt, weiß aber auch, daß die Ablehnung der Verantwortung für den Krieg keineswegs die "Ablehnung der Verteidigung bedeutet, die für uns alle im Augenblick des Kriegsausbruchs zur unerbittlichen Lebenspflicht geworden ist. Selbstverständlich ist, daß die Fraktion in vollständiger Geschlossenheit auf den Plan treten wird.

Wir fordern aber auch von unsern innerpolitischen Gegnern, daß sie den tiefen sittlichen Ernst achten, mit dem unsere Fraktion an ihre schwere Aufgabe herangeht. Wer zu behaupten wagt, daß die Abstimmung der Fraktion den Sinn haben könnte, für die Sozialdemokratie die Pflicht der Landesverteidigung zu negieren, der spricht die Unwahrheit. Nochmals: es besteht kein Zweifel, daß die Sozialdemokraten diese Pflicht anerkennen und sie gewissenhaft erfüllen werden.

Unser Herz weiß nichts von Begeisterung für einen Krieg. Es ist erfüllt mit tiefem Abscheu vor dem Krieg. Aber wenn kein Opfer mehr hilft, um das Verhängnis aufzuhalten, wenn wir uns dann der namenlosen Schändlichkeiten erinnern, die der Zarismus an seinen eigenen Volksgenossen verübt hat, wenn wir uns weiter vorstellen, die Schergen dieser barbarischen Gewalt könnten als trunkene Sieger unser Land betreten, dann dringt ein Schrei aber unsere Lippen: Nur das nicht!

Jenseits aller Greuel der Verwüstung steigt uns ein anderes, freundlicheres Bild auf. Ein freies, deutsches Volk, das sich sein Vaterland eroberte, indem es dieses sein Land verteidigte. Dieses freie deutsche Volk nach billigen Friedensbedingungen im Bunde mit den großen Kulturvölkern des Westens. Unsere große Sache allüberall im Vordringen. Drüben aber im Osten die rauchenden Trümmer eines Zarenthrons."

Gleichzeitig mit diesem nur in wenigen Zeitungen abgedruckten Artikel Stampfers erschien in der gesamten Parteipresse ein Aufruf des Parteivorstands, in dem es hieß:

„Unsere immer wiederholten Bemühungen um die Erhaltung des Friedens waren erfolglos. Die Verhältnisse, unter denen wir leben, erwiesen sich noch einmal stärker als unser und unserer Arbeitsbrüder Willen. So werden wir jetzt dem, was kommen muß, mit Festigkeit ins Auge sehen. Nicht mit fatalistischem Gleichmut werden wir die kommenden Ereignisse durchleben. Wir werden unserer Sache treu bleiben und fest zusammenhalten, getragen von der erhabenen Größe unserer Kulturmission. Die Frauen insbesondere, die die Ereignisse doppelt und dreifach treffen, haben in diesen ernsten Zeiten die Aufgabe, im Geiste des Sozialismus zu wirken, damit eine Wiederholung dieses namenlosen Unglücks vermieden wird, damit dieser Krieg der letzte ist.

Die strengen Vorschriften des Kriegsrechts treffen mit furchtbarer Härte die Arbeiterbewegung. Unbesonnenheit, nutzlose und falsch verstandene Opfer schädigen in diesem Augenblicke nicht nur den einzelnen, sondern unsere Sache."

Die Parteileitung mußte sich selbstverständlich mit größerer Zurückhaltung äußern als Stampfer, weil die Fraktion noch nicht versammelt und ein Beschluß noch nicht gefaßt worden war.

Ebert verlebte seit einigen Wochen seinen Urlaub auf der Insel Rügen. Er konnte und wollte offenbar an den furchtbaren Ernst der Situation nicht glauben. In einem vom 27. Juli datierten Briefe an den Parteivorstand schrieb er, daß man „Basel" — das hieß: den letzten Internationalen Sozialisten-Kongreß — nicht wiederholen könne. Dagegen schien ihm eine Kundgebung des Internationalen Sozialistischen Büros zweckmäßig. Daß die Mitglieder des ISB bereits auf dem Wege nach Brüssel waren, wußte er nicht. „Ich bitte Euch sehr, mich schnell zu informieren. Selbstverständlich bin ich gern bereit, sofort zurückzukehren. Wir sind hier ja gut aufgehoben. Bei dieser Situation kommt man aber, wie gesagt, doch nicht zur Ruhe."

Pfarrer Felden berichtet in seinem Ebertbuch über eine Unterhaltung zwischen Ebert und seiner Frau, aus der einwandfrei hervorgeht, daß Ebert, als einziger von allen seinen Kollegen, nicht nach Berlin zurückkehrte, weil er den Ausbruch eines Krieges für unmöglich hielt. „Das Ultimatum ist nur ein Schreckschuß!" — „Im Parteivorstand sind sie anderer Ansicht." — „In Berlin sehen sie zu schwarz. Das habe ich ihnen auch auf ihren letzten Brief geantwortet, in dem sie meine Rückkehr erbitten..." Frau Ebert bleibt im Zweifel, er ist seiner Sache gewiß: „Es ist ja Unsinn, es gibt keinen Krieg."

Die Familie Ebert hatte einen Spaziergang gemacht; „als sie in ihr Logis kamen, fanden sie ein Telegramm des Parteivorstandes vor, das dringend des Vorsitzenden Rückkehr verlangte. Ebert lebte in einer Aufregung, wie sie die Seinen noch nicht erlebt hatten..."

Die Hetze des „Lokal-Anzeigers"

Am 30. Juli erschien das verlogene Extrablatt des „Berliner Lokal-Anzeigers", durch das ein fait accompli geschaffen, der Funke ins Pulverfaß geschleudert werden sollte. Das Extrablatt hatte folgenden Wortlaut:

„Mobilmachung in Deutschland.

Die Entscheidung ist gefallen, gefallen in dem Sinne, wie es nach den Nachrichten der letzten Stunden erwartet werden mußte: Wie wir erfahren, hat Kaiser Wilhelm soeben die sofortige Mobilisierung des deutschen Heeres und der deutschen Flotte angeordnet.

Der Schritt Deutschlands ist die notgedrungene Antwort auf die drohenden kriegerischen Vorbereitungen Rußlands, die sich nach Lage der Dinge gegen uns nicht minder wie gegen unsern Bundesgenossen Österreich-Ungarn richten."

Selbstverständlich wurde der Inhalt dieses Blattes sofort in alle Welt telegraphiert. Er richtete unabmeßbares Unheil an, war doch der „Lokalanzeiger", wie aller Welt hundertmal verkündet worden war, „das einzige deutsche Blatt, das der Kaiser unzerschnitten liest". Der Zweck der Hintermänner des „Lokalanzeigers" war erreicht, wenngleich sie am Nachmittag desselben Tages gezwungen worden waren, folgende, nunmehr wirklich bedeutungslose Richtigstellung zu veröffentlichen:

„Durch einen groben Unfug sind heute mittag Extrablätter des „Berliner Lokalanzeigers" verbreitet worden mit der Meldung, daß Deutschland die Mobilmachung des Heeres und der Flotte angeordnet habe. Wir stellen fest, daß diese Meldung unrichtig ist."

Wenige Stunden nach dem Erscheinen des Extrablattes reisten Ebert, der in der Nacht zuvor nach Berlin gekommen war, und Otto Braun, der Hauptkassierer unserer Partei, nach Zürich. Diese Reise, die später vollkommen in Vergessenheit geraten, oder oft mit anderen Reisen Eberts nach der Schweiz verwechselt worden ist, hat sich bald als überflüssige Vorsichtsmaßnahme erwiesen. Zu den törichten Vorbereitungen der Behörden für den Fall eines Krieges gehörte auch, wie wir wußten, die Inhaftnahme des Vorstandes der SPD und anderer „verdächtiger" oder mißliebiger Personen. Da der Kaiser vom Ausbruch des Krieges an „nur noch Deutsche" kannte, wurde aus der Inhaftnahme der vaterlandslosen Gesellen nichts. Daß wir die Partei nicht völlig köpfen lassen wollten und deshalb zwei unserer Genossen in die Schweiz schickten, wird jeder Politiker als eine Selbstverständlichkeit ansehen müssen.

Erzberger als Scharfmacher

Übrigens war es kein anderer, als der damals recht kriegslüsterne Zentrumsabgeordnete Erzberger, der zur Verhaftung sozialdemokratischer Redakteure ermunterte. In den letzten Julitagen des Jahres 1914 veröffentlichte er im „Tag" einen Artikel, in dem es hieß:

„Das führende Blatt der deutschen Sozialdemokratie knüpft in der Nummer vom Samstag verblümte Drohungen an die kriegerischen Möglichkeiten des Wien-Belgrader Konflikts. In den Zeiten des Friedens braucht man solche nicht allzu tragisch zu nehmen, obwohl sie in manchen sprudelnden Köpfen viel Unheil anrichten können. Kommt es aber zu dem ernsten Gange, wie das rote Blatt annimmt, dann gibt es nur einen „Willen des deutschen Volkes", solchen gefährlichen Treibereien im Innern auf dem schnellsten Wege den Garaus zu machen und das auszuführen, was ein Kommandierender General vor einigen Jahren für solche Fälle klugerweise angeordnet hat. Revolutionierende Genossen in der Presse brauchen dann nicht um ihr Leben und ihre Gesundheit zu fürchten, wenn man sie sicher aufbewahrt. Das Verhalten der sozialdemokratischen Presse in diesen Tagen rechtfertigt die Vorbereitung von Maßnahmen der Schutzhaft; aber hoffentlich sind sie nicht notwendig, weil der originelle Dreibund sich in europäisches Wohlgefallen auflösen wird."

Die „Münchener Post", die damals von dem späteren deutschen Gesandten in der Schweiz, Dr. Adolf Müller, redigiert wurde, hing den Erzbergerschen Artikel niedriger unter der Spitzmarke: „Ein schwarzer Desperado."

Aus den weiter oben angeführten Tatsachen, die bereits 1921 öffentlich festgestellt worden sind, geht hervor, daß Ebert, abgesehen von der Sitzung am 30. Juli, in der seine Reise nach der Schweiz beschlossen worden ist, an keiner der Verhandlungen unmittelbar vor dem Kriege, weder im Parteivorstand, noch in der Reichstagsfraktion, teilgenommen hat. Es ist im Interesse einer objektiven Geschichtsschreibung, die freilich erst nach Jahrzehnten möglich sein wird, notwendig, das festzustellen, weil nach dem Tode Eberts zahlreiche unrichtige Behauptungen aufgestellt worden sind über seine Wirksamkeit gerade in den kritischen Julitagen 1914. Für Handlungen und Beschlüsse, an denen er nicht teilgenommen hat, kann er selbstverständlich auch nicht verantwortlich gemacht werden.

Am 31. Juli 1914 fand eine Sitzung des Parteivorstandes in Gemeinschaft mit dem Fraktionsvorstand statt, in der Haase und Ledebour Stimmung zu machen suchten für die Ablehnung der Kriegskredite. Ich wandte mich gegen jegliche Festlegung. Auf jeden Fall wollte ich mit den engeren Freunden, deren Einstellung ich genau zu kennen glaubte, sprechen, bevor die Fraktion zusammentrat. Der einzige positive Beschluß dieser Sitzung war der, Hermann Müller sofort über Brüssel nach Paris zu schicken, um dort Rücksprache zu nehmen mit den französischen Genossen. Es schien uns von äußerster Wichtigkeit, eine einheitliche Taktik mit den französischen Genossen zu vereinbaren. Es hätte zweifellos einen großen Eindruck in der ganzen Welt gemacht, wenn im Reichstag und in der Deputiertenkammer gleichlautende Erklärungen hätten abgegeben werden können.

Müller reiste noch am gleichen Tage ab, obwohl mittags schon der „drohende Kriegszustand" erklärt worden war. Am nächsten Morgen, dem 1. August, lief die Nachricht von der Ermordung unseres Freundes Jean Jaurès ein. Wir alle waren von der entsetzlichen Kunde geradezu betäubt. Den Auftrag, ein Beileidstelegramm abzufassen, konnte ich nur mit Mühe ausführen. Ich telegraphierte an die „Humanite" in Paris: „Tief erschüttert vernehmen wir die entsetzliche Botschaft, daß Euer, daß unser aller Jaurès nicht mehr unter den Lebenden ist. Kein schwererer Verlust konnte Euch, konnte uns alle in dieser ernsten Zeit treffen. Das deutsche Proletariat neigt sich vor dem Genius dieses großen Vorkämpfers und beklagt es aus tiefstem Herzen, daß gerade jetzt der Mann nicht mehr auf dem Platze sein kann, der sein Leben lang gekämpft hat für die Verständigung zwischen Frankreich und Deutschland. Sein Wirken wird unvergänglich sein in der Geschichte des internationalen Sozialismus und der menschlichen Kultur."

Wie wir nach dem Kriege erfahren haben, ist das Telegramm niemals in Paris angekommen. Am Abend dieses schwarzen Tages wurde die ungeheure Spannung, die Millionen und Abermillionen, gleichviel, ob sie kriegerischer oder friedlicher Gesinnung waren, kaum noch zur Selbstbesinnung kommen ließ, gelöst: Mobilmachung! Das war eine grausame Klarheit, die von allen Zweifeln freimachte: nun würde das große Morden seinen Anfang nehmen.

Für oder gegen die Kriegskredite

Am 2. August tagten die Vorstände der Partei und der Reichstagsfraktion gemeinsam im Sitzungssaale der Parteileitung. Am 4. August sollte der Reichstag zusammentreten, um die ersten Kriegskredite zu bewilligen; das war uns offiziell mitgeteilt worden. Haase und Ledebour befürworteten die Ablehnung der Kredite, alle anderen sprachen für die Bewilligung. An eine Einigung war nicht zu denken, ebensowenig an Stimmenthaltung, denn eine politische Partei von unserer Stärke kann sich in der kritischsten Stunde des Vaterlandes nicht der Stimme enthalten. In dieser Stunde empfand ich mehr als jemals zuvor das Fehlen Bebels, der immer Sinn für die Wirklichkeit hatte. Haase versagte als Parteiführer nach meinem Gefühl in geradezu unverständlicher Weise. Der kluge Fischer wurde so aufgeregt, daß er während seiner Rede einen Nervenschock bekam und zu weinen begann. Haase und Ledebour waren nicht zu überzeugen, ich hatte nachher aber doch den Eindruck, als ob sie froh gewesen wären, in der Minderheit geblieben zu sein. Es wurde verabredet, abends um 9 Uhr in der Vorwärtsredaktion wieder zusammenzukommen und dann die beiderseits zu formulierenden Erklärungen für ein Ja und ein Nein zu beraten. Wir wollten wenigstens, gleichviel wer die Mehrheit in der Fraktion bekommen würde, von beiden Seiten einzuwirken versuchen auf den Wortlaut der abzugebenden Erklärung. Um 5 Uhr nachmittags kamen David, Fischer, Molkenbuhr, Schöpflin, Wels, Südekum und ich in dem Garten Goehres in Zehlendorf zusammen und formulierten dort nach stundenlanger Beratung eine Erklärung. Abends 9 Uhr erneuter Kampf im „Vorwärts" mit Haase und Ledebour. Von diesen hatte keiner eine Erklärung im Wortlaut, aber jeder hatte eine unfertige Skizze.

Wir gingen erst gegen Mitternacht auseinander. Ich verbrachte eine schlaflose Nacht. Wird es gelingen, die Mehrheit der Fraktion für Ja zu gewinnen oder nicht? In meiner Wohnung war im Laufe des Tages eine Einladung des Reichskanzlers von Bethmann Hollweg eingelaufen zu einer Besprechung am 3. August vormittags 12 Uhr.

Am 3. August trat die Fraktion vormittags 10 Uhr zusammen, nahm einige Berichte entgegen, vertagte sich dann aber, bis Haase und ich von der Besprechung beim Reichskanzler zurückgekehrt sein würden. An der Besprechung nahmen u. a. teil: Der Reichskanzler Bethmann Hollweg, Staatssekretär Delbrück, Unterstaatssekretär Wahnschaffe, der Chef der Reichskanzlei, sowie die Abgeordneten v. Westarp, Spahn, Erzberger, Blankenhorn, Prinz Schönaich-Carolath, Kaempf, Wiemer, Fischbeck, Schultz-Bromberg, von Morawski, Scheele, Haase und ich. Wir sprachen zunächst in zwangloser Weise, ohne Platz zu nehmen, über die Vorlagen, die in Verbindung mit der Kreditvorlage angenommen werden sollten. Der Reichskanzler hielt uns dann die Rede, die er am nächsten Tage im Reichstage vortrug; hier und da flocht er mehr oder weniger vertrauliche Bemerkungen ein. Je näher er zum Schluß kam, um so bewegter wurde er; er wußte vor Aufregung nicht, wo er mit den langen Armen hin sollte. Zeitweilig schlug er mit beiden Fäusten auf den Tisch. Geradezu tonlos war seine Stimme geworden, als er sagte: „Mein Gewissen ist rein!"

Kaempf dankte dem Kanzler für die Mitteilungen und Bethmann Hollweg bat, sich sofort entfernen zu dürfen, da ihn viel Arbeit erwarte. Delbrück wurde dann interpelliert wegen der Haltung Italiens, darüber habe Bethmann Hollweg nichts gesagt. Der gut unterrichtete Mann stellte sich unwissend. Unbefriedigt ging man über Italien zur Tagesordnung über und besprach die zweckmäßigste Behandlung der Gesetzentwürfe im Plenum des Reichstags. Da die Herren so taten, als ob die einstimmige Annahme aller Vorlagen, also auch der Kreditvorlage, absolut sicher sei, machten Haase und ich darauf aufmerksam, daß unsere Fraktion noch nicht endgültig beschlossen habe. Haase hatte durch die ganze Tonart, in der er sich an der Aussprache beteiligte, bei keinem Menschen den Gedanken aufkommen lassen, daß er nicht für eine Annahme der Kredite sei. Das empörte mich geradezu, weil er bis in die letzte Minute hinein, bevor wir ins Reichskanzlerpalais gingen, alle Minen hatte springen lassen, um sein Nein durchzusetzen. Auf dem Wege vom Palais zum Restaurant „Zollernhof", wo wir gemeinsam speisten, habe, ich ihm das auch gesagt. Er antwortete: „Ich habe immer hervorgehoben, daß die Fraktion einen Beschluß noch nicht gefaßt hat." Das Verhalten Haases, ganz abgesehen von seiner prinzipiellen Stellungnahme, war mir überaus unsympathisch.

Es war dann noch vereinbart worden, daß Kaempf nach der Rede des Reichskanzlers kurz sprechen und die erfreuliche Tatsache betonen sollte, daß die Kredite einstimmig Annahme gefunden hätten. Selbst die Abgeordneten, die grundsätzlich Gegner des Krieges sind, hätten zugestimmt. Haase schluckte das, während ich noch einmal ausdrücklich auf die noch ausstehende Entscheidung der Fraktion verwies und den Präsidenten Kaempf bat, den Wortlaut seiner Erklärung je nach unserer Fraktionsentschließung mit uns zu vereinbaren. Damit waren alle einverstanden.

Dem Wunsche, daß nach Kaempf niemand das Wort nehmen möge, widersprachen wir, denn unsere Entscheidung, gleichviel wie sie ausfallen möge, mußten wir unter allen Umständen begründen. Nach längerer Debatte einigten wir uns schließlich auf dieser Grundlage: Der Wortlaut unserer Erklärung sollte den übrigen Parteiführern bis abends 9 Uhr übermittelt werden, damit sie Gegenerklärungen formulieren könnten. Haase gab hierzu das feierliche Versprechen ab, daß dazu auf keinen Fall Veranlassung gegeben werden solle. Unter gar keinen Umständen werde unsere Erklärung irgendeine Partei angreifen, sondern wahrscheinlich ganz allgemein die Verantwortung für die Politik ablehnen, die unseres Erachtens zum Kriege geführt habe. In der Form werde sie, dem Augenblick angemessen, würdig sein.

Müllers Bericht aus Paris

Die Fraktion trat nach Tisch sofort unter meinem Vorsitz zusammen. Die Aussprache war mitunter äußerst heftig. Im Laufe der Verhandlungen traf Müller aus Paris ein. Von der Kriegserklärung überrascht, hatte er nur mit großer Mühe wieder über die deutschfranzösische Grenze zurückkommen können. Er berichtete u.a. wie folgt: Er sei von den französischen Genossen freundlich und liebenswürdig, wie immer, empfangen worden, zu einer Verständigung sei es leider nicht gekommen. Pierre Renaudel hätte in der Sitzung den Standpunkt der französischen Genossen wohl am klarsten gekennzeichnet:

„Die Lage der französischen und der deutschen Sozialdemokratie sei nicht ganz dieselbe. Die französischen Sozialisten würden von ihrer Regierung über die diplomatischen Vorgänge völlig auf dem laufenden gehalten, in Deutschland sei das nicht der Fall. Wenn Frankreich, dessen Volk und dessen Regierung den Frieden wolle, von Deutschland angegriffen werden sollte, so müßten die französischen Genossen für das Kriegsbudget stimmen, weil dann dem angegriffenen Frankreich die Mittel zu seiner Verteidigung gewährt werden müßten. In einer solchen Situation könnten sich die französischen Genossen nicht der Stimme enthalten. Die deutschen Genossen wären, wenn Deutschland der Angreifer wäre, in einer anderen Lage. Sie könnten deshalb eventuell gegen die Kriegskredite stimmen."

Nachdem dann ein anderer der französischen Genossen geschildert habe, daß Deutschland allgemein als der Schuldige am Ausbruch des Krieges angesehen werde, hätte er, Müller, geantwortet:

„Die deutschen Sozialisten seien gewohnt, ihrer Regierung in schärfster Weise die Wahrheit zu sagen. Wir hätten in der letzten Zeit noch in aller Öffentlichkeit unserer Regierung die heftigsten Vorwürfe gemacht, weil sie vor Absendung des österreichischen Ultimatums an Serbien sich nicht genügend um diese auch Deutschland berührende Frage gekümmert habe. Aber das sei eine Sache, die jetzt nicht mehr zu ändern sei, und nun stehe es so, daß die größte Gefahr von Petersburg drohe ... Aber allgemein und bis weit in die Kreise der Partei hinein sei man in Deutschland der Auffassung, daß Rußland die Schuld treffen würde, wenn es jetzt zum Weltkrieg käme, und daß Frankreich in der Lage sei, den Weltkrieg zu verhindern, wenn es in Petersburg einen genügenden Druck für Aufrechterhaltung des Friedens ausüben würde."

Es ist im Verlauf der Aussprache mit den französischen Sozialisten unserem Freunde Hermann Müller sehr bald klar geworden, daß die Franzosen für die Kriegskredite stimmen würden. Von gleichlautenden Erklärungen der Parteigenossen im Reichstag und in der Deputiertenkammer konnte also keine Rede mehr sein.

Nach dem Bericht Müllers setzte die Reichstagsfraktion die Diskussion über die Kriegskredite fort. Das Ergebnis war, daß nur 14 Abgeordnete gegen die Bewilligung der Kriegskredite stimmten. Daß einige Kollegen sich der Abstimmung enthalten haben sollen, wie später behauptet wurde, ist durchaus unglaubwürdig.

Zwölfter Abschnitt

In der Stunde der Not

Von den Abgeordneten, die für die Bewilligung der Kriegskredite in der Fraktion gesprochen hatten, war auf die Auslassungen von Lassalle, Engels, Bebel und vielen anderen, die die Pflicht der Landesverteidigung vertreten hatten, hingewiesen worden. Obwohl Haase, Cohn, Liebknecht, Herzfeld, Ledebour und Lensch (vor dem Kriege Chefredakteur der hyperradikalen „Leipziger Volkszeitung", nach dem Kriege Chefredakteur der übernationalen „Deutschen Allgemeinen Zeitung") heftig dagegen angekämpft hatten, wurde schließlich doch der erwähnte Beschluß gefaßt. Die Argumente der Gegner wirkten zumeist kläglich. Am leidlichsten war noch Haase, lächerlich wirkte Herzfeld.

Der Beschluß der Fraktion entsprach nicht nur der Situation, sondern machte wahr, was im Einverständnis mit der Fraktion auch von mir am 9. Dezember 1910 in einer Reichstagsrede gesagt worden war: „daß wir Sozialdemokraten bekanntlich im Gegensatz zu den verlogenen Behauptungen gewissenloser und verächtlicher Gegner durchaus für die Verteidigung des Vaterlandes sind." In der gleichen Rede war ich übrigens, um das nebenbei zu erwähnen, auch eingetreten für einen Völkerbund, der alles tun müsse, um besonders die drei großen Kulturnationen, England, Frankreich und Deutschland, zusammenzubringen und dadurch jeden Gedanken an kriegerische Verwicklungen ein für allemal unmöglich zu machen,

Einige Kollegen, darunter David und Wels, wurden beauftragt, die im Reichstag am 4. August abzugebende Erklärung abzufassen. An dem Entwurf wurden der Fraktion noch dies und jenes bemängelt, abgesehen von kleinen stilistischen Änderungen blieb er aber unverändert. Hier ist der offizielle Wortlaut nach dem amtlichen Stenogramm des Reichstages:

„Wir stehen vor einer Schicksalsstunde. Die Folgen der imperialistischen Politik, durch die eine Ära des Wettrüstens herbeigeführt wurde und die Gegensätze unter den Völkern sich verschärften, sind wie eine Sturmflut über Europa hereingebrochen. Die Verantwortung hierfür fällt den Trägern dieser Politik zu; wir lehnen sie ab. Die Sozialdemokratie hat diese verhängnisvolle Entwicklung mit allen Kräften bekämpft und noch bis in die letzten Stunden hinein hat sie durch machtvolle Kundgebungen in allen Ländern, namentlich in innigem Einvernehmen mit den französischen Brüdern, für die Aufrechterhaltung des Friedens gewirkt. Ihre Anstrengungen sind vergeblich gewesen.

Jetzt stehen wir vor der ehernen Tatsache des Krieges. Uns drohen die Schrecknisse feindlicher Invasionen. Nicht für oder gegen den Krieg haben wir uns heute zu entscheiden, sondern über die Frage der für die Verteidigung des Landes erforderlichen Mittel. Nun haben wir zu denken an die Millionen Volksgenossen, die ohne ihre Schuld in dieses Verhängnis hineingerissen sind. Sie werden von den Verheerungen des Krieges am schwersten getroffen. Unsere heißen Wünsche begleiten unsere zu den Fahnen gerufenen Brüder ohne Unterschied der Partei. Wir denken auch an die Mütter, die ihre Söhne hingeben müssen, an die Frauen und die Kinder, die ihres Ernährers beraubt sind, und denen zu der Angst um ihre Lieben die Schrecken des Hungers drohen. Zu diesen werden sich bald Zehntausende verwundeter und verstümmelter Kämpfer gesellen. Ihnen allen beizustehen, ihr Schicksal zu erleichtern, diese unermeßliche Not zu lindern, erachten wir als eine zwingende Pflicht.

Für unser Volk und seine freiheitliche Zukunft steht bei einem Sieg des rassischen Despotismus, der sich mit dem Blute der Besten des eigenen Volkes befleckt hat, viel, wenn nicht alles auf dem Spiel. Es gilt, diese Gefahr abzuwehren, die Kultur und Unabhängigkeit unseres eigenen Landes sicherzustellen. Da machen wir wahr, was wir immer betont haben: Wir lassen in der Stunde der Gefahr das eigene Vaterland nicht im Stich. Wir fühlen uns dabei im Einklang mit der Internationale, die das Recht jedes Volkes auf nationale Selbständigkeit und Selbstverteidigung jederzeit anerkannt hat, wie wir auch in Übereinstimmung mit ihr jeden Eroberungskrieg verurteilen. Wir fordern, daß dem Kriege, sobald das Ziel der Sicherung erreicht ist und die Gegner zum Frieden geneigt sind, ein Ende gemacht wird durch einen Frieden, der die Freundschaft mit den Nachbarvölkern ermöglicht. Wir fordern dies nicht nur im Interesse der von uns stets verfochtenen internationalen Solidarität, sondern auch im Interesse des deutschen Volkes. Wir hoffen, daß die grausame Schule der Kriegsleiden in neuen Millionen den Abscheu vor dem Kriege wecken und sie für das Ideal des Sozialismus und des Völkerfriedens gewinnen wird.

Von diesen Grundsätzen geleitet, bewilligen wir die geforderten Kriegskredite."

In der Sitzung der Fraktion am Vormittag des 4. August, in der der Wortlaut der Erklärung gutgeheißen worden war, hatte noch ein kurzer, aber überaus heftiger Kampf darüber stattgefunden, wer die Erklärung im Plenum abgeben sollte. Da man später dem ernsthaftesten Gegner der Erklärung, dem Abgeordneten Haase, oft Vorwürfe gemacht hat, weil gerade er sich bereit gefunden habe, die Erklärung Jm Reichstag zu verlesen, soll hier zu seiner Rechtfertigung folgendes festgestellt werden: Als die Debatte geschlossen war, fragte Stolten, wer die Erklärung abgeben werde. Ich stellte fest, daß auf speziellen Wunsch Haases im Einverständnis mit dem Fraktionsvorstand die Erklärung von mir abgegeben werden solle. Alle Gesinnungsgenossen Haases sprangen auf und schrien, geführt von Dittmann, daß Haase die Erklärung abgeben müsse. Dieser lehnte aber entschieden ab. Das könne man ihm nicht zumuten. Neues Geschrei. Ich stellte fest, daß ich mich zu der Verlesung weder gedrängt, noch auch nur gemeldet hätte, nun aber doch betonen müsse, daß es nicht, wie in der Debatte gesagt worden sei, einen ersten und einen zweiten Vorsitzenden der Fraktion gäbe, sondern nur gleichberechtigte Vorsitzende. Hoch tobte und schrie immer wieder in den Saal hinein: „Haase ist aber gleichzeitig Vorsitzender der Partei!" Oskar Cohn brach sich eine Gasse durch den Saal zum Vorstandstisch und übergab Haase einen Zettel, auf dem geschrieben stand: „Im Auftrage meiner Fraktion habe ich folgende Erklärung abzugeben." Viele schrien wild durcheinander: „Haase muß! Haase muß!" Ich klingelte die Aufgeregten zur Besinnung und sagte, daß ich abstimmen lassen würde. „Wenn wir Haase einstimmig auffordern, daß er die Erklärung verliest, wird er sich wohl fügen." Ich selbst stimmte für Haase und „konstatierte", daß „soweit ich sehe (ich sah allerdings absichtlich nicht sehr weit und nicht sehr genau!) einstimmig verlangt wird, daß Haase die Erklärung verliest." Haase erklärte sich jetzt bereit zur Verlesung. Herzfeld, Dittmann, Hoch und Davidsohn jubelten, Haase stellte vor dem Auseinandergehen der Fraktion noch in Aussicht, daß er im Herbst Konsequenzen ziehen werde.

Als bemerkenswert soll noch die Tatsache festgestellt werden, daß am 4. August 1914 zwei Reichstagssitzungen stattgefunden haben. In der ersten, die um 3 Uhr begann, hielt Bethmann Hollweg seine Rede, in der er auch über den Einmarsch in Belgien sprach. Das Haus vertagte sich dann für eine Stunde. In dieser Pause fand eine Fraktionssitzung statt, in der Ledebour nur deshalb erheblichen Lärm machte, weil auch einige sozialdemokratische Abgeordnete bei der Kanzlerrede „Bravo!" gerufen haben sollten. Solche Kleinigkeiten sind ihm niemals entgangen. Damals glaubten wir alle an den Überfall auf Deutschland, an die von den Franzosen vergifteten deutschen Brunnen und an die französischen Fliegerbomben, die schon über Nürnberg und Fürth abgeworfen sein sollten. Es hat sich damals um Zeitungsmeldungen gehandelt, die später ausnahmslos als Schwindel entlarvt worden sind. Ebenso waren wir überzeugt, daß alle in Betracht kommenden deutschen Stellen das Menschenmögliche getan hätten, den Krieg zu verhüten. Die Fraktion stimmte am 4. August im Plenum des Reichstages den geforderten Kriegskrediten einstimmig zu, selbst Karl Liebknecht hat mit „Ja" gestimmt, obwohl es ihm niemand übelgenommen hätte, wenn er der Abstimmung unauffällig ferngeblieben wäre, wie das der Abgeordnete Kuhnert getan hat. Um die Mittagszeit des 4. August waren übrigens Abgeordnete aller Parteien, außer der Sozialdemokratie, im Schloß zur Eröffnung des Reichstags durch den Kaiser versammelt. Es wurde damals erzählt, man habe dem Kaiser fälschlich berichtet, alle Parteien seien vertreten. Darüber soll der Kaiser so glücklich gewesen sein, daß er auf einen Abgeordneten mit den Worten zustürzte: „Es freut mich besonders, daß auch Sie erschienen sind, Herr Scheidemann!" Der Abgeordnete, den er irrtümlicherweise für den Sozialdemokraten gehalten hatte, war ein bekannter Bürgersmann, der — infolge eines Schnupfens, nicht etwa, weil er den Kognak liebte — eine ziemlich rote Nase hatte! So wie der Kaiser die Sozialdemokraten auf Grund der ihm gemachten Schilderungen sich wahrscheinlich vorgestellt hatte, war es ihm als selbstverständlich erschienen, daß unter hundertfünfzig bleichnasigen Menschen der der Sozialdemokrat sein mußte, der sich einer verdächtig roten Nase rühmen konnte.

Am Abend jenes denkwürdigen Tages hatten viele Freunde aus der Fraktion sich im Garten des „Weihenstephan" am Schöneberger Ufer zusammengefunden. Dort erhielten wir die Meldung von der Kriegserklärung Englands, dort sahen wir auch Ludwig Frank zum letzten Male. Ernster noch als alle anderen, war er, der lebhafte und geistreiche Plauderer, an diesem Abend vollkommen schweigsam. Ich begleitete ihn später nach seinem Hotel in der Nähe des Anhalter Bahnhofs. Stumm schüttelten wir uns zum Abschied die Hände. Am nächsten Tage schon stellte er sich freiwillig zum Heeresdienst. Am 31. August ging er von Mannheim aus nach Frankreich, vier Tage später fiel er schon — ein Kopfschuß hatte das kostbare Leben eines guten Patrioten beendet und die Sozialdemokratische Partei um einen ihrer Besten beraubt.

Die Siegesbegeisterung der ersten Kriegswochen hatte auch weite Arbeiterkreise erfaßt. Ich erinnere mich eines Zahlabends. im radikalen Steglitz, an dem u. a. Konrad Haenisch und Daniel Stücklein teilnahmen. Dort wurde mit Entrüstung berichtet, daß selbst im Norden und Osten Berlins nach jedem Siegesbericht bis in die dritten und vierten Höfe hinein Fahnen ausgehängt worden seien. In den ersten Wochen schien militärisch ja auch alles glänzend zu gehen. Mit den Einfallen der Russen in Ostpreußen hatte man ganz allgemein gerechnet. Als jedoch Mitte August gemeldet wurde, daß bei Schirmeck die Franzosen uns Kanonen weggenommen hätten, ließen schon viele die Köpfe hängen. Es zeigte sich überhaupt sehr bald, daß gerade viele von den Kriegshetzern schon zusammenklappten, als sie zum ersten Male hörten, daß mancherlei Lebensmittel und Waren rationiert werden sollten.

Sechstausend Konferenzen!

Ebert war am Nachmittag des 6. August nach Berlin zurückgekehrt, Otto Braun folgte ihm am 10. August. Im Parteivorstand hatte es natürlich alle Hände voll zu tun gegeben. Wir gaben in Rundschreiben Fingerzeige an die Organisationen und die Presse. Im übrigen waren wir an zahllosen Verhandlungen mit den Staatssekretären und Geheimräten wegen Fragen der Zensur, der Ernährung und des Belagerungszustandes beteiligt, ebenso an Konferenzen hunderterlei Art. Dazu kamen die Besprechungen im Parteivorstand, solche mit den parteigenössischen Körperschaften, der Kontrollkommission und dem Parteiausschuß, den Gewerkschaften, später auch mit den Genossenschaften, dann

Verhandlungen im Vorstand der Reichstagsfraktion und mit der Fraktion selbst, Besprechungen der Parteiführer, noch später regelmäßige Verhandlungen im interfraktionellen Ausschuß, dazu kamen Sitzungen der Ältesten, der Kommissionen und des Plenums, außerdem Sitzungen der Pressekommission des „Vorwärts", Orts- und Bezirkskonferenzen usw.

Wenn wir die Dauer des Kriegs auf rund 1500 Tage und die Zahl der täglich abgehaltenen Besprechungen, Sitzungen und Konferenzen, deren es mehr als zehn an vielen Tagen gegeben hat, auf nur vier veranschlagen, dann ergibt sich daraus, daß jedes Mitglied des Parteivorstandes in den Kriegsjahren an ungefähr 6000 Besprechungen der verschiedensten Art beteiligt gewesen ist. Danach mag man die Albernheit der „rechten" Advokaten bemessen, die in verschiedenen Prozessen bald dieses, bald jenes Mitglied der sozialdemokratischen Parteileitung viele Jahre nach dem Kriege gefragt haben: „Was haben Sie am soundso vielten Januar oder Juli anno Tobak in der und der Sitzung gehört und gesagt?" Zur Verteidigung von Verleumdern, Fememördern und ihrer Helfer ist dagegen, wenn man sie, die vielleicht nur einen einzigen Gedanken im Leben gewälzt hatten, nach einfachen Vorgängen, die kaum ein, zwei oder längstens drei Jahre zurücklagen, fragen wollte, gesagt worden: „Wie kann man von einem Menschen verlangen, daß er sich nach so langer Zeit erinnere, ob er an einer Verabredung (zu einem Mord!!) teilgenommen hat?"

Sozialdemokratische Sendboten im neutralen Ausland

Zu sehr schwierigen Aufgaben für sozialdemokratische Vertrauensleute kam es schon am Ende des ersten Kriegsmonats. Die Vorgänge in Belgien, besonders die Zerstörung von Löwen, hatte ungeahnte Wirkungen zur Folge. Am 21. August kam Eduard Bernstein aufgeregt in den Parteivorstand mit einem Briefe des Genossen Vliegen in Amsterdam. „Vliegen ist entsetzt über die Greueltaten des deutschen Heeres in Belgien. Er urteilt offenbar auf Grund irreführender Berichte". Es wird vom Parteivorstand beschlossen, Südekum nach Mailand und mich nach Amsterdam zu schicken. Nach Stockholm schickten wir Wilhelm Janson, einen vollkommen deutschgewordenen Schweden, für diese Mission also besonders gut geeignet. Der eigentliche Zweck unserer Delegation war der, unsere Genossen der neutralen Länder zu bitten, unter allen Umständen ihre Presse neutral zu halten. Janson konnte nicht viel ausrichten, weil Branting, der Führer der schwedischen Sozialdemokraten und Chefredakteur des Stockholmer Parteiblattes, auf Seiten der Entente stand. Südekum blieb längere Zeit vollkommen verschollen. Er kam eines Tages resultatlos nach Berlin zurück. Seine Berichte sind durch den Gang der Dinge später vollkommen bestätigt worden. In einer Sitzung des Parteivorstandes vom 7. Juli berichtete er: Seine Reise sei wenig erbaulich gewesen. Die dominierenden Genossen seien nach seiner Überzeugung durchweg Syndikalisten, die keine Ahnung von deutschen Verhältnissen haben. Es sei so halbwegs ein wenig Neutralität im „Avanti" in Aussicht gestellt worden. Viel werde sich aber seiner Überzeugung nach nicht ändern, denn die Deutschenhetze hat, wie der Geschäftsführer des Blattes mit Stolz betont habe, es zuwege gebracht, daß die Auflage von 24000 vor dem Kriege auf 70000 gestiegen sei

Mit dem Ergebnis meiner Mission in Holland war man allgemein zufrieden. Ich hatte allerdings auch mit sehr verständigen, uns befreundeten Genossen zu tun gehabt, kann also nicht von eigenen Verdiensten reden.

Anfänglich waren meine Verhandlungen deshalb etwas kompliziert, weil ich mir die zur Debatte gestellten Zeitungsartikel und Erklärungen übersetzen lassen mußte. Nach drei Tagen konnte ich Holländisch fast wie Deutsch lesen.

Am 27. August hatte in der „Sparbank" eine Sitzung stattgefunden, an der etwa 30 bis 35 Genossen teilnahmen, um meine Klagen und Bitten zu hören. Ich berichtete über einen die holländische Neutralität behandelnden Artikel im „Hamburger Echo" über die Stellungnahme Vliegens in „Het Volk", über den Brief Vliegens an Bernstein, und soweit ich wußte auch über die „Greuel" und den Neutralitätsbruch an Belgien, schilderte das Verhalten und die Abstimmungen unserer Fraktion und bat die Genossen um objektive Beurteilung und strikte Neutralität gegenüber allen Mächten, also auch gegenüber Deutschland. Es entspann sich eine lange Debatte, in der vielfach der Neutralitätsbruch Belgien gegenüber hart verurteilt wurde. Das Ergebnis der

Aussprache faßte Troelstra so zusammen: Neutrales Verhalten unsererseits ist selbstverständlich. Ebenso werden wir uns bemühen, die Objektivität unter allen Umständen zu wahren.

Durch Vermittelung des deutschen Generalkonsulats in Amsterdam berichtete ich täglich in chiffrierten Telegrammen an den Parteivorstand.

Am 30. August war ich unter den schwierigsten Umständen nach Berlin zurückgekehrt. Dort erfuhr ich, daß alle meine Depeschen viel zu spät vom Auswärtigen Amt übermittelt worden waren, daß Depeschen und Briefe an mich abgeschickt wurden, von denen mich nicht ein einziges Exemplar erreicht hatte. Leider! Ich hatte nämlich briefliche Weisung bekommen, eine weitere Mission zu übernehmen.

Allerlei Besuch

Von den Besuchen, die der Parteivorstand in jenen ersten Wochen des Kriegs erhielt, soll hier einer vom 2., September erwähnt werden, den uns einige Russen machten, Schenkeli, Stickloff und ein Dritter. Sie „verhörten" uns so dreist und gottesfürchtig, wahrscheinlich streng marxistisch nach ihrer Auffassung, daß wir alle ohne jede Verabredung den Mund hielten und Haase reden ließen. Er war über die Dreistigkeit der drei offenbar auch verschnupft, so daß er zu unserer großen Genugtuung mit Eifer das Verhalten der deutschen Fraktion einwandsfrei schilderte und damit eigentlich glänzend rechtfertigte. Er wies auf die von ihm namens der Fraktion abgegebene Erklärung hin, die alle wesentlichen Gründe für Bewilligung der Kriegskredite enthalten habe. Die drei Russen waren offenbar wenig erbaut von den Ausführungen Haases.

Etwa zwei Wochen später, nämlich am 14. Februar, besuchte uns Viktor Adler und nahm an einer Sitzung unseres Parteivorstandes teil, um über die Lage in Österreich zu berichten. „Bei euch (in Deutschland) herrscht ja geradezu Pressefreiheit im Vergleich zu Österreich!" Er ist glücklich über unsere Haltung, sie sei die einzig mögliche gewesen. Eine Partei wie die unsrige könne sich nicht mit dem ganzen Volke in Widerspruch setzen. Adler zieht hochinteressante Parallelen zwischen dem Deutschen Reich und Österreich. Er kommt dabei auch auf das Verhältnis zu Serbien zu sprechen und läßt den Serben volle Gerechtigkeit widerfahren: „Bitt´ schön, aber i bin kein Serbe." Deutlicher hätte er sich auch nicht ausgedrückt, wenn er gesagt hätte: „Bitt´ schön, in solcher Stunde bin ich zunächst ein Deutscher." Haase ging mit keinem Worte sachlich auf Adlers Rede ein.

Liebknecht – Vater und Sohn

In diesen Tagen war ein Brief Troelstras eingelaufen: Karl Liebknecht halte in Holland Konferenzen ab, in denen er seine besondere Stellungnahme preise. Pannekook schimpfe auf die deutsche Partei, Im übrigen ist Troelstra sehr pessimistisch, er fürchtet, daß die deutsche Partei, ebenso wie die holländische, die Situation nicht zu nutzen verstehen würden; daß die Partei hier wie dort vor lauter innerem Hader nicht daran denken werde, eine führende Rolle zu spielen, sobald der Krieg vorbei sei. „Ich fürchte", so schrieb ich zur selbigen Stunde in mein Tagebuch, „daß Troelstra recht behält. Unsere verbohrten Dogmenfanatiker lassen lieber die Partei zugrunde und alles Erreichbare zum Teufel gehen, ehe sie ein i-Tüpfelchen preisgeben von dem, was sie sich als unverrückbare „Prinzipien" konstruiert haben. Sie wollen weiter deklamieren."

Die Berichte über die Taktik Karl Liebknechts in Holland gegen die SPD weckten übrigens frohe Erinnerungen an die Tätigkeit seines Vaters in Holland für die SPD in den neunziger Jahren des vorigen Jahrhunderts. Wilhelm Liebknecht war in seinem Auftreten so bescheiden, wie sein Sohn Karl anspruchsvoll. Nach einer Vortragstour in Holland schrieb der „Alte", wie Wilhelm Liebknecht in der ganzen Partei genannt wurde, einige Reisebriefe über seine Erlebnisse. Er schilderte z. B., daß es erstaunlich sei, was für riesig große Beefsteaks in Holland sehr billig serviert würden. Er habe einmal ein solches vorgesetzt bekommen, das er trotz der besten Absichten nur halb hätte bewältigen können. Ein witziger Holländer löste das Rätsel später mit viel Humor, Liebknecht war nämlich in Begleitung eines holländischen Freundes gewesen, als er jenes große Beefsteak vorgesetzt bekam, er hatte nur übersehen, daß es auf einer Platte für beide serviert worden war. Der Holländer hatte, als Liebknecht über die große Portion seine Freude äußerte, diese nicht trüben wollen. Er sah von einer aufklärenden Bemerkung ab und bestellte für sich etwas anderes zum Essen.

Vom Vorwärts

Der „Vorwärts", das hatten wir sehr schnell eingesehen, war seiner Aufgabe in so kritischer Zeit in keiner Weise gewachsen. So hatte er über die geschilderten Arbeiterdemonstrationen Unter den Linden, statt ihre Bedeutung als politische Kundgebung gebührend zu betonen, unter der einfältigen Überschrift berichtet: „Jagows Demonstration!" Jagow war damals Polizeipräsident von Berlin.

Sitzungen des Parteivorstandes, in denen wir zu unserem lebhaften Bedauern manchen radikalen Genossen gewiß recht boshaft erscheinen mußten, gab es sehr bald und sehr häufig. Eine solche Sitzung fand am 3. September 1914 statt. Arthur Stadthagen hatte zum Entsetzen der Redakteure des „Vorwärts" in einer offiziellen, von einem kaiserlichen Offizier geleiteten Pressekonferenz, die tags zuvor stattgefunden hatte, ein ihm vom Militärkommando vorgelegtes Protokoll unterschrieben, in dem er sich „zum patriotischen Verhalten des Vorwärts" verpflichtete. Seine Redaktionskollegen waren darüber empört und hatten dem Parteivorstand Mitteilung gemacht. Stadthagen versuchte sich rabulistisch zu verteidigen. Der Parteivorstand beschloß eine Protestschrift an den Staatssekretär Delbrück, in der Beschwerde geführt wurde gegen das an Stadthagen gerichtete Verlangen. Der Unterstaatssekretär Wahnschaffe hatte auf Grund unserer Beschwerde entschuldigend gesagt, es sei bei den Militärbehörden üblich, daß sie alles protokollieren und zur Unterschrift vorlegen, was sie gern schriftlich haben wollten. So sei es auch im Falle Stadthagens gewesen.

Des „Vorwärts" wegen kam es immer häufiger zu Konflikten zwischen der Redaktion und dem Parteivorstand. Hugo Haase hatte seit dem Ausbruch des Krieges jeden Abend die Vorwärtsredaktion besucht und neben seinen juristischen Ratschlägen wegen der Zensur, die „richtigen" Wege gewiesen, die nach seiner Auffassung im „Vorwärts" unter allen Umständen innegehalten werden müßten. Als die Vorwärtsredakteure, die fast nur aus späteren Unabhängigen bestanden, von ihm sicher einexerziert waren, überraschte Haase den Parteivorstand am 11. September mit dem Ansinnen, daß von nun ab ich abends in die Redaktion gehen möge. Ebenso höflich wie bestimmt habe ich diese Forderung abgelehnt, hätte ich doch schon am ersten Abend mit der gesamten Redaktion selbstverständlich den schlimmsten Krach bekommen, ohne jedes praktische Ergebnis.

In der gleichen Sitzung kam es übrigens zu einem heftigen Zusammenstoß zwischen Wels und Haase. Wels warf Haase mit Recht vor, daß er überall den Anschein zu erwecken suche, „als ob er immer alles allein mache". Das habe er in den letzten Tagen wiederholt zum Ausdruck gebracht, „ich habe das gemacht", „ich werde das machen" usw. Haase war natürlich sehr entrüstet. Die Atmosphäre wurde immer schwüler.

Die Haltung des „Vorwärts" rief in parteigenossischen Kreisen mehr und mehr Unwillen hervor. Hugo Heinemann, einer unserer besten Genossen, als hervorragender Strafrechtler bei den Gerichten ebenso angesehen, wie bei den Arbeitern wegen seiner steten Hilfsbereitschaft beliebt, hatte mich am 18. September aufgesucht, um mich nachdrücklich vor einigen radikalen Genossen zu warnen. „Wenn die der Partei den Rücken kehren würden, so wäre mir das hoch angenehm." Wenige Tage später kam es zwischen Ebert und Haase in einer Parteisitzung zu einer Szene, die nur noch durch Handgreiflichkeiten hätte gesteigert werden können. Ebert hatte einen sich radikal gebärdenden Menschen durch Janson öffentlich abschütteln lassen, ohne zuvor mit Haase zu reden.

Jeder neue Tag brachte neuen Zwist wegen des „Vorwärts". Die Berliner Pressekommission, mit dem Parteivorstand in Angelegenheiten des „Vorwärts" gleichberechtigt, war vollständig in den Händen von Rosa Luxemburg. Die KK, die höhere, in Konfliktsfällen entscheidende Instanz anzurufen, fiel dem Parteivorstand nicht ein, weil das nichts anderes gewesen wäre, als den Teufel bei seiner Großmutter, nämlich bei Klara Zetkin, zu verklagen.

Die Zensurrügen und Verbote des „Vorwärts" wiederholten sich. Als am 28. September eine Konferenz der sozialdemokratischen Partei-Redakteure aus dem Reiche in Berlin stattfand, war der „Vorwärts" wieder einmal verboten worden. Die damaligen Vorwärtsredakteure hatten gar kein Gefühl dafür, was unter dem Belagerungszustand geschrieben werden konnte und was nicht.

Ich schrieb in mein Tagebuch: „Sie sehen jetzt allmählich ein, daß es so wie seither nicht weitergehen kann. Sie offerieren uns folgenden Vorschlag für die

Zukunft: Däumig soll mit Diktaturgewalt ausgerüstet und dazu bestimmt werden, endgültig und ohne Debatte zu entscheiden, ob ein Artikel aufgenommen werden soll oder nicht. Als „obersten Zensor" soll der Parteivorstand eines seiner Mitglieder jeden Abend in die Redaktion schicken, damit er entscheidet, wenn Däumig mit sich selbst in Konflikt gerät. Ich dankte für das Angebot, diese bedeutsame Stellung zu übernehmen..."

Der eben erwähnte Vorwärtsredakteur Däumig, der in den ersten Wochen nach dem Zusammenbrach in den Kreisen der am revolutionärsten sich gebärdenden Arbeiter eine erhebliche Rolle spielte, war eine etwas abenteuerliche Natur. Mit guter Schulbildung ausgerüstet, war er, vermutlich aus Abenteuerlust, in die französische Fremdenlegion eingetreten und später, nach Aufgabe seiner Dienste als deutscher Schlafwagenkontrolleur, Redakteur am „Vorwärts" geworden. Spötter, die es alle Zeit glücklicherweise auch in der Sozialdemokratischen Partei gegeben hat, führten die Langweiligkeit der von Däumig bearbeiteten Vorwärtsspalten auf seine vorausgegangene Tätigkeit im Schlafwagen zurück.

Die Zensur: ein schimpfliches Gewerbe

Daß es unter den zur Zensur abkommandierten Offizieren auch verständige und gebildete Herren gab, soll ausdrücklich festgestellt werden. Unvergeßlich wird mir eine Äußerung des Hauptmanns v. Vietsch bleiben, der gelegentlich zu mir sagte, daß die Handhabung der Zensur „wirklich ein schimpfliches Gewerbe" sei, „wenn wir es ausüben, so nur, weil es im Interesse des Landes ausgeübt werden muß."

Haase hatte einen Bittgang zu Wahnschaffe gemacht, um den „Vorwärts" freizubekommen. Er berichtet darüber in sehr optimistischem Sinne. Ich traute diesem Berichte nicht. Der Parteivorstand ersuchte dann Müller, als Oberzensor in den „Vorwärts" zu gehen, Müller akzeptierte auch unter gewissen Bedingungen. „Ich freue mich, daß der fleißige Hermann das Opfer bringen will, aber ich bin überzeugt, daß er dabei Schiffbruch erleiden und viel Verdruß haben wird!"

Haase hatte in der Tat die Situation viel zu optimistisch angesehen. Der Generaloberst von Kessel dachte gar nicht daran, den „Vorwärts" bedingungslos freizugeben. Er hatte zur Bedingung gemacht, daß von nun ab im „Vorwärts" „kein Wort von Klassenhaß und Klassenkampf erscheinen dürfe". Dieser unerhörten Forderung wegen fand eine gemeinsame Sitzung des Parteivorstandes und der Vorwärtsredakteure statt. Die Redakteure wollten sich fügen, und eine Erklärung veröffentlichen, in der es heißen sollte: „Da die Berliner Genossen und der Parteivorstand den „Vorwärts" unter allen Umständen erhalten wissen wollen, sind die Vorwärtsredakteure sich zu unterwerfen bereit." Wir stiegen ihnen gründlich aufs Dach. Der Parteivorstand wolle den „Vorwärts" nicht „unter allen Umständen" aufrechterhalten, wolle aber klipp und klar wissen, wie die Redaktion sich stelle, dann werden wir Groß-Berlin fragen und zum Schluß selbst Stellung nehmen." In solchen Situationen konnte Ebert von wirklich goldener Rücksichtslosigkeit sein.

Am Nachmittag des gleichen Tages fand eine Sitzung mit der Pressekommission und dem Zentralvorstand von Groß-Berlin statt. Rosa Luxemburg hielt eine prinzipienfeste Rede gegen das Nachgeben. Lieber keinen „Vorwärts" als einen solchen, in dem monatelang nichts von Klassenkampf gesagt werden könne. Alle anderen, bis auf den Genossen Friedländer, der, wie er uns nachher sagte, „die Rosa nicht ganz allein lassen wollte", schluckten die Bedingungen des Generalobersten von Kessel. Dieser erklärte sich daraufhin bereit, den „Vorwärts" freizugeben, wenn er an der Spitze des Blattes den Brief des Generalkommandos abdrucke. Also nichts mehr von Klassenkampf! Die Pressekommission schluckte auch diese Pule.

Am 1. Oktober 1914 habe ich in mein Tagebuch geschrieben: „Der „Vorwärts" ist wieder da, aber er hat einen Schönheitsfehler an der Stirn, der allen Aufrechten Schmerz bereiten muß, den Brief des Höchstkommandierenden in den Marken. Der Brief wird ein Zeichen der Schande bleiben für den Militarismus, nicht für die Partei, die sich der Gewalt fügen mußte."

Zensurfragen waren an der Tagesordnung. Tag für Tag mußten wir bald für dieses, bald für jenes Blatt vorstellig werden. Auch in den Konferenzen mit den Staatssekretären kam das tapsige Verhalten der militärischen Zensoren zur Sprache. Die Zivilisten waren gegenüber den militärischen Halbgöttern, die auf die Literatur im allgemeinen und auf die Presse im besonderen losgelassen worden waren, vollkommen machtlos.

Ganz abgesehen von seiner „prinzipiellen" Haltung — der „Vorwärts" war auch journalistisch mehr als kläglich aufgemacht. Um den Berliner Genossen die Möglichkeit zu schaffen, Vergleiche mit anderen Parteiblättern anstellen zu können, hatte ich am 20. Januar 1915 in der Pressekommission einen Beschluß durchgesetzt, daß jedes Mitglied der Pressekommission das Recht haben sollte, nach eigener Wahl vier Sozialistische Provinzblätter zu bestellen. Der Erfolg war verblüffend. Schon nach vierzehn Tagen, in der Sitzung vom 9. Februar, wurde allgemein zugegeben, daß der „Vorwärts" wenn man ihn mit den gewählten Provinzblättern (!!) vergleiche, freilich das kläglichste und ledernste aller Blätter sei. Die Redaktion hatte ein solches Resultat wahrscheinlich vorausgesehen und deshalb als ihren Verteidiger den Genossen Haase mitgebracht. Aber auch Haase, der mit der prinzipiellen Haltung des „Vorwärts" vollkommen einverstanden war, mußte die „schweren redaktionellen Mängel" zugeben. Richard Fischer, der sich stets sehr deutlich-bajuvarisch auszudrücken pflegte, urteilte am härtesten: „Saudumm, aber prinzipienfest!"

Machen Sie einen Putsch!

Am 16. Oktober 1914 sollten Ebert und ich in einer vertraulichen Besprechung mit einem sehr geschäftstüchtigen Geheimrat, der im Auftrage höherer Stellen — nicht etwa des Reichskanzlers — handelte, ausgehorcht werden, ob wir nicht in Finnland eine Revolution entfachen wollten. Wir hörten interessiert zu, blieben aber recht zugeknöpft. Es handelte sich, wie uns der junge Diplomat geheimnisvoll-komisch zuraunte, „um einen Vorfühler, oder eine vorläufige Information, weitere Aussprachen mit einflußreichen Herren sollten folgen." Um was handelte es sich? Die bürgerlichen Parteien in Finnland hätten wissen lassen, daß sie leider nicht über eine „Organisation über das ganze Land" verfügten. Es hinge alles von der sozialistischen Partei ab; eine Minderheit hätte längst losschlagen wollen. Die Mehrheit halte das Experiment für zu unsicher. Die Ursache der Zurückhaltung sei der Zweifel am deutschen Siege. Es käme keine Nachricht nach Finnland, die den Glauben an den unaufhaltbaren Sieg Rußlands ins Wanken bringen könne. Alles hinge davon ab, die Finnen zu überzeugen, daß Deutschland schon viele Siege erfochten habe und sicher als Sieger den Krieg beenden werde." Da der junge

Mann offenbar seinen höheren Auftraggebern irgendeine Äußerung von uns in Aussicht gestellt hatte, sprach er immer eindringlicher auf uns ein. Wir wünschten zu wissen, mit was für abenteuerlichen Unternehmungen man „oben" rechnete, lachten ihn deshalb nicht offen aus, sondern sagten ihm, daß wir uns bisher niemals in die Verhältnisse ausländischer Bruderparteien eingemischt hätten. Im übrigen verwiesen wir auf unseren Freund Janson, den wir jeden Tag aus den skandinavischen Ländern zurück erwarteten. Seine stets zuverlässigen Mitteilungen über die Situation im Norden müßten wir erst hören. Das Gespräch fand sein Ende durch den Einlauf eines Telegramms an den Geheimrat, demzufolge der englische Kreuzer „Hawk" von einem deutschen Unterseeboot zerstört worden sei.

Wenige Tage später war Janson in Berlin. Wir unterhielten uns mit ihm natürlich auch über die Situation in Finnland. Er beurteilte sie sehr pessimistisch. Meine Schilderung wird wesentlich abgekürzt, wenn ich gleich informiere über die neue Aussprache in der Wilhelmstraße am 28. Oktober 1914, an der u. a. Graf Pourtalès, der Botschafter Deutschlands in Rußland bis zum Ausbruch des Krieges, teilnahm.

Nach Jansons Mitteilungen war bei den Finnen Neigung zu einer Erhebung im allgemeinen nicht vorhanden. Träger einer solchen Erhebung, darüber sei man sich in ganz Finnland einig, könne nur unsere Bruderpartei sein. In dieser frage man sich jedoch, was wird nach einer siegreich verlaufenen Insurrektion, wenn der Krieg beendet sein wird? Dann wird das große Rußland über das kleine Finnland herfallen und es vollkommen russifizieren.

Die Herren von der Regierung machten allerhand Vorschläge, wie man die Wünsche der Finnen vielleicht befriedigen könne, „so z. B. durch Sicherstellung ihrer Freiheit im Friedensvertrag. Einer der Herren, der verständigste von ihnen, hielt es doch für seine Pflicht, ausdrücklich zu betonen, ‚man könne gewiß nicht so weit gehen, den Finnen einen zweiten Krieg gegen Rußland in Aussicht zu stellen, wenn Rußland über die Finnen herfallen sollte.'" Nachdem Ebert betont hatte, daß die Zurückhaltung der Finnen wohl zu verstehen sei, sprach ich ganz offen aus, daß es bisher nicht unsere Aufgabe gewesen sei, auf Wunsch Feuer anzuzünden. Die Herren, die in ihrer primitiven Kenntnis der Sozialdemokratie wohl damit gerechnet hatten, daß man Revolutionen sozusagen auf Bestellung haben könne, machten recht lange Gesichter.

Eine Fahrt nach dem Westen

Beschwerden aus dem Heere waren schon sehr bald nach Kriegsausbruch bei uns eingelaufen und hatten sich sehr schnell gehäuft. Unsere Gesuche um Abhilfe nützten offenbar nicht viel. Die Offiziere bestritten zumeist, daß es sich um berechtigte Beschwerden handele und sie beruhigten die Heimatbehörden, an die wir uns wenden mußten, immer wieder von neuem. Schließlich wurde immer dringlicher verlangt, daß die Partei Vertrauensmänner an die Front und in die Etappen schicken möchte, um sich an Ort und Stelle von den Soldaten überzeugen zu lassen, daß sie nicht zu Unrecht Klage führten. Natürlich müsse man die Soldaten, die auf unsere Anfrage dann Auskünfte geben würden, vor Schikanen oder gar Strafen schützen. Da wir in Berlin immer entschiedener vorstellig geworden waren, regten einige höhere Offiziere selbst Frontreisen an, damit die Abgeordneten sich von der „tadellosen Behandlung und Verpflegung" der Soldaten überzeugen könnten. Wir machten zur Bedingung, daß uns nicht Potemkinsche Dörfer gezeigt würden, daß wir auch nach eigenem Ermessen die Soldaten befragen könnten, und zwar nicht in Gegenwart von Vorgesetzten. Es sprach für das gute Gewissen der höheren Stelle in Berlin, daß sie auf alle unsere Forderungen einging.

Am 17. September 1915 fuhren Dr. David, Ebert, Schöpflin und ich über Frankfurt und Metz nach Charleville, wo uns Genosse Dr. Köster, der damals Kriegsberichterstatter war, und Rittmeister v. Bunsen empfingen. Herr v. Bunsen sollte uns führen und alle gewünschten Auskünfte geben oder beschaffen. Er erwies sich als ein wirklich guter Führer. Wir lernten nicht nur große Etappen kennen, sondern kamen gegen die entschiedenen Proteste mancher Stäbe auch an weniger angenehme Stellen. Es stellte sich heraus, daß mancherlei Beschwerden unberechtigt waren, denn im Kriege kann natürlich nicht alles nach Wunsch gehen; die meisten Beschwerden erwiesen sich leider als berechtigt. Fast immer stellte es sich heraus, daß überall da, wo nicht objektive Ursachen zugrunde lagen, unverständige Offiziere und

Unteroffiziere, die für ihre Stellungen ungeeignet waren, Ursachen zu Beschwerden gegeben hatten. Wir haben in zahlreichen Fällen Abhilfe schaffen können, wie uns später aus dem Felde immer wieder mitgeteilt worden ist. Wohlgemerkt, Abhilfe konnte geschaffen werden, soweit es sich um persönliche Mißgriffe, schlechte Behandlung, Ungerechtigkeiten bei Urlaubserteilungen usw. handelte. Soweit die Verpflegung in Betracht kam, wurde die Zahl der Klagen natürlich um so größer, je kleiner die Rationen zugeteilt werden mußten. Um vollkommen objektiv zu sein soll ausdrücklich gesagt werden, daß uns damals im allgemeinen viel mehr Offiziere gelobt als getadelt wurden. Aber die Gelobten wurden nur in verhältnismäßig kleinem Gebiete bekannt und beliebt, während jeder, über den Klage geführt wurde, weit und breit verschrien war. So verhaßt solche Offiziere und Unteroffiziere waren, die den Mannschaften gegenüber sich unkameradschaftlich benahmen und den schnoddrigen Kasernenhofton auch im Felde beibehielten, so beliebt waren die Vorgesetzten, die sich kameradschaftlich benahmen und in jeder Beziehung dem Soldaten mit gutem Beispiel vorangingen. Geradezu rührende Beispiele für die Anhänglichkeit und Treue der Soldaten gegenüber solchen Offizieren haben wir damals kennengelernt.

Diese Frontreise war für uns wahrhaftig kein Vergnügen, sie war lediglich die Erfüllung einer Pflicht gegenüber den Soldaten, denen wir nach Möglichkeit Erleichterung verschaffen wollten. Daß wir als Zivilisten zwischen den braven Kriegern herumliefen, war uns peinlich genug, denn daß nicht alle den Zweck unserer Reise kannten, war uns klar. In Seebrügge mußten wir in einem Restaurant speisen, das als Offizierskasino beschlagnahmt worden war. Die Bezeichnung Offizierskasino war denn auch an dem Hause angeschrieben. Als wir das Restaurant verließen, machte ein Amateur eine Aufnahme, die später in einer Berliner illustrierten Zeitung veröffentlicht worden ist. Dieses harmlose Bild, gegen dessen Herstellung und Veröffentlichung wir uns gar nicht hätten wehren können, war der radikalen Opposition Anlaß zu einer neuen Hetze. Sie fertigten Flugblätter unter dem Titel „Bilder ohne Worte", druckten das erwähnte Bild ab und daneben eine Phantasiezeichnung: Klara Zetkin hinter Gefängnisgittern. Frau Zetkin war in Karlsruhe wegen irgendeiner Redewendung eingesperrt worden. Natürlich hatte der Parteivorstand Himmel und Hölle in Bewegung gesetzt, um sie wieder frei zu kriegen. Am 13. Oktober 1915 telegraphierte denn auch unser Stuttgarter Genosse Dietz, daß es ihm gelungen sei, Klara frei zu machen, er werde sie sofort mit nach Stuttgart nehmen. Aber wie hatte er sie frei gemacht? Er hatte sie gegen 10 000 Mark Kriegsanleihe ausgetauscht! Das war ein ausgezeichneter Witz des Genossen Dietz. So etwas sollte ihm ein anderer nachmachen!

Dreizehnter Abschnitt
Der besorgte Kanzler

Kaum von der Frontreise nach Berlin zurückgekehrt, wurde ich am 29. September in dringlicher Form zum Reichskanzler gebeten. Es waren dort noch versammelt die Abgeordneten Bassermann, Spahn und v. Payer. Der Reichskanzler wollte uns ganz vertraulich mancherlei sagen, das wir nicht einmal unseren Kollegen weiter berichten sollten. Er schilderte Geschehnisse auf dem Balkan, insbesondere auch, wie es schließlich gelungen sei, Bulgarien für uns zu gewinnen. Schon im August 1914 sei ein Vertrag zwischen Bulgarien einerseits, der Türkei und Deutschland andererseits so gut wie perfekt gewesen. Da sei die Schlacht an der Marne gekommen und alles sei in die Brüche gegangen. Sofort hätte die Entente mit ihrer Arbeit auf dem Balkan eingesetzt. Trotzdem sei es gelungen, mit den Bulgaren erneut in Verhandlungen zu kommen. Das sei aber nur möglich gewesen auf Grund eines Finanzgeschäftes, das die Diskontogesellschaft entrierte. Es hätte sich um 300 Millionen gehandelt. Alles schien glatt zu verlaufen, da kam die Niederlage der Österreicher in den Karpaten und alles war wieder aus. „Erneut ringen die Entente und die Zentralmächte um Bulgarien". Wir hätten es schließlich auf Grund unserer militärischen Erfolge geschafft. Der Vertrag sei unterzeichnet und ratifiziert. Er läuft 5 Jahre und ist von allen Mächten geheimzuhalten. Irgendwelche Angaben könne er also nicht machen. — Von Rumänien hoffe er, daß es seine Neutralität aufrechterhalte. — In Griechenland seien die Verhältnisse wenig durchsichtig. Er wisse, daß der König deutschfreundlich sei; dagegen sei der Ministerpräsident ententefreundlich. Niemand könne sagen, wie sich dort die Dinge gestalten würden. In Rußland scheine die Duma sich mit der Macht der Reaktion abzufinden. Jedenfalls vermöge die Friedenspartei sich dort noch nicht durchzusetzen. Der Zar sei gewiß eine weiche Natur und wäre wahrscheinlich geneigt zum Frieden, wenn in Rußland willensstarke Männer wären, die ihm zusetzten. Es sei ein Unglück, daß Witte gestorben sei. Er warte auf den psychologischen Moment, um in Friedensverhandlungen eintreten zu können, aber wann wird er kommen? — In Frankreich ist man jetzt wieder voller Hoffnungen, nachdem die Offensive, wie man ohne weiteres zugeben muß, ihnen einen Erfolg gebracht hat. Dabei wolle er bemerken, daß ihm heute aus dem Großen Hauptquartier telegraphiert worden sei, man sei auf weitere Kämpfe gefaßt, halte die Krise aber für überwunden. Die Dinge lägen so, daß wir uns auf einen zweiten Winterfeldzug gefaßt machen müßten, alle seine Hoffnungen, früher zum Friedensschluß zu kommen, seien zuschanden geworden. England habe offenbar das Bestreben, uns unter allen Umständen kleinzukriegen. Sein Augenmerk sei deshalb in erster Linie auf Rußland und Frankreich gerichtet. In Italien sei die Stimmung enorm abgeflaut. Cadorna habe sich geweigert, Truppen für Frankreich und die Dardanellen abzugeben. Für uns komme alles jetzt darauf an, Konstantinopel zu halten. Gelinge das, dann flaue wohl die Kriegsstimmung in Rußland ab, vielleicht sei dann Hoffnung auf ein Einlenken. Mit Dänemark ständen wir gut, ebenso mit Schweden. Die Finnen seien bereit, Revolution zu machen, wenn — ihnen geholfen werde. Daß Amerika 500 Millionen Dollar Anleihe bei den Franzosen und Engländern unterbringe, sei bedauerlich genug, aber lange nicht so schlimm, als wenn wir uns mit Amerika offen verkracht hätten.

Daß der Krach mit Amerika später durch die Eröffnung des rücksichtslosen U-Boot-Kriegs, allerdings gegen den Widerspruch Bethmann Hollwegs, geradezu provoziert worden ist, sei hier schon nebenbei erwähnt. Aus jedem Worte Bethmann Hollwegs leuchtete schwere Sorge heraus.

Jeder Satz atmete Sehnsucht; und den guten Willen nach Frieden. Um so wahnwitziger mußten allen Eingeweihten die Eroberungsforderungen der Konservativen und alldeutschen Nationalliberalen erscheinen.

Vierzehnter Abschnitt
Alldeutsche Kriegsziele

Je siegreicher unsere Truppen im Anfange des Krieges waren — von der verlorenen Marneschlacht erfuhr das Volk ja überhaupt nichts —, desto dreister wurden die alldeutschen Schreibstrategen, die den Ausbruch des Krieges seit Jahrzehnten ersehnt hatten. Zu den kurzsichtigsten Eroberungspolitiken gehörten bald nach Ausbruch des Krieges, abgesehen von den damaligen Konservativen und späteren Deutschnationalen, die Abgeordneten Bassermann, Stresemann und Erzberger. Letzterer stellte auf eigene Faust ein wüstes Eroberungsprogramm auf, das er den „zuständigen" Stellen einreichte. Bassermann verlangte, daß kein Stück Land wieder herausgegeben werden dürfe, auf das ein Tropfen deutschen Blutes geflossen sei.

Herrn Stresemann müssen wir schon etwas mehr Raum widmen, nachdem übereifrige Freunde sich bemüht haben und weiter bemühen, die Legende populär zu machen, daß er nur „eine Lebensaufgabe" gehabt hätte: die Völker zu versöhnen und den Weltfrieden zu sichern. Die Lebensaufgaben des Herrn Stresemann sind verschiedenartig gewesen. Der Tag, an dem seine Versöhnungspolitik begonnen hat, liegt weit hinter dem Friedensschluß. Deshalb ist es unangebracht, schlechtweg, auch wenn es sich nur um Interviews handelt, von seiner „Lebensaufgabe" zu sprechen, ohne nähere Daten anzugeben. Noch törichter ist natürlich der Versuch, die Politik des Herrn Stresemann so darstellen zu wollen, als sei sie nicht nur in einer geraden Linie verlaufen, sondern auch gegen Eroberungen gerichtet gewesen.

Rochus v. Rheinbaben, offenbar ein begeisterter
Anhänger Stresemanns, hat für ein bei Carl Reißner in Dresden erschienenes Stresemann-Buch biographische Notizen als Einleitung geschrieben. Er erinnert an ein Wort Lloyd Georges: „Meine größten Feinde sind meine Reden". Daran knüpft er diese Bemerkung: „Demgegenüber zeigen die Reden und Aufsätze Stresemanns eine fortlaufende Linie der Politik, wenn auch im einzelnen bedingt durch die Umstände". Wenn Worte einen Sinn haben sollen, können sie hier nur bedeuten, daß Stresemann eine konsequente Politik verfolgt hat — im Gegensatz zu Lloyd George —, eine Politik, die selbstverständlich beeinflußt worden

sei durch die Umstände des Tages. Da haben wir die „fortlaufende Linie"! Herr v. Rheinbaben wird aber noch deutlicher: weil die deutsche Friedensliebe so schlecht vergolten worden sei, „folgerte Stresemann, daß man, je nach Möglichkeiten, die ein Sieg gebe, Sicherungen für Deutschland schaffen müsse. Allerdings sprach er sich immer gegen eine Eroberungspolitik aus..." Oh – oh!

Was sollen derartige Bärendienste und warum läßt Stresemann sie sich gefallen? Kein Mensch wird es ihm, dem ehemaligen Alldeutschen – deren Hetzpolitik wir nebenbei schon ein wenig gekennzeichnet haben –, nachtragen wollen, daß er zu Beginn des Krieges von dem berühmten Furor teutonicus besessen war. Deshalb wollen wir auch aus seinen Reden und Schriften aus dem ersten Drittel des Krieges Beispiele nicht anführen. Stresemann ist jedoch jahrelang vollkommen unbelehrbar gewesen und hat selbst am bitteren Ende des Krieges, sozusagen am Massengrabe der Eroberungsprogramme unserer Daheimkrieger, immer noch Hoffnungen wenigstens auf Kurland gesetzt.

Ein helles Schlaglicht auf den Kriegs-Stresemann wirft die Schilderung einer Szene, die dem verstorbenen demokratischen Reichstagsabgeordneten Konrad Haußmann, in seinem 1924 erschienenen Buche „Schlaglichter" (Frankfurter Societäts-Druckerei), zu danken ist. Haußmann hatte eine Aussprache mit dem damaligen Staatssekretär des Auswärtigen, also einem Amtsvorgänger Stresemanns:

Zimmermann: „Wissen Sie, dieser Stresemann, ich will kein Wort gebrauchen, es ist unerhört. Er greift jetzt an und hat im Dezember gejubelt über eine Torpedierung, weil sie den amerikanischen Krieg unvermeidlich macht." – „Ja, das widerspruchvollste, was denkbar, leistet Stresemann und seine Nationalliberalen. Ich habe loyal mit Ihnen gesprochen" – „Ja" – „– und werde Sie unterrichten, wenn etwas besonders Neues in Beziehung auf Ihre Person eintritt."

Daß gerade Herr Stresemann schließlich den Friedens-Nobelpreis bekommen hat, ist ein nicht übler Treppenwitz der Weltgeschichte. Als wenn er den Nachweis für die Richtigkeit dieser Behauptung und die Unrichtigkeit der Rheinbabenschen Stresemann-Biographie hätte erleichtern wollen, ließ er selbst viele seiner Kriegsreden und Aufsätze fein säuberlich drucken – unter verschiedenen Titeln und bei verschiedenen Verlegern. Es ist infolgedessen leicht, einige Perlen auf die Schnur zu ziehen. Bei den Reden geben wir das Datum, bei den Schriften die Titel an:

„Wenn ein Deutscher auszusprechen wagt, daß Deutschland mit seinen 70 Millionen Einwohnern dasselbe Recht hat, daß es auch ein deutsches Gibraltar sich schaffen kann, wenn sein Schwert es erobert, dann hat er sich nicht nur zu wehren gegen die deutschen Feinde im Auslande, sondern auch gegen die Philister im Innern. Ich habe die feste Empfindung, daß das englische Weltansehen, das nur künstlich aufrechterhalten war, zusammenbrechen wird in diesem Weltkriege." (7. Juni 1916.)

Am 19. Januar 1917 fand in Berlin eine Kundgebung eines sogenannten unabhängigen Ausschusses statt, in der Professor Dietrich Schäfer, ein wüster Nationalist, Graf Westarp, über den jedes Wort sich erübrigt, Dr. Pfleger vom Zentrum, der in München den Verein zur raschen Niederwerfung Englands erfunden hatte, Pfarrer Traub, der ehemalige Radikal-Liberale, der im Krieg wie in einem dauernden Blutrausch redete und schrieb, sowie Dr. Stresemann als Redner auftraten. Es interessiert uns hier nur Herr Stresemann, weil von den anderen bisher niemand zu behaupten gewagt hat, daß sie Eroberungen abgeneigt gewesen wären. Genießen wir Herrn Stresemanns Ausführungen:

Er wandte sich gegen alle, die auf das verständige Verhalten Friedrichs II. hinwiesen, als er den Hubertusburger Frieden schloß, und auf Bismarck, als er den Nicolsburger Frieden machte: „Sie scheinen doch die eine Kleinigkeit vergessen zu haben, daß es etwas anderes ist, Frieden zu schließen mit deutschen Blutsbrüdern, und etwas anderes, Frieden zu schließen mit Engländern und Serben." Übrigens habe Friedrich II. auch den Satz geschrieben: „Ein Krieg, der nicht zu Eroberungen führt, sei in seinen Augen ein verlorener Krieg ..."

Wir brauchen landwirtschaftliches Neuland. . . . Ein solches Agrarland ist Kurland. Ich denke aber weiter daran und möchte dem Unabhängigen Ausschuß empfehlen, auch die Frage, inwieweit in Zukunft Rumäniens Ausfuhrüberschuß an Getreide für Deutschland und seine Verbündeten sicherzustellen ist, in den Kreis der Betrachtungen für den deutschen Frieden einzubeziehen. (Beifallrufe: Petroleum!) Ebenso liegt es in bezug auf Polen und alle die Gebiete, die in ein politisches, staatsrechtliches oder wirtschaftliches Verhältnis zu uns kommen. ... es ist traurig, wenn sich Deutsche finden, die heute sagen, daß wir auf eine Kriegsentschädigung verzichten sollten."

Diese Versammlung endete mit der Annahme einer Entschließung, in der sieben Forderungen aufgestellt wurden, die wir deshalb nur in knappster Form anzuführen brauchen, weil auch dadurch noch vollkommen einwandfrei illustriert wird, wie die — ein scheußliches Wort — „geradlinige" Politik des Herrn Stresemann von Riga bis Longwy-Briey, von Calais bis Locarno und von Bukarest bis Genf verlaufen ist. Es wurde verlangt:

Günstigere Gestaltung unserer Grenzen im Osten und Westen;

bedeutende Erweiterung unserer landwirtschaftlich bebauten Flächen im Osten;

die Erwerbung feindlicher Grenzgebiete, deren Bodenschätze (Erze und Kohlen) unser Volk gebrauchu;

der Besitz der flandrischen Küste, um der deutschen Handelsflotte den Weg zum Ozean offenzuhalten und einer Blockade wirksam entgegentreten zu können;

politische, wirtschaftliche und militärische Oberleitung in Belgien und Polen;

Kolonialbesitz, um unsere Macht und unsere Handelsbeziehungen über See stützen und sichern zu können;

Abwälzung eines möglichst großen Teils der Kriegskosten auf die Gegner in der Form von Geldzahlungen oder Landabtretungen.

In den Schlußsätzen dieser Entschließung heißt es: „Ein Friedensschluß, durch den diese unerläßlichen Bedingungen für die künftige friedliche Entwicklung des deutschen Volkes nicht restlos erfüllt werden, trägt von vornherein den Keim eines neuen noch schwereren und blutigeren Krieges in sich ... Wir können nur einen Frieden brauchen, der durch die Stärkung unserer Macht die Gewähr der Dauer in sich trägt ... Wir sind bereit zu kämpfen, bis wir ihn durch unseren Sieg errungen haben ..."

Wir? „Wir" waren die Herren Prof. Schäfer, Graf Westarp, Dr. Pfleger und Dr. Stresemann. Keiner von ihnen hat während der ganzen Kriegsdauer anderswo gekämpft als auf Rednertribünen und an Schreibtischen. Sie waren jedoch bereit, auf diesen Plätzen zu kämpfen bis zum letzten Tropfen Blut — versteht sich: derer, die in den Schützengräben lagen!

In den Augen des Stresemann-Biographen v. Rheinbaben sehen so die Männer aus, die sich immer gegen eine Eroberungspolitik ausgesprochen haben.

Hören wir indessen Herrn Stresemann weiter an. Bei seinem ganz entschieden betonten Eroberungswillen mußte es ihm natürlich besonders darauf ankommen, England kleinzukriegen. Das wäre nur möglich gewesen, wenn der rücksichtslose U-Boot-Krieg gehalten hätte, was seine eifrigsten Befürworter, zu denen die Partei Stresemanns in erster Linie gehörte, von ihm versprochen hatten. Innerhalb weniger, genau berechneter Monate, sollte der U-Boot-Krieg England auf die Knie zwingen! In Wirklichkeit bestand der einzig praktische Erfolg dieses rücksichtslosen Krieges zur See bekanntlich darin, daß uns, wie alle Welt vorher gewußt hatte, die Vereinigten Staaten von Nordamerika den Krieg erklärten und damit auch das Kriegsende entschieden.

Michel, horch!

Der rücksichtslose U-Boot-Krieg war die große Hoffnung aller Eroberungspolitiker. Daß besonders Stresemann den U-Boot-Erfolg unter allen Umständen gebrauchte, wird vollkommen klar, wenn man liest, welche weitgehenden Ziele er 1916 in seiner Schrift „Michel, horch, der Seewind pfeift" aufgestellt hat.

„Sind wir mit 70 Millionen Menschen nicht ebenso berechtigt, die Welt zu beherrschen, wie England mit 45 Millionen? Liegen wir denn nicht auch an der Nordsee, befahren wir nicht wie früher in der Hansazeit auch heute die Meere? Warum sollen wir einen Sieg nicht ebenso ausnutzen zu unserer Größe, wie es wahrscheinlich unsere Feinde tun würden, wenn der Sieg ihnen gehört!... Wir sind uns wohl alle einig in der Idee eines größeren Deutschlands der Größe Deutschlands und des Friedens der Welt wegen.

Wir wollen ein größeres Deutschland, namentlich nach der Seeküste hin ... Uns fehlt nicht die Meeresküste, aber uns fehlt die Ausdehnung nach Osten und Westen. Um Kronstadt auf der einen Seite und Dover auf der anderen Seite in Schach zu halten ... Deshalb muß unsere Küste verlängert, England für die Zukunft in Schach gehalten werden, damit ihm die Lust vergeht, abermals sein Spiel zu treiben. Haben wir nicht das Recht, auch ein deutsches Gibraltar zu schaffen, die Nordsee wieder zum deutschen

Meer zu machen? England hat uns den Weg gewiesen. Wir haben in dem englischen größten Dichter, Shakespeare, einen guten Wegweiser; es ist, als wenn er vorausschauend die Verse für uns gedichtet hat: „Auf nach Calais, von dort nach England, nie sah ein Volk wohl frohere Überfahrt."

Wer solche Pläne im Kopfe hatte, mußte natürlich zornig werden, wenn andere an den Erfolgen des U-Boot-Krieges zweifelten. Erzberger, dem — im Gegensatz zu Stresemann — die Augen allmählich aufgegangen waren, hatte den U-Boot-Taumel rücksichtslos bekämpft und auf die den Engländern zur Verfügung stehende Welttonnage aufmerksam gemacht gegenüber den Berechnungen der Marineleitung, die der Staatssekretär Helfferich stützte. Stresemann war empört:

„Darin irrt Erzberger unbedingt . . . Daß England den Kampf auf die Dauer nicht aushalten kann, ist unbestreitbar. Ein Ermatten im Kampf gegen die deutschen U-Boote zeigt sich schon heute." (Juli 1917)

Stresemann glaubte an den Erfolg des rücksichtslosen U-Boot-Krieges und an den Zusammenbruch Englands, mußte daran glauben, wenn seine wiederholt erhobene Forderung eines „deutschen Gibraltars" nicht direkt lächerlich wirken sollte. Nachdem er schon Goethe und Shakespeare zugunsten seiner Eroberungsziele bemüht hatte, rief er am 29. Januar 1917 auch noch Napoleon als Zeugen an:

„Napoleon vergleicht einmal England mit Karthago. Carthago sank von seiner Höhe herab. Auch England kann sinken und wird sinken. Denn auf unserer Seite ist das sittliche Recht und auf unserer Seite die Macht, den Stoß in sein Herz zu führen, wenn wir die Stunde zu nutzen verstehen." (29. Januar 1917)

Vollkommen unfaßbar ist der Haß, der unversöhnliche Haß, den Stresemann England gegenüber zum Ausdruck gebracht hat. In seiner bereits erwähnten Kriegsschrift „Michel horch" sagt er u. a.:

„Wir hoffen wohl alle, daß nach dem Kriege wieder eine Ära der Versöhnung mit Frankreich und Rußland kommen wird, daß hier die Jahre und Jahrzehnte wirken werden, um eine Verständigung und Versöhnung herbeizuführen. Aber eins soll und darf man dem deutschen Volke nicht zumuten: eine Versöhnung mit England. Hier sitzt der Haß zu tief. Es ist ein Haß, der sittlich berechtigt ist ... Deshalb ist in diesen Wochen nichts in Deutschland dem Volke mehr aus dem Herzen gesprochen worden, als das Gedicht, das der Kronprinz von Bayern an seine Truppen verteilen ließ, Verse als Waffe im Kriege, jenes Gedicht, in dessen letzter Strophe es heißt:

> Was schiert uns Russe und Franzos, Schuß wider Schuß und Stoß wider Stoß. Wir kämpfen den Kampf mit Bronze und Stahl Und schließen Frieden irgend einmal. Dich werden wir hassen mit langem Haß, Und werden nicht lassen von unserm Haß, Haß zu Wasser und Haß zu Land, Haß des Hauptes und Haß der Hand, Haß der Hämmer und Haß der Kronen, Drosselnder Haß von siebzig Millionen. Sie lieben vereint, sie hassen vereint, Sie haben alle nur einen Feind; England!"

Ist es schon unverständlich, daß Herr v. Rheinbaben die erwähnten Sätze über Stresemanns politische Linie und seine angebliche Abneigung gegen Eroberungspolitik hat schreiben können, so ist es absolut unbegreiflich, daß Herr Stresemann diese Sätze, die er vor dem Druck seines Buches selbstverständlich gelesen hat, nicht strich! Alle Bemühungen, ihn als einen Politiker der „fortlaufenden Linie", dem Eroberungen unsympathisch gewesen sind, zu frisieren, scheitern an der einfachen Tatsache, daß seine Reden und Schriften gedruckt vorliegen. — Übrigens ist Herrn Briands Politik ungefähr ebenso „geradlinig" wie die des Herrn Stresemann, deshalb arbeiten beide Herren jetzt recht gut miteinander.

Nicht ohne Interesse ist natürlich die Beantwortung der Frage, wie Herr Stresemann sich den Bestrebungen gegenüber verhalten hat, die auf die Errichtung von Schiedsgerichten und eines Völkerbundes hinzielten.

In der Reichstagssitzung vom 28. Februar 1917 wandte er sich gegen die „Traumpolitik des ewigen Friedens":

„Ich habe manchmal in diesen Tagen an das alte Goethewort und den Faust gedacht:

> Träumt ihr den Friedenstag? Träume,
> wer träumen mag. Krieg heißt das Lo-

sungswort, Sieg, und so klingt es fort

Das war so, so lange die Welt bestand, das wird so bleiben. Das Verhältnis der Völker wird sich nie in Paragraphen vom Weltbund einschnüren lassen, denn die Paragraphen werden gesprengt werden in dem Augenblick, wo Lebensinteressen einer großen starken Nation in Frage stehen." (28. Februar 1917)

Nahezu ein Jahr vorher schon hatte er sich noch schärfer über die Träumer und Idealisten, die an eine Völkerverbrüderung glaubten, ausgesprochen. Der dauernde Frieden könne nur ein Frieden sein, der uns stärker mache: „In diesem Sinne erstrebt das deutsche Volk eine Sicherung der deutschen Grenzen und ihre Ausdehnung . . . Die Losung für diese Sicherung aber heißt nicht ‚Vertrag', sondern Machtgeltung in Flandern und anderswo." (22. Juni 1916)

Stresemann pfiff auf alle Völkerbundsideen und Idealisten. Seine Eroberungsabsichten wären allerdings auch nicht entfernt in Einklang zu bringen gewesen mit den Anschauungen, die er zehn Jahre später als Vertreter Deutschlands im Völkerbund vertreten hat. Er wollte Land erobern im Osten und Westen.

Den Engländern aber wollte er von der eroberten flandrischen Küste aus die eisengepanzerte Faust dauernd unter die Nase halten können. Auf dem Wege einer Verständigung wäre ein solcher Gewaltfrieden natürlich nicht zu haben gewesen, deshalb erschien ihm als Ideal ein „Diktierfrieden", wie ihn die Entente schließlich uns hat auf zwingen können:

„Wenn wir einen Diktierfrieden schließen könnten, dann wäre niemand unter uns, der sich in der Partei entgegenstemmen würde, wenn wir fremdes Gebiet uns aneignen, weil das der Verständigung der Völker widerstreben würde."

Die Kapitalisten und ihre Professoren

Es wäre natürlich ganz bedeutungslos gewesen, wenn nur Einzelpersonen ausschweifende Eroberungsforderungen aufgestellt hätten. Hinter sie stellten sich sehr geräuschvoll leider nicht nur weltfremde Professoren, sondern auch mächtige wirtschaftliche Organisationen. Sie brachten die Eroberungsforderungen erst in ein bestimmtes System. Und erst dadurch entstanden die großen Schwierigkeiten innerhalb der SPD,, die noch zu besprechen sein werden. Wo immer deutsche Eroberer und politische Finsterlinge sich „patriotisch" geregt haben, stets fanden sich hilfsbereite Professoren, um ihnen beizuspringen. Das giftige Wort eines Königs von Hannover, das von Rennpferden, Professoren und gänzlich eindeutigen Damen handelt, soll nicht wörtlich zitiert, dagegen muß in gedrängter Form berichtet werden, wie deutsche Universitätslehrer, industrielle Weltmachtpolitiker, „notleidende Agrarier" und sehr engstirnige „Feste-druff"-Politiker sich gegenseitig an wahnwitzigen Eroberungsforderungen zu übertrumpfen suchten. Die von den Wirtschaftsverbänden erhobenen Forderungen, die hier in gekürzter Form angeführt werden, decken sich im wesentlichen mit den Kriegszielen der Akademiker.

Silentium! Deutsche Weltmachtspolitiker sprechen jetzt zur kaiserlichen Regierung: „Exzellenz!

... Mit dem ganzen deutschen Volke ist auch die deutsche Erwerbstätigkeit in Landwirtschaft und Industrie, Handwerk und Handel fest entschlossen, in dem Deutschland aufgezwungenen Kampf auf Leben und Tod ungeachtet aller Opfer auszuharren bis zum letzten, damit Deutschland aus diesem Kampfe nach außen stärker, mit der Gewähr eines dauernden Friedens und damit der Gewähr einer gesicherten nationalen, wirtschaftlichen und kulturellen Weiterentwicklung auch im Innern hervorgehe ...

Mit Befriedigung ist überall die Erklärung der „Norddeutschen Allgemeinen Zeitung" aufgenommen, daß kein Urteilsfähiger daran denken kann, die für Deutschland günstige Kriegslage zugunsten eines vorzeitigen Friedensschlusses mit irgendeinem seiner Feinde preiszugeben ... Also kein vorzeitiger Frieden. Denn von einem solchen steht ein ausreichender Siegespreis nicht zu erhoffen.

Aber auch kein lauer Frieden, kein Frieden, der nach den angedeuteten Richtungen hin nicht die volle politische Ausnutzung der von uns erhofften schließlichen militärischen Erfolge in sich begreift!

Denn es darf nicht verkannt werden, daß die volle Ausnützung der militärischen Lage für die äußere Machterweiterung Deutschlands nicht nur die Voraussetzung für die Sicherstellung unserer Zukunft nach außen, sondern auch die gleich wichtige Voraussetzung dafür bildet, daß die opferfreudige Geschlossenheit des deutschen Volkes auch für die innere Politik in kommenden Friedenszeiten nutzbar gemacht werden kann. Dem

Blutopfer von Hunderttausenden muß auch der Siegespreis entsprechen!

Welche Forderungen im einzelnen — die militärische Durchführbarkeit vorausgesetzt — nach Ansicht der unterzeichneten Verbände erfüllt werden müssen, um Deutschland politisch, militärisch und wirtschaftlich so zu festigen, daß es allen Möglichkeiten der Zukunft getrost entgegensehen kann, ist in der nachstehend wiedergegebenen Eingabe ausgeführt, die unter dem 10. März d. J. ... an Eure Exzellenz gerichtet wurde: Die Eingabe lautete:

„Die unterzeichneten Körperschaften haben sich mit der Frage beschäftigt, wie die in den letzten Monaten so oft gehörte Formel zu verwirklichen ist, daß diesem Kriege ein ehrenvoller Frieden folgen müsse, der den gebrachten Opfern entspricht und die Gewähr seiner Dauer in sich trägt.

Bei der Beantwortung dieser Frage darf niemals vergessen werden, daß unsere Feinde fortgesetzt verkünden, Deutschland solle vernichtet und aus der Reihe der Großmächte gestrichen werden. Gegenüber diesen Bestrebungen werden wir keinen Schutz finden in Verträgen, welche man im passenden Augenblick wiederum mit Füßen tritt, sondern nur in einer so starken wirtschaftlichen und militärischen Schwächung unserer Gegner, daß durch diese für absehbare Zeit der Friede gesichert wird.

Neben der Forderung eines Kolonialreiches, das den vielseitigen wirtschaftlichen Interessen Deutschlands voll genügt, neben der Sicherung unserer zoll- und handelspolitischen Zukunft und der Erlangung einer ausreichenden, in zweckmäßiger Form gewährten Kriegsentschädigung, sehen sie das Hauptziel des uns aufgedrängten Kampfes in einer Sicherung und Verbesserung der europäischen Daseinsgrundlage des Deutschen Reiches nach folgenden Richtungen:

Belgien muß ... unserem Hauptindustriegebiet, militär- und zollpolitisch, sowie hinsichtlich des Münz-, Bank- und Postwesens, der deutschen Reichsgesetzgebung unterstellt werden. Eisenbahnen und Wasserstraßen sind unserem Verkehrswesen einzugliedern. Im übrigen müssen Regierung und Verwaltung des Landes, unter Scheidung eines wallonischen und eines überwiegend flämischen Gebietes und unter Überführung der für die Beherrschung des Landes wichtigen wirtschaftlichen Unternehmungen und Besitzungen in deutsche Hand so geführt werden, daß die Bewohner keinen Einfluß auf die politischen Geschicke des Deutschen Reiches erlangen.

Was Frankreich betrifft, so muß, aus dem gleichen Gesichtspunkte unserer Stellung zu England, der Besitz des an Belgien grenzenden Küstengebietes bis etwa zur Somme und damit der Ausweg zum Atlantischen Ozean als eine Lebensfrage für unsere künftige Seegeltung betrachtet werden. . . Jeder weitere französische Landerwerb hat, abgesehen von der notwendigen Angliederung der Erzgebiete von Briey, ausschließlich nach militärstrategischen Erwägungen zu geschehen... Mit dem Erwerb der Maaslinie und der französischen Kanalküste wäre, außer dem erwähnten Erzgebiete von Briey, auch der Besitz der Kohlengebiete des Departements du Nord und des Pas de Calais elsaß-lothringischen Erfahrungen wohl selbstverständlich — voraus, daß die Bevölkerung der angegliederten Gebiete nicht in die Lage gebracht wird, politischen Einfluß auf die Geschichte des Deutschen Reiches zu erlangen, und daß die in diesem Gebiete vorhandenen wirtschaftlichen Machtmittel, einschließlich des mittleren und größeren Besitzes, derart in deutsche Hand überführt werden, daß Frankreich deren Eigentümer entschädigt und übernimmt.

Für den Osten muß zunächst die eine Erwägung maßgebend sein, daß der im Westen zu erwartende große industrielle Machtzuwachs ein Gegengewicht durch ein gleichwertiges im Osten zu erwerbendes Landwirtschaftsgebiet finden muß...

Hinsichtlich der Verleihung politischer Rechte an die Bewohner der neuen Gebiete und der Sicherung des deutschen wirtschaftlichen Einflusses in ihnen gilt das hinsichtlich Frankreich Gesagte. Die Kriegsentschädigung von seiten Rußlands wird in großem Umfange in der Übereignung von Land bestehen müssen...

Der Mangel an Häfen unmittelbar am Kanal würde nach wie vor unsere überseeische Betätigung einschnüren. Ein selbständiges Belgien wäre weiter der Brückenkopf Englands, sein Stützpunkt gegen uns. Die natürliche Festungslinie in Frankreich in den Händen der Franzosen bedeutete eine stete Bedrohung unserer Grenze. Rußland aber würde, wenn es ohne Landverlust aus dem Kriege hervorginge, unsere Leistungsfähigkeit und Kraft, die es an der Störung unserer Interessen hindern könnten, mißachten, während andererseits der Nichterwerb landwirtschaftlichen Gebietes an unserer Ostgrenze die Möglichkeit verringern würde, die Wehrkraft Deutschlands durch genügende Vermehrung seiner Bevölkerung Rußland gegenüber zu stärken.

In Ergänzung dieser Eingabe soll hier aber noch ausdrücklich darauf hingewiesen werden, daß die politischen, militärischen und wirtschaftlichen Ziele, welche das deutsche Volk im Interesse der Sicherung seiner Zukunft erstreben muß, in engster Verbindung miteinander stehen und voneinander nicht getrennt werden können."

Unterzeichnet war diese Eingabe von den Vorsitzenden der folgenden sechs Verbände: Bund der Landwirte, Deutscher Bauernbund, Vorort der christlichen deutschen Bauernvereine, zurzeit Westfälischer Bauernverein, Zentralverband deutscher Industrieller, Bund der Industriellen, Reichsdeutscher Mittelstandsverband.

Viel wissenschaftlicher als die Industriekönige, die ewig notleidenden Agrarier unter Führung des Landadels und die Männer des Mittelstands, trumpfen die deutschen Universitätslehrer auf. Bei ihnen ist natürlich jede Forderung „wissenschaftlich" fundiert. Dafür als Beispiel ein Satz aus ihrem Kapitel Kriegsentschädigung:

„Kämen wir in die Lage, England ... eine Kriegsentschädigung aufzuerlegen, kein Geldbetrag könnte hoch genug sein... Der Geldbeutel ist der empfindlichste Teil dieser Krämernation. Am Geldbeutel vor allem muß sie, haben wir die Macht dazu, rücksichtslos getroffen werden".

Man kann sich, politisch gesehen, Dümmeres als diese kindischen Forderungen kaum vorstellen: „Kämen wir in die Lage — kein Geldbetrag könnte hoch genug sein!" Wenn wir einmal einen Bären erlegen, dann—! Wenn wir das große Los gewinnen — — Die besondere Eingabe der Professoren war unterzeichnet u. a. von Friedr. Meinecke, Professor der Geschichte in Berlin, Hermann Oncken, Professor der Geschichte in Heidelberg, Herrn. Schumacher, Professor der Nationalökonomie, Reinh. Seeberg, Professor der Theologie und Professor Friedrich Schäfer, Professor der Geschichte in Berlin. Dreist über alle Maßen war die Berufung auf das Volk und die Volksmeinung. Die Volksmeinung stimme überein mit den Forderungen der Industriekönige und der Professoren! Kein Wort braucht man darüber zu verlieren. Man braucht nur darauf hinzuweisen, wie die Eingaben von der Gegenseite ausgenutzt worden sind, wie sie das deutsche Volk unerhört geschädigt haben. Man ist versucht anzunehmen, daß das Versailler Diktat in seinen Hauptteilen nach den Forderungen der deutschen Eroberer, die sich nach einem Diktierfrieden sehnten, geformt worden ist.

Durch die im Umlauf befindlichen Legenden werden manchen Eigenschaften, die sie nicht besessen, und Taten, die sie niemals vollbrachten, angedichtet, während andere als minderwertige Menschen abgetan werden — man denke an Erzberger. Demgegenüber scheint es mir Pflicht zu sein, jede Gelegenheit wahrzunehmen, Legenden zu zerstören, um schließlich doch der Wahrheit zum Siege zu verhelfen. Auf Stresemann, den weitaus redelustigsten Politiker Europas, trifft viel mehr als auf Lloyd George das Wort zu, daß seine Reden seine schlimmsten Feinde sind. Er vermag auf Grund seiner literarischen Studien in Zitaten zu wühlen und kann sie in jeder Rede hundertfach verwenden. Nur von einem Wort scheint er niemals etwas gehört zu haben: „Reden ist Silber..." Doch trifft auch das Bibelwort auf ihn zu, daß im Himmel mehr Freude ist über einen Sünder, der Buße tut, als über siebenundsiebzig Gerechte, die niemals gestrauchelt sind. Wir wollen uns über seine gründliche Wandlung freuen, seine Freunde aber sollen aufhören, ihn so zu schildern, wie er nicht ist und niemals war. Der Stresemann, der Kurland, Polen und Belgien beherrschen wollte, der die flandrische Küste erobern wollte und nach einem deutschen Gibraltar schrie, der den ewigen Haß gegen England predigte, den Diktierfrieden ersehnte und jeden Gedanken an einen Völkerbund verwarf, war eben ein anderer als der Stresemann, der zehn Jahre später als Freund der Völkerversöhnung und des Völkerbundes den Nobelpreis bekommen hat. Wir wollen ihn und uns beglückwünschen wegen dieser Wandlung zum Besseren.

Fünfzehnter Abschnitt

Kämpfe in der SPD

Je dreister die erörterten Forderungen, gegen die wir Sozialdemokraten sofort entschiedenen Einspruch erhoben haben, von den Eroberungspolitikern gestellt wurden, um so stärker wurde die Opposition in der Sozialdemokratischen Partei. Während die Mehrheit der SPD den Standpunkt vertrat, daß wir die Kriegskredite nicht deshalb verweigern könnten, weil von kurzsichtigen Menschen Forderungen, die die Regierung nicht billigte, aufgestellt wurden, vertrat die Minderheit den Standpunkt, daß die Kriegskredite nicht weiter bewilligt werden dürften, denn es sei aus dem Verteidigungskrieg offensichtlich längst ein Eroberungskrieg geworden. Schauplätze dieser Kämpfe in der Partei waren nicht nur Mitgliederversammlungen der Organisationen, besonders in Berlin und Leipzig, sondern auch die Sitzungen des Parteivorstandes, des Parteiausschusses und der Reichstagsfraktion. Anfänglich waren die Diskussionen in den zuletzt genannten Körperschaften mehr oder weniger leichtes Geplänkel, immer noch getragen vom Geiste der Brüderlichkeit, sehr bald aber wurde aus dem Geplänkel heftiger Kampf mit persönlicher Zuspitzung. Schließlich war von sachlichen Auseinandersetzungen kaum noch die Rede, es wurde vielmehr in der gehässigsten Weise gegen die Leitung der SPD und ihre Reichstagsfraktion gewählt. Immer deutlicher war auch zu bemerken, wie die früheren Kämpfe um die Parteitaktik Stachel zurückgelassen hatten.

Die Putschtaktik, von Rosa Luxemburg und Klara Zetkin, Karl Liebknecht und anderen verfochten, war von den Parteitagen abgelehnt worden. Das hatte die Anhänger der Russentaktik, die für Deutschland wie die Faust aufs Auge paßte, schwer gekränkt. An anderer Stelle ist der Kampf auf dem Parteitag in Jena 1913 geschildert worden. Mit Ausbruch des Krieges glaubten die „Radikalsten" ihre Zeit gekommen. Geradezu entsetzt war ich, als Heinrich Schulz, der spätere Staatssekretär im Reichsinnenministerium, mir über eine Unterredung berichtete, die er wenige Tage vor Kriegsausbruch mit Rosa Luxemburg gehabt hatte. Beide waren hervorragend im Bildungsausschuß der SPD beteiligt gewesen, er als Leiter und Lehrer der Parteischule, die zu meinem Dezernat im Parteivorstand gehörte, sie als Lehrerin. Als in den letzten Julitagen 1914 ganz Deutschland fieberte, zwischen Furcht und Hoffnung lebte, ob der Frieden erhalten werden könne, sprach Heinrich Schulz, der sich mit Rosa Luxemburg allein in einem Lehrzimmer befand, aus tief bekümmertem Herzen: „Hoffentlich kann der Krieg vermieden werden." Darauf rief ihm Rosa Luxemburg über den Tisch zu: „Hoffentlich nicht!" Sie erwartete vom Kriege wohl, daß er die Weltrevolution bringen werde.

Eine Sitzung des Parteiausschusses hatte am 27. September stattgefunden. Haase führte den Vorsitz, wozu Ebert es nur in ganz seltenen Fällen kommen ließ, Ebert referierte über die Lage der Partei und sagte u. a.: „Was die Haltung der deutschen Parteipresse anbelangt, so hat in den ersten Tagen des Kriegsausbruchs sich gezeigt, daß eine Reihe von Blättern etwas vom Kriegsrausch erfaßt wurde. Wir haben in unserem Zirkular vom 11. August hiergegen Stellung genommen; nachher ist es besser geworden." Auch einige andere Auslassungen, die auf die damalige Stimmung innerhalb der Partei interessante Streiflichter werfen, sollen hier angeführt werden.

Mehrfeld (Köln) führte aus: „In Köln lag ein mir bekannter Genosse, dem die Augen ausgestochen worden sind und der dann verstorben ist. In Belgien sind die Feldgrauen unbeliebt, aber der Landsturm ist beliebt. Wir sollten auch aus Gründen des späteren Zusammenarbeitens in der Internationale versuchen, Klarheit über die dortigen Verhältnisse zu schaffen."

Für das Treiben der Opposition kennzeichnend waren einige Feststellungen des Genossen Keil: „In Stuttgart ist an der Fraktionshaltung in einer Weise Kritik geübt worden, die das trübste Licht auf die Parteiverhältnisse wirft. Nach dem Kriegsausbruch wurden sofort Vertrauensmännerverhandlungen einberufen und über die Haltung der Fraktion diskutiert. Die gesamte Fraktion, auch die Gegner der Bewilligung einbegriffen, wurden als Lumpen und Schufte deklariert, die vierzig Jahre lang die Partei belogen hätten."

Fleißner (Dresden), der zur Opposition gehörte, verlangte, daß wir nicht preisgeben dürften, was wir in militärischen Dingen vierundvierzig Jahre vertreten hätten, aber, fuhr er wörtlich fort, „wir wünschen alle, daß Deutschland siegt. Später wird man vergessen, daß die Sozialdemokratie dazu viel beigetragen hat. Dann werden die Kriegstreiber sagen, daß die Rüstungen

Deutschland gerettet haben."

Haase hatte im Laufe der Debatte festgestellt, daß der Parteivorstand in der Frage der Annexionen einstimmig sei und einen ablehnenden Standpunkt einnehme. „Daß in der Fraktionserklärung nichts über den Neutralitätsbruch gesagt war, lag an den besonderen Verhältnissen damals. Nach vierundzwanzig Stunden haben wir schon bedauert, daß vorher niemand diese Frage anregte. Die Erklärung war eben vorher festgestellt und in ihren Einzelheiten gründlich geprüft. Es kam hinzu, daß an der Erklärung am Tage der Reichstagssitzung noch formell ein Satz geändert wurde, damit man in England aus dieser Erklärung nicht falsche Schlüsse zöge. Auch in dieser Pause kam keine Anregung, einen Satz über den Neutralitätsbruch aufzunehmen."

Hilferding führte u. a. aus: „Wir haben es nicht mit der Haltung der Fraktion allein zu tun; es scheint festzustehen, daß auch die Stimmung der Masse für die Fraktion war, als sie für die Kredite stimmte. Die Parole gegen den Zarismus entsprach der Stimmung der Massen."

Aus dem Schlußwort Eberts sollen noch einige Sätze angeführt werden: „... Wider Erwarten hat Hilferding hier versucht, auf die Ursache des Krieges einzugehen. Ich habe die Frage heute morgen nicht berührt, weil wir Wichtigeres und Dringenderes zu tun haben. Seine Rede war nicht sehr neu. Seine Auffassung, daß der Imperialismus in allen Ländern die letzte Ursache sei, haben wir oft gehört, aber so steht die Frage nicht. Es handelt sich darum, was im letzten Zeitabschnitt vor dem Kriegsausbruch geschah. In dieser Zeit war Deutschland zweifellos bedroht und gezwungen aus Gründen der Selbsterhaltung, sich zu verteidigen. Wir haben uns in unserer Auffassung auch nicht von der Stimmung der Massen leiten lassen. Aber die Kriegserklärung hat gerade gezeigt, wie recht wir gehandelt haben. Die russischen Massen, die auftraten, lieferten den Beweis, daß Rußland den Krieg monatelang vorbereitet hat. In der Frage der Annexionspolitik stimme ich mit dem überein, was Haase gesagt hat. Wir waren allezeit gegen jede Annexionspolitik. Jetzt aber eine große Aktion gegen die Annexionspolitik zu machen, ist noch nicht an der Zeit. Noch stehen Franzosen im Elsaß, und aus Ostpreußen sind die Russen eben erst heraus, und sie versuchen an anderer Stelle wieder hereinzukommen. Die Presse haben wir mit aller

Entschiedenheit durch unser Zirkular ermahnt. Wir sind alle einig darin, daß Neutralitätsverträge zu respektieren sind."

Der Verlauf dieser Sitzung ließ deutlich erkennen, daß die Partei vor weiteren großen Schwierigkeiten stand.

Als ein Beispiel für den „Kriegsrausch", auf den Ebert hingewiesen hatte, mag angeführt werden der in vielen hunderttausend Exemplaren verbreitet gewesene „Wahre Jakob". In seiner ersten Nummer nach dem Ausbruch des Krieges brachte er ein Titelbild mit der Unterschrift: „Nun Kinder, drauf los! Jetzt hilft nur noch das Dreschen!" Das Bild zeigte deutsche Arbeiter, die, mit Dreschflegeln ausgerüstet, auf Franzosen, Engländer und Russen, die sich unter Strohbündeln versteckt hatten, losschlugen. Der Parteivorstand hat diese Nummer aufzuhalten versucht, übrigens war die Nummer dem 50. Todestage Lassalles gewidmet und enthielt außer einem Porträt Lassalles ein Bild von Jean Jaurès, der damals bereits von einem französischen Nationalisten ermordet war. Ein Gedicht auf Jaurès und ebenso ein Nachruf waren nicht nur gänzlich frei von jeglichen Blutrauschspuren, atmeten vielmehr tiefe Sehnsucht nach Frieden und Freiheit im Sinne des teuren und geliebten Toten:

„Mit diesem Schwur auf unsern Lippen senken
Das rote Banner wir auf Deine Gruft."

Schlimmer als in der geschilderten Septembersitzung des Parteiausschusses ging es im Januar 1915 zu. Liebknecht hatte inzwischen seine Sonderaktion unternommen, die Fraktionsbeschlüsse also unbeachtet gelassen. Ebert berichtete am 13. Januar 1915 im Parteiausschuß:

„Die französische Partei segelt heute völlig im Fahrwasser des Chauvinismus. Selbst die Kammerrede Vivianis, die ganz auf den Ton demagogischer Revanchehetze gestimmt war, hat die Partei gedeckt. Vaillant bemüht sich in der „Humanite" sogar, die chauvinistischen Tiraden von Pichon und Clemenceau zu übertrumpfen. Die Parteipresse hat dieser Tage eine Blüte aus einem Vaillant-Artikel in der „Humanite" gebracht:

„Vaillant protestiert in der „Humanite" gegen einen vorzeitigen Friedensschluß und erklärt, die Verschärfung des Kampfes sei eine gebieterische Pflicht. Schon sei die Öffentlichkeit über die Verzögerung des Appells an Japan erstaunt, bald aber werde sie entrüstet sein. Es gäbe keine ostasiatischen Interessen Frankreichs, die den französischen und elsäßischen Boden und für die Belgier das Belgienland aufwiegen konnten. Die völlige Niederlage Deutschlands sei Frankreichs Heil und die Freiheit der Völker. Die schleunigste Durchsetzung der japanischen Intervention mit allen geeigneten Mitteln sei der Wille der Nation und die Pflicht der Regierung."

In Italien hat die Parteileitung den Kriegshetzer Mussolini von der Chefredaktion des Zentralblattes entfernen müssen. Das offizielle Organ der Schweizer Partei, die „Berner Tagwacht", bekundet ihren internationalen Brudersinn dadurch, daß sie fast tagaus, tagein die deutsche Partei in niedrigster und gehässigster Weise beschimpft.

Demgegenüber ergab sich für die SPD eine ganz klare Situation: wir stehen treu zu unserem Vaterlande, bis die Gegenseite bereit ist, Frieden zu schließen."

Ganz anders war wieder die Stellungnahme Haases:

„Ich bedauere das Auftreten Vaillants auf das tiefste. Aber auch hier sind ähnliche Töne angeschlagen und deren Bekanntwerden könnte auch uns in der Internationale schwer schädigen. Auch bei uns hört man das Wort vom Durchhalten, bis der Feind am Boden liegt. Wir müssen beachten, daß Vaillant auch immer nur die Zertrümmerung des preußischen Militarismus, niemals die Unterwerfung des preußischen Volkes predigt. Ebenso spreche man bei uns davon, daß der Krieg den russischen Zarismus zertrümmern müsse..." Wir dürfen die englische Arbeiterschaft nicht verurteilen, weil sie für ihr Land eintritt. Dem täglichen God save the King im „Daily Citizen" stehen die Aufrufe zur Bildung der Jugendkompanien in Deutschland gegenüber, die auch für Kaiser und Reich eintreten."

Es war immer derselbe Unterschied zwischen Haase und uns: Er klagte uns stets an, weil wir dem eigenen Lande die Mittel für den Verteidigungskrieg nicht verweigerten, während er bei den ausländischen Sozialisten die schlimmsten Auswüchse chauvinistischer Gesinnung zu entschuldigen oder gar zu verteidigen suchte.

Gegen Haase wandten sich sehr entschieden Leinert, Hermann Müller und Severing, während Dißmann, Dr. Hilferding, Luise Zietz und Fleißner ihrem Freunde beisprangen, Haase nahm dann selbst noch einmal das Wort. Auf Wunsch von Ebert hatte ich mich in die Rednerliste eintragen lassen, um ihn für das Schlußwort, das naturgemäß nicht stundenlang dauern durfte, zu entlasten.

Ich wies darauf hin, daß Haase, als geschickter Anwalt, jeden Augenblick für − die anderen plädieren könne; das habe er gestern mit erstaunlicher Fixigkeit zugunsten der Engländer, Franzosen und des „Vorwärts" getan.

„Die Fixigkeit ist aber nicht gleichbedeutend mit Richtigkeit. Haase hat viel mit Wenn und Aber operiert, um die anderen zu entschuldigen. Was würden wir getan haben, wenn usw. Es kommt darauf an, unser Tun zu beurteilen aus der Situation, in der wir uns befanden, nicht aber darauf, wie wir uns hätten verhalten müssen, wenn es so und so gewesen wäre. Haase hat sogar eine Parallele gezogen zwischen der Bundesgenossenschaft der Russen mit den Preußen anno 1813 und dem Bündnis der Russen und Franzosen von 1914. Wenn das Bündnis damals keine Schande gewesen sei für Preußen, dann jetzt nicht für die Franzosen. Das erscheint mir als eine sehr merkwürdige Beweisführung. Für uns kommen nicht schlechtweg die Franzosen in Betracht, sondern die französischen Sozialisten, die von ihren „tapferen Verbündeten", den Russen, sprachen, die entschlossenen Schrittes auf Berlin marschieren, um − für die Freiheit zu kämpfen ... Was die Fraktion zur Begründung ihres Verhaltens zu sagen hatte, ist kurz und bündig in der Erklärung gesagt worden: „In der Stunde der Gefahr usw." Neuerdings freilich wird man von manchen Genossen angefahren, wenn man das Wort Vaterland gebraucht. Man lese, wie z. B. Rosa Luxemburg im „Labour Leader" über die „elende Phrase vom Vaterland" schreibt. Ich wünsche nicht zweierlei Argumentation unsererseits, eine vaterländische vor und eine vaterlandslose nach den Wahlen ... Meines Erachtens müssen diese Genossen als Demokraten sich fügen und im Interesse des Proletariats für die Geschlossenheit der Partei eintreten; denn wehe uns, wenn wir uns gegenseitig zerfleischen, sobald wieder öffentliche Betätigung möglich ist, statt einig und energisch an die großen Aufgaben zu gehen, die uns nach dem Kriege erwarten. Nur wenn wir nicht geschlossen dastehen, kann es wieder kommen wie nach 1813 und 1870, sonst aber nicht."

Ebert verurteilte in seinem Schlußwort die Taktik Haases, das Benehmen der französischen und englischen Sozialisten immer in

Parallele zu stellen mit dem Verhalten „bei uns". Bei uns verhalten sich derart nicht die Sozialisten, sondern die Alldeutschen. Da von einer neuen Friedensaktion gesprochen worden war, erklärte Ebert kurz und bündig: Eine Friedensaktion hat nur dann einen Sinn, wenn sie gemeinsam mit den Parteien der kriegführenden Länder unternommen werden kann. Zunächst müssen also die Franzosen und Engländer ihre bisherige ablehnende Haltung aufgeben.

Die Stimmung wird immer gereizter

Von Sitzung zu Sitzung wurde die Stimmung gereizter. Im Sommer 1915 war es schon sehr schlimm. Haase, Bernstein und Kautsky hatten ihr Pronunciamento gegen die Partei unter dem Titel „Das Gebot der Stunde" veröffentlicht, nachdem vorher schon die Berner Tagwacht maßlos gegen die Partei gehetzt hatte und die wüstesten anonymen Flugblätter gegen die Politik der SPD verbreitet worden waren.

Zu einer Aussprache von größerer Bedeutung kam es auf der Reichskonferenz im September 1916. Diese Reichskonferenz, ein Ersatz für einen Parteitag, den einzuberufen sich als eine Unmöglichkeit erwiesen hatte, fand im Sitzungssaale des Hauptausschusses im Reichstage statt. Sie war aus dem ganzen Reiche so stark besucht, daß der größte Kommissionssaal des Reichsparlaments die Delegierten kaum zu fassen vermochte. Die Stimmung war von Anbeginn an ganz ungewöhnlich gereizt. Johannes Timm, ein Mitglied der KK der SPD, ein durchaus besonnener und ruhiger, allgemein beliebter Genosse, wurde während der Rede Eberts durch Zwischenrufe Stadthagens derart gereizt, daß er aufsprang und Stadthagen ins Gesicht schlug. Die Art der damaligen Arbeit der Opposition in der Partei wird anschaulich gekennzeichnet durch das Vorwort, das den von Ebert und mir auf der Konferenz gehaltenen Reden vorausgeschickt worden ist:

„Die stenographisch aufgenommenen Reden wurden den einzelnen Rednern zur Durchsicht und etwa notwendigen Berichtigung mit der Bitte zugestellt, die Korrekturen umgehend wieder zurückzugeben."

Alle Korrekturen kamen schnellstens zurück, nur die von Haase nicht. Auf eindringliche Mahnungen hin kamen sie endlich. Zu gleicher Zeit aber kam seine bereits als Flugblatt gedruckte Rede, die im ganzen Reich verbreitet worden ist. Nunmehr wurde vom Parteivorstand erst beschlossen, auch Eberts und meine Reden drucken zu lassen!

Ebert hatte auf der Reichskonferenz über die Tätigkeit des Parteivorstandes im Kriege berichtet, nachdem ich zuvor aber die Politik der Partei gesprochen hatte. Ebert wandte sich bei dieser Gelegenheit scharf gegen Streiks, besonders natürlich gegen die gewissenlose Aufhetzung zum Streik. Darüber soll in einem späteren Kapitel noch einiges gesagt werden.

Aus meiner Rede möchte ich nur an zwei Stellen erinnern. Ich hatte auf die Einheitlichkeit hingewiesen, mit der bei Kriegsausbruch nahezu alle Genossen für die Bewilligung der Mittel zur Führung des Verteidigungskrieges eingetreten waren.

„Waren das alles Toren, die nicht wußten, was sie taten? Oder waren es Verräter, die ihre Überzeugung für einen Judaslohn verkauft hatten? Nein, es waren aufrechte Sozialisten, die an ihrem eigenen in Not und Sorgen befindlichen Volke ein Werk der Solidarität, der Hilfsbereitschaft übten. Sie fragten nicht mehr, wie das alles gekommen war, sie sahen die große Gefahr und traten in die Bresche, sie handelten so, wie sie ihrer Überzeugung nach handeln mußten, und sie handelten so, wie das ganze deutsche Volk damals wollte, daß gehandelt werde. Wenn damals am 4. August 1914 statt der Volksvertretung das Volk selber hätte abstimmen können, was glauben Sie, wie dann die Abstimmung ausgefallen wäre! Wenn es sich darum gehandelt hätte, abzustimmen für Krieg und Frieden, dann wäre natürlich das ganze deutsche Volk für den Frieden eingetreten. Das ist ganz selbstverständlich, dann hätten erst diejenigen, die anderer Meinung waren, gesehen, was für ein klägliches Häuflein sie im Reiche sind. Ja, auch wenn der Reichstag damals abzustimmen gehabt hätte über Krieg und Frieden, glauben Sie dann, daß in der sozialdemokratischen Fraktion auch nur eine Spur von Meinungsverschiedenheit gewesen wäre? Selbstverständlich wäre die ganze Fraktion für den Frieden eingetreten. So lagen

die Dinge aber nicht. Der Krieg war da — — der Krieg

war da, als unbestreitbare, nicht mehr aus der Welt zu schaffende, furchtbare Tatsache, und nun handelte es sich nur noch darum, ob Rußland mit seinen Verbündeten siegen oder zurückgeworfen werden sollte. Was glauben Sie wohl, wenn damals die

Frage der Kreditbewilligung einer Volksabstimmung unterzogen wäre, wie das Volk da gestimmt hätte? Unsere Vertrauensleute in der Partei und in den Gewerkschaften, unsere Versammlungsbesucher, in deren Ohren noch all die schweren Klagen gegen Rußland klangen, sie wären die ersten gewesen an den Wahlurnen. In einem Meer von Ja- und Ja-Stimmen wären die paar Nein-Stimmen vollständig ertrunken ... Der unsinnige Grundsatz, daß man gegenüber dem Schicksal des eigenen Volkes gleichgültig sein könnte, kann nur vertreten werden von politischen Eingängern, von weltfremden Propheten. Aber ein solcher Grundsatz kann nicht vertreten werden von einer Partei, die ein großes Stück des deutschen Volkes selber bereits ist und die das ganze deutsche Volk werden will. Eine solche Partei kann die grundsätzliche Pflicht der Landesverteidigung nicht verneinen oder sie wird nicht bleiben können, was sie ist, sie wird niemals werden können, was sie werden will."

Eine andere Stelle, die sich scharf gegen das Eroberungsgerede der Opposition richtete, lautete so:

„Genau so wie die Kritiker die Wirkung einer Ablehnung der Kredite überschätzen, unterschätzen Sie die Gefahr, in der wir uns befinden. Diese Gefahr wird von weiten Kreisen innerhalb der Opposition zu niedrig eingeschätzt; sie glauben, wir wären über den Berg schon hinweg. Das ist aber nicht der Fall, Wir befinden uns jetzt im dritten Jahre des Krieges, wir leben in einer furchtbaren Gefahr. Als der Krieg kaum drei Wochen gedauert hatte, hat selbst einer der anerkannten Wortführer der Opposition, ein Mitglied der heutigen Arbeitsgemeinschaft, gesagt:

„Ganz gewiß ist es für Deutschland eine Lebensfrage, daß es diesen Krieg besteht. Belgien, Frankreich und England haben von einem Siege Deutschlands für ihre innere Entwicklung wenig zu befürchten. Für Deutschland aber wäre, wenn es der Koalition dieser Länder mit dem zarischen Rußland unterliege, seine ökonomisch-soziale wie kulturelle Entwicklung auf Jahrzehnte hinaus, wenn nicht auf ein Menschenalter unterbunden. Was das für die deutsche Arbeiterklasse und die deutsche Arbeiterbewegung zu bedeuten hätte, braucht nicht erst gesagt zu werden."

Das schrieb am 25. August 1914 Genosse Eduard Bernstein. Wenn die Gefahr damals schon so groß war, wie Bernstein sie geschildert hat, so sage ich, die Gefahr war damals eine Bagatelle im Vergleich zu der Gefahr von heute . . . ,

Wenn Deutschland die Niederlage erlitte, die unsere Feinde uns zugedacht haben, dann, Parteigenossen, würden wir sehr schnell merken, wie sehr uns das interessiert. Unser Land würde furchtbar leiden, die wirtschaftliche Entwicklung wäre unterbunden, unerschwingliche Kontributionen würden uns auferlegt. — Was soll dann aus dem Sozialismus werden? Was nützt uns eine gerechte Güterverteilung in einem Lande, dessen Volk einen gewaltigen Teil seiner Arbeitsprodukte nicht abzuliefern hätte an einheimische Kapitalisten, sondern an fremde Eroberer? Seit zwei Jahren stehen wir am Rande eines Abgrundes und keiner von uns ist imstande, die Tiefe dieses Abgrundes zu ermessen."

„Neuorientierung nach dem Krieg!"

So unverständig die kaiserliche Regierung sich bis zum Ausbruch des Krieges gegenüber der Arbeiterbewegung benommen hatte, so sehr war sie nach Ausbruch des Krieges bemüht, die Samtpfötchen zu zeigen. „Ich kenne keine Parteien mehr!" Daß es so nicht weitergehen könne, wie bis 1914, hatten nun auch die Ratgeber ihres allergnädigsten Kaisers, Königs und Herrn, die bis dahin die Zeichen der Zeit so gründlich mißverstanden hatten, eingesehen. An einer Sitzung, zu der Staatssekretär Delbrück am 6. November 1914 eingeladen hatte, nahmen für die SPD Haase und ich teil. Delbrück wies auf die bevorstehende Sitzung des Reichstages am 2. Dezember hin, in der neue Kriegskredite bewilligt, unter keinen Umständen aber geredet werden sollte. Um dem Reichstag Gelegenheit zu geben, zu den Vorlagen, die die Regierung ihm unterbreiten werde, Stellung zu nehmen, halte er es im Einverständnis mit dem Präsidenten Kaempf für zweckmäßig, wenn eine Kommission des Reichstages berufen werde. Er stelle sich vor, daß diese Kommission etwa in der Zusammensetzung der Budgetkommission die Vorlage durchsprechen und eine Verständigung über die Behandlung im Plenum herbeiführen könne. Es müsse ermöglicht werden, die gestellte Aufgabe in einer Sitzung zu erledigen. Das könne gehen, wenn von einer Debatte Abstand genommen würde.

Eine solche würde uns besonders im Ausland ungeheuren Schaden anrichten.

In der Aussprache wurde von nahezu allen Seiten darauf hingewiesen, daß man wohl nach dem Vorschlage Delbrücks in einer Kommission einen Ausgleich über allerlei Differenzpunkte herbeiführen müsse. Von allen Seiten wurden jedoch auch Beschwerden vorgebracht. Die Konservativen beschwerten sich, „weil die Sozialdemokratie volle Freiheit hätte, während sie, wenn sie ein Wort gegen die Sozialdemokratie schrieben, sofort energisch verwarnt worden wären." Natürlich wurde diesen absolut unwahren Behauptungen von unserer Seite entschieden widersprochen. Wir betonten, daß eine Aussprache im Reichstag schon deswegen unumgänglich sein werde, weil man anderswo nicht die Möglichkeit habe, Kritik zu üben, weder in Versammlungen noch in der Presse. Das Gefühl der Rechtsungleichheit sei jetzt besonders stark.

Jede Fraktion hatte dann ihren Beschwerdesack geöffnet, so daß dem Staatssekretär immer unbehaglicher wurde. Der Pole Seyda wies auf das Verhalten seiner Landsleute in diesem Kriege hin. Dadurch seien alle Beschuldigungen zu Boden geschlagen. Ob seine Fraktion auf eine Aussprache verzichten werde, dürfte im wesentlichen davon abhängen, wie man die Polen nach dem Kriege zu behandeln gedenke. Groeber wies auf die Behandlung der Jesuiten hin! Delbrück bat immer eindringlicher: „Um Gottes willen nicht jetzt!" Er halte es für selbstverständlich, daß nach dem Kriege eine Neuorientierung und Verschiebungen in der inneren Politik stattfinden müßten.

Ich betonte, gegen den gemurmelten Widerspruch Haases, die Bedeutung der hier zum ersten Male offiziell angekündigten Neuorientierung und fragte Delbrück, ob man darüber nicht öffentlich sprechen dürfe, denn das könne vielleicht von großer Bedeutung sein oder werden. Darauf antwortete Delbrück: „Ich habe meine Erklärung im Einverständnis mit dem Reichskanzler abgegeben, bisher aber nicht seine Ermächtigung erhalten, sie zur Zeit zu veröffentlichen." Es soll hier im Hinblick auf die „Neuorientierung" gleich an eine weitere Sitzung bei Delbrück erinnert werden, die mehr als drei Monate später stattgefunden hat, nämlich am 26. Februar 1915. Es handelte sich wieder um eine Kreditforderung von 10 Milliarden Mark. Die sozialdemokratische Fraktion war vertreten durch ihre drei Vorsitzenden: Haase, Molkenbuhr und mich. In dieser Sitzung forderte Haase die Beseitigung des § 153 der Gewerbeordnung, eine Forderung, die von den

Gewerkschaften seit Jahrzehnten verfochten worden war. Als Delbrück Einwände machte, fiel ich ihm ins Wort: „Ja, wie steht's vor allen Dingen mit dem Wahlrecht?", worauf Delbrück antwortete: „Das einzuführen ist doch im Krieg ganz unmöglich, erstens fehlt es uns an Arbeitskräften für die Ausarbeitung von Entwürfen, zweitens ist es sehr bedenklich, in der Kriegszeit heiß umstrittene Materien anzuschneiden, wo bleibt da der Burgfrieden?" Ich antwortete ihm, daß zweifellos erhebliche Schwierigkeiten entstehen würden, aber größere Gesetzentwürfe könnten doch mindestens in bestimmt programmatischer Weise angekündigt werden. Delbrück antwortete: „Das ist fast noch verhängnisvoller als die Vorlage von Gesetzentwürfen. Was soll die Regierung ankündigen, wenn sie über Einzelheiten im unklaren ist und wenn sie weiß, daß heftige Widerstände zu erwarten sind? Mit solchen Ankündigungen hat Bülow die schlimmsten Erfahrungen gemacht, z. B. bei der Börsengesetzreform, ebenso wie beim Wahlrecht." — Wahnschaffe wandte ein: „Der jetzige Reichskanzler ist ein viel zu ernster Mann, als daß er Gesetze ankündigen würde, über deren Einzelheiten er nicht alles genau kenne."

In meinem Tagebuch heißt es im Anschluß an den zitierten Sitzungsbericht wörtlich weiter: „Also es gibt zunächst nichts und wird auch nichts in Aussicht gestellt. Das hatte ich erwartet. Schließlich haben wir nicht für die Kredite gestimmt, um eine Belohnung dafür zu bekommen. Ich habe mir keine Illusionen gemacht. Es heißt eben, zu gegebener Zeit kämpfen, und zwar rücksichtslos kämpfen. Auf Grund unserer Haltung im Kriege wird es leichter sein, nach dem Kriege durchzusetzen, was bisher nicht möglich war."

Landesverrat

Eine Besprechung mit Regierungsvertretern jagte die andere, bald handelte es sich um sozialpolitische Fragen, bald um Getreide- und Kartoffelpreise. Am 10. Oktober 1914 schon hatte der Unterstaatssekretär Richter uns mitgeteilt, daß die Höchstpreise für Magnum bonum auf 2.75 bis 3.05 Mark pro Zentner (für den Großhandel) festgesetzt werden müßten, daß er im übrigen bereits fest schmuggele, um Lebensmittel zu beschaffen. Die Preise für die geschmuggelten Waren seien enorm. Bei den Preisfestsetzungen komme die Notwendigkeit in Betracht, der Gefahr zu begegnen, daß Getreide aus dem Inlande hinausgeht, um einen Markt zu suchen, auf dem höhere Preise bezahlt werden. Wenn diese Differenz sehr groß ist, sei es trotz der peinlichsten Zollmaßregeln und der Grenzüberwachung nicht möglich, den Abfluß von Getreide nach dem Auslande vollständig zu unterbinden!

Nicht vergessen werden darf auch der Brief, den der bekannte frühere konservative Abgeordnete von Oldenburg-Januschau an den damaligen preußischen Innenminister von Loebell geschrieben hat. Hier ist er:

„Liebste Exzellenz Fritz!

Im Begriff, nach Polen auf meinen Posten zurückzukehren, danke ich Gott, die Schererei mit den Gütern und der Zivilverwaltung los zu sein. — Es ist auf dem Lande jetzt tatsächlich unerträglich mit den täglich wechselnden Verordnungen. Ich bestelle 500 Morgen überhaupt nicht, und so machen es viele. Weil die Unsicherheit der Ernte und der Bestimmungen viel zu groß ist. Die Sache mit den Kartoffeln ist jetzt einigermaßen vernünftig, von den Schweinen wird die Hälfte in den Pökeltonnen verfaulen. Die Erbitterung auf dem Lande ist sehr groß und wird sich nach dem Kriege entladen. Dazu kommt, daß das Vertrauen zur Obersten Heeresleitung in allen Kreisen immer mehr schwindet. Daß das Vertrauen zur Obersten Zivilleitung längst fehlt, weißt Du. — Nun aber Schwamm drüber —"

Der Brief ist geschrieben und verschickt worden am 15. April 1915. Das war die Zeit der furchtbarsten Wirkungen der englischen Blockade! Wie viele, ließ der Junker das Land brach liegen, weil die Zwangswirtschaft ihm wider den Strich ging. Mochte der Krieg verloren und das Vaterland zugrundegehen — der Junkerstandpunkt über alles!

Diese Bemerkungen lassen deutlich genug erkennen, wie in gewissen Kreisen der Profit über alles ging, auch über die wichtigsten Lebensinteressen des kämpfenden, blutenden und hungernden Volkes. Die deutschen „Landesverräter" müssen da gesucht werden, wo die Herrschaften sitzen, die die Bestellung ihrer Äcker unterließen, weil ihnen die behördlichen Maßnahmen nicht paßten und weil ihnen die Preise zu niedrig waren. Schlimmster Landesverrat war natürlich auch die Ausfuhr deutscher Lebensmittel, weil im Auslande höhere Preise zu erzielen waren. Der deutschnationale Rechtsanwalt Brill in Kassel hat in einer Eingabe an eine Militärbehörde vom 21. Juli 1916, wie an Gerichtsstelle konstatiert worden ist, geschrieben:

„... Die Landwirte bereiten ständig allen Anordnungen der Behörden nach Möglichkeit schon ohne weiteres Schwierigkeiten, obwohl gerade sie es sind, die sämtlich infolge des Krieges glänzende Geschäfte gemacht haben ..."

Viel wichtiger ist freilich, was der bayerische Bauernführer Dr. Heim im „Fränkischen Bauer" 1916 Nr. 11 gesagt hat:

„Leider muß ich auf Grund von Berichten, die ich von einwandfreier Seite erhalten habe, konstatieren, daß es auch im Bauernstand Leute gibt, die, die Zeit und die Notlage des Krieges ausnützend, für ihre Produkte Wucherpreise verlangen. Wohl sind es nur einzelne, aber ihr Verhalten schädigt den ganzen Bauernstand für jetzt und für die Zukunft ... Diese Nimmersatten gereichen ihrem Stand zu einem solchen Schaden, daß sie es gar nicht verantworten können. Wenn die Nahrung der Ärmsten der Armen, die Kartoffel, zum Gegenstand von Preiswucher gemacht wird, so ist das himmelschreiend, und ich stehe nicht an, zu sagen, daß solche Erzeuger oder Grundbesitzer, die Kartoffelwucher treiben, eine Schande für den ganzen Bauernstand sind."

Und warum sind Volk und Heer schließlich vollkommen zermürbt? Weil sie jahrelang haben hungern müssen!

Es wäre ein großes Unrecht, in diesem Zusammenhang nur von den landwirtschaftlichen Sündern zu reden, obwohl die Industrie es auch verstanden hat, ihre vaterländischen Schäfchen zu scheren. Aus einem besonderen Anlaß setzte das Preußische Kriegsministerium im Kriege eine Untersuchungskommission ein, die zunächst in einen süddeutschen Betrieb hineinleuchten sollte. Das Ergebnis war geradezu unerhört und dennoch wurde gegen die Firma nichts unternommen. Sehen wir uns einige Sätze aus dem amtlichen Bericht über das Ergebnis der Untersuchung an:

„... es beträgt in 1917 der von der Prüfungskommission errechnete Fabrikationsgewinn fünfzehn Millionen Mark mehr, ab die Gesellschaft, ausgewiesen hat ... Die Prüfungskommission zieht aus ihren gesamten Feststellungen den Schluß, daß in den besprochenen, mindestens 81 bzw. 96 Millionen Mark Mehrgewinn jene Wirtschaftspolitik ihren Ausdruck findet, die im Zusammenhang mit den organischen Fehlern der auftragerteilenden Stellen zu einem wesentlichen Teil dazu beigetragen haben, die Teuerung auf allen Gebieten heraufzubeschwören, unter der das deutsche Volk seit Jahren ächzt ... Wenn die Geschäftsleitung auf Erzielung hoher Preise für Heereslieferungen bedacht war, so geschah es mit Recht, soweit dabei vorsichtigerweise die Tendenz der steigenden Materialpreise und Arbeitslöhne, wie auch die vielen anderen Risiken des Krieges und die Kosten der Wiederumstellung des Kriegsgeschäfts auf das Friedensgeschäft zu berücksichtigen waren, mit Unrecht, soweit ein gesunder, kapitalistische Interessen übersteigender Überschuß erzielt wurde, der in diesem Falle von dem in einer Notlage befindlichen auftraggebenden Staate zu tragen und infolgedessen von den steuerzahlenden Staatsbürgern aufzubringen war.

Über die Grenze zwischen Recht und Unrecht, hier gleichbedeutend mit mäßigen und übermäßigen Gewinnen, läßt sieb streiten, solange die angewandten Mittel unanfechtbar sind.

Darüber, daß sich die Geschäftsleitung ihrer aus der Notlage des Reichs zu folgernden Verantwortung nicht oder wenigstens nicht voll bewußt war, bestand bei der Prüfungskommission keine Meinungsverschiedenheit. Darin bildet die Gesellschaft aber nicht eine einzelne Erscheinung, sondern nur ein typisches Beispiel für eine große Menge der für Rüstungszwecke herangezogenen Unternehmer, und es wäre nach Ansicht der Prüfungskommission ein Unrecht, wenn diese eine Gesellschaft anders behandelt und beurteilt werden würde wie jene große Zahl der im Kriege besonders begünstigten Geschäftskreise und Einzelpersonen" ...

Also: In der Ausplünderung des hungernden Volkes, was gleichzusetzen ist der Zermürbung der Widerstandskraft des Volkes, das heißt der Vorschubleistung feindlicher Interessen, war die unter die Lupe genommene Gesellschaft typisch für eine große Menge der deutschen Rüstungsindustrie!

Immer neue Schwierigkeiten

Nach einer offiziellen Besprechung unter dem Vorsitz des Staatssekretärs Richter hatte ich Ende November 1914 eine Unterredung unter vier Augen mit dem damaligen Unterstaatssekretär Lewald. Ich sagte ihm, daß es am 2. Dezember im Reichstage nicht ruhig hergehen werde, wenn wir mit leeren Händen vor die Fraktion treten müßten. Die Arbeitslosenhilfe, gleichviel ob sie geleistet werde durch das Reich direkt, oder durch die Gemeinden mit Reichshilfe, sei das mindeste, was gewährt werden müsse. Lewald hatte Verständnis für die Schwierigkeiten unserer Fraktion und versprach mir, am nächsten Morgen mit Delbrück, der von der Beerdigung seiner Frau noch nicht zurück sei, sprechen zu wollen. Im Laufe der Unterhaltung zeigte es sich, daß Lewald über mancherlei Fraktionsinterna ausgezeichnet informiert war. Ich ersuchte ihn im weiteren Gespräch, noch auf eine Milderung der Zensur hinzuwirken, sowie die Beseitigung des Belagerungszustandes für das Reichsinnere vertreten zu wollen. Lewald blickte damals schon ziemlich pessimistisch auf den Kriegsausgang hin und glaubte die Möglichkeit, den Belagerungszustand beseitigen zu können, verneinen zu müssen. In Stuttgart war inzwischen eine Palastrevolution ausgebrochen. Der radikale Redakteur Crispien war durch Wilhelm Keil ersetzt worden. Haase machte deshalb erheblichen Lärm. Ebert und Braun mußten nach Stuttgart fahren, um zu sehen, was los sei. Das Korrespondenzblatt der Generalkommission der Gewerkschaften klagte den „Vorwärts", besonders Stadthagen an. Deshalb kam es in Lichtenberg zu einer Versammlung, in der Stadthagen den Parteivorstand in der wüstesten Weise angriff. Otto Braun, der der Versammlung beiwohnte, regte sich in seiner Antwort an Stadthagen dermaßen auf, daß er infolge eines Nervenschocks zusammenbrach und dann tagelang das Bett hüten mußte. In den Vorstandssitzungen der Partei und der Fraktion kam es fortgesetzt zu wenig freundlichen Auseinandersetzungen. Am 21. November, kurz vor der neuen Tagung des Reichstags, hielt die Fraktion eine Sitzung ab. Ich begründete die Notwendigkeit weiterer Kreditbewilligung, Haase sprach dagegen.

Der Reichskanzler über die Feinde

Herr von Bethmann Hollweg hatte Haase, Molkenbuhr und mich am 21. November 1914 zu einer neuen Besprechung gebeten. Zunächst hielt er uns im Auszug die Rede, die er tags darauf im Reichstag halten wollte. Auf meine Bemerkung, daß wir alle drei angenehm überrascht seien von seiner Zuversicht über die Kriegslage und den Kriegsausgang, wurde er stutzig und packte dann allmählich aus: „Alle unsere Feinde haben wir unterschätzt, Österreich überschätzt. Die Verpflegung der Russen ist vorzüglich, ebenso ihre Ausrüstung. Ihre Mobilmachung klappte überraschend gut. Schwierigkeiten haben sie nur mit der Munition und mit den Offizieren. Ihr Menschenmaterial ist schier unerschöpflich. Die Franzosen sind besser in der Offensive als wir angenommen haben; daß sie in der Defensive brillant sind, wußten wir ja. Ihre Führung durch Joffre ist ganz vortrefflich." Eine Überraschung für uns sei auch die Leistung der Engländer. Niemand hat damit gerechnet, daß sie täglich neue Truppen über den Kanal würden schicken können. „Übrigens herrschen die Engländer in Frankreich zur Zeit vollkommen politisch und militärisch. Auf den energischen Widerstand der Belgier waren wir auch nicht gefaßt. Die Lage hätte sich für uns über alles Erwarten gestaltet, so daß man die Hilfe der Türken gern akzeptiert habe. Was durch das Eingreifen der Türken sich entwickeln werde, sei nicht zu übersehen, auf alte Fälle würden die Friedensverhandlungen dadurch kolossal kompliziert."

Der Reichskanzler wollte dann wissen, ob wir im Reichstag im Einverständnis mit den anderen Parteien die Kredite bewilligen und alle etwaigen Wünsche in der freien Kommission (ein Ersatz für den Haushaltausschuß) vortragen wollten. Wir gossen ihm sofort reinen Wein ein. Unsere Fraktion habe zu der Kreditbewilligung überhaupt noch nicht Ja oder Nein gesagt. Keinesfalls würde der neue Kredit ohne Erklärungen bewilligt werden. „Wir hätten die Verpflichtung, mancherlei zu sagen und offen zu bekunden, daß wir zu einem Frieden der Verständigung jederzeit geneigt seien. Bethmann war immer nervöser geworden und bat uns händeringend — buchstäblich—, von einer Erklärung Abstand zu nehmen und nichts vom Frieden zu sagen. Jedes Wort von uns werde im Auslande ausgenutzt und zum Schaden Deutschlands gedeutet werden. Wir widersprachen dem entschieden. Er: Glauben Sie, ich würde nicht morgen sofort Frieden machen, wenn es angängig wäre, gleichviel, ob mit Frankreich oder Rußland! Aber wir dürfen jetzt nicht vom Frieden reden, sonst heißt es: Seht, sie sind fertig, nun erst recht aushalten. So werde das Gegenteil von dem erreicht, was wir durch unsere Friedensklänge bezwecken wollten. Es sei ein Unglück, daß Jaurès tot und Caillaux ausgeschifft sei. Wir hätten doch in unserer

Erklärung vom 4. August gesagt, was wir für notwendig gehalten hätten, bereits Gesagtes brauchten wir doch nicht zu wiederholen."

Wir antworteten ihm, daß wir gewissenhaft über das uns Gesagte in der Fraktion berichten wollten. Nebenbei erzählte Bethmann uns, er habe in Gesprächen mit Franzosen, die ihn nicht gekannt hätten, den Eindruck gewonnen, daß sie keinen Haß gegen Deutschland hegten. Er habe auch keine Spur von Revanchegelüsten bemerkt, wenn er vom Hauptquartier aus unerkannt unter die Bevölkerung gegangen sei. Er sei der Überzeugung gewesen, daß die Revancheredereien immer nur von solchen Leuten ausgingen, die eine elsaß-lothringische Frage als Sprungbrett für ihre politische Karriere benutzen.

Kampf um eine Krediterklärung

Im Fraktionsvorstand wurde beschlossen, der Fraktion die Abgabe einer Erklärung am 2. Dezember zu empfehlen. Drei Entwürfe wurden uns schließlich unterbreitet, je einer von Haase, Hoch und Heine. In dem Entwurf des klugen Heine waren einige Sätze enthalten, deren Ausmerzung uns später große Mühe gemacht hat. Sie waren unmöglich in der damaligen Situation, bewiesen aber, wie groß die Erbitterung selbst der Einsichtigsten über die Handhabung des Belagerungszustandes war. Um die Erklärung vom 2. Dezember 1914 ist gekämpft worden im Vorstand der Fraktion, dann in der Fraktion, in Konferenzen mit Wahnschaffe und Zimmermann, mit Bethmann und Delbrück, schließlich auch in einer von Delbrück einberufenen Sitzung der Vorsitzenden aller Parteien. Diese letztere Sitzung fand im kleinen Bundesratssaal des Reichstages statt. Von unserer Fraktion waren eingeladen worden Haase, Molkenbuhr und ich. Delbrück und Kaempf jammerten geradezu über unsere Erklärung, die wir ihnen nach der endgültigen Formulierung in der Fraktion auf Wunsch gegeben hatten. Jeder Satz wurde unter die Lupe genommen. Von uns sprach nur Haase „für die nicht mehr zu ändernde Erklärung". Molkenbuhr und ich, die wir angesichts der gesamten Situation zu gewissen Konzessionen bereit gewesen wären, schwiegen. Wahnschaffe und andere sagten uns später, daß wir demonstrativer nicht hätten auftreten können. In der Vorstandssitzung der Fraktion begann der Tanz dann noch einmal, nachdem Haase über die Besprechung unter Delbrück berichtet hatte. Ich schlug einige Änderungen vor. Haase sprang daraufhin auf und erklärte: „Das ist die Spaltung, das mache ich nicht mit Wir dürfen uns nicht von den anderen Parteien diktieren lassen, was wir erklären könnten und was nicht." Ich erklärte das für Unsinn. Wir könnten und müßten unbeschadet dessen, was andere Parteien sagten, erklären, was nicht unrichtig sei von unserem Standpunkte aus, wir dürften auch in der jetzigen Situation nicht mehr erklären, als wir vor uns und vor den Genossen in den Schützengräben und dem ganzen Lande gegenüber verantworten könnten. David sprang mir bei. Ledebour unterstützte Haase. Ebert suchte zu vermitteln. Da wurde ich wieder herausgerufen. Wahnschaffe erwartete mich in großer Erregung: „Was meinen Sie, wenn Sie mit Haase noch einmal heute abend zum Reichskanzler gehen! " Ich lehnte glatt ab, weil es absolut zwecklos sei. Ich sei mir über meine Aufgabe vollkommen klar und Haase lasse sich nicht mehr beeinflussen. Die Fraktion entscheide morgen endgültig. Er: „Natürlich will ich nicht Ihretwegen die Unterredung mit dem Reichskanzler, ich will sie wegen Haase. Unterschätzen Sie nicht gewisse Eigenschaften des Reichskanzlers. Es steht so ungeheuer viel auf dem Spiel, auch für Ihre eigenen Genossen im Felde! Wenn Sie einverstanden sind, lasse ich in einigen Minuten Haase bitten, mit Ihnen gleich ins Palais zu kommen." Ich antwortete: Meinetwegen!

Eine Viertelstunde später waren Haase und ich bei Bethmann. Ich will gar nicht erst darüber reden, wie Haase inzwischen wieder getobt hatte. Es war längst nach zehn Uhr abends geworden. Wahnschaffe war bei dem Reichskanzler, dieser war in Gesellschaftstoilette; um den Hals hing eine riesig lange, dünne goldene Uhrkette. Er nahm sich in dieser Aufmachung zu linkisch, zu lang, wenig imponierend aus, zu provinziell. Er nahm in seinem Stuhle vor dem Diplomatentische Platz. Haase und ich saßen auf der anderen Seite. Ich war vollkommen ruhig geworden, Haase dagegen bebte vor Aufregung an allen Gliedern. Dabei war er ganz in sich zusammengesunken, und zeigte tatsächlich kein erhebendes Bild. Bethmann nahm Bezug auf seine Rede vom vorausgegangenen Sonntagabend: „Ich habe Sie dringend gebeten, eine Erklärung diesmal zu unterlassen ... Und nun gar diese Erklärung! Die können Sie nicht verantworten. Sie lehnen die

Verantwortung erneut für den Krieg ab, das wird so gelesen: Die Regierung und die übrigen Parteien tragen die Verantwortung. Glauben Sie, daß ich nicht alles getan habe, um den Krieg zu verhüten?"

Es folgte eine Aussprache, die sich bis gegen Mitternacht ausdehnte. Für den nächsten Morgen um neun Uhr war die Fraktion bereits wieder einberufen. Ich war pünktlich im Saale. Im Fraktionszimmer standen nach einiger Zeit mehrere erregt debattierende Gruppen. Endlich kam Haase. Ich stürzte sofort auf ihn zu und fragte, ob er sich zu einigen Änderungen habe entschließen können. Haase: „Ich habe natürlich die ganze Nacht auch nicht geschlafen und mir die Sache durch den Kopf gehen lassen. Hier", damit zeigte er mir seinen korrigierten Entwurf, „sehen Sie, was ich für Änderungen vorschlagen will." Ehe ich es eigentlich bemerkt hatte, war Haase von meiner Seite verschwunden und nach einer Zimmerecke geeilt, in der Ledebour aufgeregt das Wort führte. Ich eilte sofort Haase nach, um ihn zu bitten, die Änderungsvorschläge gleich zu machen. Kaum hatte ich mich der Gruppe genähert, da fuhr Ledebour mich sehr giftig an: „Sie sehen, daß wir uns hier besprechen wollen." Zornig wandte ich mich zu den übrigen Genossen mit den Worten: „Wenn es schon so weit ist, daß selbst im Fraktionssaal bestimmte Sondergruppen ihre Beratungen halten und Beschlüsse fassen, dann machen wir wohl am besten Schluß!" Haase war mir nachgeeilt, hielt mich am Rockärmel und bat mich, zu bleiben. Andere Kollegen stürzten hinzu und fragten, was los sei. Ich berichtete mit einigen Worten, daß Ledebour eine Sonderkonferenz im Fraktionszimmer abhalte und die Saalpolizei ausübe, um seine Konventikel nicht stören zu lassen. Daraufhin wurde von mehreren Seiten festgestellt, daß es sich wohl um die Fortsetzung

einer Sonderkonferenz von gestern handele. Im Laufe des späten Nachmittages seien etwa dreißig Kollegen im Fraktionszimmer zusammengetreten, um zu beraten. Die Hauptmänner der Gruppe seien gewesen: Ledebour und Dittmann, zu den Teilnehmern hätten im übrigen auch Bernstein, Wurm, Emmel gehört. Man hätte beraten, was geschehen solle, wenn die Mehrheit die Erklärung ändere. Der Beschluß sei dahin gegangen, daß dann die Minderheit die zuerst beschlossene Form der Erklärung für sich abgeben wolle. Ein weitergehender Antrag, dann überhaupt eine neue Erklärung abzugeben, die allen Anforderungen der sogenannten Radikalen entspräche, habe keine Zustimmung gefunden.

Die zweite Fraktionserklärung

Nachdem Ruhe in der Fraktion eingetreten war, berichtete Haase über die Aussprache und schlug dann seine Änderungen vor, die wirklich nicht unerheblich waren. David und andere wünschten noch zu debattieren über die den Neutralitätsbruch betreffende Stelle. Das wurde abgelehnt. Niemand hatte Lust, weiter zu diskutieren. Die Erklärung, wie sie schließlich im Plenum abgegeben wurde, hatte folgenden Wortlaut:

„Im Anschluß an die Ausführungen des Herrn Reichskanzlers über Belgien stelle ich namens meiner Fraktion fest, daß die nachträglich bekanntgewordenen Tatsachen nach unserer Überzeugung nicht ausreichen, um von dem Standpunkt abzugehen, den der Herr Reichskanzler am 4. August gegenüber Luxemburg und Belgien eingenommen hat. Im übrigen habe ich im Auftrage der Fraktion folgende Erklärung abzugeben: Die sozialdemokratische Fraktion steht auf dem Standpunkt ihrer Erklärung vom 4. August. Den Krieg, dessen tiefere Ursache die ökonomischen Interessengegensätze bilden, haben wir bis zum letzten Augenblick bekämpft. Noch sind aber die Grenzen unseres Landes von feindlichen Truppen bedroht. Daher muß das deutsche Volk auch heute noch seine ganze Kraft für den Schutz des Landes einsetzen. Die Sozialdemokratie bewilligt deshalb die geforderten neuen Kredite.

In dankbarer Teilnahme gedenken wir aller tapferen Söhne des Volkes, die Leben und Gesundheit für uns hingegeben haben, und aller, die unter unsäglichen Entbehrungen und Mühen im Dienste des Vaterlandes stehen. Schon am 4. August haben wir, in Übereinstimmung mit der Internationale, den Grundsatz verkündet, daß jedes Volk das Recht auf nationale Selbständigkeit habe; und es ist unsere unverbrüchliche Überzeugung, daß eine gedeihliche Fortentwicklung der Völker nur möglich ist, wenn jede Nation verzichtet, Integrität und Unabhängigkeit anderer Nationen anzutasten und damit den Keim zu neuen Kriegen zu legen.

Wir bleiben deshalb bei dem, was wir am 4. August gesagt

haben: „Wir fordern, daß dem Kriege, sobald das Ziel der Sicherung erreicht ist, und die Gegner zum Frieden geneigt sind, ein Ende gemacht wird durch einen Frieden, der die Freundschaft mit den Nachbarvölkern ermöglicht."

Die Sozialdemokratie verurteilt es, daß in allen Ländern kleine, aber rührige Kreise unter dem Deckmantel einer besonderen Vaterlandsliebe mit allen Mitteln den Haß gegen die anderen Völker zu erregen suchen und dabei jede Rücksicht auf Wahrheit und Würde außer acht lassen.

Solange der Krieg sich hinzieht, muß unermüdlich daran gearbeitet werden, die durch ihn geschaffenen Leiden und Nöte zu lindern, reichlich zu sorgen für alle, die im Feldzug ihre Gesundheit verloren haben, für die Angehörigen und Hinterbliebenen der Kriegsteilnehmer im weitesten Sinne, für die vom Feinde aus ihrer Heimat vertriebenen Flüchtlinge, Arbeitsgelegenheit und Hilfe für die erwerbs- und arbeitslosen Volksgenossen zu schaffen, wie jede Hilfeleistung zu gewähren, die erforderlich ist, unsere Volkskraft zu erhalten, ferner die Versorgung des Volks mit Nahrung und Gebrauchsgegenständen zu organisieren. Die Anregungen unserer Partei und der Gewerkschaften zu sozialen Maßnahmen dieser Art sind bei der Reichsregierung zum Teil auf fruchtbaren Boden gefallen; doch muß nach unserer Überzeugung auf allen Gebieten noch mehr geschehen. Wir erwarten aber von der Reichsregierung auch Vertrauen zu unserem Volke, das im Kampfe für das bedrohte Vaterland einmütig zusammensteht. Die Ausdehnung, in der die Verhängung des Kriegszustandes und die Beschränkung der verfassungsmäßigen Rechte, namentlich der Presse, noch jetzt aufrechterhalten werden, ist durch nichts gerechtfertigt und geeignet, Zweifel an der Reife und Entschlossenheit des deutschen Volkes zu wecken. Die Handhabung der Zensur führt fortgesetzt zu Mißgriffen und wirtschaftlichen Schädigungen. Wir fordern schleunigst Abhilfe gerade im Interesse geschlossener Verteidigung und des Ansehens und der Wohlfahrt des Deutschen Reiches."

Übrigens gab es vorher noch einen lebhaften Auftritt in der Fraktion, weil sich Haase wiederum weigerte, die Erklärung abzugeben. Er weigerte sich unerbittlich und definitiv, gab sie dann aber doch ab. Auf sein Bitten besorgte ich ihm eine Tribünenkarte für seine Frau, „weil er inzwischen heimgehen und einen schwarzen Rock anziehen wollte." In letzter Minute hatte Haase sich nach einer neuen Besprechung zwischen dem Staatssekretär von Jagow und mir noch bereit erklärt, die Erklärung nicht mit dem Satz über Belgien ausklingen zu lassen, sondern den Satz „halb und halb, mehr als persönliche Erklärung" als Einleitung zu geben und dann fortzufahren: „Im übrigen habe ich usw."

In dieser Sitzung des Reichstages stimmte Liebknecht, der am 4. August für die Kriegskredite gestimmt hatte, dagegen. Sein Verhalten wurde in einer Erklärung des Fraktionsvorstandes als ein Verstoß gegen die Parteidisziplin „bedauert", ein noch milderes Verfahren wäre nicht möglich gewesen.

Das neue Jahr 1915

Gleich in der ersten Sitzung, die der Parteivorstand im neuen Jahre abhielt, kam es zu lebhaften Auseinandersetzungen. Da ich im „Vorwärts" nicht zu Wort kommen konnte, hatte ich die Hamburger oder auch andere Parteiredaktionen wiederholt um Gastfreundschaft ersuchen müssen, wenn ich etwas zu sagen wünschte. Das Blatt meines Wahlkreises Solingen war in den Händen Dittmanns, deshalb mußte ich dort im Inseratenteil Zuflucht suchen, als ich meinen Wählern einige Worte sagen wollte. In der Neujahrsnummer 1915 veröffentlichte ich in der „Bergischen Arbeiterstimme" folgende Zeilen: „Die besten Wünsche zum neuen Jahr!

Schwere Sorge lastet auf uns allen. Quälend sind die schlaflosen Nächte, in denen wir unserer Lieben gedenken, die im Felde stehen. Grausam wühlt der Schmerz im Herzen derer, die das Liebste schon haben hergeben müssen.

Hut ab vor den Helden, die für unser Vaterland gefallen sind! Größer als die Sorgen und Schmerzen müssen unser unbeugsamer Wille, unsere unerschütterliche Entschlossenheit sein. Wir wollen die furchtbare Zeit nicht nur im klaren Bewußtsein mit offenen Augen durchleben, wir wollen auch die Absichten unserer Feinde zuschanden machen: Wir wollen siegen!

Und so wünsche ich zum Jahreswechsel allen die Kraft, Kummer und Schmerzen niederkämpfen zu können, ich wünsche allen den unerschütterlichen Willen zum Durchhalten, bis zum Sieg!

Unseren verwundeten und kranken Soldaten wünsche ich

baldige und vollkommene Genesung. Ihnen und ihren Kameraden, die in den Schützengräben hausen, zur See oder auf der Wacht dem Vaterlande dienen — ihnen drücke ich herzhaft die Hand!

Ihnen auch besonders rufe ich zu: Haltet aus! Von euch hängt es ab, was aus unserem Lande und was aus der deutschen Arbeiterschaft wird.

Möge das neue Jahr baldigen Sieg und dauernden Frieden bringen!"

Obwohl selbst Fleißner, der Radikale, wie wir bereits festgestellt haben, siegen wollte und obwohl ich in Versammlungen und in der Presse auseinandergesetzt hatte, daß die Abwehr der Entente ein glänzender Sieg für Deutschland sein würde und obwohl ich meines Wissens der erste war, der öffentlich für einen Frieden der Verständigung eingetreten ist, fiel Haase wegen meiner Neujahrswünsche wütend über mich her. Als ich ihm sagte, daß jeder, gleichviel wer er sei und ob es sich um Konflikte im Völkerleben, um persönlichen Streit oder gerichtliche Auseinandersetzungen handele, im Kampfe den Sieg zu erringen bestrebt sein müsse, wenn die Gegenseite eine Verständigung nicht wolle, antwortete er mir, daß mein Wunsch sicherlich mißverstanden und mißdeutet würde. Das gab ich zu. „Aber", so fuhr ich fort, „selbst auf die Gefahr hin, mißverstanden zu werden, sei ich nicht in der Lage, auch nur ein einziges Wort meiner Neujahrswünsche zurücknehmen zu können. „Es mag erwähnt werden, daß selbst ein so unkriegerischer Mann wie Kautsky die Forderung des Sieges für selbstverständlich hielt. Schon im Oktober 1914 hatte er geschrieben: „Solange nicht die Zeit zum Friedensschluß reif erscheint, lautet die praktische Frage nicht mehr: Krieg oder Frieden. Sie heißt: Sieg oder Niederlage des eigenen Volkes!"

Zu allen anderen Schwierigkeiten gesellten sich immer mehr schwere Sorgen um die Ernährung. Am 16. Januar 1915 fand im Reichsamt des Innern eine Konferenz statt, die sich mit wirtschaftspolitischen Maßnahmen befaßte. Eingeladen waren u. a.: Bauer, Ebert, Legien, Dr. August Müller und ich. Wir forderten, daß die Höchstpreise, deren Erhöhung von Professor Eltzbacher verlangt worden war, unter keinen Umständen weiter hinaufgeschraubt würden; daß alle Bestände an wichtigen Lebensmitteln sofort beschlagnahmt und ein einheitliches Kriegsbrot gebacken werden sollte; auch daß sofort Vorsorge auf dem Vieh- und Fleischmarkt getroffen werde, damit dem einsetzenden Wucher nach Möglichkeit gesteuert werden könnte. Es gab z. T. sehr faule Ausreden: „Man weiß noch nicht genau!", „Es schweben noch Erwägungen". Ich wurde aber sehr deutlich und verlangte von den Herren, dem Staatssekretär Delbrück zu sagen, daß er sich überlegen solle, was es wohl für einen Eindruck machen müsse, wenn hungernde Menschen in ihrer Verzweiflung den ersten Bäckerladen stürmten. Die Herren machten lange Gesichter und versprachen dann, gewissenhaft berichten zu wollen.

Im Ausland erschienen nun immer häufiger Artikel, die über angebliche und wirkliche Vorgänge innerhalb der SPD berichteten und ihrer ganzen Abfassung nach unsere Gegner mit neuen Hoffnungen erfüllen mußten. Gezeichnet waren diese Artikel zumeist „Homo" (für Grumbach) und „Parabellum" (für Karl Radek, der in Wirklichkeit Sobelsohn heißt). Die Differenzen innerhalb der SPD, die leider groß genug waren, wurden stark übertrieben. Die Darstellung war zumeist so, daß der Anschein erweckt werden mußte, als ständen neun Zehntel der Partei in Opposition zum Parteivorstand. Im Auftrage des Parteivorstandes schrieb ich gegen diese Artikel, genutzt hat das natürlich nichts, weil jenseits der Grenzen niemand Notiz davon genommen hat. Eines Tages waren der Reichskanzler und Wahnschaffe vollkommen außer Rand und Band, weil Sir Edward Grey ein Funktelegramm verschickt hatte, in dem es hieß: „Wie dem „Nieuwe Rotterdamschen Courant" aus London mitgeteilt wird, hat der Abgeordnete Liebknecht den Führern der Internationale mitgeteilt, daß — dem Sinne nach — die Stimmung in Deutschland gegen den Krieg enorm wachse. Nahezu alle Parteien seien schon seiner Meinung." Das Telegramm schloß mit dem Zusatz: „In Frankreich zu verbreiten! Grey." Funkentelegraphisch von England nach Paris (Eifelturm) weiterbefördert, war es von deutscher Seite aufgefangen worden. Wir sollten Liebknecht zur Ordnung rufen, weil die Regierung ihn nicht zum Märtyrer machen wolle. Selbstverständlich haben wir Liebknecht zur Rede gestellt, er hat aber versichert, derartige Mitteilungen an die Internationale nicht gemacht zu haben. Molkenbuhr wies auf die Wahrscheinlichkeit hin, daß die Liebknecht zugeschriebenen Äußerungen ein Destillat aus den ebenfalls verurteilungswerten deutschen Zuschriften an den „Labour Leader" seien. Er dürfte recht gehabt haben.

Ich habe nach Möglichkeit versucht, diesen Schreibereien wenigstens in Amerika und von dort aus nach den anderen Ländern hin entgegenzuwirken. Bis jede Verbindung mit den Vereinigten Staaten in Fortfall gekommen war, habe ich wöchentlich für den in vielen hunderttausend Exemplaren verbreiteten „Jewish Daily Forward" in New York Artikel geschrieben. Meine Manuskripte sind nach ihrer Übersetzung für das mit hebräischen Lettern gedruckte Blatt regelmäßig der deutschen „New Yorker Volkszeitung" übergeben worden. Der letzte Artikel ist mit einem deutschen Unterseeboot untergegangen.

Anfang Februar 1915 wurden wir in der Wilhelmstraße wieder einmal ersucht, einen Putsch zu machen und zwar in St. Petersburg. Mindestens möchten wir „dort einen Beschluß herbeizuführen suchen, der sich zugunsten Deutschlands in England und Frankreich verwerten lasse." Man sieht, wie deutsche offizielle Stellen bemüht waren, die Methoden der Engländer und Franzosen nachzuahmen. Ich lehnte dankend ab. Darauf äußerte der Herr Rat sich über Liebknecht. Wir sollten ihn doch in unserem eigenen, Interesse abschütteln. Was leiste Liebknecht für die Schatzkammer der Gegner! Die Konservativen und Klerikalen würden ebenfalls Liebknecht uns immer an die Rockschöße hängen und nach dem Kriege, wenn die Reformarbeit beginne, ernsthafte Schwierigkeiten machen. Vom Reichskanzler wisse er bestimmt, daß er entschieden vorwärts wolle. Was aber werde man ihm alles sagen von den rechtsstehenden Parteien! Alle würden immer wieder auf Liebknecht hinweisen, der alle seine Ausführungen mit Duldung der Partei hätte machen können. Ich sagte dem Herrn, daß ich mit ihm in dieser Weise über ein Parteimitglied nicht verhandeln könne, wenngleich die Partei dessen Verhalten unter gar keinen Umständen billige und wiederholt öffentlich Stellung dagegen genommen habe.

Rebellierende Frauen

Je größer die Wirtschaftsnot geworden war, um so heftiger wurden die Auseinandersetzungen und Zwischenfälle in der Partei. Zur Kennzeichnung der Hetze, die damals gegen die Leitung der SPD von radikaler Seite betrieben worden ist, soll noch das folgende Erlebnis geschildert werden, weil es blitzartig das Treiben gewisser Putschisten beleuchtet.

Am 30. Oktober 1915 trat im großen Sitzungssaale der SPD in der Lindenstraße der Parteiausschuß zusammen, um gemeinsam mit der Leitung der Partei über die immer schwieriger gewordene Lebensmittelversorgung zu beraten. Dem Genossen Otto Braun, damals unser Hauptkassierer, später zunächst preußischer Landwirtschaftsminister, dann Ministerpräsident, war das Referat übertragen worden. Bevor er mit seiner Rede noch recht begonnen hatte, wurde uns mitgeteilt, daß eine Frauendemonstration in der Entwicklung begriffen sei, die sich gegen die Parteileitung und den Parteiausschuß richten werde. Im Hofe sammelten sich tatsächlich etwa hundert Frauen an. Plötzlich stürzte Frau Zietz, die sicherlich zu den Arrangeuren gehörte, aus ihrem Büro in den Saal, um mitzuteilen, daß eine Frauendeputation den Vorstand sprechen und dann auch im Ausschuß reden wolle. Ebert ließ den Frauen sagen, daß wir jetzt unmöglich unsere Verhandlungen unterbrechen könnten — er hatte Braun kaum das Wort gegeben. Die Deputation sollte mit den Berliner Mitgliedern des Parteiausschusses unterhandeln, damit diese dann mitteilen könnten, was man von ihnen gewollt habe. Inzwischen waren Pfannkuch, Bartels und Haase hinausgegangen, um mit den Frauen zu sprechen. Wir hörten, daß es schon recht lebhaft auf den Korridoren zuging. Plötzlich wurde die Tür aufgerissen und etwa zwölf Frauen stürzten mit ungeheurem Geschimpfe in den Saal. Sie gingen sofort wie nach einem sorgsam einstudierten Plan mitten in den Saal und schrien. Ebert (immerzu klingelnd): „Was wünschen Sie hier?" Erste Frau: „Wir werden hier reden!" Ebert: „Sie sind doch wohl Genossinnen?" Viele Frauen (schreiend): „Jawohl und tüchtige, nicht so wie ihr!" Ebert: „Wenn Sie Genossinnen sind, müssen Sie wissen, daß wir parlamentarische Ordnung halten müssen bei unseren Verhandlungen!" Chor der Frauen: „Ach watt, jetzt reden wir! Sie haben janischt zu sagen!" Ebert: „Ich verbiete Ihnen zu reden!" Alle (inzwischen sind mindestens dreißig Frauen in den Saal eingedrungen, wild durcheinander): „Sie haben nischt zu verbieten! Dett wäre ja noch scheena! Volljefressene Kerle ihr (dabei knurrten unsere Magen vor Hunger)!

Ebert, der ununterbrochen geklingelt hatte, konnte die Frauen nicht übertönen, er vertagte deshalb in großer Erregung die Verhandlung auf eine Stunde. Treppen und Korridore hatten sich nun mit den Vertreterinnen des weiblichen Geschlechts gefüllt.

Der Parteivorstand trat in der Pause zusammen, um zu beraten, was zu tun sei. „Gegen Ebert und Müller beschlossen wir, den Frauen zu sagen, daß sie eine Deputation mit einer Rednerin in den Parteiausschuß schicken könnten, daß die übrigen Frauen aber sich in den Räumen der Berliner Arbeiter-Bildungsschule aufhalten sollten. Damit waren die aufgehetzten Frauen einverstanden. Eugen Ernst führte sie in die erwähnten Räume. Im Parteiausschuß las dann eine der Frauen eine Rede vor, die ihr irgendein radikaler Biedermann oder eine „bessere" Genossin aufgeschrieben hatte. Als die Vorlesung zu Ende war und Ebert sagte: „So, wir danken Ihnen und fahren nun in unseren Verhandlungen fort", da fingen die Frauen noch einmal an heftig zu schimpfen...

Braun konnte jetzt weiter reden. Er stellte fest, daß man den Frauen es nicht verargen könne, wenn sie am falschen Platze demonstrierten. Sie seien die Opfer der uns bekannten Hetzer, die nun schon ein Jahr lang gegen die Partei und ihre Vertrauensleute an jedem Zahlabend und in jedem Flugblättchen wüten.

Gegen die Opposition!

Je mehr die Opposition sich regte, je demagogischer auch einzelne Vertreter der Opposition unsere Motive verdächtigten, um so eifriger wurde naturgemäß auch unsere propagandistische Gegenarbeit, um die Massen von der unbedingten Notwendigkeit unserer Politik zu überzeugen und bei der Partei zu halten. Schon wenige Wochen nach Kriegsbeginn hatte ich in vielen Versammlungen gesprochen, um unsere Stellung zum Kriege darzulegen. Überall fand ich auch große Zustimmung. Je länger der Krieg dauerte, um so ausgedehnter wurden meine Versammlungstouren. Sie führten mich von Königsberg und Breslau bis Karlsruhe und Mannheim, von Kiel über Nürnberg und Fürth bis München. Je größer die Not unseres Volkes und Vaterlandes wurde, je mehr ich aber auch erkannte, daß wir verloren sein würden, wenn nicht rechtzeitig eine Verständigung herbeigeführt werden könne, um so eifriger wurde mein Eintreten für einen Frieden der Verständigung. Das österreichische Elend auf allen

Gebieten kannte ich ebenso, wie das türkische und bulgarische, hatte Bethmann doch oft genug darüber mit mir gesprochen. Eine Verständigung, ein allseitiger „Verzicht" auf Annexionen und Kontributionen lag ganz besonders in unserem Interesse und mußte deshalb frühzeitig vertreten werden! Man kann mir den Vorwurf nicht machen, daß ich mich denen zugesellen wolle, die später alles im voraus gewußt haben möchten. Ich kann mich ja vor allem auf meine Reichstagsreden und die Presseberichte über meine Versammlungen berufen.

Meine rednerische Tätigkeit trug mir bitterste Gehässigkeiten in hohem Maße ein. Das Verlangen einer Verständigung wurde von rechts her als Vaterlandsverrat ausgeschrieen: „Auf den Sandhaufen mit ihm!" Einmal wurde allen Ernstes in der Rechtspresse berichtet, daß ich von England bestochen, des Landesverrats überführt und verhaftet worden sei. Mehr als diese Beschimpfungen von rechts schmerzten die Verleumdungen von links, die freilich alle meine Freunde in nahezu gleicher Weise trafen: Aus den Sozialdemokraten seien „Sozialpatrioten" geworden, die die Arbeiterinteressen verraten. Die „Scheidemänner" wurde die SPD genannt, mein Name sollte zum Schimpfwort für die Partei gemacht werden.

Von meinem eigenen Wahlkreise Solingen, den ich, wie selbst meine Gegner in ihrer Presse zugestanden, „mit Energie und Geschick" im Reichstage seit vielen Jahren vertreten hatte, in dem ich mich, wie ich ohne Übertreibung sagen darf, einer großen Popularität erfreute, wurde ich ferngehalten. Der spätere Unabhängige Dittmann, der zunächst die „Kriegspolitik" restlos mitgemacht, rednerisch und journalistisch verteidigt hatte, war umgefallen. Er hatte nicht nur die „Bergische Arbeiterstimme" als Redakteur in der Hand, sondern drängte auch den Organisationsleiter aus seiner Position. Ostern 1915 schrieb mir dieser alte Vertrauensmann der SPD in Solingen, daß er den Vorsitz der Organisation niedergelegt habe, weil „die Treibereien Dittmanns und seiner Freunde unerträglich geworden" seien. An demselben Ostertage suchte mich Dittmann in Berlin auf, um mir gute Lehren zu geben. Ich sagte ihm, daß die mir nach seinen Darlegungen nicht mehr freundliche Stimmung der Solinger Arbeiterschaft zurückzuführen sei auf sein Verhalten. Er machte allerlei Einreden, um mich schließlich zu bitten, ihm behilflich zu sein, sein

Blatt wieder freizubekommen, es sei für drei Tage verboten worden. Selbstverständlich habe ich ihm geholfen und zwar mit Erfolg. Ganz zum Schluß dieses Ostergesprächs sprach er den „Wunsch der Parteigenossen in Solingen" aus, daß ich zunächst in einer Versammlung der Vertrauensmänner, also seiner Vertrauensleute, dann in einer Kreisparteiversammlung reden möchte. Mit Freuden griff ich zu, war ich doch fest entschlossen, rücksichtslos zu zeigen, wie ungerecht man mich bis dahin behandelt, wie unwahrhaftig man meine Politik geschildert hatte.

Wenige Tage nach dieser Unterredung rief Dittmann mich von Solingen aus an. Der Landrat wolle die Kreisparteiversammlung ausnahmsweise gestatten, er verbiete aber jede Aussprache über meine Rede. Darauf lehnte ich die Rede ab, weil ich nicht reden wollte, wenn den Gegnern meiner Politik der Mund verboten würde. Wenige Wochen später, am 27. April, überraschte mich Haase, mein Vorstandskollege, Dittmanns Spezialfreund, mit der Frage, ob ich etwas dagegen hätte, wenn er in meinem Wahlkreise Solingen in einer Versammlung rede. Ich sagte ihm, daß er meinethalben dort sprechen könne, machte ihn aber darauf aufmerksam, daß ich es abgelehnt hätte, in einer Solinger Versammlung zu sprechen, wenn den übrigen Genossen verwehrt werde, zu diskutieren. Von Solingen aus wurde nun doch von mir nahestehenden Genossen verlangt, daß ich unter allen Umständen reden sollte, denn Haase würde es bestimmt tun. Es ging diesen Männern doch über die Hutschnur, daß man ihnen die Zeitung und die Organisation genommen hatte und nun auch noch Haase in meinem Wahlkreis gegen mich sprechen lassen wollte, nachdem ich aus den angeführten Gründen abgelehnt hatte.

Am 2. Mai fuhr ich nach Solingen, wo ich über das Treiben der „Radikalen" gründlich eingeweiht wurde. Wie weit die Verhetzung gegangen war, erfuhr ich dann in der vertraulichen Sitzung der Funktionäre des Kreises. Es waren etwa hundertfünfzig Personen anwesend, von denen viele, die ich zum ersten Male sah, von vornherein eine überaus gehässige Gesinnung gegen mich bekundeten. Ich schilderte in mehrstündiger Rede die Haltung der Partei und setzte auseinander, daß ein anderes Verhalten vollkommen unmöglich gewesen wäre. Nach mir hielt die Frau des Redakteurs Merkel eine wohlvorbereitete Rede von mehr als einstündiger Dauer. „Wir haben kein Vaterland. Das Wort Vaterland ist ein bürgerlich-nationalistischer Humbug" usw. „Wir wollen Frieden um jeden Preis." Das sind wenige Proben aus ihrer Rede. Ähnlich sprachen ihr Gatte und Frau Wasser, nicht wesentlich milder Dittmann. Er verurteilte die Politik, die die Fraktion getrieben, in Grund und Boden, obwohl er sie bis in den März hinein, mehr oder weniger begeistert, mitgemacht hatte. Ich konnte nicht im Zweifel darüber bleiben, wie die große Mehrheit dieser Funktionäre urteilte. Sie waren durch das Verhalten der „Bergischen Arbeiterstimme" gegen die von mir verfochtene Politik ganz einseitig aufgeputscht. Einige der radikalen Funktionäre gingen so weit, von mir zu verlangen, daß ich am 3. Mai in der einberufenen Volksversammlung nicht reden solle, weil die Diskussion verboten und ihnen demgemäß die Möglichkeit genommen sei, gegen mich aufzutreten. Ihnen hätte es vollkommen genügt, wenn nur Haase geredet hätte. Das waren Kameraden!

Ich habe hier zitiert nach meinen Aufzeichnungen. Natürlich hätte ich, nachdem alles „verjährt" ist, noch mehr mildern können, um niemandem wehe zu tun, und mich vor neuen Anfeindungen zu schützen. Aber wie kann man später die häßlichen Kämpfe, die Arbeiter gegen Arbeiter geführt haben, überhaupt verstehen, wenn man die Erlebnisse nicht unretuschiert schildern wollte? Die am Tage nach dieser Funktionärversammlung abgehaltene öffentliche Volksversammlung im Solinger „Kaisersaal" war total überfüllt. Trotzdem viele Tausende im Felde standen, waren mehr als zweitausend Personen anwesend, darunter ganz verschwindend wenig Bürgerliche. Ich machte mit meinen Ausführungen offensichtlich großen Eindruck, es trat keinerlei Störung ein, obwohl eine solche von Wald aus angekündigt war. Ich erhielt riesigen Beifall. Aller persönlichen Angriffe hatte ich mich selbstverständlich enthalten und ganz sachlich gesprochen.

Vier Wochen später sprach im gleichen Saale Haase, um meinen Wählern zu beweisen, eine wie schlechte Politik der von ihnen seit 1903 in den Reichstag geschickte Abgeordnete mache. Die „Voss. Ztg." und der „Vorwärts" berichteten über die Versammlung ganz richtig unter der Spitzmarke: „Haase gegen Scheidemann"! Ein ähnlicher Fall ist mir aus der Geschichte der Sozialdemokratie nicht bekannt. Wohl bemerkt, die SPD war damals noch nicht gespalten, wir waren beide noch, Haase und ich, Vorsitzende der Reichstagsfraktion der „einigen Partei".

Das Gebot der Stunde?

Haase, Kautsky und Bernstein veröffentlichten in der zweiten Juni-Hälfte des Jahres 1915 in der „Leipziger Volksztg." einen Aufruf, der sich scharf gegen die Politik der SPD, ihrer eigenen Partei, wandte. Jeder einzelne Kollege sagte Haase zunächst die Meinung. Er suchte sein Verhalten zu rechtfertigen, indem er auf Artikel, die ich veröffentlicht hatte, hinwies. Etwas anderes hätte auch er nicht getan. Meine Artikel begründeten die Parteitaktik, erwiesen deren Notwendigkeit, sein Pronunciamento verurteilte diese Parteitaktik. Konnten wir eigentlich noch weiter auseinanderkommen? Meine Artikel gipfelten immer in dem Hinweis auf die verzweifelte Lage unseres Vaterlandes und des deutschen Volkes, Haases „Gebot der Stunde" verlangte neue politische Wege, vor allem Ablehnung der Kriegskredite — sonst ... Er sah immer die Partei in Gefahr. Ach, die Partei war uns allen, die wir ihr seit frühester Jugend dienten, ans Herz gewachsen, aber darüber waren wir uns doch alle einig, daß die Partei nur ein Werkzeug ist, dazu bestimmt, Volk und Vaterland zur höchsten wirtschaftlichen und kulturellen Entwicklung zu bringen, der ungeheuren Mehrheit des Volkes, den Kopf- und Handarbeitern aufs beste zu dienen! Das Vaterland ist das „Schatzkästlein", das es zu schützen, zu schirmen und sorgsam zu hüten gilt, ist der Zweck des politischen Kampfes überhaupt, die Partei aber ist nur Mittel zum Zweck.

Haase sah die Dinge anders als wir, aber er sah nicht ein, daß sein Verhalten als Parteivorsitzender unerträglich geworden war. In der Plenarsitzung des Parteivorstandes vom 26. Juni 1915 kam die Bombe zum Platzen. Am meisten setzten ihm in ihrer einfachen Art, aber gestützt auf reiche Erfahrungen, die Genossen Molkenbuhr und Pfannkuch zu. „Ebert behandelte ihn direkt brutal", habe ich damals in mein Tagebuch geschrieben. Ich hielt mich möglichst zurück; je mehr die anderen, so besonders auch Müller, sich aufregten, desto besser konnte ich Haase beobachten. Er verfärbte sich wiederholt, schlug auf den Tisch, tat aber nicht, was jeder andere Mensch in dieser Situation getan hätte. Er blieb!

Der Fraktionsvorstand schloß sich der Mehrheit des Parteivorstandes an und stimmte einer im Parteivorstand formulierten

Antwort an Haase und seine Freunde, die an die Presse gegeben werden sollte, zu. Der Parteiausschuß schloß sich der Verurteilung Haases mit allen gegen zwölf Stimmen an.

Die Erbitterung gegen Haase war bei seinen Vorstandskollegen deshalb immer größer geworden, weil sie die Überzeugung gewonnen hatten, daß er hinter ihren Rücken mancherlei tat, wozu er keinerlei Berechtigung, geschweige denn Vollmacht hatte. Immer besser verstanden wir Hugo Heinemann, der uns vor Haases Tun dringend gewarnt hatte. Im März 1915 kam uns ein Telegramm Troelstras an Haase in die Hände. Er erwarte Haases Besuch am 23. März. Daß Troelstra, der mit uns auf bestem Fuße stand und auch der Internationale gegenüber unser Verhalten jederzeit rechtfertigte, sich an Haase gewandt haben sollte, war gänzlich ausgeschlossen. Also konnte nur Haase sich an Troelstra gewandt haben, ohne uns Mitteilung darüber zu machen. Er tat sehr harmlos und erklärte, „daß er dem Wunsch Troelstras Folge leisten und nach Holland reisen werde." Wir machten ihm einen Strich durch die Rechnung, indem wir beschlossen, daß alle Mitglieder des Parteivorstandes, die dem Internationalen Sozialistischen Büro angehörten, nach Holland gehen sollten. Das waren damals: Ebert, Molkenbuhr und Müller.

Es handelte sich bei der späteren Aussprache in Holland um die angebliche Geneigtheit der englischen Sozialisten, an einer Konferenz mit den Sozialisten der Zentralmächte teilzunehmen. Vier Wochen zuvor war schon ein ähnliches Gerücht verbreitet worden, das so bestimmt aufgetreten war, daß Viktor Adler und Seitz sich von Wien aus auf die Reise begeben und in Berlin Station gemacht hatten. Damals, Mitte Februar, hatte Troelstra zwar überall hintelegraphiert: „Konferenz verschoben", aber Adler hoffte, daß es sich nur um einige Tage handelte, und da er von Wien nach dem Haag schon einmal den halben Weg zurück gelegt hätte, wolle er lieber noch einige Tage warten.
Vielleicht — —

Wieviel Hoffnungen, die wir im Laufe des Krieges auf Konferenzen mit ausländischen Genossen gesetzt haben, sind zerstört worden! Gelegentlich des eben erwähnten Besuches, den Viktor Adler und Seitz uns in Berlin machten, fand übrigens nebenher eine Unterhaltung über das Thema Annexionen statt, die doch erwähnt werden soll, weil sie die grundverschiedene Einstellung

Haases und Adlers wiederum mit aller Deutlichkeit zeigte. Adler klammerte sich immer wieder an Strohhalme, soweit der gute Friedenswille der englischen und französischen Sozialisten in Betracht kam. Er hoffte unverdrossen: Vielleicht — obwohl! Ich hatte nämlich kein Hehl daraus gemacht, daß ich von allen Kundgebungen von jenseits der Grenze immer nur das eine höre: Kein Frieden, bis der preußische Militarismus (nicht etwa auch der französische Militarismus und der englische Marinismus) zerschmettert ist! Im Laufe dieser Unterhaltung hatten sich allmählich Haase und Adler, sowie Frau Zietz in meinem Zimmer zusammengefunden, während Seitz und die anderen in einem der vorderen Zimmer bei Ebert oder Müller hängengeblieben waren. Die Rede war auf die Frage der Annexionen gekommen. Adler hielt es, wie auch ich, für richtig, „daß man, wenn es ginge, Polen helfen müsse von Rußland loszukommen." Haase, der selbst in diesem Fall eine „Annexion" sah, war entsetzt. Nein! schrie er, denn wer A sagt, muß auch B sagen und er sei gegen alle Annexionen. Wir anderen suchten ihn zu überzeugen, daß er im Unrecht sei. Aber er sagte: „Nein, nein, sobald man sich da auch nur um Haaresbreite vom Prinzip entfernt, ist man verloren." Adler: „Wissen's, lieber Haase, i bitt', da kann ich Ihnen nit folgen. Wer A sagt, muß auch B sagen — ja, das mag überall in der Welt richtig sein, aber — bitt schön, nicht in der Politik." Auf eine Zwischenbemerkung Haases fügte er hinzu: „Was hat Politik mit Logik gemein?" — Wir lachten aus Leibeskräften. Dann fuhr Adler fort: „Da handelt man, bitt', und nachher sucht man zu beweisen, daß man logisch oder aber, i bitt', daß man vernünftig gehandelt hat." Die Unterhaltung wurde beendet infolge eines telefonischen Zurufs aus der Wilhelmstraße, daß in Rom bei der Kammereröffnung sich Vorgänge abgespielt hätten, die Schlimmes befürchten ließen! —

Was wird Italien tun?

Da Italien bei Beginn des Krieges nicht an die Seite seiner Bundesgenossen Deutschland und Österreich getreten war, mußte mit der Möglichkeit gerechnet werden, daß es eines Tages an der Seite Frankreichs gegen seine Bundesgenossen kämpfen würde. Es wurde der italienischen Regierung — je länger desto mehr — zwar jede Treulosigkeit zugetraut, dennoch griff jeder nach jedem

Strohhalm der Hoffnung. Am Abend des 3. März 1915 fand im Hause des Reichskanzlers von Bethmann Hollweg eine vertrauliche Besprechung statt, bei der alle Parteien vertreten waren. Als Vertreter der SPD waren eingeladen: Haase, Molkenbuhr, Robert Schmidt und ich. Es waren in dieser Sitzung auffällig viel Regierungsvertreter anwesend. Der Reichskanzler, der zwischen dem Reichstagspräsidenten Kaempf und dem Staatssekretär Delbrück saß, berichtete über die Kriegslage und bemerkte dann: „Ich habe noch eine wichtige Mitteilung zu machen. Zwischen Italien und Österreich ist die Geschichte nahezu im reinen, — aber um Gottes willen geheimhalten, sonst kann es noch schiefgehen, wenn die Presse dazwischenfährt." Alle stimmten zu; darauf der Kanzler mit gutem Humor, indem er heftig mit der Faust auf den Tisch schlug: „Also, meine Herren, ich stelle fest, daß ich kein Wort über Italien gesagt habe."

Alle Teilnehmer hatten erleichtert aufgeatmet, ein Stein schien jedem vom Herzen gefallen zu sein. Der Kanzler hatte so zuversichtlich gesprochen, daß man angesichts der Vorsicht, mit der er zu reden pflegte, wohl die Überzeugung haben durfte, daß wirklich alles „nahezu im reinen sei". Und doch sollte es anders kommen!

Monatelang blieb die italienische Frage noch in der Schwebe. Am 14. Mai 1915 fand beim Reichskanzler wieder eine vertrauliche Besprechung statt, zu der je zwei Vertreter aller Fraktionen eingeladen waren. Von der sozialdemokratischen Fraktion waren Haase und ich berufen worden. Der Reichskanzler wies auf den Rücktritt Salandras hin. Bülow, der seiner guten italienischen Beziehungen wegen bekanntlich zum deutschen Botschafter in Rom ernannt worden war, warne aber vor jeder voreiligen optimistischen Beurteilung. Im Senat sei eine größere Mehrheit für Giolitti. Leider seien der Hof, die Königin und deren Mutter kriegsfreundlich. Der König habe sich ebenfalls von Sonnino ungünstig beeinflussen lassen. Die Kriegspartei arbeite unausgesetzt. Sie wollen einen Grenzzwischenfall herbeiführen, um eine schlimme Tatsache — den casus belli — zu schaffen. Österreich sei ersucht worden und habe Anweisung gegeben, auf keinerlei Provokationen einzugehen. In der Behandlung der italienischen Krise sei die größte Vorsicht geboten. Bülow, der sich allezeit als ein guter Kenner der Pressebedeutung erwiesen habe, hätte heute dreimal telegraphisch gebeten, Vorsicht walten zu lassen. Keine Lobsprüche auf Giolitti, weil dadurch dessen Stellung sehr erschwert werde. Angesichts der gesamten Lage sei im Reichstag am 18. Mai eine politische Aussprache vollkommen unmöglich. Er habe reden wollen, müsse es nun aber unterlassen, das gelte natürlich auch für die Abgeordneten. Zunächst müsse jetzt Italien reden. —

Die Aussprache war auffallend dürftig. Der Reichskanzler machte dann noch einige Mitteilungen über die Kriegslage und fuhr fort: Friedensneigung sei nirgends vorhanden. Immerhin zeige sich in einigen russischen Blättern bessere Einsicht, und auch die „Daily Mail" habe einen bemerkenswerten Artikel („Der deutsche Stern") gebracht; ebenso finden sich in den „Times" hin und wieder verständige Ausführungen. Zur Zeit beherrsche jedoch der Fall „Lusitania" die Stimmung. Er kam dann noch einmal auf Italien zurück: „Wenn Italien Neutralität bewahrt, darf wohl angenommen werden, daß sie uns gegenüber in wohlwollende Neutralität verwandelt wird. Der Triple-Entente gegenüber wird die Stellung Italiens unter Umständen sehr wenig angenehm werden. Selbst wenn Italien gegen uns losschlagen sollte, wäre unser Krieg nicht verloren. Es wäre unbequem, aber es sei nichts zu befürchten. Für Österreich wäre die Sache natürlich schlimmer." — An diesem Abend gefiel der Kanzler uns ganz und gar nicht.

Die Unsicherheit über die Entscheidung Italiens wirkte lähmend auf den gesamten politischen Betrieb. Als in einer Fraktionssitzung am 17. Mai der Abgeordnete Hoch eine Friedensinterpellation anregte, nannte selbst Haase, ein Jugend- und Studiengenosse Hochs, unter Hinweis auf Italien ein solches Beginnen in diesem Augenblick lächerlich. Die Nervosität nahm in allen Fraktionen zu.

Am 24. Mai lief die Nachricht von der Kriegserklärung Italiens an Österreich ein. Am 27. Mai empfing der Reichskanzler die Vorsitzenden aller Fraktionen, von uns also Haase, Molkenbuhr und mich.

Auf Grund von Mitteilungen, die ich inzwischen erhalten hatte, fragte ich Bethmann Hollweg, „ob es richtig sei, daß der Bundespräsident der Schweiz bei Amerika und der deutschen Regierung sondiert habe wegen eventl. einzuleitender Friedensverhandlungen, und ob Deutschland zugestimmt, Amerika, weil „noch nicht zeitgemäß", abgelehnt habe." Der Reichskanzler antwortete: „Es sind natürlich von den verschiedensten Seiten aus neutralen Staaten, auch aus Freundeskreisen Wilsons, allerlei Fragen gestellt worden. Zu bestimmten Friedensvorschlägen habe sich bisher niemals eine Anregung oder Umfrage verdichtet." — Die Art und Weise, wie der Reichskanzler mir antwortete, bewies deutlich genug, daß er hätte Ja sagen müssen, wenn er meine Anfrage hätte glatt beantworten dürfen.

Des Kanzlers große Friedenssehnsucht

Nach der Kriegserklärung Italiens an Österreich fand eine bemerkenswerte Besprechung beim Reichskanzler statt. Außer Haase, Molkenbuhr und mir war auch endlich — auf meine bestimmte Forderung hin — Ebert eingeladen worden. Bis dahin war er nämlich vom Reichskanzler niemals hinzugezogen worden. Den Bericht für die Besprechung in der Fraktion skizzierte ich wie gewöhnlich, er wurde aber, auf mein Ersuchen, von den übrigen drei Kollegen auf seine unbedingte Richtigkeit geprüft. Wir waren uns vollkommen klar über die Bedeutung gerade dieses Berichtes, hatte der Reichskanzler doch nicht nur über seine Bereitschaft zum Frieden, sondern auch mancherlei über seine Kriegsziele gesagt. Hier der Bericht:

„Das Eingreifen Italiens in den Krieg ist wohl fatal, aber ich habe die Hoffnung, daß es uns militärisch nicht direkt gefährlich wird. Ich glaube nicht, daß Italien Truppen nach Frankreich und an die Dardanellen schicken wird. Italien hat bisher der Türkei nicht den Krieg erklärt und es scheint sogar, als ob Italien im stillen Einvernehmen mit der Türkei sei. Ich nehme an, daß Italien seine ganze Kraft gegen Österreich richten wird. Sollte es freilich, wie mehrfach angenommen wird, drei- bis viermal hunderttausend Truppen durch das „Loch" nach dem Ober-Elsaß schicken, dann könnte das für uns eine sehr gefährliche Sache werden. Ich habe jetzt den bestimmten Eindruck, daß Italien schon im Dezember entschlossen gewesen ist, sich der Triple-Entente anzuschließen. Seit Juli arbeite ich daran, Österreich zu bestimmen, Italien gewisse Konzessionen zu machen. Es ist ja aus der Geschichte bekannt, daß Österreich stets etwas spät seine Entschlüsse faßt. Übrigens hat Italien keine gute Presse, auch nicht in den neutralen Staaten. Selbst die Engländer, wenn sie es sich auch nicht merken lassen, halten das Vorgehen Italiens doch für gemein. Trotz alledem halte ich es für richtig, nicht die Wut gegen Italien aufzustacheln. „Italien hat uns den Krieg nicht erklärt, wir ihm auch nicht. Wir haben die diplomatischen Beziehungen abgebrochen und Italien gesagt, daß unsere Truppen mit den Österreichern in gemeinsamen Heeresverbänden stehen. Falls diese angegriffen würden, müßten die Italiener also auch auf unsere Truppen stoßen. In Rumänien hat die Nachricht unserer Siege in Galizien größeren Eindruck gemacht, als die Kriegserklärung Italiens an Österreich. Ich hoffe, daß der Balkan ruhig bleiben wird. Man darf allerdings nicht vergessen, daß auf dem Balkan das Geld eine große Rolle spielt, bis in sehr hohe Kreise hinauf. Die Triple-Entente macht übrigens große Angebote auf Kosten anderer. Damit können wir in gar keiner Hinsicht in Konkurrenz treten. So ist den Rumänen nicht nur ganz Siebenbürgen, sondern von Ungarn das ganze Banat bis an die Theiß versprochen worden.

Durch den Eintritt Italiens in den Krieg sind die Friedensaussichten leider wieder hinausgeschoben worden. Vorher hatte ich damit gerechnet, daß wir im Juli oder August den Frieden hätten haben können. In England und in Frankreich sind zur Zeit keine Friedensneigungen wahrzunehmen, obwohl ich mit großer Aufmerksamkeit alle Möglichkeiten verfolge. Ich habe, selbstverständlich nicht direkt, weil ich sonst aufgeschmissen wäre, in England und Frankreich durch Kanäle, die ja immer zur Verfügung stehen, zu verstehen gegeben, daß ich zu Friedensverhandlungen bereit sei. Ich glaube noch immer, daß schließlich Rußland erklären wird, es könne nicht weiter. Er wisse durch Agenten, daß am Hofe sich eine gewisse Kriegsmüdigkeit bemerkbar mache. Es würde dort gesagt: Wenn doch der entsetzliche Krieg erst zu Ende wäre! Rußland habe zwar den Vertrag vom 4. September 1914 (keinen Separatfrieden) unterzeichnet, da aber gewisse Verstimmungen zwischen den Regierungen Rußlands und Englands beständen, sei mit der Möglichkeit zu rechnen, daß Rußland England gegenüber sagen werde: Bitte, wir machen Schluß und handeln eventuell gemeinsam mit Frankreich.

Die Basis für einen Frieden ist furchtbar schwer zu finden.

Kein Mensch wird im Ernst daran denken, in Rußland auf Eroberungen auszugehen. Aber kein Staatsmann wird darauf verzichten können, vorausgesetzt, daß die militärische Lage ihm das gestattet, aus strategischen Gründen die Ostgrenze zu sichern. Denn es ist ein unhaltbarer Zustand, daß z. B. Thorn von russischem Gebiete aus mit weittragenden Geschützen beschossen werden kann. Im Westen kommen nur strategisch notwendige Änderungen in Betracht. Die schwierigste Frage ist Belgien. Darüber kann ich mich nur in negativer Form aussprechen: wir müssen unter allen Umständen zu verhüten suchen, daß Belgien von England in wirtschaftlicher, politischer und militärischer Beziehung gegen uns fruktifiziert wird. Ich denke an eine Zollunion; dazu gehört meines Erachtens ein Einfluß auf die Eisenbahntarife, Übereinstimmung in der sozialen Gesetzgebung und — wenn es zu erreichen ist — die Ersetzung des Code Napoleon durch das BGB. Wir dürfen es nicht dazu kommen lassen, daß auch noch Belgien von England abhängig wird, da ohnehin Frankreich nach dem Kriege ein Vasallenstaat Englands sein wird. Wir wollen doch nach dem Kriege nicht schlechter dastehen als vorher. Es kann niemand mehr baldigen Frieden wünschen wie ich."

Hatte der Kanzler Anfang März, als er mit viel Humor in Aussicht stellte, daß Italien und Österreich bald im reinen sein würden, noch immerhin bedenklich klingende Ausführungen über Kriegsziele gemacht, hatte er dort von „Sicherungen, größerer Bewegungsfreiheit und Entwicklungsmöglichkeit für ein stärkeres und größeres Deutschland" gesprochen, so atmete diese Rede, obwohl sie auch noch Stellen über Belgien und „Grenzsicherungen" enthielt, die von uns heftig zurückgewiesen werden mußten, aufrichtige und tiefe Sehnsucht nach Frieden. „Es kann niemand mehr baldigen Frieden wünschen als ich!" C'est le ton, qui fait la musique et — la politique! Er hatte immer Angst, daß er links oder rechts, oder bei der Obersten Heeresleitung anstoßen könne und befriedigte deshalb weder links, noch rechts, oder im Hauptquartier.

Eisig kalt war es mir in jener Märzsitzung über den Rücken gelaufen, als Bethmann Hollweg von dem größeren Deutschland gesprochen hatte. Molkenbuhr und Robert Schmidt war es natürlich nicht besser gegangen. Haase dagegen hatte fröhlich genickt bei dem Worte des Reichskanzlers, hatte er doch wieder sein neues Stichwort für den „Eroberungskrieg". Auf dem Heimweg begann ich Haase gegenüber zu erörtern, daß Bethmann Hollweg nach allen seinen sonstigen Darlegungen unmöglich ein durch Gebietszuwachs größeres Deutschland gemeint haben könnte; das erscheine mir ganz ausgeschlossen. Siege Deutschland in diesem Kriege, dann stehe es doch tatsächlich stärker und größer da als vorher, auch wenn es nicht einen Quadratmeter an Gebiet gewinne. Haase widersprach lebhaft.

Es ist mir unverständlich geblieben, daß Bethmann Hollweg die eben erwähnte Äußerung hatte machen können, stand sie doch in schroffem Widerspruch zu allem, was er uns bei anderen Gelegenheiten gesagt hatte, so auch gelegentlich einer anderen Besprechung im März 1915. Er empfing damals nur Haase und mich. Er war sehr aufgeregt und sagte nach meinen Aufzeichnungen für den Bericht in der Fraktion — Haase und ich kontrollierten uns natürlich genau bei der Berichterstattung — folgendes: „Im tiefsten Vertrauen — sonst habe niemand Kenntnis davon: Zarte Keime sprießen in Rußland, Keime, aus denen ein Frieden entstehen könnte. Wir würden sie zertreten, wenn wir vom Frieden sprechen. Das werde man deuten als Schwäche und dadurch wachse in Rußland das Kraftgefühl noch einmal. Die Ziele, die die Alldeutschen verlangten, seien Unsinn! Ich denke nicht daran, sie zu verwirklichen. Belgien annektieren! Ein Land mit einer uns vollkommen fremden, auch sprachfremden Bevölkerung. Ich stelle mir vor, daß wir engere Wirtschaftsbeziehungen mit Belgien kriegen können, vielleicht auch Abmachungen militärischer Art. Und wenn es mir gelänge, die Grenze der Vogesen ein wenig zu regulieren, die jetzt unterhalb des Kammes läuft, dann wäre das schon von großer Bedeutung, ebenso, wenn man die Schleifung Beiforts durchsetzen könnte. An diesen Grenzen haben wir furchtbare Opfer bringen müssen."

Haase und ich — Haase, wie auch in seiner Gegenwart in der Fraktion festgestellt worden ist, vor mir schon — erklärten, daß diese Darlegungen uns erheblich beruhigt hätten, mindestens hätten sie mancherlei Befürchtungen zerstreut. Bethmann Hollweg sprach dann noch über die Bereitwilligkeit, mit Rußland oder Frankreich Separatfrieden zu schließen, sobald es gehe. Die Hauptsache sei, den Dreibund zu sprengen. Immer wieder zwischendurch: Nicht vom Frieden reden. Witte habe kürzlich leise

Versuche gemacht, die Presse schrieb darüber — sofort war Witte abgetan.

Der Reichskanzler war damals schon in einer nahezu unerträglichen Lage. Von allen Seiten wurde auf jedes Wort, das er über Krieg und Frieden sprach, aufgepaßt. Jedes seiner Worte wurde von rechts als Schlappmacherei, von der äußersten Linken als Sucht nach Eroberungen gedeutet. Dabei stand für mich und meine engeren Freunde fest, daß Bethmann Hollweg wirklich überzeugt war, das Menschenmögliche getan zu haben, den Krieg zu verhüten, daß er auch ehrlich bestrebt war, ihn schnellstens zu beenden.

Sechzehnter Abschnitt
Der Weg zur Spaltung

Am 4. August 1914 waren in der Fraktion nur vierzehn Abgeordnete gegen die Bewilligung der Kriegskredite aufgetreten. Bei der zweiten Kredit-Bewilligung im Dezember 1914 waren drei Abgeordnete hinzugekommen. Infolge der Wühlarbeit in der Partei wuchs die Zahl der Opponenten in der Fraktion bis zum März 1915 auf 25 an, im August 1915 waren es schon 36, im Dezember 1915 43 von insgesamt 110. Die Zunahme der Opposition war nicht allein zurückzuführen auf die eben erörterten Eroberungsziele, sondern auch auf viele innerpolitische Vorkommnisse. Die zumeist von beschränkten Kommißköpfen gehandhabte Pressezensur ließ den Rechtsparteien viel größeren Spielraum als den Linksparteien. Das wirkte ebenso verbitternd wie die Handhabung des Belagerungszustandes, das Verbot von Versammlungen und die Verhängung der Schutzhaft. Die Ernährungsfragen, die niemals zufriedenstellend geregelt wurden, wie auch die mangelhafte Unterstützung der Kriegerfrauen, sowie die hunderterlei Beschwerden über die ungerechte Behandlung der Soldaten kamen hinzu. Von manchen Stellen wurde berichtet, daß Offiziere im Überfluß schwelgten, während die Soldaten hungerten. Bei der Urlaubsgewährung würde parteiisch verfahren u.a.m. Selbstverständlich gingen wir allen diesen Beschwerden nach und verlangten Abhilfe. Die Regierungsstellen, mit denen wir verhandelten, ebenso die in Betracht kommenden Militärs waren oft ehrlich empört über unsere Schilderungen und versprachen Abhilfe. Mitunter konnten sie Wort halten, zumeist nicht. Je schlimmer es die Soldaten in den Schützengräben hatten, desto leichtfertiger ging es vielfach in den Etappen zu. Es kam das Wort auf von den „Etappenschweinen".

Die hier gemachten Bemerkungen lassen wohl deutlich genug erkennen, daß es der Opposition an Agitationsstoff wahrhaftig nicht gefehlt hat. Manche der Oppositionellen gefielen sich in der Rolle „tapferer Männer, die den Mut hätten, gegen Regierung und Oberste Heeresleitung Front zu machen". Karl Liebknecht, der seine Taktik zielklar auf das Gefängnis eingestellt zu haben schien, hätte das von sich sagen können, aber bei vielen anderen war der angebliche Mut gegenüber der Regierung nichts weiter als die Angst vor den eigenen Anhängern. Es wird unvergessen bleiben, daß einer der späteren Oppositionellen seine frühere Bewilligung der Kriegskredite vor seinen rebellisch gewordenen Wählern mit der wenig heldenhaften Bemerkung zu rechtfertigen suchte, daß die Abgeordneten, die am 4. August gewagt haben würden, gegen die Kriegskredite zu stimmen, aus dem Reichstag nicht lebendig bis ans Brandenburger Tor gekommen wären! Es handelte sich im Verlauf der Oppositionsbewegung um interessante Wechselwirkungen, einerseits wenig gefestigter Führer auf die Massen, dann der Massen auf die Führer. Mit den „prinzipiellen" Wendungen von der „Verwirrungsphrase der Vaterlandsverteidigung" allein wäre die Opposition nicht so zahlreich auf die Beine gebracht worden. Vor Männern, die bereits verwundet und verkrüppelt waren; vor jungen Leuten, die der Einberufung zum Heere täglich harren mußten; vor Frauen, deren Männer der Einberufung jeden Tag gewärtig sein mußten, oder deren Männer bereits verwundet oder irgendwo im Schützengraben, vielleicht auch längst schon im Massengrab lagen; überhaupt vor mangelhaft gekleideten, frierenden und hungernden Menschen, seelisch halb oder schon ganz gebrochen, war es kein Kunststück, Eindruck zu machen mit der Vertretung des „grundsätzlichen" Standpunktes, daß es dem deutschen Arbeiter ganz gleichgültig sein könne, von wem er Ausgebeutet werde. Von den Unterschieden zwischen den vorkriegszeitlichen Verhältnissen in Rußland und Deutschland wurde natürlich ebensowenig gesprochen, wie von der unbedingten Gewißheit, daß es nach einem für Rußland und Frankreich siegreichen Kriege für die deutschen Arbeiter bestimmt nicht besser werden könne.

Die Mehrheit der SPD war besonders ungehalten, weil die Opposition von der durch nichts erhärteten, vielmehr durch alle Erfahrung widerlegten Behauptung ausging, daß ein oppositionelles Verhalten in Deutschland die gleiche Opposition in den gegen uns kriegführenden Ländern hervorrufen werde. Die Sozialisten in den Ententeländern haben auf keine unserer Friedenskundgebungen mit ähnlichen Handlungen geantwortet. Sie sind zu keiner Begegnung bereit gewesen, sind ja auch der Stockholmer Konferenz ferngeblieben. Mit dem Hinweis auf die verweigerten Pässe ist ihr Verhalten nicht erschöpfend begründet, denn – um wenigstens eine Andeutung zu machen – kann man einer Regierung überhaupt noch weitere Gefolgschaft leisten, die Parteiführern, weil sie für einen ehrenvollen Verständigungsfrieden wirken wollen, die Pässe verweigert? Wie würde sich die deutsche Sozialdemokratie in solchen Fällen verhalten haben? Die Frage stellen, heißt sie beantworten. Es ist wahrhaftig keine angenehme Beschäftigung, an diese Erlebnisse erinnern zu müssen, zur Erklärung des Verhaltens der SPD im Kriege ist es jedoch notwendig. Es gehört mit zu meinen bittersten Erinnerungen, daß Bethmann Hollweg einmal zu Haase, als dieser und ich über eine Friedensinterpellation mit ihm verhandelten, sagte: „Herr Haase, wenn Sie mir wenigstens einen französischen Sozialsten namhaft machen könnten, von dem Sie wissen, daß er Ihrem Beispiele folgt." Peinlicher als die Worte Bethmann Hollwegs war das darauf folgende Schweigen Haases in allen lebenden und toten Sprachen.

Neben der rührigen Tätigkeit der Gruppe Liebknecht, Rosa Luxemburg und Mehring (Herausgabe der „Internationale", der „Junius-Broschüre" und der „Spartakus-Briefe") arbeiteten andere oppositionelle Personen auf eigene Faust, so Julian Borchardt, in der Partei bekannt unter dem Namen der „ökonomische Julian", der eine Gruppe „Internationale Sozialisten Deutschlands" auf die Beine zu bringen bemüht war. Keine dieser Gruppen und Grüppchen erlangte größere Bedeutung, bis 1919 aus der Spartakusbewegung die Kommunistische Partei hervorging. Neben der SPD kam als sozialistische Arbeiterpartei schließlich nur die von Haase und Ledebour geführte USPD in Betracht. Im Kriege und in dem ersten Jahre nach dem Kriege gewann sie große Bedeutung, freilich nicht zum Nutzen der deutschen Arbeiterbewegung. Als die Einigung zwischen SPD und USPD auf dem Nürnberger Parteitag im Jahre 1922 stattfand, waren die Unabhängigen als Partei, wie sich bald genug herausstellte, vollkommen erledigt. Die Redakteure und Sekretäre der bisherigen USPD schlössen sich der geeinigten Partei an, die jahrelang aufgeputschten Mitglieder gingen zum weitaus größten Teile weiter nach links zu den Kommunisten.

Zweimal hat die deutsche Opposition im Laufe des Krieges auch im Ausland „Kongresse" abhalten können. Der erste fand in Zimmerwald bei Bern statt, der zweite im Frühjahr 1916 in Kiental, ebenfalls im Berner Oberland gelegen. Diese Konferenz war von insgesamt 40 „Delegierten" besucht, darunter angeblich solchen aus Frankreich, Italien, Serbien, Portugal und Polen. Diese „Delegierten" waren zumeist Flüchtlinge aus den genannten Ländern, die seit Jahr und Tag in der Schweiz als Emigranten lebten. In Kiental, wo man sich auf die Tagung in Zimmerwald berief, ging es kunterbunt genug zu. Die erste Sitzung begann damit, daß man den ältesten lebenden Sozialisten, den in der ganzen Internationale verehrten Greulich, hinauskelte. Die Spartakusgruppe wandte sich gegen die Bremer Radekgruppe, diese wieder warf die Spartakiden in den „Sumpf". Die Männer um Spartakus verwarfen Konferenzen und Manifeste, sie wollten „Taten" sehen: Massenaktionen! Das schien den anderen zu gefährlich und den „wahren Tatsachen nicht entsprechend". Karl Liebknecht ließ sich kurz darauf zu einer „Tat" hinreißen. Er schrie am 1. Mai — als Soldat — auf dem Potsdamer Platz in Berlin: „Nieder mit dem Krieg! Nieder mit der Regierung!" Was ihm jeder politische ABC-Schütze hätte voraussagen können, trat ein: er wurde eingesperrt und trotz aller unserer Bemühungen um seine Freilassung auch nicht wieder losgelassen. Erst im Oktober 1918 konnte ich seine Entlassung erzwingen.

Die Spaltung wird vollzogen

Ledebour hat seinem Freund Haase das Leben in der Opposition reichlich schwer gemacht, In öffentlicher Reichstagssitzung krakeelte er einmal seinen Kollegen Haase privatim in gehässigster Weise an. Als ich damals zu Haase, mit dem ich persönlich noch einige Fühlung hatte, sagte: „Viel Glück zu dem Kameraden, ich beneide Sie wahrhaftig nicht", da antwortete Haase sehr verlegen: „Sie wissen, daß sein Temperament das

Beste an ihm ist." Ledebour und Liebknecht, ganz zu schweigen von den vielen kleineren prinzipienfesten Leuten, waren hervorragend veranlagt, alles zu stören oder kaputt zu machen, wo sie mitwirkten.

Irgend etwas Positives zu schaffen waren sie nicht imstande, „das lag ihnen nicht". Für sie war das Glück am größten, wenn sie reden konnten, reden, reden. So schwer mich das Schicksal Liebknechts gepackt hat — ich hatte ihn schon kennengelernt, als sein Vater ihn als jungen Studenten zu Besuch mit nach Gießen brachte — so unerbittlich die feige Tat seiner Mörder zu verurteilen ist, so kann mich das alles nicht erschüttern in der Überzeugung, daß Liebknecht, Rosa Luxemburg und Ledebour, besonders in den kritischen Tagen nach dem Zusammenbruch, das deutsche Volk, in erster Linie den Sozialismus, auf das schwerste geschädigt und die Republik in furchtbare Schwierigkeiten gebracht haben. Ein revolutionärer Arbeiter, der lange mit Liebknecht sympathisiert hat, der auch von den Unabhängigen in die Revolutionsregierung der Volksbeauftragten delegierte Emil Barth, hat mit Recht festgestellt, daß Liebknecht und Ledebour die Väter der Reichswehr sind.

Infolge der Konflikte in der sozialdemokratischen Fraktion war es zunächst — am 24. März 1916 — zur Gründung der sogenannten Sozialdemokratischen Arbeitsgemeinschaft gekommen, die neben der sozialdemokratischen Fraktion auf eigene Faust operierte, Ostern 1917 hielten die Oppositionellen, die bis dahin organisatorisch noch zur Sozialdemokratie gehört hatten, eine Konferenz in Gotha ab und gründeten dort die USP. Leiter der Organisation waren Haase und Ledebour, ihr Theoretiker war Karl Kautsky. Der Historiker Dr. Bergsträsser nennt sie in seiner Geschichte der politischen Parteien nicht unzutreffend die „Gruppe derer, die zwischen Theorie und Praxis stehen".

Völkerkriege sind, wie wir zur Genüge erfahren haben, furchtbar; Bürgerkriege, wie wir gleichfalls erleben mußten, sind grausamer; Bruderkriege aber sind das Gehässigste, was man sich unter Kampf überhaupt vorstellen kann. Ein solcher Bruderkrieg mußte nun jahrelang in Deutschland innerhalb der Arbeiterschaft ausgefochten werden.

Im engsten Kreise

Aus dem bisher Berichteten ist gewiß deutlich genug zu ersehen, unter wie schwierigen Umständen die Vorstände der Sozialdemokratischen Partei und der Reichstagsfraktion haben arbeiten müssen. Sie sollten und mußten natürlich helfen, soweit sie konnten, wenn um Hilfe geschrieen wurde wegen Bedrückung oder gar Verboten der Presse, wegen Inhaftnahme und Versammlungsverboten; wegen schlechter Behandlung der Soldaten und wegen Urlaubsverweigerung; wegen Mangel an Seife, Kartoffeln, Brot, Fett und Fleisch; wegen Mangel an Schuhen, Wäsche, Kleidern, schließlich wegen Mangel an allem, was zum

Leben unentbehrlich war.

In tausend Besprechungen hagelten vertraulich zu haltende böse amtliche Nachrichten auf die Vertrauensmänner der Parteileitung hernieder; die Opposition ließ sie nicht aus dem Trommelfeuer der Beschimpfungen und Verdächtigungen heraus; wehklagende Angehörige gefallener Soldaten verlangten die Freigabe noch im Felde stehender Verwandten durch Reklamation. Hier war ein Parteiblatt in finanzielle Not geraten, dort machte wieder ein Redakteur oppositionelle Späne. Es gab noch Konflikte und Sorgen anderer Art. In die Redaktionsräume des „Vorwärts", wo Hermann Müller seines undankbaren und unfruchtbaren Zensoramtes waltete, brach eines Tages eine halbe Hundertschaft aufgehetzter Frauen ein und schrie nach dem Blute des „Verräters". Müller mußte wirklich Blut lassen und die nächste Verbandstelle aufsuchen.

In zahllosen kleineren Parteiversammlungen wurde der Stab über die Parteileitung gebrochen. Gegen jedes einzelne Mitglied des Parteivorstandes wurde in seinem Wahlkreise gehetzt. Mit der angedrohten „Absägung" sollte Eindruck gemacht und der Umfall herbeigeführt werden. Eine durch hundert Gruppenversammlungen gehetzte und beschlossene Resolution lautete dahin, daß keinem der Mehrheitsabgeordneten jemals wieder irgendein Mandat anvertraut werden dürfe.

Gefangene Engländer und Belgier sollten revoltiert haben und wurden deshalb zum Tode verurteilt. Wir retteten sie durch Einsprachen. Aus den neutralen Ländern kamen unerfreuliche Nachrichten, weil auch sie immer mehr in Mitleidenschaft gezogen wurden. Im Felde fehlte es an diesem und jenem. Die Soldaten riefen uns immer wieder, ohne daß wir ihre Wünsche erfüllen konnten, an die Front, damit wir uns überzeugen sollten, wie sie selbst vor dem Feind von ungeeigneten Vorgesetzten ungerecht behandelt würden. Wir nahmen wiederholt Stellung gegen jegliche Eroberungspolitik. Sämtliche Kettenhunde der Reaktion wurden infolgedessen gegen uns losgelassen. Wir forderten das Volk zum Ausharren auf, weil alles auf dem Spiele stehe. Deshalb wurden wir von links als „elende Verräter" beschimpft. Wenn wir bei dem Reichskanzler auf den Busch klopften, „wollen Sie nicht vom Frieden sprechen", hallte es uns entgegen, „um Gottes willen, jetzt nicht!" Die Opposition wuchs, die Schwierigkeiten wurden immer größer...

In dieser furchtbaren Zeit war vor allem notwendig, daß die Führer der Partei, die in allen Kernfragen tatsächlich vollkommen einig waren, eine geschlossene Front zeigen mußten, in der nicht die kleinste Spalte klaffte. Das ist auch gelungen, obwohl es an Differenzen nicht gefehlt hat. Freilich an Differenzen oft kleinlicher Art, die überhaupt nur erklärlich sind aus der Nervosität, die schließlich alle mehr oder weniger gepackt hatte. Es wäre klägliche Feigheit, hier ein Kapitel nicht anschneiden zu wollen, das so durchaus menschlich ist, daß jeder es verstehen müßte, daß nur Übelwollende es mißdeuten können. Alle Mitglieder des Parteivorstandes waren überzeugt, daß Ebert der Gescheiteste unter uns war, In allen partei- und vertragen war er jedem anderen von uns überlegen. Es ist jedoch unrichtig, wenn von wohlmeinenden Menschen, die ihm im Leben nicht besonders nahegestanden haben, nach seinem Tode gesagt worden ist, nur er sei inmitten hastender und nervöser Menschen die unerschütterliche Ruhe gewesen. Das Gegenteil ist richtig. Ebert war, als temperamentvoller Mensch, leicht aufgeregt und noch leichter verletzt. Dabei behielt er, was ich immer, am meisten bedauert habe, Widerspruch selbst in kleinen Dingen viel zu lange im Gedächtnis; er war auch ein wenig jähzornig und konnte dann mitunter direkt ungenießbar sein. Dr. Wirth, der als Reichskanzler Ebert auch sehr gut kennengelernt hat, sagt in dem Buch „Friedrich Ebert und seine Zeit": er habe das leicht erregbare Blut des Pfälzers gehabt. Zeitweilig wurde Eberts Heftigkeit um so größer, je kleiner uns die Ursachen dazu erschienen. Wenigstens erschien das allen denen so, die weder von der Galle gezwickt, noch von Brüchen gepeinigt wurden. Pfarrer Felden, ein Freund Eberts, erzählt in seinem schon erwähnten Buch merkwürdige Geschichten aus der Kindheit Eberts. Er läßt den kleinen Fritz schon als Kind so klug reden und handeln, daß der zwölfjährige Jesus im Tempel dagegen gehörig ins Hintertreffen kommen könnte.

Monatelang tobte der Krieg bereits, bevor Ebert, abgesehen von den zahllosen Besprechungen über sozialpolitische und Zensurfragen, zur Teilnahme an größeren politischen Konferenzen mit dem Reichskanzler eingeladen worden war. Immer wieder wurden mit Haase, Molkenbuhr und mir, den drei Fraktions-Vorsitzenden, Dr. David, Robert Schmidt, Legien u. a. die alle seit vielen Jahren dem Reichstag angehörten, zu den Besprechungen eingeladen. Wiederholt hatte ich den in Betracht kommenden Herren gesagt, daß sie unter allen Umständen Ebert mit einladen möchten, denn er sei nicht nur Mitglied des Fraktionsvorstandes, sondern auch einer der Parteivorsitzenden. Das war immer wieder vergessen worden, bis ich einmal Wahnschaffe direkt aufsuchte, um ihn ernstlich zu bitten, die Einladungen nach unseren Wünschen ergehen zu lassen. Darauf antwortete Wahnschaffe genau das gleiche, was einige Tage zuvor der Reichskanzler zu uns gesagt hatte: „Ja, selbstverständlich, wenn das gewünscht wird. Wir laden für gewöhnlich die Fraktionsvorsitzenden ein. Herrn Ebert kennen wir ja kaum." Das war dem Reichskanzler aufs Wort zu glauben, denn Ebert war erst 1912 in den Reichstag gewählt worden und bis 1914 kaum hervorgetreten. Jedes Mitglied der Sozialdemokratischen Partei kannte ihn, wie ihn heute jeder Deutsche kennen sollte. Über den Rahmen der Sozialdemokratischen Partei hinaus wurde Ebert jedoch erst im Laufe des Krieges, besonders natürlich später als Reichspräsident, bekannt.

Am 5. November fand eine Sitzung bei Delbrück, der den Reichskanzler vertrat, statt, zu der Dr. David, Haase und ich eingeladen waren. Bis zu Delbrück war meine Bitte, Ebert stets mit einzuladen, also noch nicht gedrungen. Am 6. November wurde die Sitzung fortgesetzt. Zwischen den beiden Sitzungen fand jedoch eine Besprechung im Parteivorstand statt, bei der es zu einem Kampfe zwischen Haase und Ebert kam, in dem ich auf die Seite Haases, der einen nicht anfechtbaren Artikel veröffentlicht hatte, treten mußte. Ebert, der sehr gereizt war, wollte nämlich den Grundsatz aufstellen, daß kein Mitglied des Parteivorstandes einen Zeitungsartikel veröffentlichen dürfte, ohne ihn zuvor dem Parteivorstand vorgelegt zu haben. Ein solches Verlangen, gegen das Haase sich entschieden sträubte, erschien mir unberechtigt; eine solche Praxis wäre mir unerträglich gewesen. Wels, der selbst ein der Agitation in der Provinz Brandenburg dienendes Wochenblatt — die „Fackel" — herausgab, und mir sicherlich in dieser Frage innerlich zustimmte, flüsterte mir zu, daß ich Haase nicht in die Karten spielen möge durch meine Ausführungen. In mein Tagebuch habe ich damals geschrieben: „Wenn Haase im Recht ist, wird er mich unbedingt auf seiner Seite finden." Wohlgemerkt: Es war ganz allgemein von Zeitungsartikeln die Rede;

die meisten hatte zweifellos ich geschrieben. Mit der Möglichkeit, daß einmal ein Mitglied des Parteivorstandes einen Aufruf gegen die eigene Partei veröffentlichen könnte, hat damals niemand gerechnet, weder Ebert noch Haase. Wenn damit zu rechnen gewesen wäre, hätte das Verlangen Eberts erst recht keinen Sinn gehabt, denn ein Mann, der bereit ist, die eigene Partei zu sprengen, wird nicht über Zwirnsfäden stolpern, die ihn von einer Redaktionsstube fernhalten sollen.

Der unleidliche Krakeel ging in jener Sitzung aus wie das Hornberger Schießen. Später wirkte die Auseinandersetzung sich jedoch praktisch aus und zwar gegen mich. Nach dem gänzlich unfreiwilligen Ausscheiden der radikalen „Vorwärts"-Redakteure hatte ich auf Wunsch der neuen Redaktion einige Artikel im „Vorwärts" veröffentlicht. Die unfreundliche Haltung Eberts nach dem Erscheinen eines jeden dieser Artikel, fegen deren Inhalt vom parteigenossischen Standpunkte aus nicht das geringste eingewandt werden konnte und auch niemals eingewandt worden ist, war mir aufgefallen. Zu einer Aussprache darüber kam es nicht, weil Ebert zu mir kein Wort darüber sagte.

Eines Tages machte der Genosse Dietz aus Stuttgart mir gegenüber Andeutungen, die ich erst verstand, als am Tage darauf Richard Fischer in mein Zimmer kam, um mich unter vier Augen zu bitten, weitere Artikel mit meinem Namen im „Vorwärts" nicht zu veröffentlichen: „Ebert (der selbst fast nie journalistisch tätig war) verträgt es nun einmal nicht." Des lieben Friedens halber schrieb ich nur noch auf besonderes Ersuchen oder dann, wenn mir das Schreiben so wichtig erschien, daß ich, um nach bestem Gewissen dem großen Ganzen zu dienen, auch persönliche Konflikte nicht hätte scheuen dürfen.

Mehr als einmal hat Ebert im Kriege Sitzungen des Fraktionsvorstandes mit der Drohung, demissionieren zu wollen, verlassen, wenn er mit seinem Willen nicht durchdringen konnte. Aber weder David, noch Gradnauer und andere konnten ihm ebensowenig wie ich in allem recht geben. Ich erinnere mich noch, daß David einmal ganz verzweifelt rief: „In einer solchen Zeit muß man mit solchen Kleinlichkeiten rechnen!"

Es kann niemand die großen Vorzüge Eberts rückhaltloser anerkennen als ich. Wirkliche Freundschaft sehe ich aber nicht darin, aus einem ungewöhnlich begabten Menschen einen Übermenschen machen zu wollen. Gerade wenn es sich um Persönlichkeiten von geschichtlicher Bedeutung handelt, sollen in erster Linie wirkliche Freunde der Wahrheit dienen und dadurch über Legendenbildung — wer hätte davon nicht genug in Erinnerung an die Hohenzollern! — entgegenwirken. Ein Musterknabe ohne Fehl und Tadel, wie manche ihn schildern, würde das nicht geleistet haben, was Ebert zu danken ist.

Der fröhliche Ebert

Ein Prachtmensch war Ebert im Kreise fröhlicher Zecher. Dann sagte er sich sozusagen für Stunden von allem Geschäftlichen und Politischen los, schaltete „alles" aus. Vor und auch noch bis in den Krieg hinein verkehrten wir abwechselnd im Weihen-Stephan in der Friedrichstraße und bei Ruperti (dem späteren Krausenhof) in der Krausenstraße, dem Klaußner schräg gegenüber. Sonntags trafen die Kollegen, die nicht auswärts zu tun hatten, sich in einem dieser Lokale, um Erlebnisse aus der Partei und goldener Jugendzeit auszutauschen.

Tage wirklicher Lebensfreude genossen wir vor dem Kriege beinahe regelmäßig zwischen Weihnachten und Silvester in Oberbayern. Am Abend des zweiten Weihnachtstages fuhren einige von uns gewöhnlich nach München und weiter nach Garmisch, um von dort aus, je nach dem Wetter, einige Tage zu wandern, sei es über den Fernpaß oder über Mittenwald und Scharnitz nach Innsbruck. Wir richteten uns stets so ein, daß wir am Silvesterabend wieder bei unseren Familien waren.

Als wir 1913 am dritten Weihnachtsmorgen in München, noch bei Nacht und Nebel, ankamen, machte Richard Fischer den Vorschlag, Weißwürste zu frühstücken. Da wir die beste Quelle kannten, gab es nicht lange Erörterungen über ja oder nein, da oder dort. Eine Viertelstunde nach unserer Ankunft saßen wir hinter einem weißgescheuerten Tisch bei einer Halben „frisch vom Faß" und ausgezeichneter Weißwurst. Richard Fischer ist übrigens, obwohl ein waschechter Bayer, ein sehr schwacher Biertrinker geblieben bis an sein Lebensende. Was seine Grobheit anlangte, die immer ehrlich gemeint war und niemals verletzend wirkte, so darf gesagt werden, daß sie echt war. Obwohl k. b. Sauwetter, Regen und Nebel eingetreten war, fuhren wir nach Garmisch-Partenkirchen in der Hoffnung, daß wir im Gebirge besseres Wetter haben würden und die vorgesehene Wanderung antreten könnten. Von den Bergen war auf der Reise überhaupt nichts zu sehen. Als wir in Garmisch ankamen, regnete es Bindfaden. Wir beschlossen deshalb, uns durch ein zweites Frühstück für die uns bevorstehenden Wanderstrapazen zu kräftigen. Als wir so bis gegen drei Uhr nachmittags gefrühstückt hatten, wollten wir wenigstens versuchen, dem Fernpaß uns in Etappen zu nähern. Wir gingen los, den Rucksack auf dem Buckel, und kamen auch richtig, freilich sehr spät, bis zur „Schanz", an der Tiroler Grenze, einem kleinen Gasthaus, in dem wir übernachten wollten. Wir waren, obwohl wir zeitweilig in freundlichen Gaststätten (mit herrlichen Gerstensäften) Zuflucht gesucht hatten, bis auf die Haut durchnäßt. Natürlich hätten wir schon viel früher irgendwo für die Nacht bleiben können, aber wir wollten uns gründlich auslauten, hatte doch Ede Bernstein den von uns allen akzeptierten Grundsatz verkündet: „Die Bewegung ist alles!" Bei der Bewegung vom „Werdenfelser Michel" in Garmisch über den „Kainzen Franz", den „Husaren" und die „Post" bis zur „Schanz" waren wir, rein äußerlich, in einen unbeschreiblichen Zustand geraten. Das Wasser quietschte vor Vergnügen uns aus den Stiefeln heraus. Richard Fischer schwor mir ins Ohr, daß jetzt auch bereits seine Brillengläser aufweichen.

In der „Schanz" hauste damals ein freundliches Ehepaar, das uns als einzige und willkommene Gäste jubelnd begrüßte. Da wir außer Wäsche irgendwelche Reservekleidung nicht bei uns hatten, wurden wir sofort umgepuppt in Gewandel unserer Wirtsleute. Unsere eigenen Kleider wurden an Stangen in der Küche und im Wirtszimmer zum Trocknen aufgehängt. Da der Wirt einen Kopf kleiner war als ich, erfüllte die mir von ihm übergebene Kniehose ganz knapp die Aufgabe eines Schwimmhöschens. Dabei bestand keine Möglichkeit, sie zuzuknöpfen, denn der Wirt war nicht nur kleiner, sondern auch erheblich dünner als ich. Ein anderer von uns kam schon erheblich besser weg, weil er kleiner war. Am besten geborgen war der Dritte, der Dirndlkleidung anziehen mußte, weil irgendeine Männerhose im Hause nicht mehr aufzutreiben war. Wir spielten dann zunächst Tiroler Roten aus und sangen schließlich zu der Zupfgeigenbegleitung des Wirtes deutsche Volkslieder und Schnadahüpferl, die wir selber machten. Dergleichen Verse hat weder ein Goethe, noch ein Schiller zustande gebracht.

Der vierte Weihnachtsmorgen war längst angebrochen, als wir unsere Betten aufsuchten. Die Lager für Ebert und mich befanden sich im gleichen Zimmer, Richard Fischer, der älteste von uns, schlief nebenan allein. In der Nacht war Neuschnee gefallen. Unser Senior, der nicht besonders gut geschlafen hatte, war in aller Frühe aufgestanden und hatte von der Straße aus mit Schneebällen an unsere festverschlossenen Fensterläden geworfen. Mit unserer Ruhe war es damit zwar zu Ende, wir einigten uns aber, keinen Laut von uns zu geben und so zu tun, als ob wir Oberhaupt nicht wach zu kriegen seien. In Wirklichkeit machten wir uns vollkommen fertig und rasierten uns auch: Wir hörten, wie er inzwischen sich mit dem Wirt unterhielt und auf die „Saupreußen" schimpfte. Ab und zu flog wieder ein Schneeball an unsere Fensterläden. Als wir hinunterkamen, machten wir ihm Vorwürfe, „weil er uns nicht geweckt hätte". Nicht den leisesten Laut hätten wir vernommen. Da er uns bei den Wirtsleuten als Saupreußen beschimpft hatte, ging ich, „Rache schnaubend", in die Küche, um dem Wirt, der keine Ahnung hatte, wer wir waren, ganz harmlos zu sagen, daß „Herr Fischer" doch ein prachtvoller Jude sei. Beim Frühstück kamen wir natürlich auf das gestrige Hundewetter zu sprechen. Im Laufe der Unterhaltung wandte sich der Wirt an Richard Fischer mit der Bemerkung: „Ja, nehmen Sie mal an, Sie hätten Pech gehabt und wären gestern Nacht in ein antisemitisches Gasthaus gekommen, wo man Ihnen ein Nachtlager verweigert hätte." Fischer sperrte Mund und Nase auf, guckte erst den Wirt, dann uns an, dann fuhr es mit seiner ganzen unnachahmlichen Grobheit heraus: „Ihr verfluchten Saupreußen!" Als ich schüchtern sagte, daß er dem Wirt die Bemerkung nicht übelnehmen könne, denn er werde nicht bestreiten wollen, ein wenig jüdisch auszusehen, was doch gar keine Schande sei, da flogen die Bierfilze ...

Die SPD für den Frieden

Während die Gegner der Sozialdemokratie von rechts im Laufe des Krieges — und erst recht nach dem Kriege — den verleumderischen Vorwurf erhoben, daß wir nicht genug für das Vaterland getan, ihm vielmehr Schwierigkeiten bereitet und durch unsere Propaganda für einen Verständigungsfrieden großen Schaden zugefügt hätten, beschuldigen uns die Gegner von links, daß wir Kriegswüteriche, Sozialpatrioten und Annexionisten geworden seien, für den Frieden aber nichts getan hätten. Die einen frisieren uns als Landesverräter, die anderen als Volks- und Arbeiterverräter. Die Haltung der SPD ist im Auslande zumeist gerechter beurteilt worden, als im Inland. Zwar sind wir auch in England und Frankreich als begeisterte Patrioten gefeiert worden, wie die französischen und englischen Sozialisten bei uns zu Lande, aber — was wichtiger ist gegenüber den unehrlichen Beschimpfungen von links her im eigenen Vaterlande — selbst ein so streng marxistisches Blatt, wie der „Populaire du centre", das Organ der Richtung Longuet, schrieb am 22. Januar 1917, nachdem es Kenntnis von unserer später noch zu erörternden „Dokumentensammlung" genommen hatte: „Wir haben die Reichstagsreden Scheidemanns gelesen. Auch auf die Gefahr hin, von manchen Leuten deshalb angebrüllt zu werden, erklären wir ohne Zaudern, daß wir in diesen Reden sehr oft den reinsten, sozialistischen Geist wiedergefunden haben. So manche unserer Genossen könnten sich ganz gut an ihnen ein Beispiel nehmen." Unser Verhalten im Kriege liegt so klar vor den Augen aller Welt dar, daß wir gegen die wider besseres Wissen erhobenen Vorwürfe von rechts und links kein Wort zu verlieren brauchten. Was die Vorwürfe von rechts betrifft, so werden sie ad absurdum geführt durch jedes amtliche Reichstagsstenogramm, das die offiziellen Reden sozialdemokratischer Wortführer verzeichnet; sie werden widerlegt durch alle Abstimmungen über die angeforderten Kriegsmittel. Was die Vorwürfe von links anbetrifft, so ist es ebenso kinderleicht, ihre Unwahrhaftigkeit nachzuweisen. Freilich, eines haben wir nicht getan: wir sind unserem Vaterlande nicht in den Rücken gefallen, „um den Krieg zu beenden". Wir haben abgelehnt, was zur Ausdehnung des Krieges und damit bestimmt zu unserer Niederlage führen mußte — den U-Bootkrieg, von dem wir wußten, daß er die Vereinigten Staaten von Nordamerika in den Krieg gegen uns zwingen werde. Wir sind dagegen von Anbeginn des Krieges für eine Verständigung mit den Gegnern eingetreten und haben immer wieder die Hände ausgestreckt, leider ohne jenseits der Vogesen oder des Kanals eine Hand zu finden, die bereit gewesen wäre, einzuschlagen. Wie klang denn das Echo auf unsere Parteikundgebungen, auf unsere Reichstagsreden, auf unsere

Entschließungen in Berlin, in Wien und in Stockholm? Geradezu niederschmetternd. Trotzdem haben wir uns nicht irremachen lassen und immer wieder unsere Friedensbereitschaft betont, freilich niemals, wie es von „radikaler", d. h. spartakistisch-kommunistisch-bolschewistischer Seite von uns verlangt worden ist, haben wir einen „Frieden um jeden Preis" gewollt. Zu einer solchen gewissenlosen, die eigenen Landesinteressen Deutschlands mit Füßen tretenden Politik, durch die die Arbeiter in jeder Beziehung am schlimmsten geschädigt worden wären, hätte sich kein Mitglied der Sozialdemokratischen Partei verstanden. Dagegen waren wir allezeit zu einem Frieden bereit, „der dem deutschen Volke die politische Unabhängigkeit, die Unversehrtheit des Reichs und die wirtschaftliche Entwicklungsmöglichkeit sichert."

Nach den von Haase abgegebenen, schon erwähnten Erklärungen der Fraktion am 4. August und 2. Dezember 1914 haben wir unseren Friedenswillen bis zum April 1917 ungefähr noch dreißigmal öffentlich zum Ausdruck gebracht und zwar durch offizielle Erklärungen, Reichstagsreden und Interpellationen. Dazu kommen die öffentlich nicht bekanntgewordenen Denkschriften an den Reichskanzler, außerdem aber auch die Kundgebungen der SPD und solche, die in Gemeinschaft mit den österreichischen und ungarischen Sozialdemokraten gemacht worden sind. Keine dieser Bekundungen zur Friedensbereitschaft hat an Deutlichkeit zu wünschen übriggelassen. Einige willkürlich gewählten Beispiele mögen das zeigen. In der gemeinsamen Kundgebung der deutschen und österreichisch-ungarischen Partei vom 13. April 1915 hieß es: „Die sozialdemokratischen Parteien, die von jeher und ihrem Wesen nach für die Verbrüderung der Völker wirken, sind die berufenen Verkünder der Friedenssehnsucht. Diese entspringt dem Willen und der Kraft der Selbstbehauptung, nicht etwa dem Gefühl der Schwäche. Daraus aber folgt mit Notwendigkeit, daß nur ein Frieden möglich ist, der kein Volk demütigt, daß nur ein solcher Frieden das dauernde Zusammenarbeiten aller Kulturvölker gewährleisten wird.

Die bei der Zusammenkunft vertretenen Parteien stehen auf dem Boden der Beschlüsse der internationalen Sozialistenkongresse und halten in diesem Sinne beim Friedensschluß folgende Sicherungen für notwendig:

Den Ausbau der internationalen Schiedsgerichte zu obligatorischen Einrichtungen zum Zwecke der Schlichtung aller Streitigkeiten zwischen den einzelnen Staaten.

Die Unterwerfung aller Staatsverträge und Vereinbarungen unter die demokratische Kontrolle der Volksvertretungen. Die internationale vertragsmäßige Einschränkung der Rüstungen mit dem Ziele der allgemeinen Abrüstung. Die Anerkennung des Selbstbestimmungsrechtes aller Völker.

Weiter erklären die Vertreter der sozialdemokratischen Parteien Deutschlands, Österreichs und Ungarns: die Tatsache, daß die sozialdemokratischen Parteien der kriegführenden Länder ihr Land und Volk verteidigen, darf kein Hindernis dafür sein, die internationalen Beziehungen aller sozialistischen Parteien zueinander aufrechtzuerhalten, sowie die Tätigkeit ihrer internationalen Einrichtungen fortzuführen."

Die Leitsätze, die die deutsche Reichstagsfraktion und der Parteiausschuß am 16. August 1915 aufgestellt und veröffentlicht haben, decken sich mit der eben erwähnten deutsch-österreichisch-ungarischen Kundgebung. In einer Erklärung vom 23. Februar 1917, wurde gesagt:

„Durch die Ablehnung der von Deutschland und seinen Verbündeten angebotenen Friedensverhandlungen haben die Regierungen der feindlichen Mächte die schwere Verantwortung für die Fortsetzung des Krieges auf sich geladen. Sie wollen ihre nunmehr unverhüllt ausgesprochenen Eroberungsziele durchsetzen, die die Zertrümmerung und dauernde Niederhaltung der Mittelmächte bedeuten würden. Angesichts dieser Sachlage erklärt die deutsche Sozialdemokratie erneut ihre feste Entschlossenheit, auszuharren bis zur Erreichung eines die Lebensinteressen des deutschen Volkes sichernden Friedens. Mit der gleichen Entschlossenheit, mit der wir uns zur Verteidigung unseres Landes bekennen, bringen wir aber auch heute wieder unsere Friedensbereitschaft zum Ausdruck. Wir erwarten, daß auch die Reichsleitung unbeirrt festhält an der in ihrer Note vom 2. Dezember 1916 bekundeten Friedensgeneigtheit und jederzeit bereit bleibt, in Verhandlungen einzutreten mit dem Ziele eines Friedens, der die Lebensrechte aller Völker achtet und darum die Gewähr der Dauer in sich birgt Aus diesen Erwägungen geben wir den geforderten Krediten unsere Zustimmung." Vor der

Stockholmer Konferenz, die besonders behandelt werden muß, sprach ich im Auftrag der Fraktion noch einmal im Reichstag und zwar am 15. Mai 1917. Ich geißelte die Politik der „Eroberer", die den von uns verlangten Verständigungsfrieden als „Scheidemann-Frieden", „Schand- und Verzicht-Frieden" verhöhnten: Wenn die Herren Professor Schäfer, Graf Reventlow schreien und schreiben, dann heißt es stets: „weiter kämpfen! keinen Verständigungsfrieden!" Zerschmetterung des Gegners, damit wir ihm den Frieden diktieren können, das ist ihr Plan. „Sieg, Triumph und Beute, Beute!" Das ist ihre Losung. „Durch diese alldeutsche Porzellanladen-Politik sind wir in den wahrhaft törichten Verdacht gekommen, ein Räubervolk zu sein, sozusagen eine national organisierte Räuberbande von siebzig Millionen. So wie unsere politischen Antipoden in Deutschland es treiben, so hetzen sie uns doch nachgerade alle Völker der Welt auf den Hals und schaffen damit allerdings die tröstliche Gewißheit, daß in ihrem Sinne nichts erreicht werden kann. Es wäre ein Glück für ganz Europa, wenn wir schnellstens einen Frieden der Verständigung haben könnten: „Für die Verteidigung unseres Landes, für die Verteidigung von Heim und Herd wird und muß das Volk eintreten. Von der Führung des Krieges für irgendwelche Vergewaltigungsziele will unser Volk nichts wissen. Dem werden wir Sozialdemokraten — darüber täuschen Sie sich nicht — uns aufs entschiedenste widersetzen.

Über den Frieden der Verständigung, für den wir allezeit eingetreten sind, höhnen die Alldeutschen als über einen „Verzichtfrieden". Was soll das heißen, und auf was verzichten wir überhaupt? Wir verzichten auf die Fortsetzung des Krieges; wir verzichten auf hunderttausende Tote und hunderttausende Krüppel; wir verzichten auf tägliche Lasten von hundert Millionen; wir verzichten auf die weitere Verwüstung Europas; wir verzichten aber auf kein Stück deutschen Landes und kein Stück deutschen Gutes; wir verzichten auf das, was wir gar nicht besitzen; wir verzichten auch auf die Illusion, daß der Krieg einen Gewinn bringen wird, der uns nicht zusteht, für den wir weitere furchtbare Opfer bringen müßten und den wir doch nicht erreichen würden; wir verzichten darauf, andere Völker zu vergewaltigen und zu unterdrücken; wir verzichten aber nicht darauf, daß das deutsche Volk als ein freies Volk aus diesem entsetzlichen Kriege hervorgeht. Das nennen die Alldeutschen einen „Verzichtfrieden". Worauf wir verzichten, das sind die Alldeutschen und ihre dummen Schwätzereien"...

In dieser Rede war ich so deutlich geworden wie irgendmöglich. Einmal, um die Reichsregierung zu bestimmen, öffentlich zu erklären, wie sie zu den Eroberungspolitikern und uns, den Verständigungspolitikern, stehe, dann aber auch, um den Sozialisten der feindlichen Länder — vor der Stockholmer Konferenz! — einen Ansporn zu geben, endlich auf ihre Regierungen entschieden einzuwirken. Ich hatte u. a. gesagt: „Würden heute die englischen und französischen Regierungen so, wie es die russische Regierung schon getan hat, auf Annexionen verzichten und würde die deutsche Regierung, statt durch den gleichen Verzicht, den Krieg zu beenden, ihn um Eroberungsziele fortsetzen wollen, dann, meine Herren, verlassen Sie sich darauf, dann haben Sie die Revolution im Lande." So selbstverständlich diese Erwägung für uns sein mußte, so unerhört kam sie unseren Gegnern im Reichstag vor. Der Präsident Kaempf, der den Satz sicherlich gar nicht verstanden hatte, rief mich sogar zur Ordnung. Die Presse der deutschen Welteroberer behandelte mich wie einen Menschen, der des Landesverrats schuldig und glatt überführt worden ist. — eder Versuch, die SPD beschuldigen zu wollen, daß sie vaterländische Pflichten versäumt habe, ist ebenso zum Scheitern verurteilt, wie der Vorwurf, sie hätte nicht alles mögliche getan, den Frieden herbeizuführen. Alle Bemühungen, die SPD verantwortlich machen zu wollen für die Politik anderer, die sich von ihr getrennt hatten, weil sie die SPD-Politik für falsch hielten und deshalb selbst eine eigene Politik machten, sind unehrlich und müssen zerschellen an den Tatsachen, die dokumentarisch feststehen.

Die aus der SPD ausgeschiedenen Mitglieder hatten sich eine besondere Partei gegründet. So unabhängig diese Organisation von der SPD war, genau so unabhängig war die SPD von jener. Es ist selbstverständlich daß man keine dieser Organisationen für die Politik der anderen verantwortlich machen kann.

Auf der Suche nach Friedensmöglichkeiten

Selbstverständlich war es ganz und gar unmöglich, über alle unsere Unterredungen mit dem Reichskanzler auch nur in vertrautesten Kreisen Bericht zu erstatten, geschweige denn in der Presse. Ein typisches Beispiel mag zeigen, wie derartige Besprechungen mit dem Reichskanzler v. Bethmann Hollweg zu verlaufen pflegten. Am 8. November 1915 hatte Unterstaatssekretär Wahnschaffe mich gebeten, abends zum Reichskanzler zu kommen, der unter allen Umständen noch am selben Tage mit mir reden wollte. Er stellte mir anheim, Ebert mitzubringen. Ebert und ich gingen dann zur vereinbarten Stunde in die Wilhelmstraße. Der Reichskanzler war in ernstester Stimmung. Er bat uns, ihm zu helfen, den pessimistischen Strömungen entgegenzutreten, die zum Schaden unseres Landes im Auslande in steigendem Maße ausgenützt würden. Er hätte kürzlich in Gegenwart von Haase, Molkenbuhr und mir gesagt, wie Sembat sich geäußert habe. Er hatte einen neuen Bericht zur Hand, demzufolge Sembat und ein anderer französischer Minister erklärt hätten, daß sie, wie die Dinge jetzt in Deutschland ständen, unter allen Umständen ausharren müßten. Zu Vandervelde habe ein Minister in London gesagt: Die Belgier möchten sich darauf einrichten, daß es 1917 werde, bevor ihr Land wieder frei sei. Wir erklärten dem Reichskanzler, daß die ausländische Presse sich keineswegs nur auf sozialdemokratische Auslassungen berufe. Die Verordnungen und Bekanntmachungen der Regierung genügten vollkommen, dem Ausland reinen Wein einzuschenken über die Lage in Deutschland. Wir schütteten ihm unsere Herzen gründlich aus, wiesen nicht nur auf die Lebensmittelnot hin, sondern sprachen auch von der Friedenssehnsucht, die das ganze Volk ergriffen habe. Wir seien übrigens überzeugt, daß es in den anderen Ländern genau so sei. Darauf antwortete uns der Reichskanzler, daß er seit langem und immer wieder über Friedensmöglichkeiten im Auslande sondieren lasse, „wenn ich es auch dementieren mußte, so in Petersburg, in London und in Paris. In Rußland hat die Kriegspartei vollkommen die Oberhand". In Paris bestehe keine Friedensneigung. Und in London? „Sir Edward Grey hat mir sagen lassen durch einen Neutralen, von dem er genau wußte, daß er es mir wiedersagen würde, er sehe noch keine Basis für Friedensverhandlungen. Ich hoffe, daß im Anschluß an die Kämpfe in Serbien vielleicht sich Anhaltspunkte für Friedensverhandlungen bieten. Ich kann nach den Mitteilungen aus den Ententeländern, nach den Reden in London und in Paris öffentliche

Friedensangebote nicht machen. Damit würde ich das Gegenteil dessen erreichen, was ich mit Ihnen erreichen will, den baldigen Frieden".

Wir antworteten ihm, daß wir die Schwierigkeiten der Lage klar sähen. Trotzdem ständen zwei Tatsachen doch fest: erstens ständen wir militärisch besser da als die Entente; zweitens: würde die Bekundung unseres Friedenswillens zurückgewiesen, dann stände das ganze deutsche Volk wieder geschlossen da und die ausländische Presse würde schwerlich brauchbare Zitate aus den deutschen Zeitungen bringen können. Er werde sich ein großes Verdienst erwerben, wenn er das richtige Wort bald finde. — Er sprach die Hoffnung aus, daß sich vielleicht doch bald ein Anknüpfungspunkt für ihn ergeben werde.

Zwecks Besprechung der gesamten Situation gingen Ebert, Müller und ich bald nach dieser Unterredung nach Wien. Wir kamen dort am Abend des 17. November an und hatten noch in der gleichen Nacht eine eingehende Unterhaltung mit Viktor Adler. Die offizielle Besprechung mit unseren österreichischen Parteifreunden fand dann am 18. und 19. November statt. In diesen Verhandlungen war natürlich wiederholt von Annexionen die Rede. „Das ist bei euch etwas anderes, als bei uns. Bei uns ist es fast nur ein Schlagwort, mit dem wir nichts anfangen können", sagte Dr. Viktor Adler.

Wenige Tage nach dieser Wiener Konferenz, nämlich am 23. November, bat der Reichskanzler uns erneut zu einer Aussprache. Er hätte gehofft, nach dem Abschluß der Kämpfe in Serbien zu Ende kommen zu können, so daß er offen über seine Friedensbereitschaft hätte reden können. Neuerdings habe er aber wieder Informationen erhalten, aus denen hervorgehe, daß die Entente allerlei Kriegspläne zu verschleiern bemüht ist. Was sie mit ihren Truppen in Saloniki und Gallipoli beabsichtige, sei vollkommen undurchsichtig. Sicher sei auch, daß in kürzester Zeit mit einer neuen Offensive der Franzosen im Westen gerechnet werden müsse. „Unsere Reserven sind jetzt im Westen so stark, daß unsere Stellungen ernstlich nicht gefährdet sind, obwohl damit gerechnet werden muß, daß es den Franzosen gelingen wird, unsere Front hier und da einzudrücken." Er habe die Absicht gehabt, im Reichstage deutlicher seine Bereitschaft zu Friedensverhandlungen zu bekunden, als das in der „Norddeutschen Allgemeinen

Zeitung" vor kurzem geschehen sei. Nach den Reden, die Asquith in der „Guild-Hall" als Antwort auf die beiden Reden im Oberhaus gehalten hätte, und nach der Rede Renaudels in der Deputiertenkammer, müsse er jetzt sehr vorsichtig operieren, wenn er nicht das Gegenteil dessen erreichen wolle, was seine Absicht sei. Er hoffe immer noch, daß er seine Absicht würde verwirklichen können, denn bis zum 10. Dezember, dem Tag, an dem er im Reichstage zu reden beabsichtige, könne die Situation sich schon wieder wesentlich geändert haben.

Nachdem er immer wieder darauf zurückgekommen war, daß er seine Bereitschaft zu Friedensverhandlungen so deutlich wie möglich zu bekunden wünsche, machten wir ihn wiederholt und bestimmt darauf aufmerksam, daß die Kriegsverdrossenheit ganz sicher in allen Ländern gleich groß sei. Eine möglichst deutliche Erklärung seiner Bereitschaft zu Verhandlungen sei dringend geboten. Wichtig sei, daß er in seiner Rede von den Eroberungsplänen der deutschen Annexionisten abrücke. Je deutlicher er das tun werde, um so besser sei es. Er versprach auf das bestimmteste, daß er unter Würdigung der gesamten Situation seine Friedensbereitschaft so weit als irgendmöglich zum Ausdruck bringen wolle. —

Ein Zweifel an dem guten Willen Bethmann Hollwegs, jede Gelegenheit, die der Herbeiführung des Friedens dienen könne, wahrnehmen zu wollen, war nicht berechtigt. Viel weniger zufrieden waren wir mit seinem Verhalten gegenüber den von uns immer wieder verlangten demokratischen Reformen. Hier kam er, wie uns schien, aus einem Kreise veralteter Vorstellungen nicht heraus. In einer Unterredung, die ich am 27. November 1915 mit ihm hatte, verlangte ich sehr nachdrücklich die Einführung des gleichen Wahlrechts in Preußen. Darauf antwortete er mir: Im Januar, wenn der Landtag eröffnet wird, gibt es eine Thronrede. Ich will sehen, wie weit dabei gegangen werden kann. „Im Reichstag kann ich nicht vom Preußischen Wahlrecht reden." Zu seiner Entlastung will ich feststellen, daß noch viel später hervorragende Mitglieder des Zentrums und der Fortschrittlichen Volkspartei mit den gleichen Argumenten operierten: über das Wahlrecht in Preußen habe der Reichstag nicht zu befinden.

Die Sozialdemokratische Partei ließ das Jahr 1915 nicht zu Ende gehen, ohne noch einmal vor aller Welt Erklärungen über die

Friedensbereitschaft Deutschlands zu veranlassen. Wir interpellierten am 9. Dezember. Landsberg und ich wurden als Redner bestimmt. Die Interpellation sollte von mir begründet werden, Landsberg sollte die Besprechung der Interpellation mit seiner Rede beschließen. Herr v. Bethmann Hollweg hat damals mit Landsberg und mir vor' der Verhandlung im Reichstag eingehend gesprochen. Er wußte also mehrere Tage vorher ungefähr, wie wir, wir wußten, wie er reden würde. Ich dankte in meiner Rede, wie schon oftmals vorher, den Soldaten, die so Unerhörtes an Tapferkeit und Entsagung leisteten; das Blutmeer steige aber immer höher, der Opfer seien wirklich genug gefallen. Die Frage sei berechtigt: wie lange noch?

„Das Ziel der Sicherung, soweit es sich um den Schutz gegen feindlichen Einbruch handelt, ist erreicht. Es handelt sich jetzt in Wirklichkeit nur noch um die Frage, ob unsere Gegner zum Frieden bereit sind. Vom Frieden kann und sollte zuerst der reden, dessen militärische Position und wirtschaftliche Stärke ihm gestattet, auch jede Mißdeutung seiner Bereitschaft zum Frieden als eines Zeichens der Schwäche mit ruhigem Kraftbewußtsein hinzunehmen. Demnach können wir vom Frieden reden, demnach müssen wir vom Frieden reden."

Ich führte alle friedlichen Stimmen des Auslandes an, — es waren leider wenig genug, und sagte dann:

„Wenn der Reichsregierung sich die Möglichkeit bietet, einen Frieden zu schließen, der dem deutschen Volke die politische Unabhängigkeit, die Unversehrtheit des Reichs und die wirtschaftliche Entwicklungsfreiheit sichert, dann fordern wir, daß sie Frieden schließt. Wenn sie die Möglichkeit hat, auf Grundlage dieser Bedingungen in Friedensverhandlungen einzutreten, dann muß sie es tun im Interesse der menschlichen Kultur. Wir werden dann zu ihr stehen und unsere ganze Kraft einsetzen, um diejenigen in die Schranken zu weisen, die etwa einen solchen Frieden nicht wollen."

Der Reichskanzler sprach von seinem Standpunkte aus verständig und als ehrlicher Mann ganz in dem Sinne, wie er es uns vorausgesagt hatte. Er begann seine Rede mit einem Hinweis auf die Hoffnungen des Auslandes, daß Deutschland schwach werde, „weil es vom Frieden spreche, aber: ich hoffe und glaube, daß die soeben gehörte Begründung der Interpellation in der Hauptsache die freudige Erwartung unserer Feinde nicht ermuntern, sondern enttäuschen wird. Aus den Ausführungen des Herrn Vorredners schien mir die Besorgnis herauszuklingen, wir könnten der Möglichkeit eines ehrenvollen Friedens aus dem Wege gehen, vernünftige Friedensangebote, die uns gemacht würden, ablehnen, weil wir alle eroberten Länder behalten oder noch neue dazu erobern wollten." Die Rede war im weiteren Verlauf dem Nachweis gewidmet, daß die deutsche Reichsregierung den Krieg nicht führe, um die kleinen Völker zu bedrohen. „Nicht um fremde Völker zu unterjochen, führen wir diesen uns aufgezwungenen Kampf, sondern zum Schütze unseres Lebens und unserer Freiheit. Für die deutsche Regierung ist dieser Kampf geblieben, was er von Anfang an war und was in allen unseren Kundgebungen unverändert festgehalten wurde: der Verteidigungskrieg des deutschen Volkes."

Der Reichskanzler war mit dieser Rede erneut von den deutschen Eroberungspolitikern, die ihn denn auch immer mehr mit ihrem Haß verfolgten, abgerückt. Ganz ausgezeichnet war die Rede Landsbergs. Nur wenige Sätze sollen angeführt werden:

„Ich habe zu meiner Genugtuung von dem Herrn Reichskanzler Worte, wie Herr Briand und Herr Asquith sie ausgesprochen haben, nicht gehört. Hätte ich solche Worte gehört, etwa das Wort von der Vernichtung des französischen Militarismus, — denn etwas derartiges gibt es ja auch — oder des englischen Marinismus, oder hätte ich Worte gehört, die an eine bekannte Petition erinnert hätten (gemeint sind die Eroberungsforderungen der Wirtschaftsverbände) — hätte der Herr Reichskanzler Wendungen gebraucht, wie sie in jener Petition enthalten waren, und die dann an den Ton der Herren Briand und Asquith erinnert hätten, so kann ich für meine gesamte Fraktion die Versicherung geben, daß wir in die allerschärfste Oppositionsstellung eingerückt wären. Denn wir wollen die Vernichtung unseres eigenen Landes verhüten, aber wir wollen auch kein anderes Land vernichten."

Obwohl Landsberg die weitaus bessere Rede gehalten hatte, wurde er in der Fraktion von einigen Genossen, die sich für radikal hielten, scharf attackiert, während Haase mir Anerkennung zollte: ich hätte gut, wirksam und mit Takt gesprochen; dabei hätte ich auch den Standpunkt der Minderheit wiedergegeben. Dergleichen war mir noch nicht geschehen und ich wurde stutzig.

Warum Haase mich hatte loben müssen geht aus folgendem deutlich hervor. In der Fraktionssitzung vom 17. Dezember stellte es sich nämlich heraus, daß eine Anzahl Mitglieder der Fraktion eine Erklärung formuliert hatten, die in der Reichstagssitzung am 9. Dezember hatte abgegeben werden sollen, wenn meine Rede in den Augen der in Betracht kommenden Genossen Gnade nicht finden sollte. Haase war die Abgabe der Erklärung in der damaligen Situation wahrscheinlich selbst doch unangebracht erschienen, weshalb er sich lieber mit meiner Rede zufrieden erklärt hatte. Damit ist die Anerkennung für meine Rede hinreichend aufgeklärt. —

In den letzten Dezembertagen fuhren Ebert und ich nach dem Haag, wohin man uns eingeladen hatte zu einer Besprechung im Kreise vertrautester Parteigenossen. Die Zusammenkunft fand im Hotel Viktoria statt. Unser holländischer Genosse Wibaut teilte mit, daß am 5. Januar 1916 Vandervelde aus Frankreich nach dem Haag kommen würde. Vielleicht sei es möglich, einige Franzosen und Engländer zu bestimmen, ebenfalls zu kommen. Ob wir bereit seien, dann ebenfalls im Haag erscheinen zu wollen? Wir erklärten uns selbstverständlich dazu bereit, sprachen aber sofort unsere Zweifel aus, daß Engländer und Franzosen kommen würden. Auf unsere Frage, ob Wibaut es überhaupt für möglich halte, daß eine gemeinsame Besprechung zustande kommen könne, äußerte er ebenfalls Zweifel. Wir möchten uns trotzdem bereithalten, um gegebenenfalls sofort zur Hand zu sein. Wir erklärten uns dazu bereit, vorausgesetzt, daß man uns von Berlin abrufe. Wir könnten uns nicht in die Lage bringen lassen, hier etwa vor der Tür zu warten, um uns dann sagen zu lassen, daß man nicht mit uns verhandeln wolle. Das hielten alle Teilnehmer der Besprechung für selbstverständlich. — Wir schenkten dann den Genossen vollkommen reinen Wein ein wegen unserer Stellung zu Elsaß-Lothringen, das deutsches Land sei und bleiben müsse. Das machte sie ein wenig stutzig, um so mehr, weil wir jetzt nachwiesen, daß Renaudel die Herausgabe Elsaß-Lothringens in der Deputiertenkammer verlangt hatte. Wibaut bestritt das. Wir bestanden jedoch darauf, daß die amtlichen französischen Kammerstenogramme aus der Haager Kammerbibliothek geholt wurden. Es stellte sich nunmehr in der Tat heraus, daß wir recht hatten. Wibaut hatte im „Werkblad" Renaudel verständiger reden lassen, als es nach dem Kammerstenogramm der Fall gewesen war. Am nächsten Tage schon reisten wir wieder nach Berlin zurück. Die Fahrt hin und her nahm jedesmal neunzehn Stunden in Anspruch.

In Berlin angekommen, machte ich mich sofort an die von mir angeregte und vom Parteivorstand gutgeheißene Zusammenstellung aller unserer „Bemühungen für den Frieden."[*] Diese Denkschrift wurde dem Internationalen Sozialistischen Büro zugeschickt mit der Bitte, alle übrigen sozialistischen Parteien anzuregen, ähnliche Dokumente zusammenzustellen, damit man später mit Leichtigkeit übersehen könne, was die Genossen eines jeden Landes zugunsten des Friedens unternommen hätten. Auf diese, wie ich zugeben will, etwas boshafte Anregung ist niemals eine Antwort erfolgt. Die Sozialdemokraten keines Landes haben eine ähnliche Zusammenstellung machen können. Der letzte Tag des Jahres 1916 brachte die Mitteilung des WTB über die Beschlüsse des französischen Sozialistenkongresses, der in Paris getagt hatte. Einige Sätze daraus mögen hier Platz finden:

„Die Partei werde so lange im Kriege verharren, bis das Gebiet des Landes befreit und die Bedingungen eines dauerhaften Friedens sichergestellt seien. Unter den Bedingungen eines dauerhaften Friedens verstehe die Partei, daß die kleinen Märtyrernationen, Belgien und Serbien, welche aus ihren Trümmern wieder erstehen müßten, in ihrer wirtschaftlichen und politischen Unabhängigkeit wieder hergestellt würden. Die Kundgebung fordert die Regierungen der Alliierten auf, alle Eroberungspolitik zurückzuweisen. Ein fester Ausbau des Völkerrechts erscheine der Sozialistischen Partei als die sicherste Gewähr für einen dauerhaften Frieden.

Die Sozialistische Partei lehnt die politische und wirtschaftliche Vernichtung Deutschlands ab, hält aber die des preußischen Militarismus für notwendig, der für die Sicherheit der Welt und für Deutschland selbst gefährlich ist. Die Wiederaufnahme der

---

[*] „Die Deutsche Sozialdemokratie über Krieg und Frieden." — Eine Sammlung der Erklärungen, Aufrufe und Reichstagsreden, in denen in den beiden ersten Kriegsjahren die Stellung der Sozialdemokratie zum Krieg und zu den Friedenszielen dargelegt wurde. — Als Manuskript gedruckt. — Berlin 1916. Herausgegeben vom Vorstand der Sozialdemokratischen Partei Deutschlands. — Das erste Heft umfaßt alle, Erklärungen bis zum 7. Juni 1916. Ein weiteres Heft wurde im Mai 1917 herausgegeben und enthält alle bis dahin beschlossenen Erklärungen, sowie Auszüge aus den offiziellen Reichstagsreden.

Beziehungen mit den deutschen Sozialdemokraten wird erst dann ins Auge gefaßt werden können, wenn diese den Grundsätzen der Internationale wieder Kraft und Leben gegeben haben wird.

Der Kongreß beauftragt die sozialistischen Abgeordneten, weiter durch Bewilligung der Kredite das Mittel zu sichern, den Sieg zu erreichen und an der nationalen Verteidigung teilzunehmen; er erklärt im Hinblick darauf, daß kein Sonderfriede geschlossen werden soll, seine Zustimmung zu den von Asquith im Unterhause gesprochenen Worten."

Mit den deutschen Sozialisten lehnten die französischen Genossen Annexionen ab; die von ihnen als selbstverständlich angesehene Einverleibung Elsaß-Lothringens in Frankreich sahen sie als Annexion nicht an. Sie verneinten die wirtschaftliche und politische Vernichtung Deutschlands, forderten aber die Vernichtung des preußischen Militarismus. Vom französischen Militarismus sprachen sie nichts. Bis die Vernichtung des preußischen Militarismus erreicht sei, sollten ihre Deputierten die Kriegskredite bewilligen, von den deutschen Sozialisten erwarteten sie, daß sie die Mittel zur Verteidigung ihres Vaterlandes ablehnen sollten!

1917 — Das Jahr der Entscheidung

Im Laufe des Jahres 1917 hätte der Krieg unter allen Umständen zum Abschluß gebracht werden müssen, wenn Deutschland wenigstens vor dem vollkommenen Zusammenbruch bewahrt bleiben sollte. Zwischen der Eröffnung des rücksichtslosen U-Bootkrieges am Beginn des Jahres und dem ebenso unehrlichen, wie kurzsichtigen Verhalten offizieller Stellen gegenüber den Russen am Ende des Jahres, in Brest-Litowsk, sind alle Gelegenheiten, zu einer Verständigung zu kommen, verpaßt oder absichtlich zerstört worden. Es gehört eine eiserne Stirn dazu, jetzt zu behaupten, daß niemand im Ernst damit gerechnet habe, Amerika würde uns den Krieg erklären, falls der rücksichtslose U-Bootkrieg eröffnet werden sollte. Wer nicht geradezu mit Unzurechnungsfähigkeit sich entschuldigen will, muß ehrlicherweise zugeben, daß mit 99 Prozent Wahrscheinlichkeit die Kriegserklärung der Vereinigten Staaten an Deutschland erwartet werden mußte und auch erwartet worden ist, nicht zuletzt von der Regierung. Amerika selbst hatte deutlich genug gewarnt und gedroht. Graf Bernsdorff, der deutsche Botschafter in Washington, hatte mit absoluter Gewißheit die Kriegserklärung der Vereinigten Staaten vorausgesagt für den Fall, daß der U-Bootkrieg in verschärfter Form geführt werden sollte. Aber auch viele deutschfreundliche Amerikaner, die hüben und drüben über ausgezeichnete Verbindungen verfügten, ließen gar keinen Zweifel über die Folgen, die geradezu automatisch eintreten müßten, falls der U-Bootkrieg in verschärfter Form geführt werden sollte. Von den Hasardeuren des Weltkriegs, die kaum noch an ein gutes Ende des furchtbaren Ringens glauben konnten, wurde jedoch alles auf eine Karte gesetzt. Ludendorff und alle ihm gleichgesinnten Vabanquespieler wollten das letzte und äußerste riskieren. Ludendorff suchte sich selbst und andere zu täuschen mit dem lächerlichen Hinweis auf die kriegsuntauglichen Amerikaner, von denen übrigens der konservativ-deutschnationale Parteiführer Hergt pathetisch versicherte: Sie können nicht fliegen, sie können nicht schwimmen, also werden sie auch nicht kommen!

Die auf die Eröffnung des verschärften U-Bootkrieges hindrängenden Welteroberer vom Schlage des Grafen Westarp waren wiederholt mit ihren Forderungen im Hauptausschuß des Reichstages abgeblitzt. General Ludendorff, der gewiß niemals an seiner Gottähnlichkeit, wohl aber mitunter an dem glücklichen Ausgang des Krieges gezweifelt haben dürfte, wirkte immer heftiger auf die rücksichtslosere Führung des U-Bootkrieges hin. Das war schließlich vom Standpunkt des Soldaten aus vielleicht noch zu verstehen, nicht zu entschuldigen ist aber, daß die entscheidenden Zivilstellen dem Drängen Ludendorffs nachgegeben haben.

Übrigens möge hier die Bemerkung erlaubt sein, daß viele Unrecht tun, wenn sie immer nur von Hindenburg sprechen, sobald auf gewonnene Schlachten hingewiesen wird, dagegen nur Ludendorff nennen, wenn von verfehlten Unternehmungen, mögen es solche militärischer oder politischer Art sein, gesprochen wird. Wenn Hindenburg ohne Widerrede allen Lorbeer, den er mit Ludendorff teilen müßte, für sich allein einstreicht, müßte er logischerweise mindestens auch ein gerüttelt Maß aller der Vorwürfe annehmen, die Ludendorff gemacht werden. Herr v. Hindenburg war nach dem Kriege entschieden besser beraten, als sein Kriegskamerad Ludendorff. Während dieser vom Auslande aus, wohin er fluchtartig seinen Wohnsitz als Herr Lindström verlegt hatte,

Pfeile schnitzte, um die Partei der „Landesverräter" Ebert und Scheidemann zu beschießen, trat Herr v. Hindenburg in den Dienst der Regierung Ebert-Scheidemann, dieser beiden Bösewichte, und arbeitete ausgezeichnet mit ihnen viele Monate lang, erst vom Hauptquartier in Kassel-Wilhelmshöhe aus, dann, nachdem das Hauptquartier nach Kolberg verlegt worden war, von dort aus. Herr v. Hindenburg, der in jeder Beziehung weniger aktive der beiden Generale, verhielt sich nach seinem Ausscheiden still, während Herr Ludendorff von ebenso aufgeregten wie unwissenden Freunden beraten, sich immer mehr um jedes Ansehen redete, schrieb und putschte. Mit seinem passiven Verhalten wurde der kaiserliche Generalfeldmarschall v. Hindenburg Präsident der Republik, Herr Ludendorff aber, der eigentliche Heerführer, wurde der Reichstagskollege der Antisemiten Ahlemann, Kube und Stöhr. Während Herr v. Hindenburg, als ihm die Kandidatur für die Reichspräsidentschaft angeboten wurde, offen und ehrlich erklärte, daß er sich in seinem Leben niemals mit Politik befaßt, andere als militärische Bücher seit seiner Kadettenzeit auch nicht gelesen habe, stürzte Herr Ludendorff, nach seiner Rückkehr in das zusammengebrochene Vaterland, sich auf den blöden Schmöker „Die Weisen von Zion", eine lächerliche Dreihellersschrift übelster Art, um sich politisch zu bilden. Derart ausgerastet mit der politischen Wissenschaft eines Keudellschen Konfessionsschul-Quintaners zog der Feldherr dann gegen Juden, Katholiken, Sozi und Freimaurer vom Leder. Von vielen seiner Kriegskameraden mehr mitleidig als gehässig in Acht und Bann getan, kehrte er lärmend dann auch der evangelischen Kirche den Rücken —: ein verärgerter und bedauernswerter Mann.

Der verschärfte U-Bootkrieg

Der Staatssekretär Zimmermann hatte mich am 17. Januar 1917 zu sich gebeten, um mir zu sagen, daß die Würfel gefallen seien. Am 1. Februar beginne der verstärkte U-Bootkrieg. Hindenburg und Ludendorff hätten erklärt, daß sie, abgesehen von allen anderen Gründen, die Verschärfung des Kampfes zur See als Aufmunterungsmittel für die Truppen gebrauchen, „Im tiefsten Vertrauen: die Moral der Truppen habe bedenklich nachgelassen. Was wir vor einigen Wochen bei Verdun erlebt hätten, sei das Schmerzlichste im ganzen Kriege. Vier französische Divisionen hätten fünf deutsche in die Flucht geschlagen, bzw. gefangengenommen." Im Laufe unserer Unterhaltung stellte Zimmermann auf meine Frage fest, daß Hindenburg und Ludendorff bestimmt hofften (!), im Westen Durchbrüche zu verhüten. Sicher sei das im Osten. „Natürlich werden auch von uns die umfassendsten Vorbereitungen getroffen. Im Westen werden unsere Truppen erheblich zurückgenommen werden, bis zu einer vorbereiteten Stellung, die als uneinnehmbar bezeichnet wird."

Aus den weiteren Angaben Zimmermanns mußte ich den Schluß ziehen, daß es schlecht um uns bestellt sei. Als ich unter Hinweis auf den verhängnisvollen Beschluß von einem Vabanquespiel sprach, antwortete Zimmermann: „Wie ich, wie Helfferich und der Reichskanzler zu der U-Bootfrage standen, wissen Sie. Aber jetzt blieb uns keine Wahl mehr. In Pleß (Hauptquartier) ist alles Für und Wider eingehend erörtert worden." Schließlich hätte der Reichskanzler gesagt, daß er dem Kaiser gegenüber eine Verneinung ebensowenig wie eine Bejahung des rücksichtslosen U-Bootkrieges übernehmen könne, er wolle sich deshalb der Entscheidung des Kaisers fügen. Selbstverständlich habe eine Kanzlerkrisis bestanden, es sei ein Glück, daß sie hätte verhütet werden können. Es werde heftig gegen Bethmann Hollweg gearbeitet.

Ich kam auf die nächste Folge des U-Bootkrieges zu sprechen, die bevorstehende Kriegserklärung Amerikas. Darauf sagte Zimmermann: „Natürlich werden wir alles Erdenkliche tun, um Amerika aus dem Spiele zu lassen. Wir werden am 1. Februar, also erst, wenn der Krieg beginnt, Wilson eine sehr freundliche Note schicken, in der wir auf seine hochherzigen Versuche, den Frieden zu fördern, hinweisen. Wir werden ihm auseinandersetzen, daß wir nun, nachdem die Situation sich wesentlich anders gestaltet habe, nicht darauf verzichten könnten, die U-Boote anzuwenden. Wir werden ihm bestimmte Vorschläge wegen der amerikanischen Schiffe machen. Zimmermann gab zu, daß die größere Wahrscheinlichkeit für einen Konflikt mit Amerika spreche, aber es gäbe ja verschiedene Formen des Konflikts. „Vielleicht begnüge Wilson sich mit dem Abbruch der diplomatischen Beziehungen. Die Dinge stehen so: dauert der Krieg noch ein Jahr, dann müssen wir jeden Frieden annehmen, wir müssen also vorher eine Entscheidung herbeizuführen suchen." Natürlich habe ich kein Blatt vor den Mund genommen in dieser Unterhaltung; die Gemeingefährlichkeit des wahnwitzigen Unternehmens habe ich mit aller Schärfe betont. Ich fragte schließlich, was er nunmehr von den Neutralen erwarte. Zimmermann suchte mich zu beruhigen. Zunächst werde er nach Wien reisen, um auch dort die Zustimmung zu holen, damit Kaiser Karl später nicht sagen könne, es habe sich nur um einen deutschen Entschluß gehandelt. Holland habe vorgesorgt und werde wahrscheinlich nichts gegen uns unternehmen, dasselbe sei von Dänemark und Schweden zu sagen. Die Schweiz sei ein großes Fragezeichen, „Was soll die Schweiz machen, wenn sie behandelt wird wie Griechenland? Sie wird dann an der Seite der Entente vielleicht zu den Waffen greifen müssen, um die schnelle Entscheidung herbeizuführen, die sie vor dem Verhungern schützt." Auf meinen Einwurf, daß die Situation geradezu verzweifelt sei, meinte Zimmermann weiter: „Natürlich sind alle Vorbereitungen getroffen, um eventuell Holland oder Dänemark in Schach zu halten. Als in dem Kriegsrat auf die Möglichkeit eines Krieges mit der Schweiz hingewiesen wurde, hat der alte Herr gesagt: das wäre nicht schlimm, dann könnte man von dort aus die französische Front auf rollen!"

Zum Schluß der sehr eingehenden Unterredung meinte Zimmermann: „Wie es auch gehen mag, die „wilden Männer" à la Bassermann, werden die Regierung später heftig anklagen. Geht es gut, dann werden sie sagen, daß es auch schon früher gutgegangen wäre, wenn man nicht so lange gezögert hätte. Geht es schief, dann heißt es: „Die Regierung ist Schuld, sie hat so lange gezögert." Ich habe Zimmermann nicht im Zweifel gelassen über die Stellung der SPD zu diesem unglückseligen Beschluß.

In der Sitzung des Hauptausschusses kam es am 31. Januar und 1. Februar 1917 zu eingehender Besprechung des U-Bootkrieges. Die SPD stellte sich auf schroff ablehnenden Standpunkt. Ihr Sprecher war Dr. David, dessen Rede im Auszug unserer gesamten Parteipresse und den Vertrauensleuten zur Information vertraulich mitgeteilt wurde. David hatte nicht nur die unmöglichen Berechnungen Dr. Helfferichs zerzaust und das zweideutige Verhalten dieses Mannes in der U-Bootfrage gekennzeichnet — Helfferich hatte in einem früheren Stadium die Eröffnung des rücksichtslosen U-Bootkrieges als unmöglich, direkt verhängnisvoll für Deutschland, entschieden abgelehnt! —, sondern auch die Verschlechterung unserer Situation durch den Eintritt Amerikas in den Krieg betont. Der Schluß der, Davidschen Rede lautete wie folgt:

„Nachdem der Beschluß wegen des Unterseebootkrieges einmal gefaßt sei, könnten seine politischen Freunde natürlich nicht daran denken, der Durchführung Schwierigkeiten bereiten zu wollen. Sie würden sich die Zurückhaltung in der Öffentlichkeit auferlegen, die durch die Notlage unseres Landes angesichts einer Welt von Feinden geboten sei. Das solle man ihnen auch von der Gegenseite nicht erschweren, damit das einzige, was uns retten kann, nicht gefährdet werde: der feste innere Zusammenhalt unseres Volkes."

So sprachen und so handelten die Sozialdemokraten — die „vaterlandslosen" Gesellen. Am Abend des gleichen Tages, an dem Zimmermann mit mir unter vier Augen gesprochen hatte, fand eine Unterredung des Reichskanzlers mit Ebert und mir statt. Bethmann Hollweg, der Gegner des verschärften U-Bootkrieges war, hatte sich gefügt. „Hätte ich gehen sollen? Ich mußte mich fragen, wie ich dem Volke am besten diene." Er sei sich darüber klar gewesen, daß die SPD ihre Politik nicht hätte beibehalten können, wenn er des U-Bootkrieges wegen gegangen wäre.

Der Vollständigkeit wegen soll hier noch festgestellt werden, daß Geheimrat Hans Delbrück, der bekannte Historiker, und ich noch Himmel und Hölle in Bewegung zu setzen versuchten, um die Reichsregierung zu bestimmen, bei der bevorstehenden Verschärfung des Krieges zur See doch noch „dies zu unterlassen und jenes zu tun", um vielleicht Amerika trotzdem zu bestimmen, von einer Kriegserklärung abzusehen. Ich hatte mancherlei Beziehungen zu Amerika, hatte der amerikanische Botschafter Gerard mich doch in ein Komitee berufen, dem auch Rathenau und Dr. Peter Spahn angehörten, ein Komitee, das über Gelder verfügte, die in Amerika für deutsche Kriegerwitwen gesammelt worden waren. In Gemeinschaft mit einem Deutsch-Amerikaner Noeggerat und dem amerikanischen Journalisten Swing machte ich noch ein Interview für die amerikanische Presse fertig, das an Wilson appellierte. Hans Delbrück billigte den Wortlaut ausdrücklich. Der erwähnte Journalist Swing war ein Prachtmensch, dessen Objektivität, ja ich darf sagen dessen Liebe zu dem

Deutschland der Kunst und Wissenschaft auch nicht erschüttert wurde, als ein Schiff, das ihn durch das Mittelmeer führte, von einem deutschen U-Boot torpediert worden ist. Als Swing, der ein guter Amerikaner war und den Eintritt seines Vaterlandes in den Krieg zu verhüten wünschte, später mit dem Personal der amerikanischen Botschaft Berlin verlassen mußte und über Paris kam, hat er es wirklich fertiggebracht, in einer vielgelesenen Pariser Zeitung bestimmte, auf einen Verständigungsfrieden abzielende Äußerungen, die wir vereinbart hatten, unterzubringen.

Mit der Eröffnung des rücksichtslosen U-Bootkrieges war das Schicksal Deutschlands besiegelt, das war die feste Überzeugung aller führenden Männer der SPD, die nunmehr um so eifriger auf eine Verständigung hinarbeiteten. Kein anderer als der englische Ministerpräsident im Weltkriege Lloyd George ist es gewesen, der am 20, Oktober 1927, gelegentlich der Enthüllung eines Denkmals in Finchley, gesagt hat, daß der verschärfte U-Bootkrieg die Rettung der Entente gewesen sei:

„Die Statue stellt die Befreiung der Menschheit von der Knechtung und Versklavung Europas durch einen großen militärischen Despotismus dar. Jener militärische Despotismus ist in dem großen Kriege dem Triumph näher gewesen, als einige ahnten. Am Ende des dritten Kriegsjahres lagen vier von sieben kriegführenden alliierten Ländern am Boden und ihre Armeen waren zersprengt. Wenn die deutsche Staatskunst der militärischen Tüchtigkeit Deutschlands ebenbürtig gewesen wäre, wäre Amerika nicht in den Krieg eingetreten, und England und Frankreich hätten allein der furchtbarsten militärischen Maschinerie gegenübergestanden, die die Geschichte kannte."

Diese wenigen Worte sind ganze Anklagebände gegen die Reichsregierung und deutschen „Eroberer", die alle Friedensmöglichkeiten sabotiert hatten!

Bald nach der Eröffnung des verschärften Seekriegs begann die Einschiffung amerikanischer Soldaten nach Frankreich. Nach amtlichen Angaben betrug die Stärke der amerikanischen Truppen auf dem westlichen Kriegsschauplatze:

Ende Mai 1917	1308 Mann
„ Dezember 1917 .	183896 „
„ März 1918	329005 „

„ Juni 1918	897293	„
„ September 1918 .	1783955	„
„ November 1918 .	2057675	„

Niemals ist es einem deutschen U-Boot gelungen, auch nur ein einziges feindliches Truppenschiff zu versenken.

Parallel mit der Verschlechterung unserer Lage nach außen lief die Verschlechterung der Verhältnisse im Innern. Nach außen immer weniger Aussicht auf einen leidlichen Ausgang des Krieges, innen immer weniger und immer minderwertiger werdende Nahrungsmittel. Hinzu kam die steigende Verbitterung wegen der offenkundigen Weigerung, längst fällige Reformen, vor allem die Wahlrechtsreform in Preußen, durchzuführen. Dabei war immer deutlicher erkennbar geworden, daß mit dem von der SPD verfochtenen Verständigungsfrieden die Demokratisierung Hand in Hand gehen müsse.

„Zeit zur Tat"

Im März 1917 machte ich, unabhängig von meinen Reden im Reichtag, einen neuen Vorstoß im „Vorwärts" mit einem Artikel unter der Überschrift „Zeit zur Tat". Es bedürfe keiner langen Unterhaltung über die Frage, warum fast die ganze Welt mit ihren Sympathien bei unseren Feinden stehe. „Die Antwort ist leicht gegeben: alle Welt sieht bei unseren Gegnern die mehr oder weniger entwickelte und ausschlaggebende Demokratie, bei uns aber nur — Preußen!" Rußland habe kurz entschlossen reinen Tisch gemacht und mit kräftigem Besenstrich allen Wust und Unrat beiseitegefegt. „Die Uhr zeigt bei uns fünf Minuten vor Zwölf, trotzdem will Herr von Bethmann Hollweg die Preußenkur erst nach dem Kriege beginnen. Für die Zeit nach dem Kriege waren auch in Rußland allerlei Reformen in Aussicht gestellt worden. Den Russen aber dauerte der Krieg zu lange, und je ärger der Hunger sie bedrückte, um so unerträglicher erschien ihnen die Verzögerung. Sie sagten sich wohl, wenn nicht Brot und Kartoffeln für alle zu beschaffen sind, was hindert daran, allen wenigstens gleiche Rechte zu geben?! Und so kam denn der 11. März, sodann der Verzicht des Zaren, und so kam die Demokratie. Warum auf morgen verschieben, was absolut notwendig und als eine der dringendsten Staatsaufgaben vor vielen Jahren schon vom König selbst bezeichnet worden ist, wenn es heute schon geschehen kann!" Es sei jetzt Zeit zum entschlossenen Handeln. „Die Schwierigkeiten, die entstehen könnten, wenn die Regierung jetzt das Wahlrecht für Preußen verlangt, wiegen federleicht im Vergleich mit den Schwierigkeiten, die entstehen können, wenn eine solche Vorlage nicht kommt. Die Parlamentarier und die Parteien, die jetzt im Landtag noch Nein zu sagen wagen, wenn die Regierung das gleiche Wahlrecht energisch fordert, wären im Handumdrehen erledigt. Man muß also nur ernstlich wollen, jetzt wollen."

Dieser Artikel verschnupfte nicht nur die Regierung und alle Reaktionsparteien, sondern auch die Fortschrittler und das Zentrum. Auch Ebert, der mit der erhobenen Forderung grundsätzlich einverstanden war, machte mir leider Vorwürfe. Es kam zu einer ernsten Auseinandersetzung, in deren Verlauf ich erklärte, daß ich lieber auf alle meine Ämter verzichte, als auf das unveräußerliche Menschenrecht, meine Meinung unter meinem Namen zu sagen.

Der Abgeordnete Payer sowohl, wie auch Erzberger haben mir gesagt, sie könnten nicht zugeben, daß der Reichstag sich in die Wahlrechte der Länder einmische. Der Reichskanzler war geradezu untröstlich. Er ließ mir durch Wahnschaffe sagen, er wisse, daß ich gewiß nichts Böses beabsichtige, aber von der Rechten hätten sie schon allerlei hören müssen: ich predigte die Revolution und wollte den Kaiser in seinen Rechten schmälern. Ich setzte ihm auseinander, daß ich bezwecke, den Reichskanzler darauf aufmerksam zu machen, daß er bei seiner Angst vor der Rechten nicht vergessen sollte, auch ein bißchen Respekt vor dem Volke zu haben. Ich wollte ihn warnen und zu entschlossenen Taten treiben. Wenn die Regierung das Reichstagswahlrecht für den Landtag energisch verlange, würden die Nationalliberalen und das Zentrum nicht wagen zu erklären, daß sie den Soldaten, die jetzt für das Land kämpfen, gleiche Rechte nicht gewähren wollten.

Es wäre nun freilich ein Irrtum, etwa anzunehmen, daß der erwähnte Vorwärtsartikel überall nur böses Blut gemacht hätte. Ganz im Gegenteil! Die Unzufriedenheit mit der ewig zaudernden Regierung, die zwar mit unserer Verständigungspolitik einverstanden war, aber vor den Parteigängern Ludendorffs stramm stand, ging bis tief in die Kreise des Bürgertums hinein. Zahlreiche Zuschriften suchten mich weiterzutreiben. Über einen der interessantesten Besuche, die ich in jenen Tagen empfing, ist schon früher, allerdings ohne Namensnennung, berichtet worden. Jetzt brauche ich Rücksichten in diesem besonderen Falle nicht mehr zu nehmen! Eines Tages empfing ich im Zeppelinzimmer des Reichstages den ehemaligen Oberbürgermeister von Posen, Herrn Geheimrat Dr. Witting, einen Bruder Maximilian Hardens. Der richtige Name Wittings und Hardens war bekanntlich Wittkowski. Witting versicherte, und zwar in Gegenwart eines meiner Freunde, daß ich gar nicht wisse, wie groß mein Anhang auch in Bürgerkreisen sei. Ich möchte selbst zur „kühnen Tat" schreiten, die Reichsregierung davonjagen und die Führung übernehmen. Die große Mehrheit des Bürgertums werde zu mir stehen, wie die gesamte Arbeiterschaft. Das ganze Volk lechze nach einer Tat, die uns das Ende des Krieges bringe. Ich antwortete ihm, daß ich vor nichts zurückschrecken würde, wenn ich die Überzeugung haben könnte, dadurch dem Kriege und der Not unseres Volkes ein Ende zu bereiten. Diese Überzeugung hätte ich leider nicht. Die von ihm gewünschte „kühne Tat" bedeute den Bürgerkrieg und die sichere Niederlage Deutschlands. Geheimrat Witting verließ mich sehr unbefriedigt.

Die Kanzlerstürzer

In dieser Zeit schwerster Sorgen aller Friedensfreunde hatten die Kanzlerstürzer ihre besonderen Sorgen. Wie kann Bethmann Hollweg beseitigt werden? Zahlreiche Schmähschriften gegen den Kanzler hatten bisher zu dem gewünschten Erfolg nicht geführt. Da tagten am 25. Februar 1917 die Kanzlerstürzer im Hotel Adlon. Sie wollten aufs Ganze gehen. In dem Entwurf einer Eingabe, besser gesagt, einer Anklageschrift, beschuldigten sie den Reichskanzler auf das schwerste. Der Kaiser sollte gebeten werden, die Politik vollkommen der Kriegsführung unterzuordnen; das sei am besten zu erreichen, wenn er den Generalfeldmarschall von Hindenburg zum Reichskanzler ernenne. „Eine Vermehrung wirklicher Arbeit findet dadurch nicht statt. Die gesamte Diplomatie habe aufzugehen in Kriegführung. Was übrigbleibt an Erledigung politischer und diplomatischer Formalien können die Staatssekretäre und Ministerialdirektoren der Wilhelmstraße besorgen. Der Reichskanzler von Bethmann Hollweg habe ‚in verhängnisvoller Verblendung sich die besten und am meisten königstreuen Kreise entfremdet." In dem Entwurf einer Eingabe der Kanzlerstürzer an Ludendorff hieß es, daß der Feldmarschall unabsetzbar sei, Gnade oder Ungnade des Kaisers könnten ihn nicht berühren. Es müsse zu dem Gegensatz kommen Hindenburg oder Bethmann Hollweg, dann wäre die Beseitigung Bethmann Hollwegs sicher.

Man muß gestehen, daß der berüchtigte Scheiterhaufenbrief des ehemaligen Hofpredigers Stöcker, durch den Fürst Bismarck gestürzt werden sollte, raffinierter abgefaßt war, als diese Entwürfe scharfmacherischer Großindustrieller und sächsischer Rechtsanwälte. Allerdings, wer könnte auch an teuflischer Intrigantenbegabung einem politisierenden Hofprediger über sein! Es ist in der Reichstagssitzung vom 2. März 1917 durch den Abgeordneten Konrad Haußmann nachgewiesen worden, wer unter anderem hinter diesen alldeutschen Treibereien gesteckt und an der Sitzung im Hotel Adlon teilgenommen hat: Geheimrat E. Kirdorff (Mühlheim-Ruhr), Geheimrat B. Körting (Hannover), Geheimrat Duisberg, Admiral v. Knorr, Fürst Otto zu Salm-Hofstmär, Professor Dr. Metger (Hannover), Graf Luxberg (Weimar), sowie die Rechtsanwälte Petzoldt (Flauen) und Freigang (Chemnitz). Insgesamt waren an dem Verschwörerunternehmen im Hotel Adlon 29 Herren beteiligt, als 30, wäre der Graf v. Westarp in Betracht gekommen, der sein Erscheinen zuerst zugesagt, dann aber doch abgelehnt hatte. Neben dem Kanzlersturz hatten die Herren noch andere Pläne. „Nicht der Ersatz des Preußischen Landtagswahlrechts durch das Reichstagswahlrecht, sondern die Ersetzung des Reichswahlrechts durch das Landtagswahlrecht sei zeitgemäß."

Das waren die typischen Vertreter der Kreise, die Deutschland in Not und Tod gebracht haben.

Die Massenstreiks

Die Kriegsgewinnler hatten trotz aller Not und Notverordnungen selbst in den schlimmsten Tagen des Krieges die Möglichkeit, sich Lebens- und Genußmittel nach Belieben zu beschaffen. Sie haben diese Möglichkeiten auch ausgenützt. Von ihnen und ihren Familiengliedern hat niemand Hunger im Kriege gelitten. Das wußte man im Volke genau, denn die Frauen, die bei dem Anstehen nach wenigen Gramm Brot, Fett oder Fleisch ohnmächtig zusammenbrachen, waren niemals Frauen oder Töchter von Großindustriellen, waren ausnahmslos Frauen von Arbeitern und sonstigen kleinen Leuten. In den Fabriken brachen auch nicht die Industriellen, sondern die Arbeiter zusammen. Die Zustände waren immer schlimmer, im Frühjahr 1917 geradezu unerträglich geworden. Zu der gräßlichen Hungersnot, dem Mangel an Kohlen, Kleidern, Wäsche und Schuhwerk kam immer mehr auch die politische Erbitterung. Wenn man uns schon nichts zu essen geben kann, warum verweigert man uns immer noch politische Rechtsgleichheit! Warum wird nicht Friede gemacht? Weil die Kriegstreiber größere Eroberungen machen wollen! Hunger, Verbitterung und Verzweiflung sind schlechte Berater. Die Stimmung war trostlos geworden. Daß es bald zu kleineren und größeren Explosionen kommen, und daß die Arbeiter hier und da in Streiks eintreten würden, war geradezu mit den Händen zu greifen. Die Gewerkschaften wirkten mit allen ihren Kräften Streiks entgegen, ebenso die Vertreter der SPD. Schließlich war trotzdem angekündigt worden, daß am 16. April viele Tausende von Arbeitern in den Streik treten würden.

Am 14. April ließ Wahnschaffe, im Auftrag des Reichskanzlers, Ebert und mich zu sich bitten, um uns seine Besorgnisse vorzutragen. Wir sagten ihm, warum jedes Bemühen, den Streik abbiegen zu wollen, vergeblich sein werde. Ursache sei buchstäblich der Hunger, den man nicht dadurch stillen könne, daß man in der kritischsten Stunde auch noch die Brotration gekürzt hätte. Er möchte dafür sorgen, daß die Behörden nicht Dummheiten machten. Wahnschaffe sagte uns, er hätte den Polizeipräsident v. Oppen bereits zu Rate gezogen. Er beurteile die Lage sehr ruhig und werde bemüht sein, in Berlin die streikenden Massen aus der inneren Stadt fernzuhalten. Ich bat Herrn Wahnschaffe, den Reichskanzler in unserem Namen zu ersuchen, rücksichtslos gegen rechts den Weg zu gehen, den die ungeheure Mehrheit des Volkes als den einzig möglichen beschritten wissen wolle, also den Weg zu Frieden, zu Brot und Demokratie. Solange nicht vollkommen gleiche Rechte eingeführt seien, werde keine Ruhe ins Land kommen. Die Psyche des Volkes sei eine andere geworden im Kriege, namentlich auch seit der russischen Revolution. Ich konnte es mir nicht versagen, die Bemerkung zu machen: was würde der Zar jetzt alles zu bewilligen bereit sein! Wahnschaffe bemerkte dazu, daß er das auch glaube.

Den größten Umfang nahm die Streikbewegung in Berlin und Leipzig an. In Berlin kamen etwa 125000, in Leipzig ungefähr 18000 Arbeiter in Betracht. Die Vertreter der Gewerkschaften und der Sozialdemokratischen Partei taten das Menschenmögliche, um auf die Regierung sowohl wie auf die streikenden Arbeiter einzuwirken. Am 20. April besuchten uns Arbeiter der Munitions- und Waffenfabrik im Parteivorstand und erklärten, ganz in Übereinstimmung mit uns, die Fortsetzung des Streiks für Wahnsinn. Wir rieten ihnen, in der für den Nachmittag anberaumten Versammlung eine Geheimabstimmung durchzusetzen, dann würde die Mehrheit wahrscheinlich für Wiederaufnahme der Arbeit sein. Daß weder Brot noch Seife, weder Stiefel noch Wäsche durch den Streik erzwungen werden konnten, sahen die Arbeiter ein. Die politischen Forderungen zu vertreten, war unsere Aufgabe. Daß wir sie nach besten Kräften zu erfüllen suchten, wußten die der SPD angehörenden Arbeiter. Zu einer heftigen Auseinandersetzung mit der Regierung kam es schon am Mittag desselben Tages, nachdem wir gehört hatten, daß die von den streikenden Arbeitern beabsichtigte Versammlung verboten und die bestreikten Betriebe militarisiert worden waren! Ein militarisierter Betrieb war ein Unternehmen, das unter militärischem Kommando stand mit allen Strafgewalten des Militarismus. Das konnte nicht gut gehen, das mußte böses Blut erzeugen.

Wer objektiv genug ist, um die damalige Zeit einigermaßen abschätzen und ihre Wirkungen auf hungernde, frierende, aus dem Schützengraben kommende oder mit dem Schützengraben bedrohte Arbeiter würdigen zu können, der wird in dem Januarstreik 1918, der hier gleich gestreift werden soll, zwar ein nicht zu billigendes, aber ein begreifliches Unternehmen sehen. Über den Streik ist soviel geschrieben, geredet und prozessiert worden, daß Neues nicht mehr berichtet werden kann. Interessenten werden auf folgende Schriften aufmerksam gemacht: 1. Brammer, „Der Prozeß des Reichspräsidenten", 1925, 2. Scheidemann, „Der Zusammenbruch", 1922, 3. desselben Verfassers „Für Volk und Vaterland", 1925. Alle drei Schriften sind im Verlag für Sozialwissenschaft erschienen. Das Verhalten des Vorstandes der SPD, zu diesem Streik war nicht nur vollkommen einwandfrei, es war selbstverständlich. Drei Mitglieder des Parteivorstandes, nämlich Ebert, Otto Braun und Scheidemann, die zeitweilig von anderen Kollegen vertreten worden sind, waren auf Wunsch ihrer mit in den Streik genötigten Parteigenossen, gegen den heftigen Widerspruch Ledebours, zum Eintritt in das Streikkomitee gebeten, worden. Warum wurden sie von ihren Freunden zum Eintritt gebeten und warum wandte sich Ledebour heftig dagegen? Ihre Freunde wußten, daß sie alles tun würden, um den Streik nicht nur in ruhige Bahnen zu lenken, sondern durch Verhandlungen mit der Regierung schnellstens zum Ende zu bringen. Das aber wollten die um Ledebour gerade nicht. Weil Ebert und seine Freunde schließlich, entgegen ihrer ersten Absage, dann — um ihrem Vaterland zu dienen! — in das Streikkomitee eingetreten sind, wurden sie später des Landesverrats geziehen, Ebert, der als Reichspräsident ganz besonders beschimpft wurde, hatte mehr Vertrauen zu einem deutschen Gericht, als beispielsweise der spätere Justizminister und Reichskanzler Dr. Marx. Er hatte Klage erhoben gegen einen gewissen Rothart, der ihn öffentlich des „Landesverrats" beschuldigt hatte. Ebert hat sein Vertrauen zu einem deutschen Gericht bitter bereuen müssen. Nach tagelangen Verhandlungen, in denen die Gegner Eberts ihn mit allerlei Zeugen bedenklichster Art des Landesverrats überführen wollten, fällte das Gericht unter dem Vorsitz des durch diesen Prozeß berühmt gewordenen Herrn Bewersdorf folgendes Urteil:

„Der Angeklagte wird wegen öffentlicher Beleidigung zu einer Gefängnisstrafe von drei Monaten verurteilt.

In der mündlichen Begründung des Urteils aber sagte Herr Bewersdorf u.a.: "Das Gericht hatte zu prüfen, ob auf Grund dieser Feststellungen nachgewiesen ist, daß der Nebenkläger Landesverrat begangen hat. Diese Prüfung ist lediglich vom strafrechtlichen Standpunkt aus vorzunehmen, nicht etwa vom politischen Standpunkt, nicht vom historischen und nicht vom moralischen. Dieselbe Handlung, die politisch und moralisch geboten sein kann, kann trotzdem den Tatbestand eines strafrechtlichen Delikts erfüllen. . . Nicht nur die streikenden Arbeiter selber begingen Landesverrat, sondern auch alle anderen, die den Streik anstifteten, organisierten, stärkten und stützten, machten sich des Delikts schuldig, wenn sie den durch den Streik entstandenen

Nachteil für die Wehrmacht kannten und trotzdem eine den Streik organisierende, stärkende oder stützende Tätigkeit entfalteten. Ist nun nachgewiesen, daß der Kläger so etwas getan hat? Die Sozialdemokratische Partei und der Nebenkläger haben den Streik nicht angezettelt. Er ist ohne ihr Mittun entstanden. Der Nebenkläger hat sich aber an der nach dem Willen der Streikenden zur Organisierung und Führung des Streiks bestimmten Streikleitung aktiv beteiligt. Er hat an mehreren Versammlungen der Streikleitung teilgenommen und bei der Abfassung von Beschlüssen, die für die Fortführung von Bedeutung sind, mitgewirkt... Alle diese Handlungen hat der Nebenkläger als solche gewollt, obwohl er einsah, daß diese Haltung der Kriegsmacht des Reiches Schaden zufügen würde. Er hat also im Sinne des § 89 des Strafgesetzbuches vorsätzlich gehandelt und damit ist erwiesen, daß er im strafrechtlichen Sinne Landesverrat begangen hat... Hiernach konnte eine Verurteilung des Angeklagten aus § 186 nicht erfolgen, dagegen war der Angeklagte aus § 185 wegen formaler Beleidigung zu bestrafen. Von den Wendungen, die als beleidigend bezeichnet worden sind, wiegt nach Überzeugung des Gerichts der Ausdruck „Landesverrat" am aller schwersten."

Weil der Angeklagte dem Reichspräsidenten Ebert den Vorwurf des Landesverrats gemacht hatte, wurde er wegen öffentlicher formaler Beleidigung (§ 185) zu drei Monaten Gefängnis bestraft. Wegen der üblen Nachrede des Landesverrats (§ 186) aber konnte er nicht bestraft werden, weil das Gericht den Nachweis als erbracht ansah, daß Ebert im strafrechtlichen Sinne Landesverrat begangen habe!

Ein Schrei der Empörung ging durch die Republik, als diese Urteilsbegründung bekannt wurde. Mit diesem Urteil wurde der deutschen Rechtsprechung der schlimmste Stoß versetzt, das Vertrauen zur deutschen Rechtsprechung auf das schwerste erschüttert. Der Mann, der von allen Kommunisten, Spartakisten und Bolschewisten als der wüsteste Kriegswüterich und Sozialpatriot bezeichnet worden ist, soll Landesverrat begangen haben! Derselbe Ebert Landesverräter, weil er aus Liebe zu seinem Volk und seinem Vaterlande auf Wunsch in eine Streikleitung ging, um den Ledebourschen Radikalinski das Feld nicht zu überlassen.

In heftiger Auseinandersetzung mit den Gegnern unserer Politik — bei denen Ledebour führend war — sagte Ebert im September 1916 auf einer Reichskonferenz der SPD im Sitzungssaale des Haushaltsausschusses des Deutschen Reichstags:

„In einer Zeit, in der die englischen Munitionsarbeiter auf Feiertage und Sonntage verzichten (Hört! Hört!), in der die ganze Welt mit äußerster Kraftanstrengung für die Entente Munition und Kriegsmaterial herstellt, in der die Entente ein Land nach dem anderen in den Krieg hineinzwingt, in der alle feindlichen Staatsmänner grundsätzlich jede Friedensbereitschaft ablehnen und unsere Söhne und Brüder an den Fronten im furchtbarsten und mörderischsten Trommelfeuer liegen, in dieser Zeit sollen die deutschen Munitionsarbeiter streiken? (Rufe: Pfui!) Wäre das nicht Wahnsinn?"

Das war nicht etwa nur die Meinung Eberts im September 1916, das entsprach der Einstellung der gesamten Leitung der SPD. Und wenn Deutschland nicht zusammengebrochen ist, bevor Hindenburg und Ludendorff ihre Notschreie nach Waffenstillstand und Frieden Ende September 1918 ausstießen, dann ist das in erster Linie der deutschen Sozialdemokratie zu danken.

Das Echo, das durch das Magdeburger Urteil im Lande geweckt wurde, hatten die Bewersdorf und Gesinnungsgenossen wohl nicht erwartet. Der Reichskanzler Dr. Marx, selbst ein hoher Richter, die ehemaligen Reichsminister Schiffer, Radbruch und Landsberg, ebenso der Vizekanzler a. D. Friedrich v. Payer, ein alter angesehener Rechtsanwalt, Professor Kahl, eine Zierde der juristischen Berliner Fakultät, zahlreiche andere Juristen und Professoren aller Fakultäten, ebenso republikanische und kaufmännische Verbände und die große Weltpresse nahmen öffentlich Stellung gegen das unmögliche Urteil.

Arm ist ein Volk, das einen Krieg verliert und auf lange Jahre hinaus Tag für Tag die Faust der Sieger noch an der Kehle spürt, arm, aber nicht hoffnungslos. Hoffnungslos ist nur ein Land, das nicht mehr die Kraft aufzubringen vermag, das zerstörte Vertrauen zur Rechtsprechung wieder herzustellen. Es bleibt noch ein Wort zu sagen über die Wirkung des Streiks, soweit die Munitionsherstellung in Betracht kommt. Man sagte damals, Ludendorff hamstere Granaten. Die Erzeugung der Kriegsindustrie war über den Verbrauch weit hinausgegangen. Das zeigte sich nicht nur in den zahlreichen Arbeiterentlassungen, das zeigte sich auch darin, daß zahlreiche Feierschichten eingelegt wurden. Vielfach waren auch die Betriebe aus Kohlenmangel gezwungen, zu feiern. In der Hauptsache hat die Wirkung des Streiks darin bestanden, daß die durch den Kohlenmangel eingelegten Feierschichten zusammengelegt worden sind und daß nachher wieder flott gearbeitet werden konnte. Nach Beendigung des Streiks fanden Tausende von Arbeitern keine Beschäftigung. Die „Germania", das führende Organ der Zentrumspartei, schrieb am 31. Januar 1918 in Betrachtungen über den Streik: „Die Berliner Industrie war ohnehin wegen Kohlenmangels zu einem erheblichen Teil zum Feiern gezwungen. Durch den Berliner Streik wird die Kohlenknappheit in kurzer Zeit behoben sein mit dem Erfolg, daß die Berliner Industriellen rund 100 Millionen Mark ersparen, die sie sonst hätten auslegen müssen für Entschädigungen an die Arbeiter für Kohlenfeierschichten." Die „Deutsche Bergwerkszeitung", ein typisches Organ der Großindustrie, schrieb damals, „daß eine Schädigung der Kriegsindustrie durch die Streiks nicht habe eintreten können, weil im Januar über eine halbe Million Tonnen Brennstoffe nicht abgefahren werden konnten und die Lagerbestände auf den Zechen jetzt auf mehr als drei Millionen Tonnen angewachsen sind".

Diese Äußerungen beweisen die Unsinnigkeit der Behauptungen, daß der Streik dem Vaterlande großen Schaden zugefügt habe. Die grundsätzliche Einstellung der SPD zu Streiks im Weltkriege, wie sie durch die angeführten Äußerungen Eberts gekennzeichnet wird, wurde durch die Frage, ob damals eine Schädigung der Landesverteidigung eingetreten sei oder nicht, nicht im geringsten berührt.

Die Kriegsverlängerer

In einem früheren Kapitel haben wir gesehen, wie die Welteroberer an den Schreibtischen und auf den Redetribünen siegen und erobern wollten; wie Herr Stresemann, der ein deutsches Gibraltar erstrebte und den Haß gegen England gern verewigt hätte, sich nach dem Diktierfrieden sehnte. Victor Marguerite, der geistreiche Vater der „Garconne", hat in seinem Buche „Die Verbrecher" ganz richtig gesagt, „daß Verbrecher überall gesessen haben". Wo die größten gesessen hätten, das würde festgestellt werden können, wenn kein Archiv mehr verschlossen sei. Hätte er freilich nur das gesagt, so wäre er nicht über das hinaus gegangen, was in Deutschland viele gesagt haben, besonders die Sozialdemokraten schon Ende 1918. Victor Marguerite hat aber den Mut gehabt, als Franzose vorzugsweise auch die französischen Minister und Diplomaten anzugreifen. Besonders eindrucksvoll sind seine Schilderungen der Tage, die der französische Präsident, unmittelbar vor dem Kriegsausbruch in St. Petersburg verlebt hat. Keine Schonung der Verbrecher! — gleichviel, wo sie auch sein mögen — das ist seine Parole: keine Schonung, weder der französischen, englischen, russischen und österreichischen, noch der deutschen.

Was — — der — deutschen „Verbrecher"? Haben wir nicht tausendmal vernommen, daß die Verbrecher ausnahmslos auf der anderen Seite gewesen sind, daß die allein Unschuldigen aber auf deutscher Seite waren? O ja, wir haben es in zahllosen Variationen gehört. Wir haben es 1914 alle geglaubt und bis auf den heutigen Tag wehren wir uns gegen die schändliche Behauptung, daß Deutschland allein schuldig sei am Ausbruch des Weltkrieges. Es ist eine infame Beschimpfung eines friedliebenden Volkes, ihm die Beschuldigung ins Gesicht zu schreien — Herr Clemenceau hat es in Versailles getan! — und ihm die Beschuldigung auch noch schwarz auf weiß auszuhändigen, daß es allein die furchtbare Blutschuld zu tragen habe, daß es allein verantwortlich sei für die vielen Millionen Tote und Krüppel, die Millionen Witwen und Waisen, die grausamen Zerstörungen fruchtbaren Landes, blühender Dörfer und Städte, unersetzlicher Kulturgüter!

Ein Wort über die Kriegsschuldfrage

Genau so entschieden, wie wir uns gegen die Deutschland zugeschriebene Alleinschuld am Ausbruch des Krieges wenden, lehnen wir Sozialdemokraten die gegenteilige Behauptung von der Alleinunschuld Deutschlands ab. Wir wissen uns einig mit den Sozialdemokraten der ganzen Welt, wie mit Victor Marguérite, in der Forderung: öffnet endlich die Archive, damit die Wahrheit ermittelt werden kann. Er ist eine Torheit sondergleichen, wenn deutsche Nationalisten immer und immer wieder die Kriegsschuldfrage anschneiden, bevor eine uns günstigere Atmosphäre geschaffen, oder bevor die Archive anderer wichtiger Länder geöffnet worden sind. Solange weder das eine noch das andere festgestellt werden kann, wird Deutschland immer der Benachteiligte bleiben. Wir könnten ganze Bibliotheken drucken — der Anfang ist ja gemacht worden mit den Veröffentlichungen des Auswärtigen Amtes —, um den Nachweis unserer Unschuld oder nur relativ geringen Schuld zu erbringen. Was ist damit erreicht? Zunächst gar nichts, denn auf tausend Versuche deutscherseits, uns zu entlasten, folgt regelmäßig, wie ein Keulenschlag, die Anführung irgendeiner Randbemerkung des ehemaligen deutschen Kaisers zu den Berichten eines unserer Diplomaten und alles ist für lange Zeit wieder aus! Man denke nur an die aller Welt bekannten Bemerkungen des Kaisers zu den Berichten des deutschen Botschafters in Wien, des Herrn v. Tschirschky, obwohl das nicht die schlimmsten sind. Herr v. T. schrieb nach Berlin kurz vor Ausbruch des Krieges die folgenden Mitteilungen, zu denen dann der Kaiser die in Kursivschrift gedruckten Bemerkungen (in Klammern) machte, mit einem W. gezeichnet.

„Hier höre ich, auch bei ernsten Leuten, vielfach den Wunsch, es müsse einmal gründlich mit den Serben abgerechnet werden. (*Jetzt oder nie. W.*) Man müsse den Serben zunächst eine Reihe von Forderungen stellen und, falls sie diese nicht akzeptierten, energisch vorgehen. Ich benutze jeden solchen Anlaß, um ruhig, aber sehr nachdrücklich und ernst vor übereilten Schritten zu warnen. (*Wer hat ihn dazu ermächtigt? Das ist sehr dumm! Geht ihn gar nichts an, da es lediglich Österreichs Sache ist, was es hierauf zu tun gedenkt. Nachher heißt es dann, wenn es schief geht: Deutschland hat nicht gewollt!! Tschirschky soll den Unsinn gefälligst lassen! Mit den Serben muß aufgeräumt werden und zwar bald. W.*)

Ähnliche Bemerkungen hat der ehemalige Kaiser viele gemacht. Wie er über die österreichische Note dachte, bevor er die serbische Antwort gelesen hatte, zeigen seine Bemerkungen zu einem Telegramm aus Belgrad vom 24. Juli, das er am darauffolgenden Tag gelesen hat. Es teilt mit:

„Der energische Ton und die präzisen Forderungen der österreichischen Note sind der serbischen Regierung vollständig unerwartet gekommen." („*Bravo! Man hatte es den Wienern nicht mehr zugetraut!*" W.)

Das Telegramm fährt fort:

„Seit heute früh tagt der Ministerrat unter dem Vorsitz des

Kronprinzen-Regenten." („Es scheint, Seine Majestät haben sich gedrückt!" W.)

Der hohe deutsche Herr ahnte nicht, wie noch manche Majestät sich „drücken" sollte, und zwar noch in ganz anderer Weise!

Das Telegramm berichtete weiter:

„Der Ministerrat kann aber zu keinem Entschluß kommen." („Die stolzen Slawen!" W.)

Zum Schluß des Telegramms bemerkt er: („Wie hohl zeigt sich der ganze sogenannte serbische Großstaat. So ist es mit allen slawischen Staaten beschaffen. Nur feste auf die Füße des Gesindels getreten!" W.)

Das war die Sprache des Friedenskaisers unmittelbar vor Ausbruch des Krieges!

Was unser Botschafter Lichnowsky in London am 22. Juli 1914 nach Berlin telegraphierte, versah der Kaiser mit den wieder in Klammern und in Kursivdruck beigefügten Randbemerkungen:

„ ... Ich begegne hierbei der Erwartung, daß es unserem Einfluß in Wien gelungen ist, unerfüllbare Forderungen zu unterdrücken." („Wie käme ich dazu! Geht mich gar nichts an! Die Kerle haben Agitation mit Mord getrieben und müssen geduckt werden! Das ist eine ungeheuerliche britische Unverschämtheit. Ich bin nicht berufen, à la Grey, S. M. dem Kaiser (von Österreich) Vorschriften über die Wahrung seiner Ehre zu machen." W.)

Zu dem gleichen Bericht macht der Kaiser noch mehrfach Randbemerkungen. Unter anderen diese:

(„... Grey begeht den Fehler, daß er Serbien mit Österreich und anderen Großmächten auf eine Stufe stellt! Das ist unerhört! Serbien ist eine Räuberbande, die für Verbrechen gefaßt werden muß! ..." W.)

Von den Engländern sagt er an anderer Stelle:

(„Mit solchen Halunken mache ich nie ein Flottenabkommen." W.)

Eine solche kaiserliche Kundgebung wiegt für die Propaganda der Ententeländer jetzt noch so schwer, daß man mit hundert Bänden des Auswärtigen Amtes eine Erleichterung kaum zu schaffen vermag. Dabei braucht die Ententepresse immer nur je zehn oder fünfzehn Zeilen Raum für diese Randbemerkungen zu opfern und die Jingo und Chauvinisten haben hundertmal mehr erreicht oder erschlagen, als unsere Alldeutschen mit dicken Folianten, die in der nichtdeutschen Presse günstigstenfalls gelegentlich nebenher erwähnt werden.

Gleichviel wie dereinst die Schuld am Ausbruch des Weltkrieges auf die einzelnen Regierungen verteilt, wie schwer die „Verbrecher" mit Schuld belastet werden, zeitgemäßer ist zunächst die Feststellung — die auch leichter zu treffen ist —, wo die Schuldigen sitzen, die aus dem Verteidigungskrieg, den das ganze deutsche Volk zu führen bereit war, einen Eroberungskrieg machen wollten und dadurch sowohl, wie durch die Sabotierung aller Friedensgelegenheiten den Krieg mehr als vier Jahre lang hinzogen, bis der Zusammenbruch Deutschlands erfolgte.

Während die Daheimkrieger und Welteroberer Westarp, Traub, Dietrich Schäfer und alle die anderen immer noch bereit waren, „den letzten Tropfen Blut" — derer, die draußen waren — zu opfern, um Nordfrankreich und die russischen Randstaaten zu erobern und möglichst durch einen Diktierfrieden Deutschland einverleiben zu können, sahen wir Sozialisten das gräßliche Ende kommen, wenn es nicht gelänge, eine Verständigung herbeizuführen, solange das Heer nicht nur gerade „noch intakt" war, sondern — für die ganze Welt ersichtlich — erfolgreich zu kämpfen vermochte, also durchaus ungebrochen in seiner Macht war. Nachdem Anfang 1917 mit dem sogenannten rücksichtslosen U-Bootkrieg begonnen worden war, erschien uns der weitere Kriegsverlauf und auch der Ausgang des immer ungleicher werdenden Ringens fast einem einfachen Rechenexempel ähnlich zu werden. Jeder Verlust auf unserer Seite war unersetzlich, für jedes Opfer auf der Ententeseite sprangen amerikanische Soldaten ein, gut genährte, gesunde Menschen, mit der besten Ausrüstung, gedeckt durch leistungsfähige Geschütze und zahllose Flugzeuge, für den Angriff außerdem glänzend befähigt durch die Tanks. Ein weiteres, ungemein wichtiges Imponderabile war die total verschiedenartige seelische Verfassung der deutschen und der amerikanischen Soldaten. Unsere braven Söhne und Brüder waren zermürbt und halb verhungert. Die Rübenmarmelade, galgenhumoristisch „Heldenfett" genannt, war wirklich nicht geeignet, immer wieder zur Tapferkeit anzufeuern. Dazu kam die immer mehr um sich fressende Hoffnungslosigkeit. Friedrich der Große hat wohl an ähnliche Situationen gedacht, als er die denkwürdigen Worte niederschrieb: „Wenn meine Soldaten zu denken anfingen, bliebe auch nicht einer in den Reihen!" Auf der anderen Seite dagegen, wo nun die Amerikaner, abgehärtete und sportgewohnte Männer, kämpften, herrschte das Gefühl vor, daß es nur noch geringer Anstrengungen bedürfen werde, den Gegner k. o, zu schlagen.

Wenn wir uns verständigen wollten, also einen „Schmach-", „Verzicht-" oder — „Scheidemannfrieden" abschließen wollten, wie unsere Eroberungspolitiker höhnisch sagten, so könnten wir das immer noch haben. Sie wollten aber siegen und diktieren —: Calais — „ein deutsches Gibraltar" — Belgien— Longwy-Briey — Litauen — Kurland...

Es war der große und ebenso unbegreifliche wie unverzeihliche Irrtum unserer Eroberer, daß sie der Meinung waren, „verständigen" könne man sich immer noch. Konnte man von Gegnern, die man jahrelang geschlagen, deren Länder man zu Kriegsschauplätzen gemacht, also mehr oder weniger verwüstet hatte, wirklich erwarten, daß sie sich mit dem siegreich gewesenen Gegner verständigten, wenn das Blatt sich gewendet und sie den Feind endlich fest an der Gurgel hatten? Diesen Köhlerglauben hätte mindestens Ludendorff unter gar keinen Umständen teilen dürfen. Daß die Möglichkeit bestanden hat, eine Verständigung rechtzeitig herbeizuführen, ist nicht zu bezweifeln. Auch Professor Hans Delbrück hält in seinem Gutachten über die Ursachen des Zusammenbruchs an der Überzeugung fest, daß die Möglichkeit einer Verständigung sogar noch im Frühjahr 1918 — vor der großen Offensive — keineswegs ausgeschlossen war. Er weist auf Reden Wilsons und Lloyd Georges hin und sagt dann wörtlich: „Hinterher aber haben wir erfahren, daß, so wenig glaublich es schien, Lloyd George wirklich verhandlungsbereit gewesen ist." In der „National Review" (Septemberheft 1919) hat Leo Maxse, einer der wütendsten Deutschenfeinde, ausgeplaudert, daß Lloyd George in der ganzen Zeit vom Juli 1917 bis Juli 1918 von solchem Pessimismus erfüllt gewesen sei, daß er bereit gewesen wäre, auf jedes plausible Friedensangebot einzugehen. „Erkennen wir offen an", fügte er hinzu, „daß wir unsere Rettung wieder und wieder unseren Feinden verdanken ... Wären die Oberste Heeresleitung und die Vaterlandspartei nicht gewesen, so hätte Berlin eine Antwort geben können (Juli 1917), die unsere Panikmacher instandgesetzt hätte, ihr Ziel weiter zu verfolgen, bis alle unsere Kriegsziele geopfert gewesen wären ... Hätte der Feind damals nur eine befriedigende Erklärung über Belgien abgegeben, so hätten Unterhandlungen begonnen und das Unheil wäre geschehen gewesen, bevor das Publikum von der Intrige auch nur gewußt hätte." Wirkliche Gefahr bestand für die Entente, bis der rücksichtslose U-Bootskrieg begonnen wurde. Von da ab konnte sie aufatmen, ja mehr: sie konnte des Sieges sicher sein, denn nun mußte der große und starke Bruder, der Amerikaner, eingreifen.

Siebzehnter Abschnitt

Versuche zur Verständigung

Wie war es möglich, einer Verständigung näher zu kommen? Die Erklärungen des Reichskanzlers im Reichstag waren leider nicht immer von der Eindeutigkeit gewesen, wie wir sie verlangt hatten. Auf das Gerede der Alldeutschen, einerlei ob sie konservativer oder nationalliberaler Couleur waren, kam es nicht so sehr an, wie auf die Haltung des Reichskanzlers. Weil Herr v. Bethmann Hollweg nicht den Mut fand, mit der Rechten zu brechen, trug er, des sagenhaften Burgfriedens wegen, stets auf zwei Schultern, obwohl er, wie wir mehrfach gesehen haben, in vertraulichen Besprechungen kein Hehl aus seiner Ablehnung der von den Weltmachtsfanatikern erhobenen Forderungen gemacht hatte. Jedenfalls hatte die Gegenseite, wie kaum anders zu erwarten gewesen war, immer nur die Wendungen, die sich zur Mißdeutung eigneten, zur Kenntnis genommen und sich ablehnend verhalten. Unser Bestreben mußte also dahin gehen, durch die Sozialisten in den Ententeländern auf die in Betracht kommenden Regierungen einwirken zu lassen. Das konnte nur durch Zusammenkünfte vorbereitet werden. Nun hatten schon verschiedene interparlamentarische „Konferenzen", die von den Sozialisten neutraler Länder arrangiert worden waren, stattgefunden, eine wenig befriedigende in der Schweiz und eine für die skandinavischen Länder in Stockholm. Mit solchen Konferenzen, an denen die sozialdemokratischen Parteien aus den kriegführenden Ländern nicht beteiligt waren, konnte dem Frieden leider nicht gedient sein. Wir sondierten vorsichtig in Holland und Dänemark und hatten eines Tages die große Freude, unseren holländischen Genossen Troelstra begrüßen zu können. Er wollte nach Stockholm reisen, um in Gemeinschaft mit dem Internationalen Sozialistischen Büro den Versuch zu machen, eine Konferenz vorzubereiten, an der die Sozialisten aus den kriegführenden Ländern teilnehmen sollten. Wir griffen den Plan auf das freudigste auf und befanden uns dabei in vollkommener Einigkeit mit einigen österreichischen und ungarischen Genossen, die als Vertreter ihrer Parteien von uns nach Berlin gebeten worden waren. Wir waren in kürzester Zeit einig mit den Vorschlägen Troelstras über die Aufgaben eines solchen internationalen Kongresses. Nur um eines konnte und sollte es sich handeln: Wie kommen wir am schnellsten zum Frieden? Nationale Parteistreitigkeiten, ebenso die Frage nach der Schuld am Kriege müßten nach Möglichkeit der Konferenz ferngehalten werden. Unsere Herzen klopften höher — ach, wir klammerten uns ja längst alle an Strohhalme. Troelstra ging nach Kopenhagen und Stockholm, Viktor Adler reiste nach der Schweiz, um unseren russischen Freund Axelrod zu informieren. Unsere heißesten Segenswünsche begleiteten beide auf ihren Wegen.

Wir hatten nun noch mehr zu tun als bisher. Denn wir waren, ich darf es vom Vorstande der SPD sagen, gewöhnt, Kongresse gründlich vorzubereiten. Und nun gar diesen Kongreß, der uns dem Frieden mindestens näher bringen sollte! Daß die Genossen aus alle den Ländern, die mit uns gegen die Ententemächte standen, mitmachen würden, war eine Selbstverständlichkeit. Aber werden auch Sozialdemokraten aus Frankreich, aus Belgien, aus England, aus Italien kommen? Wir hofften es sehnsuchtsvoll. Gleichviel, wir wollten wohlvorbereitet nach Stockholm gehen. Abgesehen von unseren „Verbündeten" stand die ganze Welt gegen Deutschland. Die Verhetzung aller Welt gegen unser Vaterland war eine Tatsache, mit der wir rechnen mußten. Es würden ebenso heftige wie ungerechte Angriffe auf uns hernieder hageln, wenn die Ententesozialisten kommen sollten. Wir mußten also wohlgerüstet antreten, wenn wir in Ehren bestehen wollten. In Ehren bestehen hieß hier: 1. den Sozialisten der Ententeländer plausibel machen, daß wir als Angehörige eines friedliebenden Volkes unser Vaterland in der Stunde größter Not nicht im Stich lassen konnten und deshalb auch nicht im Stich gelassen haben, und daß wir 2. als internationale Sozialisten in keiner Stunde vergessen hatten, unsere Pflichten gegenüber der sozialistischen Internationale zu tun. Der an erster Stelle erwähnte, manchem vielleicht überflüssig erscheinende Nachweis war deshalb notwendig, weil viele Sozialisten der Ententestaaten wirklich der merkwürdigen Meinung waren, daß die Pflicht der Vaterlandsverteidigung wohl für sie, nicht aber für uns bestanden habe, Dr. David hat später in Stockholm sehr gründlich über diese Frage gesprochen. Es ist schon an früherer Stelle dargelegt worden, daß vom Parteivorstand beschlossen worden war, eine Sammlung aller Aktenstücke aus unserer Parteiarbeit im Kriege zu drucken.

Mit Begeisterung habe ich aus den Reichstagsstenogrammen, aus den Parteiausschußsitzungen und Kongreßprotokollen alle dort geschilderten Bemühungen um die Herbeiführung des Friedens zusammengetragen. So kam ein Dokument zustande, das ebenso einfach und unscheinbar in seiner Aufmachung, wie überzeugend durch seinen Inhalt war. Mit diesen Nachweisen in Händen wollten wir nach Stockholm gehen und die anderen fragen: Wo habt ihr verzeichnet, was ihr für den Frieden getan habt?

Wenn man unsere Hoffnungen auf Stockholm richtig verstehen will, muß man sich die damalige Situation vor Augen führen. Sie soll hier mit wenigen Strichen skizziert werden. Die Kämpfe .um den rücksichtslosen U-Bootkrieg sind bereits geschildert worden. Die Erregung über den unglückseligen Beschluß wirkte noch lange nach und konnte auch durch die großen Erfolge der U-Boote, die naturgemäß von der Kriegsnachrichtenstelle noch übertrieben wurden, nicht beruhigt werden.

Die polnische Frage spielte damals eine sehr große Rolle. Ludendorff hatte durch seine Polenpolitik ein großes Rekrutierungsgebiet — „ohne Zwang!" — erschließen wollen. Das Resultat war zum Schreien tragikomisch, denn sage und schreibe einige Dutzend polnische Kriegsfreiwillige hatten sich, wie in einer vertraulichen Besprechung Mitgliedern des Reichstages offenbart wurde, gemeldet. Diese Unternehmung Ludendorffs war genau so ein Schlag ins Wasser, wie sein berühmter Brief „an die lieben Jidden in Paulen", den gewisse Kreise gern aus der Welt lügen möchten. Das wird aber niemals gelingen, denn der Brief ist ja in vielen tausend Exemplaren verbreitet worden. Als ein Kulturdokument aus „großer Zeit" soll er im Auszug hier wiedergegeben werden. Verteilt wurde der Brief im Herbst 1914:

Zu die Jidden in Paulen.

Die heldische Armees vun die grauße mitteleuropäische Regierungen Deitschland un Esterreich-Ungarn, seinen arein in Paulen.

Der mechtiger Marsch vun unsern Armees hat gezwungen die despotische russische Regierung zu antlaufen.

Unsere Fohnen brengen eich Recht un Freiheit, gleiche Bürgerrechte, Freiheit vorn Glauben, Freiheit zu arbeiten ungestört in alle Zweigen vun ekonomischen um kulturellen Leben in eier Geist! Zu lang hot ihr sich geplogt unter dem eisernen moskovitischen Joch!

Wi Freind kummen mir zu eich, die barbarische fremde Regierung is aus! Die gleiche Recht vor Jidden soll weren gebaut auf feste Fundamenten.

Eier heiliger Chauw ist ajetzt, zusammen zu nehmen alle Kreften, mitzuarbeiten bei die Befreiung. Alle Volkskreften: eier junger Daur, eiere Kehillaus, eiere Chewraus müssen sich schtellen wie ein Mann, mitzuhelfen zu die heilige Sach.

Mir erwarten, as ihr wet beweisen durch Fakten eier Verschtand un eier Übergegebenheit.

Wendet sich mit dem greßten Bitochau (Vertrauen) zu die Kommandanten vun unsere Militär in die Oerter, wos einen nohent zu eich.

Alle Sorten Lieferungen vellen bald un gut bezohlt. Bahnt dem Weg, zu bezwingen in ganzen dem Ssaune un zu brengen dem Nizochaun vun Freiheit un Gerechtigkeit.

Die obere Leitung
vun die verbindet deitsche un esterreichisch-ungarische
Armees.

Von ganz unerhörter Dauerwirkung zu Deutschlands Ungunsten war die Verschleppung der belgischen Arbeiter aus ihrer Heimat. Das war eine Maßnahme, die auf Anregung des im Hauptquartier sehr einflußreichen Hugo Stinnes durchgeführt worden ist. Wenn irgendwo in der Welt ein nichtdeutscher Mann noch gewagt hatte, Partei für Deutschland zu nehmen, so wurde ihm das durch die Deportationen aus Belgien geradezu zur Unmöglichkeit gemacht. Die sogenannte Flamenfrage, die besonders von Stresemann immer wieder angeschnitten wurde, weil die Nationalliberalen der Meinung waren, daß man auf diese Weise Belgien spalten und für die Angliederung an Deutschland reif machen könne — divide et imperal — hatte die belgische Frage für die gesamte Welt in den Mittelpunkt aller Diskussionen gestellt. Die Deportation löste wahre Entsetzensschreie aus. Es hat gar keinen Zweck, in dieser Frage nach Entschuldigungsgründen zu suchen. Für diese Torheit gibt es keine Entschuldigung. Sie war das Werk kapitalistisch-militaristischer Weltanschauung: Gewaltpolitik Stinnes-Ludendorff.

In einer Sitzung des Hauptausschusses am 3. März 1917 hatte ich das ganze belgische Problem aufgerollt. Ich warnte vor jedem

Versuch, über den Frieden hinaus irgendwie in Belgien mitreden zu wollen. Wie wir uns im Osten durch unsere Polenpolitik die Situation erschwert hätten, so geschehe jetzt im Westen das gleiche durch die Flamenfrage. Dann nahm ich die Gelegenheit wahr, die Frage der aus Belgien nach Deutschland deportierten Arbeiter zu erörtern. Man sollte die Deportierten sofort heimreisen lassen! Die Debatte lief in der Hauptsache in Übereinstimmung mit meinen Forderungen. Eine abweichende Stellung nahm nur der Graf Westarp ein.

Die politische Spannung wurde noch gesteigert durch die Nachricht von der russischen Revolution und dem Siege Tscheidse-Kerenskis. Nach meinen Aufzeichnungen vom 21. März habe ich abends im Reichstag ein Begrüßungstelegramm an Tscheidse und die Duma entworfen, das durch Stauning (Kopenhagen) nach St. Petersburg weiterbefördert werden sollte. Die Kollegen Müller und Molkenbuhr waren mit dem Entwurf einverstanden, ich schickte ihn sofort ins Parteibüro, damit Ebert und die übrigen Kollegen am nächsten Morgen sofort dazu Stellung nehmen möchten. Das Telegramm ging in meiner Formulierung weg. Bei einer Besprechung im Laufe des nächsten Tages, die Ebert und ich bei Wahnschaffe hatten, stellte es sich heraus, daß Ebert aus Gründen, denen ich nicht beistimmen konnte, gegen die Entsendung des Telegramms gewesen war, daß aber Wahnschaffe darüber seiner Freude Ausdruck gab. Der Reichskanzler selbst, mit dem die Fraktionsvorsitzenden und die von den Fraktionen vorgesehenen Redner über die bevorstehende Etatsberatung konferierten — von der sozialdemokratischen Fraktion waren Noske und ich zugegen —, sprach hoffnungsvoll über die Vorgänge in Rußland und legte ihnen weltgeschichtliche Bedeutung bei. Und wir hätten diese Umwälzung nicht „leidenschaftlich begrüßen" sollen? In dieser Konferenz fertigte Bethmann Hollweg den Grafen Westarp übrigens ausgezeichnet ab. Westarp hatte auf einen von mir im „Vorwärts" veröffentlichten Artikel, in dem auch auf Rußland Bezug genommen war, hingewiesen und dagegen heftigen Einspruch erhoben. Darauf sagte der Reichskanzler wörtlich: „Ich bitte, nichts (in der bevorstehenden Reichstagssitzung) zu sagen, was ausgelegt werden könnte zugunsten des alten Regimes in — Rußland."

Alles das und vieles mehr spielte zu der Zeit, als wir Stockholm vorbereiteten. Stockholm war die große Hoffnung nicht nur bei uns Sozialdemokraten und in allen Schützengräben, sondern ebenso in den weitesten Kreisen der bürgerlichen und bäuerlichen Bevölkerung.

Am 4. April 1917 wurden wir von unseren Parteifreunden Janson und Dr. Helphand, die aus Schweden kamen, wo sie Fühlung mit den Russen gehabt hatten, über die Vorgänge in Rußland informiert: Borgbjerg, unser dänischer Freund, wolle demnächst nach St. Petersburg eine Informationsreise unternehmen! Wir konnten uns denken, was das zu bedeuten hatte. Sofort also nach Kopenhagen zur Rücksprache. Die Pässe wurden auf Anweisung von Staatssekretär Zimmermann, den wir eingeweiht hatten, durch das Auswärtige Amt über Nacht beschafft. Der Staatssekretär war heilfroh über unser Vorhaben; er wünschte uns gute Reise und guten Erfolg, „Frieden, Frieden!" Das war der Refrain seiner Ausführungen. „An Polen soll es wahr
haftig nicht scheitern! Ach, wenn es irgend geht, hier und da (am Narew) eine Grenzberichtigung. Mit einem freiheitlichen Rußland können wir uns ganz anders verständigen — aber wer garantiert uns den Bestand —?"Wir ließen keinen Zweifel darüber, daß wir selbstverständlich mit der nötigen Vorsicht verhandeln würden, aber den Frieden doch jeder Grenzberichtigung, die den Krieg in die Länge ziehen könnte, vorzögen. Ebert war in diesen Tagen ungemein nervös. Es war ihm jetzt auch peinlich, daß er gegen die Absendung des Telegramms an Tscheidse und die Duma gewesen war. Für die Reise nach Kopenhagen hatte die Generalkommission der Gewerkschaften, mit der wir innig zusammenarbeiteten, uns den Genossen Gustav Bauer vorgeschlagen. Der Parteivorstand schickte Ebert und mich. Für den 6. April hatten wir die Abreise vorgesehen. Der Tag fing vielversprechend an. Als ich etwa zwanzig Minuten vor Abgang des Zuges auf dem Stettiner Bahnhof eintraf, stand Ebert mit unbeschreiblicher Leichenbittermiene auf der Treppe, um mir zu sagen, daß er die Pässe, daheim liegengelassen hätte, wir könnten nicht reisen! Da ich nicht gerade freudig überrascht dreingeschaut haben werde, versicherte Ebert, daß Rostock eine sehr schöne Stadt sei, in der man schon einen Tag verbringen könne. Bauer und ich möchten ihn am kommenden Tag in Rostock erwarten. Ach, du lieber Gott, wenn einer von uns ihm mit einem solchen Vorschlag gekommen

wäre! Ich machte darauf aufmerksam, daß wir eigentlich nicht die Absicht hätten, Rostock zu bewundern, daß vielmehr Borgbjerg in Kopenhagen mit dem Koffer in der Hand auf uns warte. Inzwischen war Dr. Helphand-Parvus zu uns gestoßen, der bereits ein Coupe belegt hatte. Kaum hatten wir ihm Eberts Mißgeschick berichtet, da stürzte ein Sohn Fritzens, der die Pässe brachte, herbei! Allgemeine Befriedigung bis — auf Ebert, denn da er schon auf dem Bahnhof Friedrichstraße entdeckte, daß die Pässe in Treptow liegengeblieben waren, hatte er auf dem Bahnhof Friedrichstraße sein Gepäck deponiert. Wir bestimmten ihn, ohne Gepäck zu reisen. Wir langten abends in Kopenhagen an. Schon auf dem Bahnhofe trennten wir uns, um den vielen Spionen und Agenten zu entgehen. Im Hotel Central trafen wir uns dann.

Zum Abendbrot waren wir in Kopenhagen in das Haus eines wohlbekannten Parteifreundes eingeladen, wo wir Gelegenheit hatten, uns endlich einmal wieder satt zu essen. Ach, wer hatte es noch für möglich gehalten, daß es so viele Nahrungsmittel gab! Auf allen Tischen Früchte und Blumen. Glückliches Dänemark, du Land des Friedens ...

In der Eisenbahn wie auf der Fahrt über die Ostsee hatten wir immer und immer wieder erörtert, was wir den Russen durch Borgbjerg sagen lassen wollten. Obwohl wir wußten, daß Borgbjerg nach dem Essen — vorher konnte er seiner Redaktionsarbeit wegen nicht kommen —, erscheinen werde, wir ihn dann also eingehend informieren müßten, trug Ebert bereits während der Mahlzeit alles in aller Ausführlichkeit vor, obwohl außer uns vieren, die wir zusammen gereist waren, nur der Wirt und seine Frau zugegen waren. Kaum hatten wir uns dann nach dem Essen in einem anderen Zimmer zum Rauchen niedergesetzt, da kam Borgbjerg und nun mußten wir den Vortrag noch einmal mit anhören. Ich habe Ebert immer bewundert wegen der Fähigkeit, die gleiche Sache wiederholt mit der gleichen Würde und Ausführlichkeit vortragen zu können, z. B. im Parteivorstand im Parteiausschuß, in der Reichstagsfraktion usw., vielleicht schließlich auch noch vor der Kontrollkommission. War das in Berlin zumeist ein Zeichen wirklich starker Nerven, so war es in Kopenhagen ein Zeichen größter Nervosität. Was hatten wir Borgbjerg mit auf den Weg zu geben? Unserer Verabredung gemäß dies: „Er könne in Rußland sagen, daß wir einen Frieden wünschen ohne jede Vergewaltigung; Polen wird kein Hindernis sein; darin wissen wir uns einig mit der Regierung; keine Annexion kurländischen oder litauischen Gebietes; wohl bestehen Wünsche, vielleicht auf beiden Seiten, kleine Grenzberichtigungen vorzunehmen, darüber wird man sich aber leicht verständigen können bei den Friedensverhandlungen; schwieriger liegen die Dinge auf dem Balkan: Mazedonien, Dobrudscha, Serbien, Bulgarien, Rumänien und dergleichen braucht man nur zu nennen, um sofort zu erkennen, daß, um mit Viktor Adler zu reden, die Formel „keine Annexionen" nicht alles erschöpft. Deshalb müssen alle diese Fragen der Verständigung vorbehalten bleiben, die gewiß zu erzielen sein wird." Ich bat Borgbjerg, ausdrücklich dazu autorisiert, den Russen auch zu sagen, daß von deutscher Seite keinerlei Offensive gegen Rußland ergriffen werden soll. Man wehre lediglich im Bedarfsfalle ab, wie das am Stochod geschehen sei. Man habe sogar im deutschen Heeresbericht verschwiegen, daß man am Stochod große Erfolge erzielte und viele tausende Gefangene machte. Erst als die Russen großen Lärm schlugen in ihren eigenen Berichten, habe man deutscherseits „zugestanden, daß man gesiegt habe". Dr. Helphand, ein alter russischer Revolutionär, erörterte die Forderungen der Ententeländer, „in Deutschland die Freiheit schaffen zu wollen." Borgbjerg möchte in Rußland darauf aufmerksam machen, daß die deutschen Arbeiter zurzeit andere Aufgaben zu erfüllen hätten, als die russischen: den Zaren zu beseitigen in Übereinstimmung mit der Bourgeoisie sei ein Kinderspiel im Vergleich mit dem Kampf, der in Deutschland gegen das Großkapital, gegen die Schwerindustrie zu führen seit Was in Rußland zunächst die Hauptsache war, sei in Deutschland relativ nebensächlich, die Staatsform. Immerhin, für die später kommenden Kämpfe im Innern brauchten wir die Massen, deshalb sollten die Russen Frieden machen, damit unsere Massen aus den Schützengräben heimkommen können.

Borgbjergs Plan war dieser: er wollte über Stockholm nach Haparanda und dann nach Petersburg; er wollte aber auch in die Provinz und vor allen Dingen nach Moskau. Interessant war seine Schilderung von Schwierigkeiten zur Erlangung von Pässen. Die dänische Regierung sei ziemlich zugeknöpft gewesen und habe ihm empfohlen, gänzlich als Privatmann zu reisen, ohne besondere Ausweise der dänischen Regierung. Die Regierung verwies ihn vielmehr an die russische Botschaft. Diese spielte sich bei Borgbjerg dann so auf, als sei sie stets schon die Vertreterin des revolutionären Rußlands gewesen; sie stellte unserem Freunde Pässe aus, machte aber zur Bedingung, daß er sich erst bei der englischen Gesandtschaft vorstelle. Diese examinierte Borgbjerg sehr lange und versicherte dann, daß sie gegen seine Reise nach Rußland nichts einzuwenden habe. Borgbjerg wollte am nächsten Tage reisen, obwohl die Niederkunft seiner Frau stündlich erwartet wurde. Seine Frau selbst aber hatte ihn gebeten, die Fahrt anzutreten, da Eile geboten sei. Warum war auf diese große Eile sogar durch die Frau dieses Freundes hingewiesen worden? Sehr einfach: Branting war auf der Reise nach St. Petersburg! Bei seiner ententefreundlichen Einstellung befürchteten nicht nur wir, sondern auch unsere dänischen Freunde, daß er vielleicht ungünstig wirken könne, bevor Borgbjerg in St. Petersburg eintreffe.

Borgbjerg war am nächsten Tage gerade zwei Stunden von Kopenhagen weg, als seine Frau ihm ein gesundes Mädchen schenkte, das den deutsch-russischen Namen Margarete-Tatjana erhielt, zur Erinnerung an die im Interesse des europäischen Friedens unternommene Reise des Vaters. An der Tauffeierlichkeit habe ich übrigens später, nämlich am 9. Oktober 1917, teilgenommen. Sie wird mir allezeit in fröhlicher Erinnerung bleiben. Die Taufe fand in einer Kirche statt, die der Wohnung Borgbjergs gegenüber lag. Der Geistliche war ein würdiger Diener des Herrn, schielte ein wenig und hatte feuchtschimmernde Augen. Er sang fürchterlich; ein Kirchendiener, der ihm half, sang nicht ganz so gut. Trotz der mangelhaften Gesänge ist Margarete-Tatjana erfreulicherweise ein blühendes Mädel geworden, der Stolz ihrer braven Eltern.

Unmittelbar nach der Abreise Borgbjergs traf Stauning in Kopenhagen ein, der auswärts dringend zu tun gehabt hatte. Ebert schilderte ihm ausführlich, was er Borgbjerg vorgetragen hatte, war jedoch unzufrieden, weil Stauning nur einigemal Ja oder Nein gesagt hatte. Ebert meinte deshalb später, es sei wohl besser gewesen, wenn für Stauning, der ihn vielleicht nicht vollkommen verstanden habe, sein Vortrag ins Dänische übersetzt worden wäre. Ich stellte anheim, das am nächsten Tage nachzuholen, bat aber um die Erlaubnis, während dieser Zeit ins Thorwaldsen-Museum gehen zu dürfen, denn noch einmal hätte ich den Vortrag wirklich nicht mit anhören können.

Die Verschickung Lenins von der Schweiz nach Rußland

Am Abend des zweiten Ostertags machte Dr. Helphand uns in Kopenhagen folgende Vorschläge: In den nächsten Tagen würden etwa vierzig russische Emigranten aus der Schweiz durch Deutschland nach Malmö kommen. Er selbst werde nach dort reisen, um die Russen zu begrüßen. Es würden sich darunter Lenin, Axelrod, Martov und viele andere bekannte Sozialisten befinden. Da es nicht ausgeschlossen sei, daß einer der einflußreicheren Russen mit uns zu reden geneigt sei, sollte einer in Kopenhagen bleiben, um auf Anruf nach Malmö zu kommen. Ebert war gegen den Vorschlag, weil wir in Berlin zu tun hätten und die Russen bestimmt nicht mit uns verhandeln würden. An eine direkte Aussprache mit uns glaubte ich auch nicht, hielt es jedoch für wahrscheinlich, daß man später Vorwürfe gegen uns erheben würde, wenn wir abreisten. Wir einigten uns schließlich dahin, Dr. Helphand in Form eines Briefes eine Art Vollmacht zu Besprechungen mit den Russen zu geben. Er kenne unsere Anschauungen genau, besonders auch durch die Verhandlungen mit Stauning und Borgbjerg, denen er beigewohnt habe. Eine Begegnung Dr. Helphands mit den Russen hat nicht stattgefunden. Erst viel später habe ich erfahren, daß die Reise Lenins und seiner Freunde von der Schweiz durch Deutschland nach Rußland ein Arrangement Dr. Helphands gewesen ist, über das nur wenige von ihm informiert waren, während er uns gegenüber davon geschwiegen hat. Wahrscheinlich hatte er uns, falls die Sache schief gehen sollte, aus der Schußlinie halten wollen. Der Gedanke Helphands war dieser: Da Lenin ein viel rabiaterer Mensch ist, als Tscheidse und Kerenski, wird er diese beiden sofort beiseite schieben und ohne Verzug zum Frieden bereit sein; es wird also nur von Deutschland abhängen, mit den Russen einen verständigen Frieden zu schließen.

Ohne Einverständnis mit den wichtigsten amtlichen Stellen in Deutschland hätte Dr. Helphand seinen Plan natürlich nicht durchführen können. So klug der Plan eingefädelt und in allen Einzelheiten durchdacht worden war, so borniert wurde er von den deutschen Unterhändlern in Brest-Litowsk zerschlagen.

Am 10. April 1917 waren wir wieder in Berlin. Am 13. April

kamen Viktor Adler, Karl Renner und Seitz aus Wien. Sie billigten unser Verhalten in Kopenhagen. Adler berichtete über eine Unterredung mit dem Grafen Czernin. Der Graf hatte sich in gleicher Weise ausgesprochen, wie Bethmann Hollweg und Zimmermann uns gegenüber. Die Sehnsucht nach Frieden war gleich groß, in Berlin wie in Wien, aber weder hier noch dort hatte man den Mut, entscheidende Schritte zu tun. Der Wahrheit gemäß soll freilich festgestellt werden, daß Czernin viel eher bereit war, aus seiner Überzeugung heraus weitgehendere Konsequenzen zu ziehen, als seine reichsdeutschen Kollegen, die Berliner Diplomaten. Dabei darf wiederum nicht außer acht gelassen werden, daß Czernin mit weniger Widerständen von „Eroberern" zu rechnen hatte, als seine Berliner Kollegen.

Aus Haparanda war inzwischen telegraphiert worden, daß die Engländer unseren Freund Borgbjerg nicht über die Grenze gelassen hatten. Sie hatten wohl Branting passieren lassen, aber Borgbjergs Freundschaft zu uns war den englischen Spionen in Kopenhagen nicht unbekannt geblieben. Erst mit schwerer Mühe ist es Borgbjerg gelungen, die Erlaubnis zur Überschreitung der russischen Grenze zu erhalten.

Borgbjergs Bericht

Obwohl inzwischen sehr wichtige Dinge vorgingen, soll zunächst, damit die Leser den Zusammenhang nicht verlieren, mitgeteilt werden, was Borgbjerg uns über seine russische Reise berichtete. Die Berichterstattung erfolgte am 25. Mai 1917 in Kopenhagen und zwar in der Wohnung Staunings. Wir hatten in Kopenhagen auf einer Reise nach Stockholm haltgemacht.

Borgbjerg war in St. Petersburg sehr gut aufgenommen worden. Er sprach zuerst mit Tscheidse, der ihn aufmerksam anhörte und zu einer Sitzung im Arbeiter- und Soldatenrat einlud. Alle haben dort seinen Bericht über die Unterredung mit Bauer, Ebert und mir mit dem größten Interesse angehört. Das meiste, was er über das Verhalten der Mehrheit in Deutschland mitteilen konnte, war ihnen neu, erschien ihnen jedenfalls in neuem Lichte. Als er dann in einer Sitzung des Arbeiter- und Soldatenrats seinen Bericht wiederholte, wurden ihm viele Fragen gestellt. So diese: „Ist der Reichskanzler einverstanden mit dem, was Ihnen Scheidemann und seine Kollegen gesagt haben?" Darauf habe er geantwortet: „Das kann ich nicht sagen, glaube es aber. Die deutschen Sozialisten sind keine Regierungspartei und stellen ja auch nicht die Mehrheit im Reichstag." Weitere Frage: „Wird die sozialdemokratische Fraktionsformulierung von anderen Kreisen und Parteien gutgeheißen?" Er: „Zweifellos sind nicht unbedeutende Gruppen mit ihnen ganz einverstanden." Darauf neue Frage: „Das heißt, es sind bedeutende Gruppen mit ihnen ein verstanden!". Er: „Zwischen dem, was er gesagt habe und der neuen Fragestellung bestehe eine Differenz, aber er könne sie nicht beseitigen."

Er hat dann die Vorarbeiten der holländischen und skandinavischen Genossen geschildert und gebeten, an der Stockholmer Konferenz teilzunehmen. Andere Fragen in der Debatte gingen dahin, ob in Deutschland mit einer Revolution zu rechnen sei? Diese Fragen hat er dahin beantwortet: das sei sehr unwahrscheinlich, im Kriege sei eine Revolution sicher nicht zu erwarten. Ob nach dem Kriege, sei davon abhängig, wie der Krieg ausgehe und wie die Regierung sich zu den im Innern geforderten Reformen stelle. Er hat dann aufmerksam gemacht auf den Unterschied zwischen den Verhältnissen in Rußland und denen der westlichen Staaten Europas. In Rußland bedeute die Revolution einen letzten Ausläufer der großen Bestrebungen zur Beseitigung unhaltbar gewordener Zustände, wie es die Revolutionen in England im 17., in Frankreich und Deutschland im 18. bzw. 19. Jahrhundert gewesen seien. Um es ganz deutlich zu kennzeichnen, habe er auf Dänemark verwiesen. Dort sei eine politische Revolution vollkommen sinnlos, weil dort eine demokratische Verfassung bestehe. Wenn auch in Deutschland noch viel zu bessern sei, so könnte eine Revolution doch ebenso wie in Dänemark nur eine soziale sein, die eine vollkommene Enteignung an den kapitalistischen Produktionsmitteln zum Ziele hätte. Eine solche Revolution sei aber für absehbare Zeit nicht zu erwarten usw.

Die Debatte sei sachlich und ruhig gewesen. Man habe ihm schließlich gesagt, daß man ihm die Beschlüsse in einigen Tagen mitteilen werde. — Zwei Tage später sei dann ein Delegierter des Arbeiter- und Soldatenrates zu ihm gekommen und habe mit den Worten begonnen: „Ihre Mission ist geglückt!" Der Arbeiter- und Soldatenrat habe aber beschlossen — wie inzwischen durch die Presse bekanntgeworden sei —, selbst zu einer Konferenz einzuladen. Dadurch werde es den Engländern und Franzosen leichter gemacht, sich zu beteiligen. Eine Durchkreuzung der anderen Konferenz komme also gar nicht in Frage.

Was Borgbjerg uns dann weiter über seine Erlebnisse im Arbeiter- und Soldatenrat zu St. Petersburg berichtete, so u. a., daß die neue „Friedensanleihe" gutgeheißen worden sei, ließ die russischen Sozialisten so vernünftig erscheinen, daß ich bemerkte, damit nehmen die russischen Sozialisten also jetzt den Standpunkt ein, den wir von vornherein eingenommen haben. „Wir haben etwas zu verteidigen, also verteidigen wir es auch." Stauning und Borgbjerg stimmten dieser Auffassung vollkommen zu.

Ende des ersten Bandes

Ebenfalls im SEVERUS Verlag erhältlich:

Philipp Scheidemann

Memoiren eines Sozialdemokraten, 2.Bd.

SEVERUS 2010 / 29,50 Euro

ISBN 978-3-942382-54-0

Philipp Scheidemanns Erinnerungen sind ein wichtiges Zeugnis einer von starken Umbrüchen geprägten Zeit und verdeutlichen die Entstehung und das Scheitern Weimars in seiner ganzen Dramatik und Tragik. Sie zeigen das Leben eines Sozialdemokraten, der charaktervoll und rhetorisch gewandt für seine Ideale kämpft und zeitlebens neben Ebert, Erzberger und Stresemann vielleicht *die* Verkörperung der Weimarer Republik bleibt.

Im zweiten Band schildert er die folgenschweren Ereignisse um die Novemberrevolution und veranschaulicht die Gratwanderung, die den führenden Kräften um Ebert und ihn auferlegt sind. Hilflos muß er mit erleben, wie die Spannungen eskalieren, und wird zum Sündenbock für ewig Gestrige und irrationale Ideologen von links und rechts, was in einem auf ihn verübten Attentat gipfelt.

www.severus-verlag.de

www.ingramcontent.com/pod-product-compliance
Lightning Source LLC
Chambersburg PA
CBHW070934230426
43666CB00011B/2435